Schöningh

EinFach Deutsch

Franz Kafka

Der Verschollene

Amerika

Erarbeitet von
Roland Kroemer

Herausgegeben von
Johannes Diekhans

Dieser Ausgabe liegt folgende Textausgabe zugrunde:

Franz Kafka: Der Verschollene. Roman in der Fassung der Handschrift. Herausgegeben von Jost Schillemeit. Frankfurt a. M.: S. Fischer Verlag 1983.

Der Abdruck erfolgt in **alter** Rechtschreibung.

www.schoeningh-schulbuch.de
Schöningh Verlag, Jühenplatz 1–3, 33098 Paderborn

Druck A 5 4 3 2 / Jahr 2019 18 17 16
Alle Drucke der Serie A sind im Unterricht parallel verwendbar.
Die letzte Zahl bezeichnet das Jahr dieses Druckes.

Umschlaggestaltung: Jennifer Kirchhof
Druck und Bindung: westermann druck GmbH, Braunschweig

ISBN 978-3-14-022518-2

Franz Kafka:
Der Verschollene
Amerika

I
Der Heizer

Als der siebzehnjährige Karl Roßmann, der von seinen armen Eltern nach Amerika geschickt worden war, weil ihn ein Dienstmädchen verführt und ein Kind von ihm bekommen hatte, in dem schon langsam gewordenen Schiff in den Hafen von New York einfuhr, erblickte er die schon längst beobachtete Statue der Freiheitsgöttin wie in einem plötzlich stärker gewordenen Sonnenlicht. Ihr Arm mit dem Schwert ragte wie neuerdings empor und um ihre Gestalt wehten die freien Lüfte.

„So hoch", sagte er sich und wurde, wie er so gar nicht an das Weggehn dachte, von der immer mehr anschwellenden Menge der Gepäckträger, die an ihm vorüberzogen, allmählich bis an das Bordgeländer geschoben.

Ein junger Mann, mit dem er während der Fahrt flüchtig bekannt geworden war sagte im Vorübergehn: „Ja haben Sie denn noch keine Lust auszusteigen?" „Ich bin doch fertig", sagte Karl ihn anlachend und hob, aus Übermut und weil er ein starker Junge war, den Koffer auf die Achsel. Aber wie er über seinen Bekannten hinsah, der ein wenig seinen Stock schwenkend sich schon mit den andern entfernte, merkte er, daß er seinen Regenschirm unten im Schiff vergessen hatte. Er bat schnell den Bekannten, der nicht sehr beglückt schien, um die Freundlichkeit, bei seinem Koffer einen Augenblick zu warten, überblickte schnell die Situation um sich bei der Rückkehr zurechtzufinden und eilte davon. Unten fand er zu seinem Bedauern einen Gang, der seinen Weg sehr verkürzt hätte, zum erstenmal versperrt, was wahrscheinlich mit der Ausschiffung sämtlicher Passagiere zusammenhieng, und mußte sich seinen Weg durch eine Unzahl kleiner Räume, fortwährend abbiegende Korridore, kurze Treppen, die einander aber immer wieder folgten, ein leeres Zimmer mit einem verlassenen Schreibtisch mühselig suchen, bis er sich tatsächlich, da er diesen Weg nur ein oder zweimal und immer in größerer Gesellschaft gegangen war, ganz und gar verirrt hatte. In seiner Ratlosigkeit und da er keinen Menschen traf und nur immerfort über sich das Scharren der tausend Menschenfüße hörte und von der Ferne wie einen Hauch das letzte Arbeiten der schon eingestellten Maschine merkte, fieng er ohne zu überlegen, an eine beliebige kleine Türe zu schlagen an, bei der er in seinem Herumirren stockte. „Es ist ja offen“, rief es von innen und Karl öffnete mit ehrlichem Aufatmen die Tür. „Warum schlagen Sie so verrückt auf die Tür?“ fragte ein riesiger Mann, kaum daß er nach Karl hinsah. Durch irgendeine Oberlichtluke fiel ein trübes oben im Schiff längst abgebrauchtes Licht in die klägliche Kabine, in welcher ein Bett, ein Schrank, ein Sessel und der Mann knapp neben einander wie eingelagert standen. „Ich habe mich verirrt“, sagte Karl, „ich habe es während der Fahrt gar nicht so bemerkt, aber es ist ein schrecklich großes Schiff.“ „Ja da haben Sie recht“, sagte der Mann mit einigem Stolz und hörte nicht auf an dem Schloß eines kleinen Koffers zu hantieren, den er mit beiden Händen immer wieder zudrückte, um das Einschnappen des Riegels zu behorchen. „Aber kommen Sie doch herein“, sagte der Mann weiter, „Sie werden doch nicht draußen stehn.“ „Störe ich nicht?“ fragte Karl. „Ach wie werden Sie denn stören.“ „Sind Sie ein Deutscher?“ suchte sich Karl noch zu versichern, da er viel von den Gefahren gehört hatte, welche besonders von Irländern den Neuankömmlingen in Amerika drohen. „Bin ich, bin ich“, sagte der Mann. Karl zögerte noch. Da faßte unversehens der Mann die Türklinke und schob mit der Türe, die er rasch schloß, Karl zu sich herein. „Ich kann es nicht leiden, wenn man mir vom Gang hereinschaut“, sagte der Mann, der wieder an seinem Koffer arbeitete. „Da lauft jeder vorbei und schaut herein, das soll der Zehnte aushalten.“ „Aber der Gang ist doch ganz leer“, sagte Karl, der unbehaglich an den Bettpfosten gequetscht dastand. „Ja jetzt“, sagte der Mann. „Es handelt sich doch um jetzt“, dachte Karl, „mit dem Mann ist schwer zu reden.“ „Legen Sie sich doch aufs Bett, da haben Sie mehr Platz“, sagte der Mann. Karl kroch so gut es gieng hinein und lachte dabei laut über den ersten vergeblichen Versuch sich herüber zu schwingen. Kaum war er aber drin, rief er: „Gotteswillen, ich habe ja ganz an meinen Koffer vergessen.“ „Wo ist er denn?“ „Oben auf dem Deck, ein Bekannter gibt acht auf ihn. Wie heißt er nur?“ Und er zog aus einer Geheimtasche, die ihm seine Mutter für die Reise im Rockfutter angelegt hatte, eine Visitkarte[1]. „Butterbaum, Franz Butterbaum." „Haben Sie den Koffer sehr nötig?" „Natürlich." „Ja warum haben Sie ihn dann einem fremden Menschen gegeben?" „Ich hatte meinen Regenschirm unten vergessen und bin gelaufen ihn zu holen, wollte aber den Koffer nicht mitschleppen. Dann habe ich mich auch noch verirrt." „Sie sind allein? Ohne Begleitung?" „Ja, allein." Ich sollte mich vielleicht an diesen Mann halten, gieng es Karl durch den Kopf, wo finde ich gleich einen bessern Freund. „Und jetzt haben Sie auch noch den Koffer verloren. Vom Regenschirm rede ich gar nicht", und der Mann setzte sich auf den Sessel, als habe Karls Sache jetzt einiges Interesse für ihn gewonnen. „Ich glaube aber, der Koffer ist noch nicht verloren." „Glauben macht selig", sagte der Mann und kratzte sich kräftig in seinem dunklen kurzen dichten Haar. „Auf dem Schiff wechseln mit den Hafenplätzen auch die Sitten, in Hamburg hätte Ihr Butterbaum den Koffer vielleicht bewacht, hier ist höchstwahrscheinlich schon von beiden keine Spur mehr." „Da muß ich aber doch gleich hinaufschauen", sagte Karl und sah sich um wie er herauskommen könnte. „Bleiben Sie nur", sagte der Mann und stieß ihn mit einer Hand gegen die Brust geradezu rauh ins Bett zurück. „Warum denn?" fragte Karl ärgerlich. „Weil es keinen Sinn hat", sagte der Mann. „In einem kleinen Weilchen gehe ich auch, dann gehn wir zusammen. Entweder ist der Koffer gestohlen, dann ist keine Hilfe und Sie können ihm nachweinen bis an das Ende Ihrer Tage oder der Mensch bewacht ihn noch immer, dann ist er ein Dummkopf und soll weiter wachen oder er ist bloß ein ehrlicher Mensch und hat den Koffer stehn gelassen, dann werden wir ihn bis das Schiff ganz entleert ist, desto besser finden. Ebenso auch Ihren Regenschirm." „Kennen Sie sich auf dem Schiff aus?" fragte Karl mißtrauisch und es schien ihm, als hätte der sonst überzeugende Gedanke, daß auf dem leeren Schiff seine Sachen am besten zu finden sein würden, einen verborgenen Haken. „Ich bin doch Schiffsheizer", sagte der Mann. „Sie sind Schiffsheizer", rief Karl freudig, als überstiege das alle Erwartungen, und sah den Elbo-

[1] (österr.) Visitenkarte

gen aufgestützt den Mann näher an. „Gerade vor der Kammer, wo ich mit den Slowacken[1] geschlafen habe, war eine Luke angebracht durch die man in den Maschinenraum sehen konnte." „Ja dort habe ich gearbeitet", sagte der Heizer. „Ich habe mich immer so für Technik interessiert", sagte Karl, der in einem bestimmten Gedankengang blieb, „und ich wäre sicher später Ingenieur geworden, wenn ich nicht nach Amerika hätte fahren müssen." „Warum haben Sie denn fahren müssen?" „Ach was!" sagte Karl und warf die ganze Geschichte mit der Hand weg. Dabei sah er lächelnd den Heizer an, als bitte er ihn selbst für das nicht Eingestandene um seine Nachsicht. „Es wird schon einen Grund gehabt haben", sagte der Heizer und man wußte nicht recht, ob er damit die Erzählung dieses Grundes fordern oder abwehren wolle. „Jetzt könnte ich auch Heizer werden", sagte Karl, „meinen Eltern ist es jetzt ganz gleichgiltig was ich werde." „Meine Stelle wird frei", sagte der Heizer, steckte im Vollbewußtsein dessen die Hände in die Hosentaschen und warf die Beine, die in faltigen, lederartigen, eisengrauen Hosen steckten, aufs Bett hin, um sie zu strecken. Karl mußte mehr an die Wand rücken. „Sie verlassen das Schiff?" „Jawoll, wir marschieren heute ab." „Warum denn? Gefällt es Ihnen nicht?" „Ja, das sind so die Verhältnisse, es entscheidet nicht immer, ob es einem gefällt oder nicht. Übrigens haben Sie recht, es gefällt mir auch nicht. Sie denken wahrscheinlich nicht mit Entschlossenheit daran Heizer zu werden, aber gerade dann kann man es am leichtesten werden. Ich also rate Ihnen entschieden ab. Wenn Sie in Europa studieren wollten, warum wollen Sie es denn hier nicht. Die amerikanischen Universitäten sind ja unvergleichlich besser." „Das ist ja möglich", sagte Karl, „aber ich habe ja fast kein Geld zum Studieren. Ich habe zwar von irgend jemandem gelesen, der bei Tag in einem Geschäft gearbeitet und in der Nacht studiert hat, bis er Doktor und ich glaube Bürgermeister wurde. Aber dazu gehört doch eine große Ausdauer, nicht? Ich fürchte, die fehlt mir. Außerdem war ich gar kein besonders guter Schüler, der Abschied von der Schule ist mir wirklich nicht schwer geworden. Und die Schulen

[1] Slowaken

hier sind vielleicht noch strenger. Englisch kann ich fast gar nicht. Überhaupt ist man hier gegen Fremde so eingenommen, glaube ich." „Haben Sie das auch schon erfahren? Na, dann ist gut. Dann sind Sie mein Mann. Sehn Sie, wir sind doch auf einem deutschen Schiff, es gehört der Hamburg Amerika Linie, warum sind wir nicht lauter Deutsche hier? Warum ist der Obermaschinist ein Rumäne? Er heißt Schubal. Das ist doch nicht zu glauben. Und dieser Lumpenhund schindet uns Deutsche auf einem deutschen Schiff. Glauben Sie nicht" – ihm gieng die Luft aus, er fakkelte mit der Hand – „daß ich klage um zu klagen. Ich weiß daß Sie keinen Einfluß haben und selbst ein armes Bürschchen sind. Aber es ist zu arg." Und er schlug auf den Tisch mehrmals hart mit der Faust und ließ kein Auge von ihr, während er schlug. „Ich habe doch schon auf so vielen Schiffen gedient" – und er nannte zwanzig Namen hinter einander als sei es ein Wort, Karl wurde ganz wirr – „und habe mich ausgezeichnet, bin belobt worden, war ein Arbeiter nach dem Geschmack meiner Kapitäne, sogar auf dem gleichen Handelssegler war ich einige Jahre" – er erhob sich als sei das der Höhepunkt seines Lebens – „und hier auf diesem Kasten, wo alles nach der Schnur eingerichtet ist, wo kein Witz erfordert wird – hier taug ich nichts, hier steh ich dem Schubal immer im Wege, bin ein Faulpelz, verdiene herausgeworfen zu werden und bekomme meinen Lohn aus Gnade. Verstehn Sie das? Ich nicht." „Das dürfen Sie sich nicht gefallen lassen", sagte Karl aufgeregt. Er hatte fast das Gefühl davon verloren, daß er auf dem unsichern Boden eines Schiffes an der Küste eines unbekannten Erdteils war, so heimisch war ihm hier auf dem Bett des Heizers zumute. „Waren Sie schon beim Kapitän? Haben Sie schon bei ihm Ihr Recht gesucht?" „Ach gehn Sie, gehn Sie lieber weg. Ich will Sie nicht hier haben. Sie hören nicht zu, was ich sage und geben mir Ratschläge. Wie soll ich denn zum Kapitän gehn." Und müde setzte sich der Heizer wieder und legte das Gesicht in beide Hände. „Einen bessern Rat kann ich ihm nicht geben", sagte sich Karl. Und er fand überhaupt, daß er lieber seinen Koffer hätte holen sollen, statt hier Ratschläge zu geben die ja nur für dumm gehalten wurden. Als ihm der Vater den Koffer für immer übergeben hatte, hatte er im Scherz gefragt: Wie lange wirst du ihn haben? und jetzt war dieser teuere Koffer vielleicht schon im Ernst verloren. Der einzige Trost war noch, daß der Vater von seiner jetzigen Lage nicht das allergeringste erfahren konnte, selbst wenn er nachforschen sollte. Nur daß er bis Newyork gekommen war, konnte die Schiffsgesellschaft gerade noch sagen. Leid tat es aber Karl daß er die Sachen im Koffer noch kaum verwendet hatte, trotzdem er es beispielsweise längst nötig gehabt hätte, das Hemd zu wechseln. Da hatte er also am unrichtigen Ort gespart; jetzt wo er es gerade am Beginn seiner Laufbahn nötig haben würde, rein gekleidet aufzutreten, würde er im schmutzigen Hemd erscheinen müssen. Das waren schöne Aussichten. Sonst wäre der Verlust des Koffers nicht gar so arg gewesen, denn der Anzug, den er anhatte war sogar besser, als jener im Koffer, der eigentlich nur ein Notanzug war, den die Mutter noch knapp vor der Abreise hatte flicken müssen. Jetzt erinnerte er sich auch, daß im Koffer noch ein Stück Veroneser Salami[1] war, die ihm die Mutter als Extragabe eingepackt hatte, von der er jedoch nur den kleinsten Teil hatte aufessen können, da er während der Fahrt ganz ohne Appetit gewesen war und die Suppe, die im Zwischendeck zur Verteilung kam, ihm reichlich genügt hatte. Jetzt hätte er aber die Wurst gern bei der Hand gehabt, um sie dem Heizer zu verehren[2]. Denn solche Leute sind leicht gewonnen wenn man ihnen irgendeine Kleinigkeit zusteckt, das wußte Karl noch von seinem Vater her, welcher durch Cigarrenverteilung alle die niedrigern Angestellten gewann, mit denen er geschäftlich zu tun hatte. Jetzt hatte Karl an Verschenkbarem noch sein Geld bei sich und das wollte er, wenn er schon vielleicht den Koffer verloren haben sollte, vorläufig nicht anrühren. Wieder kehrten seine Gedanken zum Koffer zurück und er konnte jetzt wirklich nicht einsehn, warum er den Koffer während der Fahrt so aufmerksam bewacht hatte, daß ihn die Wache fast den Schlaf gekostet hatte, wenn er jetzt diesen gleichen Koffer so leicht sich hatte wegnehmen lassen. Er erinnerte sich an die fünf Nächte, während derer er einen kleinen Slowacken, der zwei Schlafstellen links von ihm

---

[1] Salami aus der ital. Stadt Verona
[2] als kleineres Geschenk überreichen

lag, unausgesetzt im Verdacht gehabt hatte, daß er es auf seinen Koffer abgesehen habe. Dieser Slowacke hatte nur darauf gelauert, daß Karl endlich von Schwäche befallen für einen Augenblick einnicke, damit er den Koffer mit einer langen Stange, mit der er immer während des Tages spielte oder übte, zu sich hinüberziehen könne. Bei Tage sah dieser Slowacke genug unschuldig aus, aber kaum war die Nacht gekommen, erhob er sich von Zeit zu Zeit von seinem Lager und sah traurig zu Karls Koffer herüber. Karl konnte dies ganz deutlich erkennen, denn immer hatte hie und da jemand mit der Unruhe des Auswanderers ein Lichtchen angezündet, trotzdem dies nach der Schiffsordnung verboten war, und versuchte unverständliche Prospekte der Auswanderungsagenturen zu entziffern. War ein solches Licht in der Nähe, dann konnte Karl ein wenig eindämmern, war es aber in der Ferne oder war es dunkel, dann mußte er die Augen offenhalten. Diese Anstrengung hatte ihn recht erschöpft. Und nun war sie vielleicht ganz umsonst gewesen. Dieser Butterbaum, wenn er ihn einmal irgendwo treffen sollte.

In diesem Augenblick ertönten draußen in weiter Ferne in die bisherige vollkommene Ruhe hinein kleine kurze Schläge wie von Kinderfüßen, sie kamen näher mit verstärktem Klang und nun war es ein ruhiger Marsch von Männern. Sie giengen offenbar, wie es in dem schmalen Gang natürlich war, in einer Reihe, man hörte Klirren wie von Waffen. Karl der schon nahe daran gewesen war, sich im Bett zu einem von allen Sorgen um Koffer und Slowacken befreiten Schlafe auszustrecken, schreckte auf und stieß den Heizer an um ihn endlich aufmerksam zu machen, denn der Zug schien mit seiner Spitze die Tür gerade erreicht zu haben. „Das ist die Schiffskapelle", sagte der Heizer. „Die haben oben gespielt und gehn einpacken. Jetzt ist alles fertig und wir können gehn. Kommen Sie." Er faßte Karl bei der Hand, nahm noch im letzten Augenblick ein Muttergottesbild von der Wand über dem Bett, stopfte es in seine Brusttasche, ergriff seinen Koffer und verließ mit Karl eilig die Kabine.

„Jetzt gehe ich ins Bureau und werde den Herren meine Meinung sagen. Es ist niemand mehr da, man muß keine Rücksichten nehmen", wiederholte der Heizer verschiedenartig und wollte im

Gehn mit Seitwärtsstoßen des Fußes eine den Weg kreuzende Ratte niedertreten, stieß sie aber bloß schneller in das Loch hinein, das sie noch rechtzeitig erreicht hatte. Er war überhaupt langsam in seinen Bewegungen, denn wenn er auch lange Beine hatte, so waren sie doch zu schwer.

Sie kamen durch eine Abteilung der Küche, wo einige Mädchen in schmutzigen Schürzen – sie begossen sie absichtlich – Geschirr in großen Bottichen reinigten. Der Heizer rief eine gewisse Line zu sich, legte den Arm um ihre Hüfte und führte sie, die sich immerzu kokett gegen seinen Arm drückte, ein Stückchen mit. „Es gibt jetzt Auszahlung, willst Du mit?" fragte er. „Warum soll ich mich bemühn, bring mir das Geld lieber mit", antwortete sie, schlüpfte unter dem Arm durch und lief davon. „Wo hast Du denn den schönen Knaben aufgegabelt", rief sie noch, wollte aber keine Antwort mehr. Man hörte das Lachen aller Mädchen, die ihre Arbeit unterbrochen hatten.

Sie giengen aber weiter und kamen an eine Türe, die oben einen kleinen Vorgiebel hatte, der von kleinen vergoldeten Karyatiden[1] getragen war. Für eine Schiffseinrichtung sah das recht verschwenderisch aus. Karl war, wie er merkte niemals in diese Gegend gekommen, die wahrscheinlich während der Fahrt den Passagieren der ersten und zweiten Klasse vorbehalten war, während jetzt vor der großen Schiffsreinigung die Trennungstüren ausgehoben waren. Sie waren auch tatsächlich einigen Männern schon begegnet, die Besen an der Schulter trugen und den Heizer gegrüßt hatten. Karl staunte über den großen Betrieb, in seinem Zwischendeck hatte er davon freilich wenig erfahren. Entlang der Gänge zogen sich auch Drähte elektrischer Leitungen und eine kleine Glocke hörte man immerfort.

Der Heizer klopfte respektvoll an der Türe an und forderte, als man „herein" rief, Karl mit einer Handbewegung auf, ohne Furcht einzutreten. Er trat auch ein, aber blieb an der Türe stehn. Vor den drei Fenstern des Zimmers sah er die Wellen des Meeres und bei Betrachtung ihrer fröhlichen Bewegung schlug ihm das Herz, als hätte er nicht fünf lange Tage das Meer ununterbrochen

---

[1] weibliche Säulenfiguren als Gebälkträgerinnen

gesehn. Große Schiffe kreuzten gegenseitig ihre Wege und gaben dem Wellenschlag nur soweit nach als es ihre Schwere erlaubte. Wenn man die Augen klein machte, schienen diese Schiffe vor lauter Schwere zu schwanken. Auf ihren Masten trugen sie schmale aber lange Flaggen, die zwar durch die Fahrt gestrafft wurden, trotzdem aber noch hin und her zappelten. Wahrscheinlich von Kriegsschiffen her erklangen Salutschüsse, die Kanonenrohre eines solchen nicht allzuweit vorüberfahrenden Schiffes, strahlend mit dem Reflex ihres Stahlmantels, waren wie gehätschelt von der sichern, glatten und doch nicht wagrechten Fahrt. Die kleinen Schiffchen und Boote konnte man wenigstens von der Tür aus nur in der Ferne beobachten, wie sie in Mengen in die Öffnungen zwischen den großen Schiffen einliefen. Hinter alledem aber stand Newyork und sah Karl mit den hunderttausend Fenstern seiner Wolkenkratzer an. Ja in diesem Zimmer wußte man, wo man war.

An einem runden Tisch saßen drei Herren, der eine ein Schiffsofficier in blauer Schiffsuniform, die zwei andern, Beamte der Hafenbehörde, in schwarzen amerikanischen Uniformen. Auf dem Tisch lagen hochaufgeschichtet verschiedene Dokumente, welche der Officier zuerst mit der Feder in der Hand überflog, um sie dann den beiden andern zu reichen, die bald lasen, bald excerpierten[1], bald in ihre Aktentaschen einlegten, wenn nicht gerade der eine, der fast ununterbrochen ein kleines Geräusch mit den Zähnen vollführte, seinem Kollegen etwas in ein Protokoll diktierte.

Am Fenster saß an einem Schreibtisch, den Rücken der Türe zugewendet ein kleinerer Herr, der mit großen Folianten[2] hantierte, die auf einem starken Bücherbrett in Kopfhöhe vor ihm nebeneinandergereiht waren. Neben ihm stand eine offene wenigstens auf den ersten Blick leere Kassa[3].

Das zweite Fenster war leer und gab den besten Ausblick. In der Nähe des dritten aber standen zwei Herren in halblautem Gespräch. Der eine lehnte neben dem Fenster, trug auch die Schiffs-

[1] exzerpieren: wichtige Textstellen herausschreiben
[2] Foliant: großes, unhandliches Buch
[3] (österr.) Kasse

uniform und spielte mit dem Griff des Degens. Derjenige, mit dem er sprach, war dem Fenster zugewendet und enthüllte hie und da durch eine Bewegung einen Teil der Ordensreihe auf der Brust des andern. Er war in Civil und hatte ein dünnes Bambusstöckchen, das, da er beide Hände an den Hüften festhielt, auch wie ein Degen abstand.

Karl hatte nicht viel Zeit alles anzusehn, denn bald trat ein Diener auf sie zu und fragte den Heizer mit einem Blick, als gehöre er nicht hierher, was er denn wolle. Der Heizer antwortete so leise als er gefragt wurde, er wolle mit dem Herrn Oberkassier reden. Der Diener lehnte für seinen Teil mit einer Handbewegung diese Bitte ab, gieng aber dennoch auf den Fußspitzen dem runden Tisch im großen Bogen ausweichend zu dem Herrn mit den Folianten. Dieser Herr, das sah man deutlich, erstarrte geradezu unter den Worten des Dieners, sah sich aber endlich nach dem Manne um, der ihn zu sprechen wünschte, fuchtelte dann streng abwehrend gegen den Heizer und der Sicherheit halber auch gegen den Diener hin. Der Diener kehrte daraufhin zum Heizer zurück und sagte in einem Tone, als vertraue er ihm etwas an: „Scheren Sie sich sofort aus dem Zimmer!“

Der Heizer sah nach dieser Antwort zu Karl hinunter, als sei dieser sein Herz dem er stumm seinen Jammer klage. Ohne weitere Besinnung machte sich Karl los, lief quer durchs Zimmer, daß er sogar leicht an den Sessel des Offiziers streifte, der Diener lief gebeugt mit zum Umfangen bereiten Armen, als jage er ein Ungeziefer, aber Karl war der erste beim Tisch des Oberkassiers, wo er sich festhielt für den Fall, daß der Diener versuchen sollte ihn fortzuziehn.

Natürlich wurde gleich das ganze Zimmer lebendig. Der Schiffsoffizier am Tisch war aufgesprungen, die Herren von der Hafenbehörde sahen ruhig aber aufmerksam zu, die beiden Herren am Fenster waren nebeneinander getreten, der Diener, der glaubte, er sei dort, wo schon die hohen Herren Interesse zeigten, nicht mehr am Platze, trat zurück. Der Heizer an der Türe wartete angespannt auf den Augenblick, bis seine Hilfe nötig würde. Der Oberkassier endlich machte in seinem Lehnsessel eine große Rechtswendung.

Karl kramte aus seiner Geheimtasche, die er den Blicken dieser Leute zu zeigen keine Bedenken hatte, seinen Reisepaß hervor, den er statt weiterer Vorstellung geöffnet auf den Tisch legte. Der Oberkassier schien diesen Paß für nebensächlich zu halten, denn er schnippte ihn mit zwei Fingern beiseite, worauf Karl, als sei diese Formalität zur Zufriedenheit erledigt, den Paß wieder einsteckte. „Ich erlaube mir zu sagen", begann er dann, „daß meiner Meinung nach dem Herrn Heizer Unrecht geschehen ist. Es ist hier ein gewisser Schubal, der ihm aufsitzt. Er selbst hat schon auf vielen Schiffen, die er Ihnen alle nennen kann, zur vollständigen Zufriedenheit gedient, ist fleißig, meint es mit seiner Arbeit gut und es ist wirklich nicht einzusehn, warum er gerade auf diesem Schiff, wo doch der Dienst nicht so übermäßig schwer ist, wie z. B. auf Handelsseglern, schlecht entsprechen sollte. Es kann daher nur Verläumdung sein, die ihn in seinem Vorwärtskommen hindert und ihn um die Anerkennung bringt, die ihm sonst ganz bestimmt nicht fehlen würde. Ich habe nur das Allgemeine über diese Sache gesagt, seine besondern Beschwerden wird er Ihnen selbst vorbringen." Karl hatte sich mit dieser Sache an alle Herren gewendet weil ja tatsächlich auch alle zuhörten und es viel wahrscheinlicher schien, daß sich unter allen zusammen ein Gerechter vorfand, als daß dieser Gerechte gerade der Oberkassier sein sollte. Aus Schlauheit hatte außerdem Karl verschwiegen, daß er den Heizer erst so kurze Zeit kannte. Im übrigen hätte er noch viel besser gesprochen, wenn er nicht durch das rote Gesicht des Herrn mit dem Bambusstöckchen beirrt worden wäre, den er von seinem jetzigen Standort überhaupt zum erstenmal erblickte.

„Es ist alles Wort für Wort richtig", sagte der Heizer, ehe ihn noch jemand gefragt, ja ehe man noch überhaupt auf ihn hingesehen hatte. Diese Übereiltheit des Heizers wäre ein großer Fehler gewesen, wenn nicht der Herr mit den Orden, der wie es jetzt Karl aufleuchtete jedenfalls der Kapitän war, offenbar mit sich bereits übereingekommen wäre, den Heizer anzuhören. Er streckte nämlich die Hand aus und rief zum Heizer: „Kommen Sie her!" mit einer Stimme, fest, um mit einem Hammer darauf zu schlagen. Jetzt hieng alles vom Benehmen des Heizers ab, denn was die Gerechtigkeit seiner Sache anbelangte, an der zweifelte Karl nicht.

Glücklicherweise zeigte sich bei dieser Gelegenheit, daß der Heizer schon viel in der Welt herumgekommen war. Musterhaft ruhig nahm er aus seinem Kofferchen mit dem ersten Griff ein Bündelchen Papiere sowie ein Notizbuch, gieng damit, als verstünde sich das von selbst, unter vollständiger Vernachlässigung des Oberkassiers zum Kapitän und breitete auf dem Fensterbrett seine Beweismittel aus. Dem Oberkassier blieb nichts übrig als sich selbst hinzubemühn. „Der Mann ist ein bekannter Querulant", sagte er zur Erklärung, „er ist mehr in der Kassa als im Maschinenraum. Er hat Schubal diesen ruhigen Menschen ganz zur Verzweiflung gebracht. Hören Sie einmal!" wandte er sich an den Heizer, „Sie treiben Ihre Zudringlichkeit doch schon wirklich zu weit. Wie oft hat man Sie schon aus den Auszahlungsräumen herausgeworfen, wie Sie es mit Ihren ganz, vollständig und ausnahmslos unberechtigten Forderungen verdienen! Wie oft sind Sie von dort hierher in die Hauptkassa gelaufen gekommen! Wie oft hat man Ihnen im Guten gesagt, daß Schubal Ihr unmittelbarer Vorgesetzter ist, mit dem allein Sie sich als sein Untergebener abzufinden haben! Und jetzt kommen Sie gar noch her, wenn der Herr Kapitän da ist, schämen sich nicht, sogar ihn zu belästigen, sondern entblöden sich nicht, als eingelernten Stimmführer Ihrer abgeschmackten Beschuldigungen diesen Kleinen mitzubringen, den ich überhaupt zum erstenmal auf dem Schiffe sehe."

Karl hielt sich mit Gewalt zurück, vorzuspringen. Aber da war auch schon der Kapitän da, welcher sagte: „Hören wir den Mann doch einmal an. Der Schubal wird mir so wie so mit der Zeit viel zu selbstständig, womit ich aber nichts zu Ihren Gunsten gesagt haben will." Das letztere galt dem Heizer, es war nur natürlich, daß er sich nicht sofort für ihn einsetzen konnte, aber alles schien auf dem richtigen Weg. Der Heizer begann seine Erklärungen und überwand sich gleich am Anfang, indem er den Schubal mit Herr titulierte. Wie freute sich Karl am verlassenen Schreibtisch des Oberkassiers, wo er eine Briefwage immer wieder niederdrückte vor lauter Vergnügen. Herr Schubal ist ungerecht. Herr Schubal bevorzugt die Ausländer. Herr Schubal verwies den Heizer aus dem Maschinenraum und ließ ihn Klosete reinigen, was doch gewiß nicht des Heizers Sache war. Einmal wurde sogar die Tüchtigkeit des Herrn Schubal angezweifelt, die eher scheinbar, als wirklich vorhanden sein sollte. Bei dieser Stelle starrte Karl mit aller Kraft den Kapitän an, zutunlich[1] als sei er sein Kollege, nur damit er sich durch die etwas ungeschickte Ausdrucksweise des Heizers nicht zu seinen Ungunsten beeinflussen lasse. Immerhin erfuhr man aus den vielen Reden nichts eigentliches und wenn auch der Kapitän noch immer vor sich hinsah, in den Augen die Entschlossenheit den Heizer diesmal bis zu Ende anzuhören, so wurden doch die andern Herren ungeduldig und die Stimme des Heizers regierte bald nicht mehr unumschränkt in dem Raum, was manches befürchten ließ. Als erster setzte der Herr in Civil sein Bambusstöckchen in Tätigkeit und klopfte, wenn auch nur leise auf das Parkett. Die andern Herren sahen natürlich hie und da hin, die Herren von der Hafenbehörde, die offenbar pressiert[2] waren, griffen wieder zu den Akten und begannen, wenn auch noch etwas geistesabwesend sie durchzusehn, der Schiffsofficier rückte seinem Tische wieder näher und der Oberkassier, der gewonnenes Spiel zu haben glaubte, seufzte aus Ironie tief auf. Von der allgemein eintretenden Zerstreuung schien nur der Diener bewahrt, der von den Leiden des unter die Großen gestellten armen Mannes einen Teil mitfühlte und Karl ernst zunickte, als wolle er damit etwas erklären.

Inzwischen gieng vor den Fenstern das Hafenleben weiter, ein flaches Lastschiff mit einem Berg von Fässern, die wunderbar verstaut sein mußten, daß sie nicht ins Rollen kamen, zog vorüber und erzeugte in dem Zimmer fast Dunkelheit, kleine Motorboote, die Karl jetzt, wenn er Zeit gehabt hätte, genau hätte ansehn können, rauschten nach den Zuckungen der Hände eines am Steuer aufrecht stehenden Mannes schnurgerade dahin, eigentümliche Schwimmkörper tauchten hie und da selbständig aus dem ruhelosen Wasser, wurden gleich wieder überschwemmt und versanken vor dem erstaunten Blick, Boote der Ozeandampfer wurden

---

1 zutraulich
2 in Eile

von heiß arbeitenden Matrosen vorwärtsgerudert und waren voll von Passagieren, die darin, so wie man sie hineingezwängt hatte still und erwartungsvoll saßen, wenn es auch manche nicht unterlassen konnten die Köpfe nach den wechselnden Scenerien zu drehn. Eine Bewegung ohne Ende, eine Unruhe, übertragen von dem unruhigen Element auf die hilflosen Menschen und ihre Werke.

Aber alles mahnte zur Eile, zur Deutlichkeit, zu ganz genauer Darstellung, aber was tat der Heizer? Er redete sich allerdings in Schweiß, die Papiere auf dem Fenster konnte er längst mit seinen zitternden Händen nicht mehr halten, aus allen Himmelsrichtungen strömten ihm Klagen über Schubal zu, von denen seiner Meinung nach jede einzelne genügt hätte diesen Schubal vollständig zu begraben, aber was er dem Kapitän vorzeigen konnte, war nur ein trauriges Durcheinanderstrudeln aller insgesamt. Längst schon pfiff der Herr mit dem Bambusstöckchen schwach zur Decke hinauf, die Herren von der Hafenbehörde hielten schon den Officier an ihrem Tisch und machten keine Miene ihn je wieder loszulassen, der Oberkassier wurde sichtlich nur durch die Ruhe des Kapitäns vor dem Dreinfahren zurückgehalten, wonach es ihn juckte. Der Diener erwartete in Habtachtstellung jeden Augenblick einen auf den Heizer bezüglichen Befehl seines Kapitäns.

Da konnte Karl nicht mehr untätig bleiben. Er gieng also langsam zu der Gruppe hin und überlegte im Gehn nur desto schneller, wie er die Sache möglichst geschickt angreifen könnte. Es war wirklich höchste Zeit, noch ein kleines Weilchen nur und sie konnten ganz gut beide aus dem Bureau fliegen. Der Kapitän mochte ja ein guter Mann sein und überdies gerade jetzt, wie es Karl schien, einen besondern Grund haben, sich als gerechter Vorgesetzter zu zeigen, aber schließlich war er kein Instrument, das man in Grund und Boden spielen konnte – und gerade so behandelte ihn der Heizer, allerdings aus seinem grenzenlos empörten Inneren heraus.

Karl sagte also zum Heizer: „Sie müssen das einfacher erzählen, klarer, der Herr Kapitän kann das nicht würdigen so wie Sie es ihm erzählen. Kennt er denn alle Maschinisten und Laufburschen bei Namen oder gar beim Taufnamen, daß er, wenn Sie nur einen solchen Namen aussprechen gleich wissen kann, um wen es sich handelt. Ordnen Sie doch Ihre Beschwerden, sagen Sie die Wichtigste zuerst und absteigend die andern, vielleicht wird es dann überhaupt nicht mehr nötig sein, die meisten auch nur zu erwähnen. Mir haben Sie es doch immer so klar dargestellt." Wenn man in Amerika Koffer stehlen kann, kann man auch hie und da lügen, dachte er zur Entschuldigung.

Wenn es aber nur geholfen hätte! Ob es nicht auch schon zu spät war? Der Heizer unterbrach sich zwar sofort, als er die bekannte Stimme hörte, aber mit seinen Augen, die ganz von Tränen, der beleidigten Mannesehre, der schrecklichen Erinnerungen, der äußersten gegenwärtigen Not verdeckt waren, konnte er Karl schon nicht einmal gut mehr erkennen. Wie sollte er auch jetzt, Karl sah das schweigend vor dem jetzt Schweigenden wohl ein, wie sollte er auch jetzt plötzlich seine Redeweise ändern, da es ihm doch schien, als hätte er alles was zu sagen war ohne die geringste Anerkennung schon vorgebracht und als habe er andererseits noch gar nichts gesagt und könne doch den Herren jetzt nicht zumuten, noch alles anzuhören. Und in einem solchen Zeitpunkt kommt noch Karl sein einziger Anhänger daher, will ihm gute Lehren geben, zeigt ihm aber statt dessen, daß alles alles verloren ist.

Wäre ich früher gekommen, statt aus dem Fenster zu schauen, sagte sich Karl, senkte vor dem Heizer das Gesicht und schlug die Hände an die Hosennaht zum Zeichen des Endes jeder Hoffnung.

Aber der Heizer mißverstand das, witterte wohl in Karl irgendwelche geheime Vorwürfe gegen sich und in der guten Absicht sie ihm auszureden fieng er zur Krönung seiner Taten mit Karl jetzt zu streiten an. Jetzt, wo doch die Herren am runden Tisch längst empört über den nutzlosen Lärm waren, der ihre wichtigen Arbeiten störte, wo der Hauptkassier allmählich die Geduld des Kapitäns unverständlich fand und zum sofortigen Ausbruch neigte, wo der Diener ganz wieder in der Sphäre seiner Herrn den Heizer mit wildem Blicke maß und wo endlich der Herr mit dem Bambusstöckchen, zu welchem sogar der Kapitän hie und da freundschaftlich hinübersah, schon gänzlich abgestumpft gegen den Heizer, ja von ihm angewidert, ein kleines Notizbuch hervorzog und offenbar mit ganz andern Angelegenheiten beschäftigt die Augen zwischen dem Notizbuch und Karl hin und her wandern ließ.

„Ich weiß ja, ich weiß ja“, sagte Karl der Mühe hatte den jetzt gegen ihn gekehrten Schwall des Heizers abzuwehren, trotzdem aber quer durch allen Streit noch ein Freundeslächeln für ihn übrig hatte. „Sie haben recht, recht, ich habe ja nie daran gezweifelt.“ Er hätte ihm gern die herumfahrenden Hände aus Furcht vor Schlägen gehalten, noch lieber allerdings ihn in einen Winkel gedrängt um ihm ein paar leise beruhigende Worte zuzuflüstern, die niemand sonst hätte hören müssen. Aber der Heizer war außer Rand und Band. Karl begann jetzt schon sogar aus dem Gedanken eine Art Trost zu schöpfen, daß der Heizer im Notfall mit der Kraft seiner Verzweiflung alle anwesenden sieben Männer bezwingen könne. Allerdings lag auf dem Schreibtisch wie ein Blick dorthin lehrte ein Aufsatz mit viel zu vielen Druckknöpfen der elektrischen Leitung und eine Hand, einfach auf sie niedergedrückt, konnte das ganze Schiff mit allen seinen von feindlichen Menschen gefüllten Gängen rebellisch machen.

Da trat der doch so uninteressierte Herr mit dem Bambusstöckchen auf Karl zu und fragte nicht überlaut, aber deutlich über allem Geschrei des Heizers: „Wie heißen Sie denn eigentlich?“ In diesem Augenblick, als hätte jemand hinter der Tür auf diese Äußerung des Herrn gewartet klopfte es. Der Diener sah zum Kapitän hinüber, dieser nickte. Daher gieng der Diener zur Tür und öffnete sie. Draußen stand in einem alten Kaiserrock ein Mann von mittlern Proportionen, seinem Aussehn nach nicht eigentlich zur Arbeit an den Maschinen geeignet und war doch – Schubal. Wenn es Karl nicht an aller Augen erkannt hätte, die eine gewisse Befriedigung ausdrückten, von der nicht einmal der Kapitän frei war, er hätte es zu seinem Schrecken am Heizer sehen müssen, der die Fäuste an den gestrafften Armen so ballte, als sei diese Ballung das Wichtigste an ihm, dem er alles was er an Leben habe zu opfern bereit sei. Da steckte jetzt alle seine Kraft, auch die, welche ihn überhaupt aufrecht erhielt.

Und da war also der Feind frei und frisch im Festanzug, unter dem Arm ein Geschäftsbuch, wahrscheinlich die Lohnlisten und Arbeitsausweise des Heizers und sah mit dem ungescheuten Zugeständnis, daß er die Stimmung jedes einzelnen vor allem feststellen wolle, in aller Augen der Reihe nach. Die sieben waren auch schon alle seine Freunde, denn wenn auch der Kapitän früher gewisse Einwände gegen ihn gehabt oder vielleicht auch nur vorgeschützt hatte, nach dem Leid, das ihm der Heizer angetan hatte, schien ihm wahrscheinlich an Schubal auch das Geringste nicht mehr auszusetzen. Gegen einen Mann wie den Heizer konnte man nicht streng genug verfahren und wenn dem Schubal etwas vorzuwerfen war, so war es der Umstand, daß er die Widerspenstigkeit des Heizers im Laufe der Zeiten nicht so weit hatte brechen können, daß es dieser heute noch gewagt hatte vor dem Kapitän zu erscheinen.

Nun konnte man ja vielleicht noch annehmen, die Gegenüberstellung des Heizers und Schubals werde die ihr vor einem höhern Forum zukommende Wirkung auch vor den Menschen nicht verfehlen, denn wenn sich auch Schubal gut verstellen konnte, er mußte es doch durchaus nicht bis zum Ende aushalten können. Ein kurzes Aufblitzen seiner Schlechtigkeit sollte genügen, um sie den Herren sichtbar zu machen, dafür wollte Karl schon sorgen. Er kannte doch schon beiläufig den Scharfsinn, die Schwächen, die Launen der einzelnen Herren und unter diesem Gesichtspunkt war die bisher hier verbrachte Zeit nicht verloren. Wenn nur der Heizer besser auf dem Platze gewesen wäre, aber der schien vollständig kampfunfähig. Wenn man ihm den Schubal hingehalten hätte, hätte er wohl dessen gehaßten Schädel mit den Fäusten aufklopfen können, wie eine dünnschalige Nuß. Aber schon die paar Schritte zu ihm hinzugehn, war er wohl kaum imstande. Warum hatte denn Karl das so leicht vorauszusehende nicht vorausgesehn, daß Schubal endlich kommen müsse, wenn nicht aus eigenem Antrieb, so vom Kapitän gerufen. Warum hatte er auf dem Herweg mit dem Heizer nicht einen genauen Kriegsplan besprochen, statt wie sie es in Wirklichkeit getan hatten heillos unvorbereitet einfach dort einzutreten, wo eine Türe war? Konnte der Heizer überhaupt noch reden, ja und nein sagen, wie es bei dem Kreuzverhör, das allerdings nur im günstigsten Fall bevorstand nötig sein würde. Er stand da, die Beine auseinandergestellt, die Knie ein wenig gebogen, den Kopf etwas gehoben und die Luft verkehrte durch den offenen Mund als gebe es innen keine Lungen mehr, die sie verarbeiteten.

Karl allerdings fühlte sich so kräftig und bei Verstand, wie er es vielleicht zu hause niemals gewesen war. Wenn ihn doch seine Eltern sehen könnten, wie er im fremden Land vor angesehenen Persönlichkeiten das Gute verfocht und wenn er es auch noch nicht zum Siege gebracht hatte, so doch zur letzten Eroberung sich vollkommen bereit stellte. Würden sie ihre Meinung über ihn revidieren[1]? Ihn zwischen sich niedersetzen und loben? Ihm einmal einmal in die ihnen so ergebenen Augen sehn? Unsichere Fragen und ungeeignetester Augenblick sie zu stellen!

„Ich komme, weil ich glaube, daß mich der Heizer irgendwelcher Unredlichkeiten beschuldigt. Ein Mädchen aus der Küche sagte mir, sie hätte ihn auf dem Wege hierher gesehen. Herr Kapitän und Sie alle meine Herren, ich bin bereit, jede Beschuldigung an der Hand meiner Schriften, nötigenfalls durch Aussagen unvoreingenommener und unbeeinflußter Zeugen, die vor der Türe stehn, zu widerlegen." So sprach Schubal. Das war allerdings die klare Rede eines Mannes und nach der Veränderung in den Mienen der Zuhörer hätte man glauben können, sie hörten zum erstenmal nach langer Zeit wieder menschliche Laute. Sie bemerkten freilich nicht, daß selbst diese schöne Rede Löcher hatte. Warum war das erste sachliche Wort das ihm einfiel „Unredlichkeiten"? Hätte vielleicht die Beschuldigung hier einsetzen müssen, statt bei seinen nationalen Voreingenommenheiten? Ein Mädchen aus der Küche hatte den Heizer auf dem Weg ins Bureau gesehn und Schubal hatte sofort begriffen? War es nicht das Schuldbewußtsein, das ihm den Verstand schärfte? Und Zeugen hatte er gleich mitgebracht und nannte sie noch außerdem unvoreingenommen und unbeeinflußt? Gaunerei, nichts als Gaunerei und die Herren duldeten das und anerkannten es noch als richtiges Benehmen? Warum hatte er zweifellos sehr viel Zeit zwischen der Meldung des Küchenmäd-

[1] korrigieren, ändern

chens und seiner Ankunft hier verstreichen lassen, doch zu keinem andern Zwecke als damit der Heizer die Herren so ermüde, daß sie allmählich ihre klare Urteilskraft verloren hätten, welche Schubal vor allem zu fürchten hatte? Hatte er der sicher schon lange hinter der Tür gestanden war nicht erst in dem Augenblick geklopft, als er infolge der nebensächlichen Frage jenes Herren hoffen durfte, der Heizer sei erledigt?

Alles war klar und wurde ja auch von Schubal wider Willen so dargeboten, aber den Herren mußte man es anders, noch handgreiflicher sagen. Sie brauchten Aufrüttelung. Also Karl, rasch, nütze jetzt wenigstens die Zeit aus, ehe die Zeugen auftreten und alles überschwemmen.

Eben aber winkte der Kapitän dem Schubal ab, der daraufhin sofort – denn seine Angelegenheit schien für ein Weilchen verschoben worden zu sein – beiseite trat und mit dem Diener, der sich ihm gleich angeschlossen hatte, eine leise Unterhaltung begann, bei der es an Seitenblicken nach dem Heizer und Karl sowie an den überzeugtesten Handbewegungen nicht fehlte. Schubal schien so seine nächste große Rede einzuüben.

„Wollten Sie nicht den jungen Mann hier etwas fragen, Herr Jakob?“ sagte der Kapitän unter allgemeiner Stille zu dem Herrn mit dem Bambusstöckchen.

„Allerdings“, sagte dieser mit einer kleinen Neigung für die Aufmerksamkeit dankend. Und fragte dann Karl nochmals: „Wie heißen Sie eigentlich?“

Karl, welcher glaubte, es sei im Interesse der großen Hauptsache gelegen, wenn dieser Zwischenfall des hartnäckigen Fragers bald erledigt würde, antwortete kurz, ohne wie es seine Gewohnheit war, durch Vorlage des Passes sich vorzustellen, den er erst hätte suchen müssen: „Karl Roßmann.“

„Aber“, sagte der mit Jakob Angesprochene und trat zuerst fast ungläubig lächelnd zurück. Auch der Kapitän, der Oberkassier, der Schiffsofficier, ja sogar der Diener zeigten deutlich ein übermäßiges Erstaunen wegen Karls Namen. Nur die Herren von der Hafenbehörde und Schubal verhielten sich gleichgültig.

„Aber“, wiederholte der Herr Jakob und trat mit etwas steifen Schritten auf Karl zu, „dann bin ich ja Dein Onkel Jakob und Du bist mein lieber Neffe. Ahnte ich es doch die ganze Zeit über", sagte er zum Kapitän hin, ehe er Karl umarmte und küßte, der alles stumm geschehen ließ.

„Wie heißen Sie?" fragte Karl nachdem er sich losgelassen fühlte, zwar sehr höflich aber gänzlich ungerührt und strengte sich an, die Folgen abzusehn, welche dieses neue Ereignis für den Heizer haben könne. Vorläufig deutete nichts daraufhin, daß Schubal aus dieser Sache Nutzen ziehen könnte.

„Begreifen Sie doch junger Mann Ihr Glück", sagte der Kapitän, der durch die Frage die Würde der Person des Herrn Jakob verletzt glaubte, der sich zum Fenster gestellt hatte, offenbar um sein aufgeregtes Gesicht, das er überdies mit einem Taschentuch betupfte, den andern nicht zeigen zu müssen. „Es ist der Staatsrat Edward Jakob, der sich Ihnen als Ihr Onkel zu erkennen gegeben hat. Es erwartet Sie nunmehr, doch wohl ganz gegen Ihre bisherigen Erwartungen eine glänzende Laufbahn. Versuchen Sie das einzusehn, so gut es im ersten Augenblick geht und fassen Sie sich."

„Ich habe allerdings einen Onkel Jakob in Amerika", sagte Karl zum Kapitän gewendet, „aber wenn ich recht verstanden habe, lautet bloß der Zuname des Herrn Staatsrat Jakob."

„So ist es", sagte der Kapitän erwartungsvoll.

„Nun, mein Onkel Jakob, welcher der Bruder meiner Mutter ist, heißt aber mit dem Taufnamen Jakob während sein Zuname natürlich gleich jenem meiner Mutter lauten müßte, welche eine geborene Bendelmayer ist."

„Meine Herren!" rief der Staatsrat, der von seinem Erholungsposten beim Fenster munter zurückkehrte, mit Bezug auf Karls Erklärung aus. Alle mit Ausnahme der Hafenbeamten brachen in Lachen aus, manche wie in Rührung, manche undurchdringlich. So lächerlich war das was ich gesagt habe doch keineswegs, dachte Karl.

„Meine Herren", wiederholte der Staatsrat, „Sie nehmen gegen meinen und gegen Ihren Willen an einer kleinen Familienscene teil und ich kann deshalb nicht umhin, Ihnen eine Erläuterung zu geben, da wie ich glaube nur der Herr Kapitän (diese Erwähnung hatte eine gegenseitige Verbeugung zur Folge) vollständig unterrichtet ist."

Jetzt muß ich aber wirklich auf jedes Wort achtgeben, sagte sich Karl und freute sich als er bei einem Seitwärtsschauen bemerkte, daß in die Figur des Heizers das Leben zurückzukehren begann. „Ich lebe seit allen den langen Jahren meines amerikanischen Aufenthaltes – das Wort Aufenthalt paßt hier allerdings schlecht für den amerikanischen Bürger der ich mit ganzer Seele bin – seit allen den langen Jahren lebe ich also von meinen europäischen Verwandten vollständig abgetrennt, aus Gründen die erstens nicht hierhergehören und die zweitens zu erzählen mich wirklich zu sehr hernehmen würde. Ich fürchte mich sogar vor dem Augenblick, wo ich gezwungen sein werde, sie meinem lieben Neffen zu erzählen, wobei sich leider ein offenes Wort über seine Eltern und ihren Anhang nicht vermeiden lassen wird."

„Er ist mein Onkel, kein Zweifel", sagte sich Karl und lauschte. „Wahrscheinlich hat er seinen Namen ändern lassen."

„Mein lieber Neffe ist nun von seinen Eltern – sagen wir nur das Wort, das die Sache auch wirklich bezeichnet – einfach beiseitegeschafft worden, wie man eine Katze vor die Tür wirft, wenn sie ärgert. Ich will durchaus nicht beschönigen, was mein Neffe gemacht hat, daß er so gestraft wurde – beschönigen ist nicht amerikanische Art – aber sein Verschulden ist von der Art daß dessen einfaches Nennen schon genug Entschuldigung enthält."

„Das läßt sich hören", dachte Karl, „aber ich will nicht daß er es allen erzählt. Übrigens kann er es ja auch nicht wissen. Woher denn? Aber wir werden sehn, er wird schon alles wissen."

„Er wurde nämlich", fuhr der Onkel fort und stützte sich mit kleinen Neigungen auf das vor ihm eingestemmte Bambusstöckchen wodurch es ihm tatsächlich gelang, der Sache einen Teil der unnötigen Feierlichkeit zu nehmen, die sie sonst unbedingt gehabt hätte – „er wurde nämlich von einem Dienstmädchen Johanna Brummer, einer etwa fünfunddreißigjährigen Person verführt. Ich will mit dem Worte verführt meinen Neffen durchaus nicht kränken, aber es ist doch schwer, ein anderes gleich passendes Wort zu finden."

Karl der schon ziemlich nahe zum Onkel getreten war, drehte sich hier um, um den Eindruck der Erzählung von den Gesichtern der Anwesenden abzulesen. Keiner lachte, alle hörten geduldig und ernsthaft zu. Schließlich lacht man auch nicht über den Neffen eines Staatsrates bei der ersten Gelegenheit die sich darbietet. Eher hätte man schon sagen können, daß der Heizer wenn auch nur ganz wenig Karl anlächelte, was aber erstens als neues Lebenszeichen erfreulich und zweitens entschuldbar war, da ja Karl in der Kabine aus dieser Sache, die jetzt so publik[1] wurde, ein besonderes Geheimnis hatte machen wollen.

„Nun hat diese Brummer“, setzte der Onkel fort, „von meinem Neffen ein Kind bekommen, einen gesunden Jungen, welcher in der Taufe den Namen Jakob erhielt, zweifellos in Gedanken an meine Wenigkeit, welche selbst in den sicher nur ganz nebensächlichen Erwähnungen meines Neffen auf das Mädchen einen großen Eindruck gemacht haben muß. Glücklicherweise, sage ich. Denn da die Eltern zur Vermeidung der Alimentenzahlung[2] oder sonstigen bis an sie selbst heranreichenden Skandales – ich kenne wie ich betonen muß, weder die dortigen Gesetze noch die sonstigen Verhältnisse der Eltern, sondern weiß nur von zwei Bettelbriefen der Eltern aus früherer Zeit, die ich zwar unbeantwortet gelassen aber aufgehoben habe und welche meine einzige und überdies einseitige briefliche Verbindung mit ihnen in der ganzen Zeit bedeuten – da also die Eltern zur Vermeidung der Alimentenzahlung und des Skandales ihren Sohn meinen lieben Neffen nach Amerika haben transportieren lassen, mit unverantwortlich ungenügender Ausrüstung, wie man sieht – wäre der Junge, wenn man von den gerade noch in Amerika lebendigen Zeichen und Wundern absieht, auf sich allein angewiesen, wohl schon gleich in einem Gäßchen im Hafen von Newyork verkommen, wenn nicht jenes Dienstmädchen in einem an mich gerichteten Brief, der nach langen Irrfahrten vorgestern in meinen Besitz kam, mir die ganze Geschichte, samt Personenbeschreibung meines Neffen und vernünftigerweise auch Namensnennung des Schiffes mitgeteilt hätte. Wenn ich es darauf angelegt hätte, Sie meine Herren zu unterhalten, könnte ich wohl einige Stellen jenes Briefes“ – er zog zwei riesige eng beschriebene Briefbogen

1 öffentlich, allgemein bekannt
2 Alimente: Unterhaltsbeiträge für nicht eheliche Kinder

aus der Tasche und schwenkte sie – „hier vorlesen. Er würde sicher Wirkung machen, da er mit einer etwas einfachen wenn auch immer gutgemeinten Schlauheit und mit viel Liebe zu dem Vater ihres Kindes geschrieben ist. Aber ich will weder Sie mehr unterhalten, als es zur Aufklärung nötig ist noch vielleicht gar zum Empfang möglicherweise noch bestehende Gefühle meines Neffen verletzen, der den Brief, wenn er mag, in der Stille seines ihn schon erwartenden Zimmers zur Belehrung lesen kann."

Karl hatte aber keine Gefühle für jenes Mädchen. Im Gedränge einer immer mehr zurückgestoßenen Vergangenheit saß sie in ihrer Küche neben dem Küchenschrank, auf dessen Platte sie ihren Elbogen stützte. Sie sah ihn an, wenn er hin und wieder in die Küche kam, um ein Glas zum Wassertrinken für seinen Vater zu holen oder einen Auftrag seiner Mutter auszurichten. Manchmal schrieb sie in der vertrackten Stellung seitlich vom Küchenschrank einen Brief und holte sich die Eingebungen von Karls Gesicht. Manchmal hielt sie die Augen mit der Hand verdeckt, dann drang keine Anrede zu ihr. Manchmal kniete sie in ihrem engen Zimmerchen neben der Küche und betete zu einem hölzernen Kreuz, Karl beobachtete sie dann nur mit Scheu im Vorübergehn durch die Spalte der ein wenig geöffneten Tür. Manchmal jagte sie in der Küche herum und fuhr wie eine Hexe lachend zurück, wenn Karl ihr in den Weg kam. Manchmal schloß sie die Küchentüre, wenn Karl eingetreten war, und behielt die Klinke solange in der Hand bis er wegzugehn verlangte. Manchmal holte sie Sachen, die er gar nicht haben wollte, und drückte sie ihm schweigend in die Hände. Einmal aber sagte sie „Karl!" und führte ihn, der noch über die unerwartete Ansprache staunte, unter Grimassen seufzend in ihr Zimmerchen, das sie zusperrte. Würgend umarmte sie seinen Hals und während sie ihn bat sie zu entkleiden, entkleidete sie in Wirklichkeit ihn und legte ihn in ihr Bett, als wolle sie ihn von jetzt niemandem mehr lassen und ihn streicheln und pflegen bis zum Ende der Welt. „Karl, o Du mein Karl", rief sie als sehe sie ihn und bestätige sich seinen Besitz, während er nicht das geringste sah und sich unbehaglich in dem vielen warmen Bettzeug fühlte, das sie eigens für ihn aufgehäuft zu haben schien. Dann legte sie sich auch zu ihm und wollte irgendwelche Geheimnisse von ihm erfahren, aber er konnte ihr keine sagen und sie ärgerte sich im Scherz oder Ernst, schüttelte ihn, horchte sein Herz ab, bot ihre Brust zum gleichen Abhorchen hin, wozu sie Karl aber nicht bringen konnte, drückte ihren nackten Bauch an seinen Leib, suchte mit der Hand, so widerlich daß Karl Kopf und Hals aus den Kissen heraus schüttelte, zwischen seinen Beinen, stieß dann den Bauch einigemale gegen ihn, ihm war als sei sie ein Teil seiner selbst und vielleicht aus diesem Grunde hatte ihn eine entsetzliche Hilfsbedürftigkeit ergriffen. Weinend kam er endlich nach vielen Wiedersehenswünschen ihrerseits in sein Bett. Das war alles gewesen und doch verstand es der Onkel, daraus eine große Geschichte zu machen. Und die Köchin hatte also auch an ihn gedacht und den Onkel von seiner Ankunft verständigt. Das war schön von ihr gehandelt und er würde es ihr wohl noch einmal vergelten.

„Und jetzt", rief der Senator, „will ich von Dir offen hören, ob ich Dein Onkel bin oder nicht."

„Du bist mein Onkel", sagte Karl und küßte ihm die Hand und wurde dafür auf die Stirn geküßt. „Ich bin sehr froh daß ich Dich getroffen habe, aber Du irrst, wenn Du glaubst, daß meine Eltern nur Schlechtes von Dir reden. Aber auch abgesehen davon sind in Deiner Rede einige Fehler enthalten gewesen, d.h. ich meine, es hat sich in Wirklichkeit nicht alles so zugetragen. Du kannst aber auch wirklich von hier aus die Dinge nicht so gut beurteilen und ich glaube außerdem, daß es keinen besondern Schaden bringen wird, wenn die Herren in Einzelheiten einer Sache, an der ihnen doch wirklich nicht viel liegen kann, ein wenig unrichtig informiert worden sind."

„Wohl gesprochen", sagte der Senator, führte Karl vor den sichtlich teilnehmenden Kapitän und sagte: „Habe ich nicht einen prächtigen Neffen?"

„Ich bin glücklich", sagte der Kapitän mit einer Verbeugung wie sie nur militärisch geschulte Leute zustande bringen, „Ihren Neffen, Herr Senator, kennen gelernt zu haben. Es ist eine besondere Ehre für mein Schiff, daß es den Ort eines solchen Zusammentreffens abgeben konnte. Aber die Fahrt im Zwischendeck war wohl sehr arg, ja wer kann das wissen wer da mit geführt wird.

Einmal ist z. B. auch der Erstgeborene des obersten ungarischen Magnaten[1], der Name und der Grund der Reise ist mir schon entfallen, in unserem Zwischendeck gefahren. Ich habe es erst viel später erfahren. Nun wir tun alles mögliche, den Leuten im Zwischendeck die Fahrt möglichst zu erleichtern, viel mehr z. B. als die amerikanischen Linien, aber eine solche Fahrt zu einem Vergnügen zu machen, ist uns allerdings noch immer nicht gelungen."

„Es hat mir nicht geschadet", sagte Karl.

„Es hat ihm nicht geschadet!" wiederholte laut lachend der Senator.

„Nur meinen Koffer fürchte ich verloren zu –". Und damit erinnerte er sich an alles, was geschehen war und was noch zu tun übrig blieb, sah sich um und erblickte alle Anwesenden stumm vor Achtung und Staunen auf ihren frühern Plätzen, die Augen auf ihn gerichtet. Nur den Hafenbeamten sah man, soweit ihre strengen selbstzufriedenen Gesichter einen Einblick gestatteten, das Bedauern an, zu so ungelegener Zeit gekommen zu sein und die Taschenuhr die sie jetzt vor sich liegen hatten, war ihnen wahrscheinlich wichtiger als alles was im Zimmer vorgieng und vielleicht noch geschehen konnte.

Der erste welcher nach dem Kapitän seine Anteilnahme aussprach, war merkwürdigerweise der Heizer. „Ich gratuliere Ihnen herzlich", sagte er und schüttelte Karl die Hand, womit er auch etwas wie Anerkennung ausdrücken wollte. Als er sich dann mit der gleichen Ansprache auch an den Senator wenden wollte, trat dieser jedoch zurück, als überschreite der Heizer damit seine Rechte; der Heizer ließ auch sofort ab.

Die übrigen aber sahen jetzt ein, was zu tun war und bildeten gleich um Karl und den Senator einen Wirrwarr. So geschah es, daß Karl sogar eine Gratulation Schubals erhielt, annahm und für sie dankte. Als letzte traten in der wieder entstandenen Ruhe die Hafenbeamten hinzu und sagten zwei englische Worte, was einen lächerlichen Eindruck machte.

[1] Magnat: hoher Adliger

Der Senator war ganz in der Laune, um das Vergnügen vollständig auszukosten, nebensächlichere Momente sich und den andern in Erinnerung zu bringen, was natürlich von allen nicht nur geduldet, sondern mit Interesse hingenommen wurde. So machte er darauf aufmerksam, daß er sich die in dem Brief der Köchin erwähnten hervorstechendsten Erkennungszeichen Karls in sein Notizbuch zu möglicherweise notwendigem augenblicklichen Gebrauch eingetragen hatte. Nun hatte er während des unerträglichen Geschwätzes des Heizers zu keinem andern Zweck, als um sich abzulenken, das Notizbuch herausgezogen und die natürlich nicht gerade detektivisch richtigen Beobachtungen der Köchin mit Karls Aussehn zum Spiel in Verbindung zu bringen gesucht. „Und so findet man seinen Neffen", schloß er in einem Tone, als wolle er noch einmal Gratulationen bekommen.

„Was wird jetzt dem Heizer geschehn?" fragte Karl, vorbei an der letzten Erzählung des Onkels. Er glaubte in seiner neuen Stellung, alles was er dachte auch aussprechen zu können.

„Dem Heizer wird geschehn, was er verdient", sagte der Senator, „und was der Herr Kapitän erachtet. Ich glaube wir haben von dem Heizer genug und übergenug, wozu mir jeder der anwesenden Herren sicher zustimmen wird."

„Darauf kommt es doch nicht an, bei einer Sache der Gerechtigkeit", sagte Karl. Er stand zwischen dem Onkel und dem Kapitän und glaubte vielleicht durch diese Stellung beeinflußt die Entscheidung in der Hand zu haben.

Und trotzdem schien der Heizer nichts mehr für sich zu hoffen. Die Hände hielt er halb in den Hosengürtel, der durch seine aufgeregten Bewegungen mit Streifen eines gemusterten Hemdes zum Vorschein gekommen war. Das kümmerte ihn nicht im geringsten, er hatte sein ganzes Leid geklagt, nun sollte man auch noch die paar Fetzen sehn, die er am Leibe trug und dann sollte man ihn forttragen. Er dachte sich aus, der Diener und Schubal als die zwei hier im Range tiefsten sollten ihm diese letzte Güte erweisen. Schubal würde dann Ruhe haben und nicht mehr in Verzweiflung kommen, wie sich der Oberkassier ausgedrückt hatte. Der Kapitän würde lauter Rumänen anstellen können, es würde überall rumänisch gesprochen werden und vielleicht würde dann wirklich alles besser gehn. Kein Heizer würde mehr in der Hauptkassa schwätzen, nur sein letztes Geschwätz würde man in ziemlich freundlicher Erinnerung behalten, da es, wie der Senator ausdrücklich erklärt hatte, die mittelbare Veranlassung zur Erkennung des Neffen gegeben hatte. Dieser Neffe hatte ihm übrigens vorher öfters zu nützen gesucht und daher für seinen Dienst bei der Wiedererkennung längst vorher einen mehr als genügenden Dank abgestattet; dem Heizer fiel gar nicht ein, jetzt noch etwas von ihm zu verlangen. Im übrigen, mochte er auch der Neffe des Senators sein, ein Kapitän war er noch lange nicht, aber aus dem Munde des Kapitäns würde schließlich das böse Wort fallen. – So wie es seiner Meinung entsprach versuchte auch der Heizer nicht zu Karl hinzusehn, aber leider blieb in diesem Zimmer der Feinde kein anderer Ruheort für seine Augen.

„Mißverstehe die Sachlage nicht", sagte der Senator zu Karl, „es handelt sich vielleicht um eine Sache der Gerechtigkeit, aber gleichzeitig um eine Sache der Disciplin. Beides und ganz besonders das letztere unterliegt hier der Beurteilung des Herrn Kapitäns."

„So ist es", murmelte der Heizer. Wer es merkte und verstand, lächelte befremdet.

„Wir aber haben überdies den Herrn Kapitän in seinen Amtsgeschäften, die sich sicher gerade bei der Ankunft in Newyork unglaublich häufen, so sehr schon behindert, daß es höchste Zeit für uns ist, das Schiff zu verlassen, um nicht zum Überfluß auch noch durch irgendwelche höchstunnötige Einmischung diese geringfügige Zänkerei zweier Maschinisten zu einem Ereignis zu machen. Ich begreife Deine Handlungsweise lieber Neffe übrigens vollkommen, aber gerade das gibt mir das Recht Dich eilends von hier fortzuführen."

„Ich werde sofort ein Boot für Sie flott machen lassen", sagte der Kapitän, ohne zum Erstaunen Karls auch nur den kleinsten Einwand gegen die Worte des Onkels vorzubringen, die doch zweifellos als eine Selbstdemütigung des Onkels angesehen werden konnten. Der Oberkassier eilte überstürzt zum Schreibtisch und telephonierte den Befehl des Kapitäns an den Bootsmeister.

„Die Zeit drängt schon", sagte sich Karl, „aber ohne alle zu beleidigen kann ich nichts tun. Ich kann doch jetzt den Onkel nicht verlassen, nachdem er mich kaum wiedergefunden hat. Der Kapitän ist zwar höflich, aber das ist auch alles. Bei der Disciplin hört seine Höflichkeit auf, und der Onkel hat ihm sicher aus der Seele gesprochen. Mit Schubal will ich nicht reden, es tut mir sogar leid, daß ich ihm die Hand gereicht habe. Und alle andern Leute hier sind Spreu."

Und er gieng langsam in solchen Gedanken zum Heizer, zog dessen rechte Hand aus dem Gürtel und hielt sie spielend in der seinen. „Warum sagst Du denn nichts?" fragte er. „Warum läßt Du Dir alles gefallen?"

Der Heizer legte nur die Stirn in Falten, als suche er den Ausdruck für das was er zu sagen habe. Im übrigen sah er auf seine und Karls Hand hinab.

„Dir ist ja Unrecht geschehn wie keinem auf dem Schiff, das weiß ich ganz genau." Und Karl zog seine Finger hin und her zwischen den Fingern des Heizers, der mit glänzenden Augen ringsumher schaute, als widerfahre ihm eine Wonne, die ihm aber niemand verübeln möge.

„Du mußt Dich aber zur Wehr setzen, ja und nein sagen, sonst haben ja die Leute keine Ahnung von der Wahrheit. Du mußt mir versprechen, daß Du mir folgen wirst, denn ich selbst, das fürchte ich mit vielem Grund, werde Dir gar nicht mehr helfen können." Und nun weinte Karl, während er die Hand des Heizers küßte und nahm die rissige, fast leblose Hand und drückte sie an seine Wangen, wie einen Schatz, auf den man verzichten muß. – Da war aber auch schon der Onkel Senator an seiner Seite und zog ihn, wenn auch nur mit dem leichtesten Zwange, fort. „Der Heizer scheint Dich bezaubert zu haben", sagte er und sah verständnisinnig über Karls Kopf zum Kapitän hin. „Du hast Dich verlassen gefühlt, da hast Du den Heizer gefunden und bist ihm jetzt dankbar, das ist ja ganz löblich. Treibe das aber, schon mir zuliebe, nicht zu weit und lerne Deine Stellung begreifen."

Autorität bestimmt über Karl

Vor der Türe entstand ein Lärmen, man hörte Rufe und es war sogar, als werde jemand brutal gegen die Tür gestoßen. Ein Matrose trat ein, etwas verwildert, und hatte eine Mädchenschürze umgebunden. „Es sind Leute draußen", rief er und stieß einmal mit den Elbogen herum, als sei er noch im Gedränge. Endlich fand er seine Besinnung und wollte vor dem Kapitän salutieren, da bemerkte er die Mädchenschürze, riß sie herunter, warf sie zu Boden und rief: „Das ist ja ekelhaft, da haben sie mir eine Mädchenschürze umgebunden.“ Dann aber klappte er die Hacken zusammen und salutierte. Jemand versuchte zu lachen, aber der Kapitän sagte streng: „Das nenne ich eine gute Laune. Wer ist denn draußen?“ „Es sind meine Zeugen“, sagte Schubal vortretend, „ich bitte ergebenst um Entschuldigung für ihr unpassendes Benehmen. Wenn die Leute die Seefahrt hinter sich haben, sind sie manchmal wie toll.“ – „Rufen Sie sie sofort herein“, befahl der Kapitän und gleich sich zum Senator umwendend sagte er verbindlich, aber rasch: „Haben Sie jetzt die Güte, verehrter Herr Senator, mit Ihrem Herrn Neffen diesem Matrosen zu folgen, der Sie ins Boot bringen wird. Ich muß wohl nicht erst sagen, welches Vergnügen und welche Ehre mir das persönliche Bekanntwerden mit Ihnen, Herr Senator, bereitet hat. Ich wünsche mir nur bald Gelegenheit zu haben, mit Ihnen, Herr Senator, unser unterbrochenes Gespräch über die amerikanischen Flottenverhältnisse wieder einmal aufnehmen zu können und dann vielleicht neuerdings auf so angenehme Weise wie heute unterbrochen zu werden.“ „Vorläufig genügt mir dieser eine Neffe“, sagte der Onkel lachend. „Und nun nehmen Sie meinen besten Dank für Ihre Liebenswürdigkeit und leben Sie wohl. Es wäre übrigens gar nicht so unmöglich, daß wir“ – er drückte Karl herzlich an sich – „bei unserer nächsten Europareise vielleicht für längere Zeit zusammenkommen könnten.“ „Es würde mich herzlich freuen“, sagte der Kapitän. Die beiden Herren schüttelten einander die Hände, Karl konnte nur noch stumm und flüchtig seine Hand dem Kapitän reichen, denn dieser war bereits von den vielleicht fünfzehn Leuten in Anspruch genommen, welche unter Führung Schubals zwar etwas betroffen aber doch sehr laut einzogen. Der Matrose bat den Senator vorausgehn zu dürfen und teilte dann die Menge für ihn und Karl, die leicht zwischen den sich verbeugenden Leuten durchkamen. Es schien daß diese im übrigen gutmütigen Leute den Streit Schubals mit dem Heizer als einen Spaß auffaßten, dessen Lächerlichkeit nicht einmal vor dem Kapitän aufhöre. Karl bemerkte unter ihnen auch das Küchenmädchen Line, welche, ihm lustig zuzwinkernd, die vom Matrosen hingeworfene Schürze umband, denn es war die ihrige. Weiter dem Matrosen folgend verließen sie das Bureau und bogen in einen kleinen Gang ein, der sie nach paar Schritten zu einem Türchen brachte, von dem aus eine kurze Treppe in das Boot hinabführte, welches für sie vorbereitet war. Die Matrosen im Boot, in das ihr Führer gleich mit einem einzigen Satz hinuntersprang, erhoben sich und salutierten. Der Senator gab Karl gerade eine Ermahnung zu vorsichtigem Hinuntersteigen, als Karl noch auf der obersten Stufe in heftiges Weinen ausbrach. Der Senator legte die rechte Hand unter Karls Kinn, hielt ihn fest an sich gepreßt und streichelte ihn mit der linken Hand. So giengen sie langsam Stufe für Stufe hinab und traten engverbunden ins Boot, wo der Senator für Karl gerade sich gegenüber einen guten Platz aussuchte. Auf ein Zeichen des Senators stießen die Matrosen vom Schiffe ab und waren gleich in voller Arbeit. Kaum waren sie paar Meter vom Schiff entfernt machte Karl die unerwartete Entdeckung, daß sie sich gerade auf jener Seite des Schiffes befanden, wohin die Fenster der Hauptkassa giengen. Alle drei Fenster waren mit Zeugen Schubals besetzt, welche freundschaftlich grüßten und winkten, sogar der Onkel dankte und ein Matrose machte das Kunststück, ohne eigentlich das gleichmäßige Rudern zu unterbrechen eine Kußhand hinaufzuschicken. Es war wirklich als gebe es keinen Heizer mehr. Karl faßte den Onkel, mit dessen Knien sich die seinen fast berührten, genauer ins Auge und es kamen ihm Zweifel, ob dieser Mann ihm jemals den Heizer werde ersetzen können. Auch wich der Onkel seinem Blikke aus und sah auf die Wellen hin, von denen ihr Boot umschwankt wurde.

II
Der Onkel

Im Hause des Onkels gewöhnte sich Karl bald an die neuen Verhältnisse. Der Onkel kam ihm aber auch in jeder Kleinigkeit freundlich entgegen und niemals mußte Karl sich erst durch schlechte Erfahrungen belehren lassen, wie dies meist das erste Leben im Ausland so verbittert.

Karls Zimmer lag im sechsten Stockwerk eines Hauses, dessen fünf untere Stockwerke, an welche sich in der Tiefe noch drei unterirdische anschlossen, von dem Geschäftsbetrieb des Onkels eingenommen wurden. Das Licht, das in sein Zimmer durch zwei Fenster und eine Balkontüre eindrang, brachte Karl immer wieder zum Staunen, wenn er des Morgens aus seiner kleinen Schlafkammer hier eintrat. Wo hätte er wohl wohnen müssen, wenn er als armer kleiner Einwanderer ans Land gestiegen wäre? Ja vielleicht hätte man ihn, was der Onkel nach seiner Kenntnis der Einwanderungsgesetze sogar für sehr wahrscheinlich hielt, gar nicht in die Vereinigten Staaten eingelassen sondern ihn nach Hause geschickt, ohne sich weiter darum zu kümmern, daß er keine Heimat mehr hatte. Denn auf Mitleid durfte man hier nicht hoffen und es war ganz richtig, was Karl in dieser Hinsicht über Amerika gelesen hatte; nur die Glücklichen schienen hier ihr Glück zwischen den unbekümmerten Gesichtern ihrer Umgebung wahrhaft zu genießen.

Ein schmaler Balkon zog sich vor dem Zimmer seiner ganzen Länge nach hin. Was aber in der Heimatstadt Karls wohl der höchste Aussichtspunkt gewesen wäre, gestattete hier nicht viel mehr als den Überblick über eine Straße, die zwischen zwei Reihen förmlich abgehackter Häuser gerade und darum wie fliehend in die Ferne sich verlief, wo aus vielem Dunst die Formen einer Kathedrale ungeheuer sich erhoben. Und morgen wie abend und in den Träumen der Nacht vollzog sich auf dieser Straße ein immer drängender Verkehr, der von oben gesehn sich als eine aus immer neuen Anfängen ineinandergestreute Mischung von verzerrten menschlichen Figuren und von Dächern der Fuhrwerke aller Art darstellte, von der aus sich noch eine neue vervielfältigte wildere Mischung von Lärm, Staub und Gerüchen erhob, und alles dieses wurde erfaßt und durchdrungen von einem mächtigen Licht, das immer wieder von der Menge der Gegenstände zerstreut, fortgetragen und wieder eifrig herbeigebracht wurde und das dem betörten Auge so körperlich erschien, als werde über dieser Straße eine alles bedeckende Glasscheibe jeden Augenblick immer wieder mit aller Kraft zerschlagen.

Vorsichtig wie der Onkel in allem war, riet er Karl sich vorläufig ernsthaft nicht auf das Geringste einzulassen. Er sollte wohl alles prüfen und anschauen, aber sich nicht gefangen nehmen lassen. Die ersten Tage eines Europäers in Amerika seien ja einer Geburt vergleichbar und wenn man sich hier auch, damit nur Karl keine unnötige Angst habe, rascher eingewöhne als wenn man vom Jenseits in die menschliche Welt eintrete, so müsse man sich doch vor Augen halten, daß das erste Urteil immer auf schwachen Füßen stehe und daß man sich dadurch nicht vielleicht alle künftigen Urteile, mit deren Hilfe man ja hier sein Leben weiterführen wolle, in Unordnung bringen lassen dürfe. Er selbst habe Neuankömmlinge gekannt, die z. B. statt nach diesen guten Grundsätzen sich zu verhalten, tagelang auf ihrem Balkon gestanden und wie verlorene Schafe auf die Straße heruntergesehen hätten. Das müsse unbedingt verwirren! Diese einsame Untätigkeit, die sich in einen arbeitsreichen Newyorker Tag verschaut, könne einem Vergnügungsreisenden gestattet und vielleicht, wenn auch nicht vorbehaltlos angeraten werden, für einen der hier bleiben wird sei sie ein Verderben, man könne in diesem Fall ruhig dieses Wort anwenden, wenn es auch eine Übertreibung ist. Und tatsächlich verzog der Onkel immer ärgerlich das Gesicht, wenn er bei einem seiner Besuche, die immer nur einmal täglich und zwar immer zu den verschiedensten Tageszeiten erfolgten, Karl auf dem Balkone antraf. Karl merkte das bald und versagte sich infolgedessen das Vergnügen, auf dem Balkon zu stehn, nach Möglichkeit.

Es war ja auch beiweitem nicht das einzige Vergnügen, das er hatte. In seinem Zimmer stand ein amerikanischer Schreibtisch bester Sorte, wie sich ihn sein Vater seit Jahren gewünscht und auf den verschiedensten Versteigerungen um einen ihm erreichbaren billigen Preis zu kaufen gesucht hatte, ohne daß es ihm bei seinen kleinen Mitteln jemals gelungen wäre. Natürlich war dieser Tisch mit jenen angeblich amerikanischen Schreibtischen, wie sie sich auf europäischen Versteigerungen herumtreiben nicht zu vergleichen. Er hatte z. B. in seinem Aufsatz hundert Fächer verschiedenster Größe und selbst der Präsident der Union hätte für jeden seiner Akten einen passenden Platz gefunden, aber außerdem war an der Seite ein Regulator und man konnte durch Drehen an der Kurbel die verschiedensten Umstellungen und Neueinrichtungen der Fächer nach Belieben und Bedarf erreichen. Dünne Seitenwändchen senkten sich langsam und bildeten den Boden neu sich erhebender oder die Decke neu aufsteigender Fächer; schon nach einer Umdrehung hatte der Aufsatz ein ganz anderes Aussehen und alles gieng je nachdem man die Kurbel drehte langsam oder unsinnig rasch vor sich. Es war eine neueste Erfindung, erinnerte aber Karl sehr lebhaft an die Krippenspiele die zuhause auf dem Christmarkt den staunenden Kindern gezeigt wurden und auch Karl war oft in seine Winterkleider eingepackt davor gestanden und hatte ununterbrochen die Kurbeldrehung, die ein alter Mann ausführte, mit den Wirkungen im Krippenspiel verglichen, mit dem stockenden Vorwärtskommen der heiligen drei Könige, dem Aufglänzen des Sternes und dem befangenen Leben im heiligen Stall. Und immer war es ihm erschienen, als ob die Mutter die hinter ihm stand nicht genau genug alle Ereignisse verfolge, er hatte sie zu sich hingezogen, bis er sie an seinem Rücken fühlte, und hatte ihr solange mit lauten Ausrufen verborgenere Erscheinungen gezeigt, vielleicht ein Häschen, das vorn im Gras abwechselnd Männchen machte und sich dann wieder zum Lauf bereitete, bis die Mutter ihm den Mund zuhielt und wahrscheinlich in ihre frühere Unachtsamkeit verfiel. Der Tisch war freilich nicht dazu gemacht um an solche Dinge zu erinnern, aber in der Geschichte der Erfindungen bestand wohl ein ähnlich undeutlicher Zusammenhang wie in Karls Erinnerungen. Der Onkel war zum Unterschied von Karl mit diesem Schreibtisch durchaus nicht einverstanden, nur hatte er eben für Karl einen ordentlichen Schreibtisch kaufen wollen und solche Schreibtische waren jetzt sämtlich mit dieser Neueinrichtung versehn, deren Vorzug nämlich auch darin bestand, bei älteren Schreibtischen ohne große Kosten angebracht werden zu können. Immerhin unterließ der Onkel nicht, Karl zu raten, den Regulator möglichst gar nicht zu verwenden; um die Wirkung des Rates zu verstärken behauptete der Onkel, die Maschinerie sei sehr empfindlich, leicht zu verderben und die Wiederherstellung sehr kostspielig. Es war nicht schwer einzusehn, daß solche Bemerkungen nur Ausflüchte waren, wenn man sich auch andererseits sagen mußte, daß der Regulator sehr leicht zu fixieren war, was der Onkel jedoch nicht tat.

In den ersten Tagen, an denen selbstverständlich zwischen Karl und dem Onkel häufigere Aussprachen stattgefunden hatten, hatte Karl auch erzählt, daß er zu hause wenig zwar, aber gern Klavier gespielt habe, was er allerdings lediglich mit den Anfangskenntnissen hatte bestreiten können, die ihm die Mutter beigebracht hatte. Karl war sich dessen wohl bewußt, daß eine solche Erzählung gleichzeitig die Bitte um ein Klavier war, aber er hatte sich schon genügend umgesehn, um zu wissen, daß der Onkel auf keine Weise zu sparen brauchte. Trotzdem wurde ihm diese Bitte nicht gleich gewährt, aber etwa acht Tage später sagte der Onkel fast in der Form eines widerwilligen Eingeständnisses, das Klavier sei eben angelangt und Karl könne, wenn er wolle den Transport überwachen. Das war allerdings eine leichte Arbeit, aber dabei nicht einmal viel leichter als der Transport selbst, denn im Haus war ein eigener Möbelaufzug, in welchem ohne Gedränge ein ganzer Möbelwagen Platz finden konnte und in diesem Aufzug schwebte auch das Piano zu Karls Zimmer hinauf. Karl selbst hätte zwar in dem gleichen Aufzug mit dem Piano und den Transportarbeitern fahren können, aber da gleich daneben ein Personenaufzug zur Benützung freistand, fuhr er in diesem, hielt sich mittelst eines Hebels stets in gleicher Höhe mit dem andern Aufzug und betrachtete unverwandt durch die Glaswände das schöne Instrument das jetzt sein Eigentum war. Als er es in seinem Zimmer hatte und die ersten Töne anschlug, bekam er eine so närrische Freude, daß er statt weiterzuspielen aufsprang und aus einiger Entfernung die Hände in den Hüften das Klavier lieber anstaunte. Auch die Akustik des Zimmers war ausgezeichnet und sie trug dazu bei sein anfängliches kleines Unbehagen, in einem Eisenhause zu wohnen, gänzlich verschwinden zu lassen. Tatsächlich merkte man auch im Zimmer, so eisenmäßig das Gebäude von außen erschien, von eisernen Baubestandteilen nicht das geringste und niemand hätte auch nur eine Kleinigkeit in der Einrichtung aufzeigen können, welche die vollständigste Gemütlichkeit irgendwie gestört hätte. Karl erhoffte in der ersten Zeit viel von seinem Klavierspiel und schämte sich nicht wenigstens vor dem Einschlafen an die Möglichkeit einer unmittelbaren Beeinflussung der amerikanischen Verhältnisse durch dieses Klavierspiel zu denken. Es klang ja allerdings sonderbar, wenn er vor den in die lärmerfüllte Luft geöffneten Fenstern ein altes Soldatenlied seiner Heimat spielte, das die Soldaten am Abend, wenn sie in den Kasernenfenstern liegen und auf den finstern Platz hinausschauen, von Fenster zu Fenster einander zusingen – aber sah er dann auf die Straße, so war sie unverändert und nur ein kleines Stück eines großen Kreislaufes, das man nicht an und für sich anhalten konnte, ohne alle Kräfte zu kennen, die in der Runde wirkten. Der Onkel duldete das Klavierspiel, sagte auch nichts dagegen, zumal Karl sich auch ohne Mahnung nur selten das Vergnügen des Spieles gönnte, ja er brachte Karl sogar Noten amerikanischer Märsche und natürlich auch der Nationalhymne, aber allein aus der Freude an der Musik war es wohl nicht zu erklären, als er eines Tages ohne allen Scherz Karl fragte, ob er nicht auch das Spiel auf der Geige oder auf dem Waldhorn lernen wolle.

Natürlich war das Lernen des Englischen Karls erste und wichtigste Aufgabe. Ein junger Professor einer Handelshochschule erschien morgens um sieben Uhr in Karls Zimmer und fand ihn schon an seinem Schreibtisch bei den Heften sitzen oder memorierend[1] im Zimmer auf und ab gehn. Karl sah wohl ein daß zur Aneignung des Englischen keine Eile groß genug sei und daß er hier außerdem die beste Gelegenheit habe seinem Onkel eine außerordentliche Freude durch rasche Fortschritte zu machen. Und tatsächlich gelang es bald, während zuerst das Englische in den

[1] auswendig lernend

Gesprächen mit dem Onkel sich auf Gruß und Abschiedsworte beschränkt hatte, immer größere Teile der Gespräche ins Englische hinüberzuspielen, wodurch gleichzeitig vertraulichere Themen sich einzustellen begannen. Das erste amerikanische Gedicht, die Darstellung einer Feuersbrunst, das Karl seinem Onkel an einem Abend recitieren[1] konnte, machte diesen tiefernst vor Zufriedenheit. Sie standen damals beide an einem Fenster in Karls Zimmer, der Onkel sah hinaus, wo alle Helligkeit des Himmels schon vergangen war und schlug im Mitgefühl der Verse langsam und gleichmäßig in die Hände, während Karl aufrecht neben ihm stand und mit starren Augen das schwierige Gedicht sich entrang.

Je besser Karls Englisch wurde, desto größere Lust zeigte der Onkel ihn mit seinen Bekannten zusammenzuführen und ordnete nur für jeden Fall an, daß bei solchen Zusammenkünften vorläufig der Englischprofessor sich immer in Karls Nähe zu halten habe. Der allererste Bekannte, dem Karl eines Vormittags vorgestellt wurde, war ein schlanker, junger, unglaublich biegsamer Mann, den der Onkel mit besondern Komplimenten in Karls Zimmer führte. Es war offenbar einer jener vielen vom Standpunkt der Eltern aus gesehen mißratenen Millionärssöhne, dessen Leben so verlief, daß ein gewöhnlicher Mensch auch nur einen beliebigen Tag im Leben dieses jungen Mannes nicht ohne Schmerz verfolgen konnte. Und als wisse oder ahne er dies, und als begegne er dem, soweit es in seiner Macht stand, war um seine Lippen und Augen ein unaufhörliches Lächeln des Glückes, das ihm selbst, seinem Gegenüber und der ganzen Welt zu gelten schien.

Mit diesem jungen Mann, einem Herrn Mack wurde unter unbedingter Zustimmung des Onkels, besprochen gemeinsam um halb sechs Uhr früh, sei es in der Reitschule, sei es ins Freie zu reiten. Karl zögerte zwar zuerst seine Zusage zu geben, da er doch noch niemals auf einem Pferd gesessen war und das Reiten zuerst ein wenig lernen wolle, aber da ihm der Onkel und Mack so sehr zuredeten und das Reiten als bloßes Vergnügen und als gesunde Übung aber gar nicht als Kunst darstellten, sagte er schließ-

[1] rezitieren: eine Dichtung künstlerisch vortragen

lich zu. Nun mußte er allerdings schon um halb fünf aus dem Bett und das tat ihm oft sehr leid, denn er litt hier, wohl infolge der steten Aufmerksamkeit, die er während des Tages aufwenden mußte, geradezu an Schlafsucht, aber in seinem Badezimmer verlor sich das Bedauern bald. Über die ganze Wanne der Länge und Breite nach spannte sich das Sieb der Douche[1] – welcher Mitschüler zuhause und war er noch so reich, besaß etwas derartiges und gar noch allein für sich – und da lag nun Karl ausgestreckt, in dieser Wanne konnte er die Arme ausbreiten, und ließ die Ströme des lauen, heißen, wieder lauen und endlich eisigen Wassers, nach Belieben teilweise oder über die ganze Fläche hin auf sich herab. Wie in dem noch ein wenig fortlaufenden Genusse des Schlafes lag er da und fieng besonders gern mit den geschlossenen Augenlidern die letzten einzeln fallenden Tropfen auf, die sich dann öffneten und über das Gesicht hinflossen.

In der Reitschule, wo ihn das hoch sich aufbauende Automobil des Onkels absetzte, erwartete ihn bereits der Englischprofessor, während Mak ausnahmslos erst später kam. Er konnte aber auch unbesorgt erst später kommen, denn das eigentliche lebendige Reiten fieng erst an, wenn er da war. Bäumten sich nicht die Pferde aus ihrem bisherigen Halbschlaf auf, wenn er eintrat, knallte die Peitsche nicht lauter durch den Raum, erschienen nicht plötzlich auf der umlaufenden Gallerie einzelne Personen, Zuschauer, Pferdewärter, Reitschüler oder was sie sonst sein mochten? Karl aber nützte die Zeit vor der Ankunft Maks dazu aus, um doch ein wenig wenn auch nur die primitivsten Vorübungen des Reitens zu betreiben. Es war ein langer Mann da, der auf den höchsten Pferderücken mit kaum erhobenem Arm hinaufreichte und der Karl diesen immer kaum eine Viertelstunde dauernden Unterricht erteilte. Die Erfolge die Karl hiebei hatte, waren nicht übergroß und er konnte sich viele englische Klagerufe dauernd aneignen, die er während dieses Lernens zu seinem Englischprofessor atemlos ausstieß, der immer am gleichen Türpfosten meist sehr schlafbedürftig lehnte. Aber fast alle Unzufriedenheit mit dem Reiten hörte auf, wenn Mak kam. Der lange Mann wurde wegge-

1 Dusche

schickt und bald hörte man in dem noch immer halbdunklen Saal nichts anderes, als die Hufe der gallopierenden Pferde und man sah kaum etwas anderes als Maks erhobenen Arm, mit dem er Karl ein Kommando gab. Nach einer halben Stunde solchen wie Schlaf vergehenden Vergnügens, wurde Halt gemacht, Mak war in großer Eile, verabschiedete sich von Karl, klopfte ihm manchmal auf die Wange, wenn er mit seinem Reiten besonders zufrieden gewesen war und verschwand, ohne vor großer Eile mit Karl auch nur gemeinsam durch die Tür herauszugehn. Karl nahm dann den Professor mit ins Automobil und sie fuhren zu ihrer Englischstunde meist auf Umwegen, denn bei der Fahrt durch das Gedränge der großen Straße, die eigentlich direkt von dem Hause des Onkels zur Reitschule führte, wäre zuviel Zeit verloren gegangen. Im übrigen hörte wenigstens diese Begleitung des Englischprofessors bald auf, denn Karl der sich Vorwürfe machte, den müden Mann nutzlos in die Reitschule zu bemühn, zumal die englische Verständigung mit Mak eine sehr einfache war, bat den Onkel den Professor von dieser Pflicht zu entheben. Nach einiger Überlegung gab der Onkel dieser Bitte auch nach.

Verhältnismäßig lange dauerte es, ehe sich der Onkel entschloß, Karl auch nur einen kleinen Einblick in sein Geschäft zu erlauben, trotzdem Karl öfters darum ersucht hatte. Es war eine Art Kommissions- und Speditionsgeschäftes, wie sie, soweit sich Karl erinnern konnte, in Europa vielleicht gar nicht zu finden war. Das Geschäft bestand nämlich in einem Zwischenhandel, der aber die Waren nicht etwa von den Producenten zu den Konsumenten oder vielleicht zu den Händlern vermittelte, sondern welcher die Vermittlung aller Waren und Urprodukte für die großen Fabrikskartelle[1] und zwischen ihnen besorgte. Es war daher ein Geschäft, welches in einem Käufe, Lagerungen, Transporte und Verkäufe riesenhaften Umfangs umfaßte und ganz genaue unaufhörliche telephonische und telegraphische Verbindungen mit den Klienten unterhalten mußte. Der Saal der Telegraphen war nicht kleiner, sondern größer als das Telegraphenamt der Vaterstadt, durch

1 Kartell: Zusammenschluss von wirtschaftlichen Unternehmen, die rechtlich und wirtschaftlich weitgehend selbstständig bleiben

das Karl einmal an der Hand eines dort bekannten Mitschülers gegangen war. Im Saal der Telephone giengen wohin man schaute die Türen der Telephonzellen auf und zu und das Läuten war sinnverwirrend. Der Onkel öffnete die nächste dieser Türen und man sah dort im sprühenden elektrischen Licht einen Angestellten gleichgültig gegen jedes Geräusch der Türe, den Kopf eingespannt in ein Stahlband, das ihm die Hörmuscheln an die Ohren drückte. Der rechte Arm lag auf einem Tischchen, als wäre er besonders schwer und nur die Finger, welche den Bleistift hielten, zuckten unmenschlich gleichmäßig und rasch. In den Worten, die er in den Sprechtrichter sagte, war er sehr sparsam und oft sah man sogar, daß er vielleicht gegen den Sprecher etwas einzuwenden hatte, ihn etwas genauer fragen wollte, aber gewisse Worte, die er hörte zwangen ihn, ehe er seine Absicht ausführen konnte, die Augen zu senken und zu schreiben. Er mußte auch nicht reden, wie der Onkel Karl leise erklärte, denn die gleichen Meldungen, wie sie dieser Mann aufnahm, wurden noch von zwei andern Angestellten gleichzeitig aufgenommen und dann verglichen, so daß Irrtümer möglichst ausgeschlossen waren. In dem gleichen Augenblick als der Onkel und Karl aus der Tür getreten waren, schlüpfte ein Praktikant hinein und kam mit dem inzwischen beschriebenen Papier heraus. Mitten durch den Saal war ein beständiger Verkehr von hin und her gejagten Leuten. Keiner grüßte, das Grüßen war abgeschafft, jeder schloß sich den Schritten des ihm vorhergehenden an und sah auf den Boden auf dem er möglichst rasch vorwärtskommen wollte oder fieng mit den Blicken wohl nur einzelne Worte oder Zahlen von Papieren ab, die er in der Hand hielt und die bei seinem Laufschritt flatterten.

„Du hast es wirklich weit gebracht", sagte Karl einmal auf einem dieser Gänge durch den Betrieb, auf dessen Durchsicht man viele Tage verwenden mußte, selbst wenn man jede Abteilung gerade nur gesehen haben wollte.

„Und alles habe ich vor dreißig Jahren selbst eingerichtet, mußt Du wissen. Ich hatte damals im Hafenviertel ein kleines Geschäft und wenn dort im Tag fünf Kisten abgeladen waren, so war es viel und ich gieng aufgeblasen nachhause. Heute habe ich die drittgrößten Lagerhäuser im Hafen und jener Laden ist das Eßzimmer und die Gerätkammer der fünfundsechzigsten Gruppe meiner Packträger."

„Das grenzt ja ans Wunderbare", sagte Karl.

„Alle Entwicklungen gehn hier so schnell vor sich", sagte der Onkel das Gespräch abbrechend.

Eines Tages kam der Onkel knapp vor der Zeit des Essens, das Karl wie gewöhnlich allein einzunehmen gedachte und forderte ihn auf, sich gleich schwarz anzuziehn und mit ihm zum Essen zu kommen, an welchem zwei Geschäftsfreunde teilnehmen würden. Während Karl sich im Nebenzimmer umkleidete, setzte sich der Onkel zum Schreibtisch und sah die gerade beendete Englischaufgabe durch, schlug mit der Hand auf den Tisch und rief laut: „Wirklich ausgezeichnet!" Zweifellos gelang das Anziehen besser, als Karl dieses Lob hörte, aber er war auch wirklich seines Englischen schon ziemlich sicher.

Im Speisezimmer des Onkels, das er vom ersten Abend seiner Ankunft noch in Erinnerung hatte, erhoben sich zwei große dicke Herren zur Begrüßung, ein gewisser Green der eine, ein gewisser Pollunder der zweite, wie sich während des Tischgespräches herausstellte. Der Onkel pflegte nämlich kaum ein flüchtiges Wort über irgendwelche Bekannten auszusprechen und überließ es immer Karl durch eigene Beobachtung das Notwendige oder Interessante herauszufinden. Nachdem während des eigentlichen Essens nur intime geschäftliche Angelegenheiten besprochen worden waren, was für Karl eine gute Lektion hinsichtlich kaufmännischer Ausdrücke bedeutete, und man Karl still mit seinem Essen sich hatte beschäftigen lassen, als sei er ein Kind, das sich vor allem ordentlich sattessen müsse, beugte sich Herr Green zu Karl hin und fragte in dem unverkennbaren Bestreben ein möglichst deutliches Englisch zu sprechen, im allgemeinen nach Karls ersten amerikanischen Eindrücken. Karl antwortete unter einer Sterbensstille ringsherum mit einigen Seitenblicken auf den Onkel ziemlich ausführlich und suchte sich zum Dank durch eine etwas newyorkisch gefärbte Redeweise angenehm zu machen. Bei einem Ausdruck lachten sogar alle drei Herren durcheinander und Karl fürchtete schon einen groben Fehler gemacht zu haben, jedoch nein, er hatte wie ihm Herr Pollunder erklärte, sogar etwas sehr Gelungenes gesagt. Dieser Herr Pollunder schien überhaupt an Karl ein besonderes Gefallen zu finden und während der Onkel und Herr Green wieder zu den geschäftlichen Besprechungen zurückkehrten, ließ Herr Pollunder Karl seinen Sessel nahe zu sich hin schieben, fragte ihn zuerst vielerlei über seinen Namen, seine Herkunft und seine Reise aus, bis er dann schließlich um Karl wieder ausruhn zu lassen, lachend, hustend und eilig selbst von sich und seiner Tochter erzählte, mit der er auf einem kleinen Landgut in der Nähe von Newyork wohnte, wo er aber allerdings nur die Abende verbringen konnte, denn er war Bankier und sein Beruf hielt ihn in Newyork den ganzen Tag. Karl wurde auch gleich herzlichst eingeladen, auf dieses Landgut herauszukommen, ein so frischgebackener Amerikaner wie Karl habe ja auch sicher das Bedürfnis sich von Newyork manchmal zu erholen. Karl bat den Onkel sofort um die Erlaubnis, diese Einladung annehmen zu dürfen und der Onkel gab auch scheinbar freudig diese Erlaubnis, ohne aber ein bestimmtes Datum zu nennen oder auch nur in Erwägung ziehen zu lassen, wie es Karl und Herr Pollunder erwartet hatten.

Aber schon am nächsten Tag wurde Karl in ein Bureau des Onkels beordert – der Onkel hatte zehn verschiedene Bureaux allein in diesem Hause – wo er den Onkel und Herrn Pollunder beide ziemlich einsilbig in den Fauteuils[1] liegend antraf. „Herr Pollunder", sagte der Onkel, er war in der Abenddämmerung des Zimmers kaum zu erkennen, „Herr Pollunder ist gekommen, um Dich auf sein Landgut mitzunehmen, wie wir es gestern besprochen haben." „Ich wußte nicht daß es schon heute sein sollte", antwortete Karl, „sonst wäre ich schon vorbereitet." „Wenn Du nicht vorbereitet bist, dann verschieben wir vielleicht den Besuch besser für nächstens", meinte der Onkel. „Was für Vorbereitungen!" rief Herr Pollunder. „Ein junger Mann ist immer vorbereitet." „Es ist nicht seinetwegen", sagte der Onkel zu seinem Gaste gewendet, „aber er müßte immerhin noch in sein Zimmer hinaufgehn und Sie wären aufgehalten." „Es ist auch dazu reichlich Zeit", sagte Herr Pollunder, „ich habe auch eine Verzögerung vor-

[1] Fauteuil: Lehnsessel

bedacht und früher Geschäftsschluß gemacht." „Du siehst", sagte der Onkel, „was für Unannehmlichkeiten Dein Besuch schon jetzt veranlaßt." „Es tut mir leid", sagte Karl, „aber ich werde gleich wieder da sein", und wollte schon wegspringen. „Übereilen Sie sich nicht", sagte Herr Pollunder. „Sie machen mir nicht die geringsten Unannehmlichkeiten, dagegen macht mir Ihr Besuch eine reine Freude." „Du versäumst morgen Deine Reitstunde, hast Du sie schon abgesagt?" „Nein", sagte Karl, dieser Besuch, auf den er sich gefreut hatte, fieng an eine Last zu werden, „ich wußte ja nicht –". „Und trotzdem willst Du wegfahren?" fragte der Onkel weiter. Herr Pollunder, dieser freundliche Mensch kam zur Hilfe. „Wir werden auf der Fahrt bei der Reitschule halten und die Sache in Ordnung bringen." „Das läßt sich hören", sagte der Onkel. „Aber Mak wird Dich doch erwarten." „Erwarten wird er mich nicht", sagte Karl, „aber er wird allerdings hinkommen." „Nun also?" sagte der Onkel, als wäre Karls Antwort nicht die geringste Rechtfertigung gewesen. Wieder sagte Herr Pollunder das Entscheidende: „Aber Klara" – sie war Herrn Pollunders Tochter – „erwartet ihn auch und schon heute abend und sie hat wohl den Vorzug vor Mak?" „Allerdings", sagte der Onkel. „Also lauf schon in Dein Zimmer", und er schlug mehrmals wie ohne Willen gegen die Armlehne des Fauteuils. Karl war schon bei der Tür, als ihn der Onkel noch mit der Frage zurückhielt: „Zur Englischstunde bist Du doch wohl morgen früh wieder hier?" „Aber!" rief Herr Pollunder und drehte sich, soweit es seine Dicke erlaubte, in seinem Fauteuil vor Erstaunen. „Ja darf er denn nicht wenigstens den morgigen Tag draußen bleiben? Ich brächte ihn dann übermorgen früh wieder zurück." „Das geht auf keinen Fall", erwiderte der Onkel. „Ich kann sein Studium nicht so in Unordnung kommen lassen. Später bis er in einem an und für sich geregelten Berufsleben sein wird, werde ich ihm sehr gern auch für längere Zeit erlauben, einer so freundlichen und ehrenden Einladung zu folgen." „Was das für Widersprüche sind!" dachte Karl. Herr Pollunder war traurig geworden. „Für einen Abend und eine Nacht steht es aber wirklich fast nicht dafür." „Das war auch meine Meinung", sagte der Onkel. „Man muß nehmen was man bekommt", sagte Herr Pollunder und lachte schon wieder. „Also ich warte", rief er Karl zu, welcher, da der Onkel nichts mehr sagte, davoneilte. Als er bald reisefertig zurückkehrte, traf er im Bureau nur noch Herrn Pollunder, der Onkel war fortgegangen. Herr Pollunder schüttelte Karl ganz glücklich beide Hände, als wolle er sich so stark als möglich dessen vergewissern, daß Karl nun doch mitfahre. Karl war noch ganz erhitzt von der Eile und schüttelte auch seinerseits Herrn Pollunders Hände, er freute sich, den Ausflug machen zu können. „Hat sich der Onkel nicht darüber geärgert, daß ich fahre?“ „Aber nein! Das hat er ja alles nicht so ernst gemeint. Ihre Erziehung liegt ihm eben am Herzen.“ „Hat er es Ihnen selbst gesagt, daß er das frühere nicht so ernst gemeint hat?“ „O ja“, sagte Herr Pollunder gedehnt und bewies damit, daß er nicht lügen konnte. „Es ist merkwürdig wie ungern er mir die Erlaubnis gegeben hat, Sie zu besuchen, trotzdem Sie doch sein Freund sind.“ Auch Herr Pollunder konnte, trotzdem er dies nicht offen eingestand, keine Erklärung dafür finden und beide dachten, als sie in Herrn Pollunders Automobil durch den warmen Abend fuhren, noch lange darüber nach, trotzdem sie gleich von andern Dingen sprachen.

Sie saßen eng beieinander und Herr Pollunder hielt Karls Hand in der seinen, während er erzählte. Karl wollte vieles über das Fräulein Klara hören, als sei er ungeduldig über die lange Fahrt und könne mit Hilfe der Erzählungen früher ankommen als in Wirklichkeit. Trotzdem er am Abend noch niemals durch die Newyorker Straßen gefahren war, und über Trottoir[1] und Fahrbahn, alle Augenblicke die Richtung wechselnd wie in einem Wirbelwind, der Lärm jagte, nicht wie von Menschen verursacht sondern wie ein fremdes Element, kümmerte sich Karl, während er Herrn Pollunders Worte genau aufzunehmen suchte, um nichts anderes als um Herrn Pollunders dunkle Weste, über die quer eine goldene Kette ruhig hieng. Aus den Straßen, wo das Publikum in großer unverhüllter Furcht vor Verspätung im fliegenden Schritt und in Fahrzeugen, die zu möglichster Eile gebracht waren, zu den Teatern drängte, kamen sie durch Übergangsbezirke in die Vorstädte, wo ihr Automobil durch Polizeileute zu Pferd

[1] Bürgersteig

immer wieder in Seitenstraßen gewiesen wurde, da die großen Straßen von den demonstrierenden Metallarbeitern, die im Streik standen besetzt waren, und nur der notwendigste Wagenverkehr an den Kreuzungsstellen gestattet werden konnte. Durchquerte dann das Automobil aus dunkleren, dumpfhallenden Gassen kommend, eine dieser ganzen Plätzen gleichenden Straßen, dann erschienen nach beiden Seiten hin in Perspektiven, denen niemand bis zum Ende folgen konnte, die Trottoire angefüllt mit einer in winzigen Schritten sich bewegenden Masse, deren Gesang einheitlicher war, als der einer einzigen Menschenstimme. In der freigehaltenen Fahrbahn aber sah man hie und da einen Polizisten auf unbeweglichem Pferd oder Träger von Fahnen oder beschriebenen über die Straße gespannten Tüchern oder einen von Mitarbeitern und Ordonanzen[1] umgebenen Arbeiterführer oder einen Wagen der Elektrischen Straßenbahn, der sich nicht rasch genug geflüchtet hatte, und nun leer und dunkel dastand, während der Führer und der Schaffner auf der Platform saßen. Kleine Trupps von Neugierigen standen weit entfernt von den wirklichen Demonstranten und verließen ihre Plätze nicht trotzdem sie über die eigentlichen Ereignisse im Unklaren blieben. Karl aber lehnte froh in dem Arm, den Herr Pollunder um ihn gelegt hatte, die Überzeugung, daß er bald in einem beleuchteten, von Mauern umgebenen, von Hunden bewachten Landhause ein willkommener Gast sein werde, tat ihm über alle Maßen wohl, und wenn er auch wegen einer beginnenden Schläfrigkeit, nicht mehr alles was Herr Pollunder sagte fehlerlos oder wenigstens nicht ohne Unterbrechungen auffaßte, so raffte er sich doch von Zeit zu Zeit auf und wischte sich die Augen, um wieder für eine Weile festzustellen, ob Herr Pollunder seine Schläfrigkeit bemerke, denn das wollte er um jeden Preis vermieden wissen.

[1] Ordonanz: zu dienstlichen Zwecken Abkommandierter (insbesondere im Militär)

III
Ein Landhaus bei New York

„Wir sind angekommen“, sagte Herr Pollunder gerade in einem von Karls verlorenen Momenten. Das Automobil stand vor einem Landhaus, das, nach der Art von Landhäusern reicher Leute in der Umgebung Newyorks, umfangreicher und höher war, als es sonst für ein Landhaus nötig ist, das bloß einer Familie dienen soll. Da nur der untere Teil des Hauses beleuchtet war, konnte man gar nicht bemessen, wie weit es in die Höhe reichte. Vorne rauschten Kastanienbäume, zwischen denen – das Gitter war schon geöffnet – ein kurzer Weg zur Freitreppe des Hauses führte. An seiner Müdigkeit beim Aussteigen glaubte Karl zu bemerken, daß die Fahrt doch ziemlich lang gedauert hatte. Im Dunkel der Kastanienallee hörte er eine Mädchenstimme neben sich sagen: „Da ist ja endlich der Herr Jakob.“ „Ich heiße Roßmann“, sagte Karl und faßte die ihm hingereichte Hand eines Mädchens, das er jetzt in Umrissen erkannte. „Er ist ja nur Jakobs Neffe“, sagte Herr Pollunder erklärend, „und heißt selbst Karl Roßmann.“ „Das ändert nichts an unserer Freude, ihn hierzuhaben“, sagte das Mädchen, dem an Namen nicht viel lag. Trotzdem fragte Karl noch, während er zwischen Herrn Pollunder und dem Mädchen auf das Haus zuschritt: „Sie sind das Fräulein Klara?“ „Ja“, sagte sie und schon fiel ein wenig unterscheidendes Licht vom Hause her auf ihr Gesicht, das sie ihm zuneigte, „ich wollte mich aber hier in der Finsternis nicht vorstellen.“ Ja hat sie uns denn am Gitter erwartet? dachte Karl, der im Gehen allmählich aufwachte. „Wir haben übrigens noch einen Gast heute abend“, sagte Klara. „Nicht möglich!“ rief Pollunder ärgerlich. „Herrn Green“, sagte Klara. „Wann ist er gekommen?“ fragte Karl wie in einer Ahnung befangen. „Vor einem Augenblick. Habt Ihr denn sein Automobil nicht vor dem Eueren gehört?“ Karl sah zu Pollunder auf, um zu erfahren, wie er die Sache beurteile, aber der hatte die Hände in den Hosentaschen und stampfte bloß etwas stärker im Gehn. „Es nützt nichts nur knapp außerhalb Newyorks zu wohnen, von Störungen bleibt man nicht verschont. Wir werden unsern Wohnsitz unbedingt noch weiter verlegen müssen. Und sollte ich die halbe Nacht durchfahren müssen ehe ich nachhause komme.“ Sie blieben an der Freitreppe stehn. „Aber Herr Green war doch schon sehr lange nicht hier“, sagte Klara, die offenbar mit ihrem Vater gänzlich einverstanden war, ihn aber über sich heraus beruhigen wollte. „Warum kommt er dann gerade heute abend“, sagte Pollunder und die Rede rollte schon wütend über die wulstige Unterlippe, die als loses schweres Fleisch leicht in große Bewegung kam. „Allerdings!“ sagte Klara. „Vielleicht wird er bald wieder weggehn“, bemerkte Karl und staunte selbst über das Einverständnis, in welchem er sich mit diesen noch gestern ihm gänzlich fremden Leuten befand. „Oh nein“, sagte Klara, „er hat irgend ein großes Geschäft für Papa, dessen Besprechung wahrscheinlich lange dauern wird, denn er hat mir schon im Spaß gedroht, daß ich wenn ich eine höfliche Hauswirtin sein will, bis zum Morgen werde zuhören müssen.“ „Also auch das noch. Dann bleibt er über Nacht“, rief Pollunder, als sei damit endlich das Schlimmste erreicht. „Ich hätte wahrhaftig Lust“, sagte er und wurde freundlicher durch den neuen Gedanken, „ich hätte wahrhaftig Lust, Sie Herr Roßmann wieder ins Automobil zu nehmen und zu Ihrem Onkel zurückzubringen. Der heutige Abend ist schon von vornherein gestört und wer weiß wann Sie uns nächstens Ihr Herr Onkel wieder überläßt. Bringe ich Sie aber heute schon wieder zurück, so wird er Sie uns nächstens doch nicht verweigern können.“ Und er faßte Karl schon bei der Hand, um seinen Plan auszuführen. Aber Karl rührte sich nicht und Klara bat, ihn hierzulassen, denn zumindestens sie und Karl würden von Herrn Green nicht im geringsten gestört werden können und schließlich merkte auch Pollunder, daß selbst sein Entschluß nicht der festeste war. Überdies – und dies war vielleicht das Entscheidende – hörte man plötzlich Herrn Green vom obersten Treppenaufsatz in den Garten hinunterrufen: „Wo bleibt ihr denn?“ „Kommt“, sagte Pollunder und bog auf die Freitreppe ein. Hinter ihm giengen Karl und Klara, die einander jetzt im Licht studierten. „Die roten Lippen die sie hat“, sagte sich Karl und dachte an die Lippen des Herrn Pollunder und wie schön sie sich in der Tochter verwandelt hatten. „Nach dem Nachtmahl“, so sagte sie, „werden wir wenn es Ihnen recht ist gleich in meine Zimmer gehn, damit wir wenigstens diesen Herrn Green los sind, wenn schon Papa sich mit ihm beschäftigen muß. Und Sie werden dann so freundlich sein mir Klavier vorzuspielen, denn Papa hat schon erzählt, wie gut Sie das treffen, ich aber bin leider ganz unfähig Musik auszuüben und rühre mein Klavier nicht an, so sehr ich die Musik eigentlich liebe.“ Mit dem Vorschlag Klaras war Karl ganz einverstanden, wenn er auch gern Herrn Pollunder mit in ihre Gesellschaft hätte ziehen wollen. Vor der riesigen Gestalt Greens – an Pollunders Größe hatte sich Karl eben schon gewöhnt – die sich vor ihnen, wie sie die Stufen hinaufstiegen, langsam entwickelte, wich allerdings von Karl jede Hoffnung, diesem Manne den Herrn Pollunder heute abend irgendwie zu entlocken.

Herr Green empfieng sie sehr eilig, als sei vieles einzuholen, nahm Herrn Pollunders Arm und schob Karl und Klara vor sich in das Speisezimmer, das besonders infolge der Blumen auf dem Tische, die sich aus Streifen frischen Laubes halb aufrichteten, sehr festlich aussah und doppelt die Anwesenheit des störenden Herrn Green bedauern ließ. Gerade freute sich noch Karl, der beim Tische wartete, bis die andern sich setzten, daß die große Glastüre zum Garten hin offen bleiben würde, denn ein starker Duft wehte herein wie in eine Gartenlaube, da machte sich gerade Herr Green unter Schnaufen daran, diese Glastüre zuzumachen, bückte sich nach den untersten Riegeln, streckte sich nach den obersten und alles so jugendlich rasch, daß der herbeieilende Diener nichts mehr zu tun fand. Die ersten Worte des Herrn Green bei Tische waren Ausdrücke des Staunens darüber, daß Karl die Erlaubnis des Onkels zu diesem Besuche bekommen hatte. Einen gefüllten Suppenlöffel nach dem andern hob er zum Mund und erklärte rechts zu Klara, links zu Herrn Pollunder warum er so staune und wie der Onkel über Karl wache und wie die Liebe des Onkels zu Karl zu groß sei, als daß man sie noch die Liebe eines Onkels nennen könne. „Nicht genug, daß er sich hier unnötig einmischt, mischt er sich noch gleichzeitig zwischen mich und den Onkel ein“, dachte Karl und konnte keinen Schluck der goldfarbigen Suppe hinunterbringen. Dann wollte er sich aber wieder nicht anmerken lassen, wie gestört er sich fühlte und begann die Suppe stumm in sich hineinzuschütten. Das Essen vergieng langsam wie eine Plage. Nur Herr Green und höchstens noch Klara waren lebhaft und fanden mitunter Gelegenheit zu einem kurzen Lachen. Herr Pollunder verfieng sich nur einigemal in die Unterhaltung, wenn Herr Green von Geschäften zu sprechen anfieng. Doch zog er sich auch von solchen Gesprächen bald zurück und Herr Green mußte ihn nach einiger Zeit wieder unvermutet damit überraschen. Er legte übrigens Gewicht darauf – und da war es, daß Karl, der aufhorchte, als drohe etwas, von Klara darauf aufmerksam gemacht werden mußte, daß der Braten vor ihm stand und er bei einem Abendessen war – daß er von vornherein nicht die Absicht gehabt habe, diesen unerwarteten Besuch zu machen. Denn wenn auch das Geschäft, von dem noch gesprochen werden solle, von besonderer Dringlichkeit sei, so hätte wenigstens das Wichtigste heute in der Stadt verhandelt und das Nebensächlichere für morgen oder später aufgespart werden können. Und so sei er auch tatsächlich noch lange vor Geschäftsschluß bei Herrn Pollunder gewesen, habe ihn aber nicht angetroffen, so daß er gezwungen gewesen sei, nachhause zu telephonieren, daß er über Nacht ausbleibe, und heraus zu fahren. „Dann muß ich um Entschuldigung bitten", sagte Karl laut und ehe jemand Zeit zur Antwort hatte, „denn ich bin daran schuld, daß Herr Pollunder sein Geschäft heute früher verließ und es tut mir sehr leid." Herr Pollunder bedeckte den größern Teil seines Gesichtes mit der Serviette, während Klara Karl zwar anlächelte, doch war es kein teilnehmendes Lächeln sondern eines, das ihn irgendwie beeinflussen sollte. „Da braucht es keine Entschuldigung", sagte Herr Green der gerade eine Taube mit scharfen Schnitten zerlegte, „ganz im Gegenteil, ich bin ja froh, den Abend in so angenehmer Gesellschaft zu verbringen, statt das Nachtmahl allein zuhause einzunehmen, wo mich meine alte Wirtschafterin bedient, die so alt ist, daß ihr schon der Weg von der Tür zu meinem Tisch schwer fällt und ich mich für lange in meinem Sessel zurücklehnen kann, wenn ich sie auf diesem Gang beobachten will. Erst vor Kurzem habe ich durchgesetzt, daß der Diener die Speisen bis zur Tür des Speisezimmers bringt, der

Weg aber von der Tür zu meinem Tisch gehört ihr, soweit ich sie verstehe." „Mein Gott", rief Klara, „ist das eine Treue!" „Ja es giebt noch Treue auf der Welt", sagte Herr Green und führte einen Bissen in den Mund, wo die Zunge, wie Karl zufällig bemerkte, mit einem Schwunge die Speise ergriff. Ihm wurde fast übel und er stand auf. Fast gleichzeitig griffen Herr Pollunder und Klara nach seinen Händen. „Sie müssen noch sitzen bleiben", sagte Klara. Und als er sich wieder gesetzt hatte, flüsterte sie ihm zu: „Wir werden bald zusammen verschwinden. Haben Sie Geduld." Herr Green hatte sich inzwischen ruhig mit seinem Essen beschäftigt, als sei es Herrn Pollunders und Klaras natürliche Aufgabe, Karl zu beruhigen, wenn er ihm Übelkeiten verursachte.

Das Essen zog sich besonders durch die Genauigkeit in die Länge, mit der Herr Green jeden Gang behandelte, wenn er auch immer bereit war, jeden neuen Gang ohne Ermüdung zu empfangen, es bekam wirklich den Anschein, als wolle er sich von seiner alten Wirtschafterin gründlich erholen. Hin und wieder lobte er Fräulein Klaras Kunst in der Führung des Hauswesens, was ihr sichtlich schmeichelte, während Karl versucht war ihn abzuwehren, als greife er sie an. Aber Herr Green begnügte sich nicht einmal mit ihr, sondern bedauerte öfters, ohne vom Teller aufzusehn, die auffallende Appetitlosigkeit Karls. Herr Pollunder nahm Karls Appetit in Schutz, trotzdem er als Gastgeber Karl auch zum Essen hätte aufmuntern sollen. Und tatsächlich fühlte sich Karl durch den Zwang, unter dem er während des ganzen Nachtmahls litt, so empfindlich, daß er gegen die eigene bessere Einsicht diese Äußerung Herrn Pollunders als Unfreundlichkeit auslegte. Und es entsprach nur diesem seinem Zustand, daß er einmal ganz unpassend rasch und viel aß und dann wieder für lange Zeit müde Gabel und Messer sinken ließ und der unbeweglichste der Gesellschaft war, mit dem der Diener, der die Speisen reichte, oft nichts anzufangen wußte.

„Ich werde schon morgen dem Herrn Senator erzählen, wie Sie das Fräulein Klara durch Ihr Nichtessen gekränkt haben", sagte Herr Green und beschränkte sich darauf, die spaßige Absicht dieser Worte durch die Art, wie er mit dem Besteck hantierte auszudrücken. „Sehen Sie nur das Mädchen an, wie traurig es ist", fuhr er fort und griff Klara unters Kinn. Sie ließ es geschehn und schloß die Augen. „Du Dingschen", rief er, lehnte sich zurück und lachte hochrot im Gesicht mit der Kraft des Gesättigten. Vergebens suchte sich Karl das Benehmen Herrn Pollunders zu erklären. Der saß vor seinem Teller und sah in ihn, als geschehe dort das eigentlich Wichtige. Er zog Karls Sessel nicht näher zu sich und wenn er einmal sprach so sprach er zu allen, aber zu Karl hatte er nichts besonderes zu reden. Dagegen duldete er, daß Green, dieser alte ausgepichte Newyorker Junggeselle, mit deutlicher Absicht Klara berührte, daß er Karl, Pollunders Gast, beleidigte oder wenigstens als Kind behandelte und wer weiß zu welchen Taten sich stärkte und vordrang.

Nach Aufhebung der Tafel – als Green die allgemeine Stimmung merkte, war er der erste der aufstand und gewissermaßen alle mit sich erhob – gieng Karl allein abseits zu einem der großen durch schmale weiße Leisten geteilten Fenster, die zur Terasse führten und die eigentlich, wie er beim Nähertreten merkte, richtige Türen waren. Was war von der Abneigung übrig geblieben, die Herr Pollunder und seine Tochter anfangs gegenüber Green gefühlt hatten und die damals Karl etwas unverständlich vorgekommen war. Jetzt standen sie mit Green beisammen und nickten ihm zu. Der Rauch aus Herrn Greens Cigarre, einem Geschenk Pollunders, die von jener Dicke war, von der der Vater zuhause hie und da als von einer Tatsache zu erzählen pflegte, die er wahrscheinlich selbst mit eigenen Augen niemals gesehen hatte, verbreitete sich in dem Saal und trug Greens Einfluß auch in Winkel und Nischen, die er persönlich niemals betreten würde. Soweit entfernt Karl auch stand, noch er spürte von dem Rauch einen Kitzel in der Nase und das Benehmen Herrn Greens, nach welchem er sich von seinem Platz aus nur einmal schnell umsah, erschien ihm infam[1]. Jetzt hielt er es gar nicht mehr für ausgeschlossen, daß ihm der Onkel die Erlaubnis zu diesem Besuch nur deshalb so lange verweigert hatte, weil er den schwachen Charakter Herrn Pollunders kannte und infolgedessen eine Kränkung Karls bei diesem Besuch wenn auch nicht genau voraussah, so doch im Bereich der Möglichkeit erblickte. Auch das amerikanische Mäd-

[1] bösartig, niederträchtig

chen gefiel ihm nicht, trotzdem er sich sie durchaus nicht etwa viel schöner vorgestellt hatte. Seitdem sich Herr Green mit ihr abgegeben hatte, war er sogar überrascht von der Schönheit, deren ihr Gesicht fähig war, und besonders von dem Glanz ihrer unbändig bewegten Augen. Einen Rock, der so fest wie der ihre den Körper umschlossen hätte, hatte er noch niemals gesehn, kleine Falten in dem gelblichen, zarten und festen Stoff zeigten die Stärke der Spannung. Und doch lag Karl gar nichts an ihr und er hätte gern darauf verzichtet, auf ihre Zimmer geführt zu werden, wenn er statt dessen die Tür auf deren Klinke er für jeden Fall die Hände gelegt hatte, hätte öffnen, ins Automobil steigen oder wenn der Chauffeur schon schlief, nach Newyork allein hätte spazieren dürfen. Die klare Nacht mit dem ihm zugeneigten vollen Mond stand frei für jedermann und draußen im Freien vielleicht Furcht zu haben, schien Karl sinnlos. Er stellte sich vor – und zum erstenmal wurde ihm in diesem Saale wohl – wie er am Morgen – früher dürfte er kaum zufuß nachhause kommen – den Onkel überraschen wollte. Er war zwar noch niemals in seinem Schlafzimmer gewesen, wußte auch gar nicht, wo es lag, aber er wollte es schon erfragen. Dann wollte er anklopfen und auf das förmliche „Herein!" ins Zimmer laufen und den lieben Onkel, den er bisher immer nur bis hoch hinauf angezogen und zugeknöpft kannte, aufrecht im Bette sitzend, die Augen erstaunt zur Tür gerichtet, im Nachthemd überraschen. Das war ja an und für sich vielleicht noch nicht viel, aber man mußte nur ausdenken, was das zur Folge haben konnte! Vielleicht würde er zum erstenmal gemeinsam mit seinem Onkel frühstücken, der Onkel im Bett, er auf einem Sessel, das Frühstück auf einem Tischchen zwischen ihnen, vielleicht würde dieses gemeinsame Frühstück zu einer ständigen Einrichtung werden, vielleicht würden sie in Folge dieser Art Frühstück, was sogar kaum zu vermeiden war, öfters als wie bisher bloß einmal während des Tages zusammenkommen und dann natürlich auch offener mit einander reden können. Es lag ja schließlich nur an dem Mangel dieser offenen Aussprache, wenn er heute dem Onkel gegenüber etwas unfolgsam oder besser starrköpfig gewesen war. Und wenn er auch heute über Nacht hierbleiben mußte – es sah leider ganz darnach aus, trotzdem man ihn hier beim Fenster stehn und auf eigene Faust sich unterhalten ließ – vielleicht wurde dieser unglückliche Besuch der Wendepunkt zum Bessern in dem Verhältnis zum Onkel, vielleicht hatte der Onkel in seinem Schlafzimmer heute abend ähnliche Gedanken.

Ein wenig getröstet wendete er sich um. Klara stand vor ihm und sagte: „Gefällt es Ihnen denn gar nicht bei uns? Wollen Sie sich hier nicht ein wenig heimisch fühlen? Kommen Sie, ich will den letzten Versuch machen." Sie führte ihn quer durch den Saal zur Türe. An einem Seitentisch saßen die beiden Herren bei leicht schäumenden, in hohe Gläser gefüllten Getränken, die Karl unbekannt waren und die er zu verkosten Lust gehabt hätte. Herr Green hatte einen Elbogen auf dem Tisch und sein ganzes Gesicht Herrn Pollunder möglichst nahe gerückt; wenn man Herrn Pollunder nicht gekannt hätte, hätte man ganz gut annehmen können, es werde hier etwas Verbrecherisches besprochen und kein Geschäft. Während Herr Pollunder mit freundlichem Blick Karl zur Türe folgte, sah sich Green, trotzdem man doch schon unwillkürlich sich den Blicken seines Gegenübers anzuschließen pflegt, auch nicht im geringsten nach Karl um, welchem in diesem Benehmen der Ausdruck einer Art Überzeugung Greens zu liegen schien, jeder, Karl für sich, und Green für sich solle hier mit seinen Fähigkeiten auszukommen versuchen, die notwendige gesellschaftliche Verbindung zwischen ihnen werde sich schon mit der Zeit durch den Sieg oder die Vernichtung eines von beiden herstellen. „Wenn er das meint", sagte sich Karl, „dann ist er ein Narr. Ich will wahrhaftig nichts von ihm und er soll mich auch in Ruhe lassen." Kaum war er auf den Gang getreten, fiel ihm ein, daß er sich wahrscheinlich unhöflich benommen hatte, denn mit seinen auf Green gehefteten Augen hatte er sich von Klara aus dem Zimmer fast schleppen lassen. Desto williger gieng er jetzt neben ihr her. Auf dem Wege durch die Gänge traute er zuerst seinen Augen nicht, als er alle zwanzig Schritte einen reich livrierten[1] Diener mit einem Armleuchter stehen sah, des-

---

[1] livriert: Livree, also mit Litzen o.Ä. besetzte uniformartige Kleidung für Diener, tragend

sen dicken Schaft jener mit beiden Händen umschlossen hielt. „Die neue elektrische Leitung ist bisher nur im Speisezimmer eingeführt“, erklärte Klara. „Wir haben dieses Haus erst vor kurzem gekauft und es gänzlich umbauen lassen, soweit sich ein altes Haus mit seiner eigensinnigen Bauart überhaupt umbauen läßt.“ „Da gibt es also auch schon in Amerika alte Häuser“, sagte Karl. „Natürlich“, sagte Klara lachend und zog ihn weiter. „Sie haben merkwürdige Begriffe von Amerika.“ „Sie sollen mich nicht auslachen“, sagte er ärgerlich. Schließlich kannte er schon Europa und Amerika, sie aber nur Amerika.

Im Vorübergehn stieß Klara mit leicht ausgestreckter Hand eine Tür auf und sagte ohne anzuhalten: „Hier werden Sie schlafen.“ Karl wollte natürlich das Zimmer sich gleich anschauen, aber Klara erklärte ungeduldig und fast schreiend, das habe doch Zeit und er solle nur vorher mitkommen. Sie zogen sich auf dem Gang ein wenig hin und her, schließlich meinte Karl, er müsse sich nicht in allem nach Klara richten, riß sich los und trat in das Zimmer. Ein überraschendes Dunkel vor dem Fenster erklärte sich durch einen Baumwipfel, der sich dort in seinem vollen Umfang wiegte. Man hörte Vögelgesang. Im Zimmer selbst, das vom Mondlicht noch nicht erreicht war, konnte man allerdings fast gar nichts unterscheiden. Karl bedauerte die elektrische Taschenlampe, die er vom Onkel geschenkt bekommen hatte, nicht mitgenommen zu haben. In diesem Hause war ja eine Taschenlampe unentbehrlich, hätte man ein paar solcher Lampen gehabt, hätte man die Diener schlafen schicken können. Er setzte sich aufs Fensterbrett und sah und horchte hinaus. Ein aufgestörter Vogel schien sich durch das Laubwerk des alten Baumes zu drängen. Die Pfeife eines Newyorker Vorortzuges erklang irgendwo im Land. Sonst war es still.

Aber nicht lange, denn Klara kam eilends herein. Sichtlich bös rief sie: „Was soll denn das?“ und klatschte auf ihren Rock. Karl wollte erst antworten, bis sie höflicher war. Aber sie gieng mit großen Schritten auf ihn zu, rief: „Also wollen Sie mit mir kommen oder nicht?“ und stieß ihn mit Absicht oder bloß in der Erregung derartig an die Brust, daß er aus dem Fenster gestürzt wäre, hätte er nicht noch im letzten Augenblick vom Fensterbrett gleitend mit den Füßen den Zimmerboden berührt. „Jetzt wäre ich bald herausgefallen“, sagte er vorwurfsvoll. „Schade daß es nicht geschehen ist. Warum sind Sie so unartig. Ich stoße Sie noch einmal hinunter.“ Und wirklich umfaßte sie ihn und trug ihn, der verblüfft sich zuerst schwer zu machen vergaß, mit ihrem vom Sport gestählten Körper fast bis zum Fenster. Aber dort besann er sich, machte sich mit einer Wendung der Hüften los und umfaßte nun sie. „Ach Sie tun mir weh“, sagte sie gleich. Aber nun glaubte sie Karl nicht mehr loslassen zu dürfen. Er ließ ihr zwar Freiheit, Schritte nach Belieben zu machen, folgte ihr aber und ließ sie nicht los. Es war auch so leicht sie in ihrem engen Kleid zu umfassen. „Lassen Sie mich“, flüsterte sie, das erhitzte Gesicht eng an seinem, er mußte sich anstrengen sie zu sehn, so nahe war sie ihm, „lassen Sie mich, ich werde Ihnen etwas Schönes geben.“ „Warum seufzt sie so“, dachte Karl, „es kann ihr nicht wehtun, ich drücke sie ja nicht“, und er ließ sie noch nicht los. Aber plötzlich nach einem Augenblick unachtsamen schweigenden Dastehns fühlte er wieder ihre wachsende Kraft an seinem Leib und sie hatte sich ihm entwunden, faßte ihn mit gut ausgenütztem Obergriff, wehrte seine Beine mit Fußstellungen einer fremdartigen Kampftechnik ab und trieb ihn vor sich mit großartiger Regelmäßigkeit Athem holend gegen die Wand. Dort war aber ein Kanapee[1], auf das legte sie Karl hin und sagte, ohne sich allzusehr zu ihm hinabzubeugen: „Jetzt rühr Dich wenn Du kannst.“ „Katze, tolle Katze“, konnte Karl gerade noch aus dem Durcheinander von Wut und Scham rufen, in dem er sich befand. „Du bist ja wahnsinnig, Du tolle Katze.“ „Gib acht auf Deine Worte“, sagte sie und ließ die eine Hand zu seinem Halse gleiten, den sie so stark zu würgen anfieng, daß Karl ganz unfähig war, etwas anderes zu tun, als Luft zu schnappen, während sie mit der andern Hand an seine Wange fuhr, wie probeweise sie berührte, sie wieder undzwar immer weiter in die Luft zurückzog und jeden Augenblick mit einer Ohrfeige niederfahren lassen konnte. „Wie wäre es“, fragte sie dabei, „wenn ich Dich zur Strafe für Dein Benehmen einer Dame gegenüber mit einer tüchtigen Ohrfeige

[1] Sofa mit Rücken- und Seitenlehne

nachhause schicken wollte. Vielleicht wäre es Dir nützlich für Deinen künftigen Lebensweg, wenn es auch keine schöne Erinnerung abgeben würde. Du tust mir ja leid und bist ein erträglich hübscher Junge und hättest Du Jiu-Jitsu[1] gelernt, hättest Du wahrscheinlich mich durchgeprügelt. Trotzdem, trotzdem – es verlockt mich geradezu riesig Dich zu ohrfeigen so wie Du jetzt daliegst. Ich werde es wahrscheinlich bedauern, wenn ich es aber tun sollte, so wisse schon jetzt, daß ich es fast gegen meinen Willen tun werde. Und ich werde mich dann natürlich nicht mit einer Ohrfeige begnügen, sondern rechts und links schlagen, bis Dir die Backen anschwellen. Und vielleicht bist Du ein Ehrenmann – ich möchte es fast glauben – und wirst mit den Ohrfeigen nicht weiterleben wollen und Dich aus der Welt schaffen. Aber warum bist Du auch so gegen mich gewesen. Gefalle ich Dir vielleicht nicht? Lohnt es sich nicht auf mein Zimmer zu kommen? Achtung! jetzt hätte ich Dir schon fast unversehens die Ohrfeige aufgepelzt. Wenn Du heute also noch so loskommen solltest, benimm Dich nächstens feiner. Ich bin nicht Dein Onkel, mit dem Du trotzen kannst. Im übrigen will ich Dich noch darauf aufmerksam machen, daß wenn ich Dich ungeohrfeigt loslasse Du nicht glauben mußt, daß Deine jetzige Lage und wirkliches Geohrfeigtwerden vom Standpunkt der Ehre aus das Gleiche sind, solltest Du das glauben wollen, so würde ich es doch vorziehn, Dich wirklich zu ohrfeigen. Was wohl Mack sagen wird, wenn ich ihm das alles erzähle.“ Bei der Erinnerung an Mack ließ sie Karl los, in seinen undeutlichen Gedanken erschien ihm Mack wie ein Befreier. Er fühlte noch ein Weilchen Klaras Hand an seinem Hals, wand sich daher noch ein wenig und lag dann still.

Sie forderte ihn auf aufzustehn, er antwortete nicht und rührte sich nicht. Sie entzündete irgendwo eine Kerze, das Zimmer bekam Licht, ein blaues Zickzackmuster erschien auf dem Plafond[2], aber Karl lag, den Kopf auf Sophapolster aufgestützt, so wie ihn Klara gebettet hatte, und wendete ihn nicht einen Fingerbreit. Klara gieng im Zimmer herum, ihr Rock rauschte um ihre Beine,

[1] ältere Bezeichnung für Ju-Jutsu, eine japanische Kampftechnik
[2] Decke eines Raumes

wahrscheinlich beim Fenster blieb sie eine lange Weile stehn. „Ausgetrotzt?“ hörte man sie dann fragen. Karl empfand es schwer, in diesem Zimmer, das ihm doch von Herrn Pollunder für diese Nacht zugedacht war, keine Ruhe bekommen zu können. Da wanderte dieses Mädchen herum, blieb stehn und redete und er hatte sie doch so unaussprechlich satt. Rasch schlafen und von hier fortgehn war sein einziger Wunsch. Er wollte gar nicht mehr ins Bett, sondern nur hier auf dem Kanapee bleiben. Er lauerte nur darauf daß sie weggienge, um hinter ihr her zur Tür zu springen, sie zu verriegeln und dann wieder zurück auf das Kanapee sich zu werfen. Er hatte ein solches Bedürfnis sich zu strecken und zu gähnen, aber vor Klara wollte er das nicht tun. Und so lag er, starrte hinauf, fühlte sein Gesicht immer unbeweglicher werden und eine ihn umkreisende Fliege flimmerte ihm vor den Augen, ohne daß er recht wußte, was es war.

Klara trat wieder zu ihm, beugte sich in die Richtung seiner Blikke und hätte er sich nicht bezwungen, hätte er sie schon anschauen müssen. „Ich gehe jetzt“, sagte sie. „Vielleicht bekommst Du später Lust zu mir zu kommen. Die Tür zu meinen Zimmern ist die vierte von dieser Tür aus gerechnet, auf dieser Seite des Ganges. Du gehst also an drei weiteren Türen vorüber und die, zu welcher Du dann kommst ist die richtige. Ich gehe nicht mehr hinunter in den Saal, sondern bleibe schon in meinem Zimmer. Du hast mich aber auch ordentlich müde gemacht. Ich werde nicht gerade auf Dich warten, aber wenn Du kommen willst so komm. Erinnere Dich, daß Du versprochen hast, mir auf dem Klavier vorzuspielen. Aber vielleicht habe ich Dich ganz entnervt und Du kannst Dich nicht mehr rühren, dann bleib und schlaf Dich aus. Dem Vater sage ich vorläufig von unserer Rauferei kein Wort; ich bemerke das für den Fall, daß Dir das Sorge machen sollte.“ Darauf lief sie trotz ihrer angeblichen Müdigkeit mit zwei Sprüngen aus dem Zimmer.

Sofort setzte sich Karl aufrecht, dieses Liegen war schon unerträglich geworden. Um ein wenig Bewegung zu machen, gieng er zur Tür und sah auf den Gang hinaus. War dort aber eine Finsternis! Er war froh, als er die Tür zugemacht und abgesperrt hatte, und wieder bei seinem Tisch im Schein der Kerze stand. Sein Entschluß war, nicht länger in diesem Haus zu bleiben, sondern hinunter zu Herrn Pollunder zu gehn, ihm offen zu sagen, wie ihn Klara behandelt hatte – am Eingeständnis seiner Niederlage lag ihm gar nichts – und mit dieser wohl genügenden Begründung um die Erlaubnis zu bitten, nachhause fahren oder gehn zu dürfen. Sollte Herr Pollunder etwas gegen diese sofortige Heimkehr einzuwenden haben, dann wollte ihn Karl wenigstens bitten, ihn durch einen Diener zum nächsten Hotel führen zu lassen. In dieser Weise, wie sie Karl plante gieng man zwar sonst in der Regel nicht mit freundlichen Gastgebern um, aber noch seltener gieng man mit einem Gaste derartig um wie es Klara getan hatte. Sie hatte sogar noch ihr Versprechen, dem Herrn Pollunder von der Rauferei vorläufig nichts zu sagen, für eine Freundlichkeit gehalten, das war aber schon himmelschreiend. Ja war denn Karl zu einem Ringkampf eingeladen worden, so daß es für ihn beschämend gewesen wäre, von einem Mädchen geworfen zu werden, das wahrscheinlich den größten Teil ihres Lebens mit dem Lernen von Ringkämpferkniffen verbracht hatte. Am Ende hatte sie gar von Mack Unterricht bekommen. Mochte sie ihm nur alles erzählen, der war sicher einsichtig, das wußte Karl, trotzdem er niemals Gelegenheit gehabt hatte, das im einzelnen zu erfahren. Karl wußte aber auch, daß wenn Mack ihn unterrichten würde, er noch viel größere Fortschritte als Klara machen würde; dann käme er eines Tages wieder hierher, höchstwahrscheinlich uneingeladen, untersuchte natürlich zuerst die Örtlichkeit, deren genaue Kenntnis ein großer Vorteil Klaras gewesen war, packte dann diese gleiche Klara und klopfte mit ihr das gleiche Kanapee aus, auf das sie ihn heute geworfen hatte.

Jetzt handelte es sich nur darum den Weg zum Saal zurückzufinden, wo er ja wahrscheinlich auch seinen Hut in der ersten Zerstreutheit auf einen unpassenden Platz gelegt hatte. Die Kerze wollte er natürlich mitnehmen, aber selbst bei Licht war es nicht leicht sich auszukennen. Er wußte z. B. nicht einmal, ob dieses Zimmer in der gleichen Ebene, wie der Saal gelegen war. Klara hatte ihn auf dem Herweg immer so gezogen, daß er sich gar nicht hatte umsehn können, Herr Green und die Leuchter tragenden Diener hatten ihm auch zu denken gegeben, kurz, er wußte jetzt tatsächlich nicht einmal ob sie eine oder zwei oder vielleicht gar keine Treppe passiert hatten. Nach der Aussicht zu schließen lag das Zimmer ziemlich hoch und er suchte sich deshalb einzubilden, daß sie über Treppen gekommen waren, aber schon zum Hauseingang hatte man ja über Treppen steigen müssen, warum konnte nicht auch diese Seite des Hauses erhöht sein. Aber wenn wenigstens auf dem Gang irgendwo ein Lichtschein aus einer Tür zu sehen oder eine Stimme aus der Ferne auch noch so leise zu hören gewesen wäre.

Seine Taschenuhr, ein Geschenk des Onkels zeigte elf Uhr, er nahm die Kerze und gieng auf den Gang hinaus. Die Tür ließ er offen, um für den Fall daß sein Suchen vergeblich wäre, wenigstens sein Zimmer wiederzufinden und danach für den äußersten Notfall die Tür zu Klaras Zimmer. Zur Sicherheit, damit sich die Türe nicht von selbst schließe, verstellte er sie mit einem Sessel. Auf dem Gange zeigte sich der Übelstand, daß gegen Karl – er gieng natürlich von Klaras Türe weg nach links zu – ein Luftzug strich, der zwar ganz schwach war, aber immerhin leicht die Kerze hätte auslöschen können, so daß Karl die Flamme mit der Hand schützen und überdies öfters stehen bleiben mußte, damit die niedergedrückte Flamme sich erhole. Es war ein langsames Vorwärtskommen und der Weg schien dadurch doppelt lang. Karl war schon an großen Strecken der Wände vorübergekommen, die gänzlich ohne Türen waren, man konnte sich nicht vorstellen was dahinter war. Dann kam wieder Tür an Tür, er versuchte mehrere zu öffnen, sie waren versperrt und die Räume offenbar unbewohnt. Es war eine Raumverschwendung sondergleichen und Karl dachte an die östlichen Newyorker Quartiere, die ihm der Onkel zu zeigen versprochen hatte, wo angeblich in einem kleinen Zimmer mehrere Familien wohnten und das Heim einer Familie in einem Zimmerwinkel bestand, in dem sich die Kinder um ihre Eltern scharten. Und hier standen so viele Zimmer leer und waren nur dazu da, um hohl zu klingen, wenn man an die Türe schlug. Herr Pollunder schien Karl irregeführt zu sein von falschen Freunden, und vernarrt in seine Tochter und dadurch verdorben. Der Onkel hatte ihn sicher richtig beurteilt und nur sein Grundsatz, auf die Menschenbeurteilung Karls keinen Einfluß zu nehmen, war schuld an diesem Besuch und an diesen Wanderungen auf den Gängen. Karl wollte das morgen dem Onkel ohne weiters sagen, denn nach seinem Grundsatz würde der Onkel auch das Urteil des Neffen über ihn gerne und ruhig anhören. Überdies war dieser Grundsatz vielleicht das einzige, was Karl an seinem Onkel nicht gefiel und selbst dieses Nichtgefallen war nicht unbedingt.

Plötzlich hörte die Wand an der einen Gangseite auf und ein eiskaltes marmornes Geländer trat an ihre Stelle. Karl stellte die Kerze neben sich und beugte sich vorsichtig hinüber. Dunkle Leere wehte ihm entgegen. Wenn das die Haupthalle des Hauses war – im Schimmer der Kerze erschien ein Stück einer gewölbeartig geführten Decke – warum war man nicht durch diese Halle eingetreten? Wozu diente nur dieser große tiefe Raum? Man stand ja hier oben wie auf der Gallerie einer Kirche. Karl bedauerte fast, nicht bis morgen in diesem Hause bleiben zu können, er hätte gern bei Tageslicht von Herrn Pollunder sich überall herumführen und über alles unterrichten lassen.

Das Geländer war übrigens nicht lang und bald wurde Karl wieder vom geschlossenen Gang aufgenommen. Bei einer plötzlichen Wendung des Ganges stieß Karl mit ganzer Wucht an die Mauer und nur die ununterbrochene Sorgfalt mit der er die Kerze krampfhaft hielt, bewahrte sie glücklicherweise vor dem Fallen und Auslöschen. Da der Gang kein Ende nehmen wollte, nirgends ein Fenster einen Ausblick gab, weder in der Höhe noch in der Tiefe sich etwas rührte, dachte Karl schon daran, er gehe immerfort im gleichen Kreisgang in der Runde und hoffte schon, die offene Türe seines Zimmers vielleicht wieder zu finden, aber weder sie noch das Geländer kehrte wieder. Bis jetzt hatte sich Karl von lautem Rufen zurückgehalten, denn er wollte in einem fremden Haus zu so später Stunde keinen Lärm machen, aber jetzt sah er ein, daß es in diesem unbeleuchteten Hause kein Unrecht war und machte sich gerade daran, nach beiden Seiten des Ganges ein lautes Halloh zu schreien, als er in der Richtung aus der er gekommen war, ein kleines sich näherndes Licht bemerkte. Jetzt konnte er erst die Länge des geraden Ganges abschätzen, das Haus war eine Festung, keine Villa. Karls Freude über dieses rettende Licht war so groß, daß er alle Vorsicht vergaß, und darauf zulief, schon bei den ersten Sprüngen löschte seine Kerze aus. Er achtete nicht darauf, denn er brauchte sie nicht mehr, hier kam ihm ein alter Diener mit einer Laterne entgegen, der ihm den richtigen Weg schon zeigen würde.

„Wer sind Sie?“ fragte der Diener und hielt Karl die Laterne ans Gesicht, wodurch er gleichzeitig sein eigenes beleuchtete. Sein Gesicht erschien etwas steif durch einen großen weißen Vollbart der erst auf der Brust in seidenartige Ringel ausgieng. Es muß ein treuer Diener sein, dem man das Tragen eines solchen Bartes erlaubt, dachte Karl und sah diesen Bart unverwandt der Länge und Breite nach an, ohne sich dadurch behindert zu fühlen, daß er selbst beobachtet wurde. Im übrigen antwortete er sofort, daß er der Gast des Herrn Pollunder sei, aus seinem Zimmer in das Speisezimmer gehen wolle und es nicht finden könne. „Ach so“, sagte der Diener, „wir haben das elektrische Licht noch nicht eingeführt.“ „Ich weiß“, sagte Karl. „Wollen Sie sich nicht Ihre Kerze an meiner Lampe anzünden?“ fragte der Diener. „Bitte“, sagte Karl und tat es. „Es zieht hier so auf den Gängen“, sagte der Diener, „die Kerze löscht leicht aus, darum habe ich eine Laterne.“ „Ja eine Laterne ist viel praktischer“, sagte Karl. „Sie sind auch schon von der Kerze ganz betropft“, sagte der Diener und leuchtete mit der Kerze Karls Anzug ab. „Das habe ich ja gar nicht bemerkt“, rief Karl und es tat ihm sehr leid, da es ein schwarzer Anzug war, von dem der Onkel gesagt hatte, er passe ihm am besten von allen. Die Rauferei mit Klara dürfte dem Anzug auch nicht genützt haben, erinnerte er sich jetzt. Der Diener war gefällig genug, den Anzug zu reinigen so gut es in der Eile gieng; immer wieder drehte sich Karl vor ihm herum und zeigte ihm noch hier und dort einen Flecken, den der Diener folgsam entfernte. „Warum zieht es denn hier eigentlich so?“ fragte Karl, als sie schon weitergiengen. „Es ist hier eben noch viel zu bauen“, sagte der Diener, „man hat zwar mit dem Umbau schon angefangen, aber es geht sehr langsam. Jetzt streiken auch noch die Bauarbeiter wie Sie vielleicht wissen. Man hat viel Ärger mit so einem Bau. Jetzt sind da paar große Durchbrüche gemacht worden, die niemand vermauert und die Zugluft geht durch das ganze Haus. Wenn ich nicht die Ohren voll Watte hätte, könnte ich nicht bestehn." „Da muß ich wohl lauter reden?" fragte Karl. „Nein, Sie haben eine klare Stimme", sagte der Diener. „Aber um auf diesen Bau zurückzukommen, besonders hier in der Nähe der Kapelle, die später unbedingt von dem übrigen Haus abgesperrt werden muß, ist die Zugluft gar nicht auszuhalten." „Die Brüstung, an der man in diesem Gang vorüberkommt geht also in eine Kapelle hinaus?" „Ja." „Das habe ich mir gleich gedacht", sagte Karl. „Sie ist sehr sehenswert", sagte der Diener, „wäre sie nicht gewesen, hätte wohl Herr Mack das Haus nicht gekauft." „Herr Mack?" fragte Karl, „ich dachte, das Haus gehöre Herrn Pollunder." „Allerdings", sagte der Diener, „aber Herr Mack hat doch bei diesem Kauf den Ausschlag gegeben. Sie kennen Herrn Mack nicht?" „O ja", sagte Karl. „Aber in welcher Verbindung ist er denn mit Herrn Pollunder?" „Er ist der Bräutigam des Fräuleins", sagte der Diener. „Das wußte ich freilich nicht", sagte Karl und blieb stehn. „Setzt Sie das in solches Erstaunen?" fragte der Diener. „Ich will es nur mir zurechtlegen. Wenn man solche Beziehungen nicht kennt, kann man ja die größten Fehler machen", antwortete Karl. „Es wundert mich nur, daß man Ihnen davon nichts gesagt hat", sagte der Diener. „Ja wirklich", sagte Karl beschämt. „Wahrscheinlich dachte man, Sie wüßten es", sagte der Diener, „es ist ja keine Neuigkeit. Hier sind wir übrigens", und er öffnete eine Tür, hinter der sich eine Treppe zeigte, die senkrecht zu der Hintertüre des ebenso wie bei der Ankunft hell beleuchteten Speisezimmers führte. Ehe Karl in das Speisezimmer eintrat, aus dem man die Stimmen Herrn Pollunders und Herrn Greens unverändert wie vor nun wohl schon zwei Stunden hörte, sagte der Diener: „Wenn Sie wollen, erwarte ich Sie hier und führe Sie dann in Ihr Zimmer. Es macht immerhin Schwierigkeiten, sich gleich am ersten Abend hier auszukennen." „Ich werde nicht mehr in mein Zimmer zurückgehn", sagte Karl und wußte nicht warum er bei dieser Auskunft traurig wurde. „Es wird nicht so arg sein", sagte der Diener ein wenig überlegen lächelnd und klopfte ihm auf den Arm. Er hatte sich wahrscheinlich Karls Worte dahin erklärt, daß Karl beabsichtige, während der ganzen Nacht im Speisezimmer zu bleiben, sich mit den Herren zu unterhalten und mit ihnen zu trinken. Karl wollte jetzt keine Bekenntnisse machen, außerdem dachte er, der Diener, der ihm besser gefiel als die andern hiesigen Diener, könne ihm ja dann die Wegrichtung nach New York zeigen und sagte deshalb: „Wenn Sie hier warten wollen, so ist das sicherlich eine große Freundlichkeit von Ihnen und ich nehme sie dankbar an. Jedenfalls werde ich in einer kleinen Weile herauskommen und Ihnen dann sagen, was ich weiter tun werde. Ich denke schon, daß mir Ihre Hilfe noch nötig sein wird." „Gut", sagte der Diener, stellte die Laterne auf den Boden und setzte sich auf ein niedriges Postament[1], dessen Leere wahrscheinlich auch mit dem Umbau des Hauses zusammenhieng, „ich werde also hier warten." „Die Kerze können Sie auch bei mir lassen", sagte der Diener noch, als Karl mit der brennenden Kerze in den Saal gehen wollte. „Ich bin aber zerstreut", sagte Karl und reichte die Kerze dem Diener hin, welcher ihm bloß zunickte, ohne daß man wußte, ob er es mit Absicht tat oder ob es eine Folge dessen war, daß er mit der Hand seinen Bart strich.

Karl öffnete die Tür, die ohne seine Schuld laut erklirrte, denn sie bestand aus einer einzigen Glasplatte die sich fast bog, wenn die Tür rasch geöffnet und nur an der Klinke festgehalten wurde. Karl ließ die Tür erschrocken los, denn er hatte gerade besonders still eintreten wollen. Ohne sich mehr umzudrehn, merkte er noch, wie hinter ihm der Diener, der offenbar von seinem Postament herabgestiegen war, vorsichtig und ohne das geringste Geräusch die Türe schloß. „Verzeihen Sie daß ich störe", sagte er zu den beiden Herren, die ihn mit ihren großen erstaunten Gesichtern ansahen. Gleichzeitig aber überflog er mit einem Blick den Saal, ob er nicht irgendwo schnell seinen Hut finden könne. Er war aber nirgends zu sehn, der Eßtisch war völlig abgeräumt, vielleicht war der Hut unangenehmer Weise irgendwie in die Küche fortgetragen worden. „Wo haben Sie denn Klara gelassen?" fragte Herr Pollunder, dem übrigens die Störung nicht unlieb schien, denn er setzte sich gleich anders in seinem Fauteuil und kehrte Karl seine ganze Front zu. Herr Green spielte den Unbeteiligten, zog eine Brieftasche heraus, die an Größe und Dicke ein Unge-

[1] Unterbau, Sockel

heuer ihrer Art war, schien in den vielen Taschen ein bestimmtes Stück zu suchen, las aber während des Suchens auch andere Papiere, die ihm gerade in die Hand kamen. „Ich hätte eine Bitte, die Sie nicht mißverstehen dürfen", sagte Karl, gieng eiligst zu Herrn Pollunder hin und legte, um ihm recht nahe zu sein, die Hand auf die Armlehne des Fauteuils. „Was soll denn das für eine Bitte sein?" fragte Herr Pollunder und sah Karl mit offenem rückhaltlosem Blicke an. „Sie ist natürlich schon erfüllt." Und er legte den Arm um Karl und zog ihn zu sich zwischen seine Beine. Karl duldete das gerne, trotzdem er sich im allgemeinen doch für eine solche Behandlung allzu erwachsen fühlte. Aber das Aussprechen seiner Bitte wurde natürlich schwieriger. „Wie gefällt es Ihnen denn eigentlich bei uns?" fragte Herr Pollunder. „Scheint es Ihnen nicht auch, daß man auf dem Lande sozusagen befreit wird, wenn man aus der Stadt herkommt. Im allgemeinen" – und ein nicht mißzuverstehender, durch Karl etwas verdeckter Seitenblick gieng auf Herrn Green – „im allgemeinen habe ich dieses Gefühl immer wieder, jeden Abend." „Er spricht", dachte Karl, „als wüßte er nicht von dem großen Haus, den endlosen Gängen, der Kapelle, den leeren Zimmern, dem Dunkel überall." „Nun!" sagte Herr Pollunder. „Die Bitte!" und er schüttelte Karl freundschaftlich, der stumm dastand. „Ich bitte", sagte Karl und so sehr er die Stimme dämpfte, es ließ sich nicht vermeiden, daß der daneben sitzende Green alles hörte, vor dem Karl die Bitte, die möglicherweise als eine Beleidigung Pollunders aufgefaßt werden konnte, so gern verschwiegen hätte – „ich bitte, lassen Sie mich noch jetzt, in der Nacht, nachhause." Und da das Ärgste ausgesprochen war, drängte alles andere umso schneller nach, er sagte, ohne die geringste Lüge zu gebrauchen, Dinge an die er gar nicht eigentlich vorher gedacht hatte. „Ich möchte um alles gerne nachhause. Ich werde gerne wiederkommen, denn wo Sie Herr Pollunder sind, dort bin ich auch gerne. Nur heute kann ich nicht hier bleiben. Sie wissen, der Onkel hat mir die Erlaubnis zu diesem Besuch nicht gerne gegeben. Er hat sicher dafür seine guten Gründe gehabt, wie für alles was er tut, und ich habe es mir herausgenommen, gegen seine bessere Einsicht die Erlaubnis förmlich zu erzwingen. Ich habe seine Liebe zu mir einfach mißbraucht. Was für Bedenken er gegen diesen Besuch hatte, ist ja jetzt gleichgültig, ich weiß bloß ganz bestimmt, daß nichts in diesen Bedenken war, was Sie Herr Pollunder kränken könnte, der Sie der beste, der allerbeste Freund meines Onkels sind. Kein anderer kann sich in der Freundschaft meines Onkels auch nur im Entferntesten mit Ihnen vergleichen. Das ist ja auch die einzige Entschuldigung für meine Unfolgsamkeit, aber keine genügende. Sie haben vielleicht keinen genauen Einblick in das Verhältnis zwischen meinem Onkel und mir, ich will daher nur von dem Einleuchtendsten sprechen. Solange meine Englischstudien nicht abgeschlossen sind und ich mich im praktischen Handel nicht genügend umgesehen habe, bin ich gänzlich auf die Güte meines Onkels angewiesen, die ich allerdings als Blutsverwandter genießen darf. Sie dürfen nicht glauben, daß ich schon jetzt irgendwie mein Brot anständig – und vor allem andern soll mich Gott bewahren – verdienen könnte. Dazu ist leider meine Erziehung zu unpraktisch gewesen. Ich habe vier Klassen eines europäischen Gymnasiums als Durchschnittsschüler durchgemacht und das bedeutet für den Gelderwerb viel weniger als nichts, denn unsere Gymnasien sind im Lehrplan sehr rückschrittlich. Sie würden lachen, wenn ich Ihnen erzählen wollte, was ich gelernt habe. Wenn man weiterstudiert, das Gymnasium zu Ende macht, an die Universität geht, dann gleicht sich ja wahrscheinlich alles irgendwie aus und man hat zum Schluß eine geordnete Bildung, mit der sich etwas anfangen läßt und die einem die Entschlossenheit zum Gelderwerb gibt. Ich aber bin aus diesem zusammenhängenden Studium leider herausgerissen worden, manchmal glaube ich, ich weiß gar nichts, und schließlich wäre auch alles was ich wissen könnte für Amerika noch immer zu wenig. Jetzt werden in meiner Heimat neuestens hie und da Reformgymnasien eingerichtet, wo man auch moderne Sprachen und vielleicht auch Handelswissenschaften lernt, als ich aus der Volksschule trat, gab es das noch nicht. Mein Vater wollte mich zwar im Englischen unterrichten lassen, aber erstens konnte ich damals nicht ahnen was für ein Unglück über mich kommen wird und wie ich das Englische brauchen werde, und zweitens mußte ich für das Gymnasium viel lernen, so daß ich für andere

Beschäftigungen nicht besonders viel Zeit hatte. – Ich erwähne das alles, um Ihnen zu zeigen, wie abhängig ich von meinem Onkel bin und wie verpflichtet infolgedessen ich ihm gegenüber auch bin. Sie werden sicher zugeben, daß ich es mir bei solchen Verhältnissen nicht erlauben darf auch nur das geringste gegen seinen auch nur geahnten Willen zu tun. Und darum muß ich, um den Fehler den ich ihm gegenüber begangen habe, nur halbwegs wieder gut zu machen, sofort nachhause gehn." Während dieser langen Rede Karls hatte Herr Pollunder aufmerksam zugehört, öfters, besonders wenn der Onkel erwähnt wurde, Karl wenn auch unmerklich an sich gedrückt und einigemale ernst und wie erwartungsvoll zu Green hinübergesehn, der sich weiterhin mit seiner Brieftasche beschäftigte. Karl aber war, je deutlicher ihm seine Stellung zum Onkel im Laufe seiner Rede zu Bewußtsein kam, immer unruhiger geworden, hatte sich unwillkürlich aus dem Arm Pollunders zu drängen gesucht, alles beengte ihn hier, der Weg zum Onkel durch die Glastüre, über die Treppe, durch die Allee, über die Landstraßen, durch die Vorstädte zur großen Verkehrsstraße, einmündend in des Onkels Haus, erschien ihm als etwas streng zusammengehöriges, das leer, glatt und für ihn vorbereitet dalag und mit einer starken Stimme nach ihm verlangte. Herrn Pollunders Güte und Herrn Greens Abscheulichkeit verschwammen und er wollte aus diesem rauchigen Zimmer nichts anderes für sich haben als die Erlaubnis zum Abschiednehmen. Zwar fühlte er sich gegen Herrn Pollunder abgeschlossen, gegen Herrn Green kampfbereit und doch erfüllte ihn ringsherum eine unbestimmte Furcht, deren Stöße seine Augen trübten.

Er trat einen Schritt zurück und stand nun gleich weit von Herrn Pollunder und von Herrn Green entfernt. „Wollten Sie ihm nicht etwas sagen?" fragte Herr Pollunder Herrn Green und faßte wie bittend Herrn Greens Hand. „Ich wüßte nichts, was ich ihm sagen sollte?" sagte Herr Green, der endlich einen Brief aus seiner Tasche gezogen und vor sich auf den Tisch gelegt hatte. „Es ist recht lobenswert, daß er zu seinem Onkel zurückkehren will und nach menschlicher Voraussicht sollte man glauben, daß er dem Onkel eine besondere Freude damit machen wird. Es müßte denn sein, daß er durch seine Unfolgsamkeit den Onkel schon allzu böse gemacht hat, was ja auch möglich ist. Dann allerdings wäre es besser, er bliebe hier. Es ist eben schwer etwas bestimmtes zu sagen, wir sind zwar beide Freunde des Onkels und es dürfte Mühe machen zwischen meiner und Herrn Pollunders Freundschaft Rangunterschiede zu erkennen, aber in das Innere des Onkels können wir nicht hineinschauen und ganz besonders nicht über die vielen Kilometer hinweg, die uns hier von New York trennen. „Bitte Herr Green", sagte Karl und näherte sich mit Selbstüberwindung Herrn Green, „ich höre aus Ihren Worten heraus, daß Sie es auch für das Beste halten, wenn ich gleich zurückkehre." „Das habe ich durchaus nicht gesagt", meinte Herr Green und vertiefte sich in das Anschauen des Briefes, an dessen Rändern er mit zwei Fingern hin und her fuhr. Er schien damit andeuten zu wollen, daß er von Herrn Pollunder gefragt worden sei, ihm auch geantwortet habe, während er mit Karl eigentlich nichts zu tun habe.

Inzwischen war Herr Pollunder zu Karl getreten und hatte ihn sanft von Herrn Green weg zu einem der großen Fenster gezogen. „Lieber Herr Roßmann", sagte er zu Karls Ohr herabgebeugt und wischte zur Vorbereitung mit dem Taschentuch über sein Gesicht und bei der Nase innehaltend schneuzte er, „Sie werden doch nicht glauben, daß ich Sie gegen Ihren Willen hier zurückhalten will. Davon ist ja keine Rede. Das Automobil kann ich Ihnen zwar nicht zur Verfügung stellen, denn es steht weit von hier in einer öffentlichen Garage, da ich noch keine Zeit hatte, hier, wo alles erst im Werden ist, eine eigene Garage einzurichten. Der Chauffeur wiederum schläft nicht hier im Haus, sondern in der Nähe der Garage, ich weiß wirklich selbst nicht wo. Außerdem ist es gar nicht seine Pflicht jetzt zuhause zu sein, seine Pflicht ist es nur, früh zur rechten Zeit hier vorzufahren. Aber das alles wären keine Hindernisse für Ihre augenblickliche Heimkehr, denn wenn Sie darauf bestehn, begleite ich Sie sofort zur nächsten Station der Stadtbahn, die allerdings so weit entfernt ist, daß Sie nicht viel früher zuhause ankommen dürften, als wenn Sie früh – wir fahren ja schon um sieben Uhr – mit mir in meinem Automobil fahren wollen." „Da möchte ich, Herr Pollunder, doch lieber mit der Stadtbahn fahren", sagte Karl. „An die Stadtbahn habe ich gar nicht gedacht. Sie sagen selbst daß ich mit der Stadtbahn früher ankomme, als früh mit dem Automobil." „Es ist aber ein ganz kleiner Unterschied." „Trotzdem, trotzdem Herr Pollunder", sagte Karl, „ich werde in Erinnerung an Ihre Freundlichkeit immer gerne herkommen, vorausgesetzt natürlich daß Sie mich nach meinem heutigen Benehmen noch einladen wollen, und vielleicht werde ich es nächstens besser ausdrücken können, warum heute jede Minute, um die ich meinen Onkel früher sehe, für mich so wichtig ist." Und als hätte er bereits die Erlaubnis zum Weggehn erhalten, fügte er hinzu: „Aber keinesfalls dürfen Sie mich begleiten. Es ist auch ganz unnötig. Draußen ist ein Diener der mich gern zur Station begleiten wird. Jetzt muß ich nur noch meinen Hut suchen." Und bei den letzten Worten durchschritt er schon das Zimmer, um noch in Eile einen letzten Versuch zu machen, ob sein Hut doch vielleicht zu finden wäre. „Könnte ich Ihnen nicht mit einer Mütze aushelfen", sagte Herr Green und zog eine Mütze aus der Tasche, „vielleicht paßt sie Ihnen zufällig." Verblüfft blieb Karl stehn und sagte: „Ich werde Ihnen doch nicht Ihre Mütze wegnehmen. Ich kann ja ganz gut mit unbedecktem Kopf gehn. Ich brauche gar nichts." „Es ist nicht meine Mütze. Nehmen Sie nur!" „Dann danke ich", sagte Karl um sich nicht aufzuhalten und nahm die Mütze. Er zog sie an und lachte zuerst, da sie ganz genau paßte, nahm sie wieder in die Hand und betrachtete sie, konnte aber das Besondere das er an ihr suchte, nicht finden; es war eine vollkommen neue Mütze. „Sie paßt so gut!" sagte er. „Also sie paßt!" rief Herr Green und schlug auf den Tisch.

Karl gieng schon zur Tür zu, um den Diener zu holen, da erhob sich Herr Green, streckte sich nach dem reichlichen Mahl und der vielen Ruhe, klopfte stark gegen seine Brust und sagte in einem Ton zwischen Rat und Befehl: „Ehe Sie weggehn müssen Sie von Fräulein Klara Abschied nehmen." „Das müssen Sie", sagte auch Herr Pollunder der ebenfalls aufgestanden war. Ihm hörte man es an, daß die Worte nicht aus seinem Herzen kamen, schwach ließ er die Hände an die Hosennaht schlagen und knöpfte immer wieder seinen Rock auf und zu, der nach der augenblicklichen Mode ganz kurz war und kaum zu den Hüften gieng, was so dicke Leute wie Herrn Pollunder schlecht kleidete. Übrigens hatte man, wenn er so neben Herrn Green stand, den deutlichen Eindruck, daß es bei Herrn Pollunder keine gesunde Dicke war, der Rücken war in seiner ganzen Masse etwas gekrümmt, der Bauch sah weich und unhaltbar aus, eine wahre Last, und das Gesicht erschien bleich und geplagt. Dagegen stand hier Herr Green, vielleicht noch etwas dicker als Herr Pollunder, aber es war eine zusammenhängende, einander gegenseitig tragende Dicke, die Füße waren soldatisch zusammengeklappt, den Kopf trug er aufrecht und schaukelnd, er schien ein großer Turner, ein Vorturner, zu sein.

„Gehen Sie also vorerst“, fuhr Herr Green fort, „zu Fräulein Klara. Das dürfte Ihnen sicher Vergnügen machen und paßt auch sehr gut in meine Zeiteinteilung. Ich habe Ihnen nämlich tatsächlich ehe Sie von hier fortgehn etwas Interessantes zu sagen, was wahrscheinlich auch für Ihre Rückkehr entscheidend sein kann. Nur bin ich leider durch höheren Befehl gebunden, Ihnen vor Mitternacht nichts zu verraten. Sie können sich vorstellen, daß mir das selbst leid tut, denn es stört meine Nachtruhe, aber ich halte mich an meinen Auftrag. Jetzt ist viertel zwölf, ich kann also meine Geschäfte noch mit Herrn Pollunder zu Ende besprechen, wobei Ihre Gegenwart nur stören würde und Sie können ein hübsches Weilchen mit Fräulein Klara verbringen. Punkt zwölf Uhr stellen Sie sich dann hier ein, wo Sie das Nötige erfahren werden.“

Konnte Karl diese Forderung ablehnen, die von ihm wirklich nur das Geringste an Höflichkeit und Dankbarkeit gegenüber Herrn Pollunder verlangte und die überdies ein sonst unbeteiligter roher Mann stellte, während Herr Pollunder, den es angieng, sich mit Worten und Blicken möglichst zurückhielt? Und was war jenes Interessante, das er erst um Mitternacht erfahren durfte? Wenn es seine Heimkehr nicht wenigstens um die dreiviertel Stunde beschleunigte, um die es sie jetzt verschob, interessierte es ihn wenig. Aber sein größter Zweifel war, ob er überhaupt zu Klara gehn konnte, die doch seine Feindin war. Wenn er wenigstens das Schlageisen bei sich gehabt hätte, das ihm sein Onkel als Briefbeschwerer geschenkt hatte. Das Zimmer Klaras mochte ja eine recht gefährliche Höhle sein. Aber nun war es ja ganz und gar unmöglich, hier gegen Klara das geringste zu sagen, da sie Pollunders Tochter und wie er jetzt gehört hatte gar Macks Braut war. Sie hätte ja nur um eine Kleinigkeit anders sich zu ihm verhalten müssen und er hätte sie wegen ihrer Beziehungen offen bewundert. Noch überlegte er das alles, aber schon merkte er, daß man keine Überlegungen von ihm verlangte, denn Green öffnete die Tür und sagte zum Diener, der vom Postamente sprang: „Führen Sie diesen jungen Mann zu Fräulein Klara."

„So führt man Befehle aus", dachte Karl als ihn der Diener fast laufend, stöhnend vor Altersschwäche, auf einem besonders kurzen Weg zu Klaras Zimmer zog. Als Karl an seinem Zimmer vorüber kam, dessen Tür noch immer offenstand, wollte er, vielleicht zu seiner Beruhigung, für einen Augenblick eintreten. Der Diener ließ das aber nicht zu. „Nein", sagte er, „Sie müssen zu Fräulein Klara. Sie haben es ja selbst gehört." „Ich würde mich nur einen Augenblick drin aufhalten", sagte Karl und er dachte daran, sich zur Abwechslung ein wenig auf das Kanapee zu werfen, damit ihm die Zeit rascher gegen Mitternacht vorrücke. „Erschweren Sie mir die Ausführung meines Auftrages nicht", sagte der Diener. „Er scheint es für eine Strafe zu halten, daß ich zu Fräulein Klara gehn muß", dachte Karl und machte ein paar Schritte, blieb aber aus Trotz wieder stehn. „Kommen Sie doch junger Herr", sagte der Diener, „wenn Sie nun schon einmal hier sind. Ich weiß, Sie wollten noch in der Nacht weggehn, es geht eben nicht alles nach Wunsch, ich habe es Ihnen ja gleich gesagt, daß es kaum möglich sein wird." „Ja, ich will weggehn und werde auch weggehn", sagte Karl, „und will jetzt nur von Fräulein Klara Abschied nehmen." „So", sagte der Diener und Karl sah ihm wohl an, daß er kein Wort davon glaubte, „warum zögern Sie also Abschied zu nehmen, kommen Sie doch."

„Wer ist auf dem Gang?" ertönte Klaras Stimme und man sah sie aus einer nahen Tür sich vorbeugen, eine große Tischlampe mit rotem Schirm in der Hand. Der Diener eilte zu ihr hin und erstattete die Meldung, Karl gieng ihm langsam nach. „Sie kommen spät", sagte Klara. Ohne ihr vorläufig zu antworten, sagte Karl zum Diener leise, aber, da er seine Natur schon kannte, im Ton strengen Befehles: „Sie warten auf mich knapp vor dieser Tür!" „Ich wollte schon schlafen gehn", sagte Klara und stellte die Lampe auf den Tisch. Wie unten im Speisezimmer schloß auch hier wieder der Diener vorsichtig von außen die Tür. „Es ist ja schon halb zwölf vorüber." „Halb zwölf vorüber", wiederholte Karl fragend, wie erschrocken über diese Zahlen.

„Dann muß ich mich aber sofort verabschieden", sagte Karl, „denn punkt zwölf muß ich schon unten im Speisesaal sein." „Was Sie für eilige Geschäfte haben", sagte Klara und ordnete zerstreut die Falten ihres losen Nachtkleides, ihr Gesicht glühte und immerfort lächelte sie. Karl glaubte zu erkennen, daß keine Gefahr bestand, mit Klara wieder in Streit zu geraten. „Könnten Sie nicht doch noch ein wenig Klavier spielen, wie es mir gestern Papa und heute Sie selbst versprochen haben?" „Ist nicht aber schon zu spät?" fragte Karl. Er hätte ihr gern gefällig sein wollen, denn sie war ganz anders als vorher, so als wäre sie irgendwie aufgestiegen in die Kreise Pollunders und weiterhin Macks. „Ja spät ist es schon", sagte sie und es schien ihr die Lust zur Musik schon vergangen zu sein. „Dann wiederhallt hier auch jeder Ton im ganzen Hause, ich bin überzeugt, wenn Sie spielen, wacht noch oben in den Dachkammern die Dienerschaft auf." „Dann lasse ich also das Spiel, ich hoffe ja bestimmt noch wiederzukommen, übrigens, wenn es Ihnen keine besondere Mühe macht, besuchen Sie doch einmal meinen Onkel und schauen bei der Gelegenheit auch in mein Zimmer. Ich habe ein prachtvolles Piano. Der Onkel hat es mir geschenkt. Dann spiele ich Ihnen, wenn es Ihnen recht ist, alle meine Stückchen vor, es sind leider nicht viele, und sie passen auch gar nicht zu so einem großen Instrument, auf dem nur Virtuosen sich hören lassen sollten. Aber auch dieses Vergnügen werden Sie haben können, wenn Sie mich von Ihrem Besuch vorher verständigen, denn der Onkel will nächstens einen berühmten Lehrer für mich engagieren – Sie können sich denken wie ich mich darauf freue – und dessen Spiel wird allerdings dafür stehn, mir während der Unterrichtsstunde einen Besuch zu machen. Ich bin, wenn ich ehrlich sein soll, froh, daß für das Spiel schon zu spät ist, denn ich kann noch gar nichts, Sie würden staunen, wie wenig ich kann. Und nun erlauben Sie daß ich mich verabschiede, schließlich ist ja doch schon Schlafenszeit.“ Und weil ihn Klara gütig ansah und ihm wegen der Rauferei gar nichts nachzutragen schien, fügte er lächelnd hinzu, während er ihr die Hand reichte: „In meiner Heimat pflegt man zu sagen: Schlafe wohl und träume süß.“

„Warten Sie“, sagte sie, ohne seine Hand anzunehmen, „vielleicht sollten Sie doch spielen.“ Und sie verschwand durch eine kleine Seitentür, neben der das Piano stand. „Was ist denn?“ dachte Karl, „lange kann ich nicht warten, so lieb sie auch ist.“ Es klopfte an die Gangtüre und der Diener, der die Türe nicht ganz zu öffnen wagte, flüsterte durch einen kleinen Spalt: „Verzeihen Sie, ich wurde soeben abberufen und kann nicht mehr warten.“ „Gehen Sie nur“, sagte Karl, der sich nun getraute, den Weg ins Speisezimmer allein zu finden, „lassen Sie mir nur die Laterne vor der Tür. Wie spät ist es übrigens?“ „Bald dreiviertel zwölf“, sagte der Diener. „Wie langsam die Zeit vergeht“, sagte Karl. Der Diener wollte schon die Türe schließen, da erinnerte sich Karl, daß er ihm noch kein Trinkgeld gegeben hatte, nahm einen Schilling aus der Hosentasche – er trug jetzt immer Münzengeld nach amerikanischer Sitte lose klingelnd in der Hosentasche, Banknoten dagegen in der Westentasche – und reichte ihn dem Diener mit den Worten: „Für Ihre guten Dienste.“

Klara war schon wieder eingetreten, die Hände an ihrer festen Frisur, als es Karl einfiel, daß er den Diener doch nicht hätte wegschicken sollen, denn wer würde ihn jetzt zur Station der Stadtbahn führen? Nun, da würde wohl schon Herr Pollunder einen Diener noch auftreiben können, vielleicht war übrigens dieser Diener ins Speisezimmer gerufen worden und würde dann zur Verfügung stehn. „Ich bitte Sie also doch ein wenig zu spielen. Man hört hier so selten Musik, daß man sich keine Gelegenheit sie zu hören, entgehen lassen will.“ „Dann ist aber höchste Zeit“, sagte Karl ohne weitere Überlegung und setzte sich gleich zum Klavier. „Wollen Sie Noten haben?“ fragte Klara. „Danke, ich kann ja Noten nicht einmal vollkommen lesen“, antwortete Karl und spielte schon. Es war ein kleines Lied, das wie Karl wohl wußte ziemlich langsam hätte gespielt werden müssen, um besonders für Fremde auch nur verständlich zu sein, aber er hudelte es im ärgsten Marschtempo hinunter. Nach der Beendigung fuhr die gestörte Stille des Hauses wie in großem Gedränge wieder an ihren Platz. Man saß wie benommen da und rührte sich nicht. „Ganz schön", sagte Klara, aber es gab keine Höflichkeitsformel, die Karl nach diesem Spiel hätte schmeicheln können. „Wie spät ist es?" fragte er. „Dreiviertel zwölf." „Dann habe ich noch ein Weilchen Zeit", sagte er und dachte bei sich: „Entweder oder. Ich muß ja nicht alle zehn Lieder spielen, die ich kann, aber eines kann ich nach Möglichkeit gut spielen." Und er fieng sein geliebtes Soldatenlied an. So langsam, daß das aufgestörte Verlangen des Zuhörers sich nach der nächsten Note streckte, die Karl zurückhielt und nur schwer hergab. Er mußte ja tatsächlich wie bei jedem Lied die nötigen Tasten mit den Augen erst zusammensuchen, aber außerdem fühlte er in sich ein Leid entstehn, das über das Ende des Liedes hinaus, ein anderes Ende suchte und es nicht finden konnte. „Ich kann ja nichts", sagte Karl nach Schluß des Liedes und sah Klara mit Tränen in den Augen an.

Da ertönte aus dem Nebenzimmer lautes Händeklatschen. „Es hört noch jemand zu!" rief Karl aufgerüttelt. „Mack", sagte Klara leise. Und schon hörte man Mack rufen: „Karl Roßmann, Karl Roßmann!"

Karl schwang sich mit beiden Füßen zugleich über die Klavierbank und öffnete die Tür. Er sah dort Mack in einem großen Himmelbett halb liegend sitzen, die Bettdecke war lose über die Beine geworfen. Der Baldachin[1] aus blauer Seide war die einzige ein wenig mädchenhafte Pracht des sonst einfachen, aus schwerem Holz eckig gezimmerten Bettes. Auf dem Nachttischchen brannte nur eine Kerze, aber die Bettwäsche und Macks Hemd waren so weiß, daß das auf sie fallende Kerzenlicht in fast blendendem Widerschein von ihnen strahlte; auch der Baldachin leuchtete wenigstens am Rande mit seiner leicht gewellten, nicht ganz fest gespannten Seide. Gleich hinter Mack versank aber das Bett und alles in vollständigem Dunkel. Klara lehnte sich an den Bettpfosten und hatte nur noch Augen für Mack.

---

[1] eine Art Dach, Himmel aus Stoff, meist in prunkvoller Ausführung

„Servus", sagte Mack und reichte Karl die Hand. „Sie spielen ja recht gut, bisher habe ich bloß Ihre Reitkunst gekannt." „Ich kann das eine so schlecht wie das andere", sagte Karl. „Wenn ich gewußt hätte, daß Sie zuhören, hätte ich bestimmt nicht gespielt. Aber Ihr Fräulein" – er unterbrach sich, er zögerte „Braut" zu sagen, da Mack und Klara offenbar schon mit einander schliefen. „Ich ahnte es ja", sagte Mack, „darum mußte Sie Klara aus New-York hierherlocken, sonst hätte ich Ihr Spiel gar nicht zu hören bekommen. Es ist ja reichlich anfängerhaft und selbst in diesen Liedern, die Sie doch eingeübt hatten und die sehr primitiv gesetzt sind, haben Sie einige Fehler gemacht, aber immerhin hat es mich sehr gefreut, ganz abgesehen davon, daß ich das Spiel keines Menschen verachte. Wollen Sie sich aber nicht setzen und noch ein Weilchen bei uns bleiben. Klara gib ihm doch einen Sessel." „Ich danke", sagte Karl stockend. „Ich kann nicht bleiben, so gern ich hier bliebe. Zu spät erfahre ich, daß es so wohnliche Zimmer in diesem Hause gibt." „Ich baue alles in dieser Art um", sagte Mack.

In diesem Augenblick erklangen zwölf Glockenschläge, rasch hintereinander, einer in den Lärm des andern dreinschlagend, Karl fühlte das Wehen der großen Bewegung dieser Glocken an den Wangen. Was war das für ein Dorf, das solche Glocken hatte!

„Höchste Zeit", sagte Karl, streckte Mack und Klara nur die Hände hin ohne sie zu fassen und lief auf den Gang hinaus. Dort fand er die Laterne nicht und bedauerte dem Diener zu bald das Trinkgeld gegeben zu haben. Er wollte sich an der Wand zu der offenen Türe seines Zimmers hintasten, war aber kaum in der Hälfte des Weges, als er Herrn Green mit erhobener Kerze eilig heranschwanken sah. In der Hand, in der er die Kerze hielt, trug er auch einen Brief.

„Roßmann warum kommen Sie denn nicht? Warum lassen Sie mich warten? Was haben Sie denn bei Fräulein Klara getrieben?" „Viele Fragen!" dachte Karl, „und jetzt drückt er mich noch an die Wand", denn tatsächlich stand er dicht vor Karl, der mit dem Rükken an der Wand lehnte. Green nahm in diesem Gang eine schon lächerliche Größe an und Karl stellte sich zum Spaß die Frage, ob er nicht etwa den guten Herrn Pollunder aufgefressen habe.

„Sie sind tatsächlich kein Mann von Wort. Versprechen um zwölf Uhr hinunterzukommen und umschleichen statt dessen die Tür Fräulein Klaras. Ich dagegen habe Ihnen für Mitternacht etwas Interessantes versprochen und bin damit schon da.“

Und damit reichte er Karl den Brief. Auf dem Umschlag stand „An Karl Roßmann. Um Mitternacht persönlich abzugeben, wo immer er angetroffen wird.“ „Schließlich“, sagte Herr Green während Karl den Brief öffnete, „ist es, glaube ich, schon anerkennenswert daß ich Ihretwegen aus Newyork hierhergefahren bin, so daß Sie mich durchaus nicht noch auf den Gängen Ihnen nachlaufen lassen müßten.“

„Vom Onkel!“ sagte Karl kaum, daß er in den Brief hineingeschaut hatte. „Ich habe es erwartet“, sagte er zu Herrn Green gewendet.

„Ob Sie es erwartet haben oder nicht, ist mir kolossal gleichgiltig. Lesen Sie nur schon“, sagte dieser und hielt Karl die Kerze hin.

Karl las bei ihrem Licht: Geliebter Neffe! Wie Du während unseres leider viel zu kurzen Zusammenlebens schon erkannt haben wirst, bin ich durchaus ein Mann von Principien. Das ist nicht nur für meine Umgebung sondern auch für mich sehr unangenehm und traurig, aber ich verdanke meinen Principien alles was ich bin und niemand darf verlangen daß ich mich vom Erdboden wegleugne, niemand, auch Du nicht, mein geliebter Neffe, wenn auch Du gerade der erste in der Reihe wärest, wenn es mir einmal einfallen sollte, jenen allgemeinen Angriff gegen mich zuzulassen. Dann würde ich am liebsten gerade Dich mit diesen beiden Händen mit denen ich das Papier halte und beschreibe, auffangen und hochheben. Da aber vorläufig gar nichts darauf hindeutet daß dies einmal geschehen könnte, muß ich Dich nach dem heutigen Vorfall unbedingt von mir fortschicken und ich bitte Dich dringend, mich weder selbst aufzusuchen, noch brieflich oder durch Zwischenträger Verkehr mit mir zu suchen. Du hast Dich gegen meinen Willen dafür entschieden, heute Abend von mir fortzugehn, dann bleibe aber auch bei diesem Entschluß Dein Leben lang, nur dann war es ein männlicher Entschluß. Ich erwählte zum Überbringer dieser Nachricht Herrn Green, meinen besten Freund, der sicherlich für Dich genug schonende

Worte finden wird, die mir im Augenblick tatsächlich nicht zur Verfügung stehn. Er ist ein einflußreicher Mann und wird Dich schon mir zu Liebe in Deinen ersten selbständigen Schritten mit Rat und Tat unterstützen. Um unsere Trennung zu begreifen, die mir jetzt am Schlusse dieses Briefes wieder unfaßlich scheint, muß ich mir immer wieder neuerlich sagen: Von Deiner Familie, Karl, kommt nichts Gutes. Sollte Herr Green vergessen, Dir Deinen Koffer und Deinen Regenschirm auszuhändigen, so erinnere ihn daran. Mit besten Wünschen für Dein weiteres Wohlergehn

Dein treuer Onkel Jakob.

„Sind Sie fertig?" fragte Green. „Ja", sagte Karl, „haben Sie mir den Koffer und den Regenschirm mitgebracht?" fragte Karl. „Hier ist er", sagte Green und stellte Karls alten Reisekoffer, den er bisher mit der linken Hand hinter dem Rücken versteckt hatte, neben Karl auf den Boden. „Und den Regenschirm?" fragte Karl weiter. „Alles hier", sagte Green und zog auch den Regenschirm hervor, den er in einer Hosentasche hängen hatte. „Die Sachen hat ein gewisser Schubal, ein Obermaschinist der Hamburg-Amerikalinie gebracht, er hat behauptet sie auf dem Schiff gefunden zu haben. Sie können ihm bei Gelegenheit danken." „Nun habe ich wenigstens meine alten Sachen wieder", sagte Karl und legte den Schirm auf den Koffer. „Sie sollen aber besser in Zukunft auf sie achtgeben, läßt Ihnen der Herr Senator sagen", bemerkte Herr Green und fragte dann offenbar aus privater Neugierde: „Was ist das eigentlich für ein merkwürdiger Koffer?" „Es ist ein Koffer, mit dem die Soldaten in meiner Heimat zum Militär einrücken", antwortete Karl, „es ist der alte Militärkoffer meines Vaters. Er ist sonst ganz praktisch." Lächelnd fügte er hinzu: „Vorausgesetzt daß man ihn nicht irgendwo stehn läßt." „Schließlich sind Sie ja belehrt genug", sagte Herr Green, „und einen zweiten Onkel haben Sie in Amerika wohl nicht. Hier gebe ich Ihnen noch eine Karte Dritter nach San Francisko. Ich habe diese Reise für Sie beschlossen, weil erstens die Erwerbsmöglichkeiten im Osten für Sie viel bessere sind und weil zweitens hier in allen Dingen die für Sie in Betracht kommen könnten, Ihr Onkel seine Hände im Spiele hat und ein Zusammentreffen unbedingt vermieden werden muß. In Frisco[1] können Sie ganz ungestört arbeiten, fangen Sie nur ruhig ganz unten an und versuchen Sie sich allmählich heraufzuarbeiten."

Karl konnte keine Bosheit aus diesen Worten heraushören, die schlimme Nachricht, welche den ganzen Abend in Green gesteckt hatte, war überbracht und von nun an schien Green ein ungefährlicher Mann, mit dem man vielleicht offener reden konnte, als mit jedem andern. Der beste Mensch, der ohne eigene Schuld zum Boten einer so geheimen und quälenden Entschließung auserwählt wird, muß, solange er sie bei sich hält, verdächtig scheinen. „Ich werde", sagte Karl, die Bestätigung eines erfahrenen Mannes erwartend, „dieses Haus sofort verlassen, denn ich bin nur als Neffe meines Onkels aufgenommen, während ich als Fremder hier nichts zu suchen habe. Würden Sie so liebenswürdig sein, mir den Ausgang zu zeigen und mich dann auf den Weg zu führen, auf dem ich zur nächsten Gastwirtschaft komme." „Aber rasch", sagte Green. „Sie machen mir nicht wenig Scherereien." Beim Anblick des großen Schrittes, den Green gleich gemacht hatte, stockte Karl, das war doch eine verdächtige Eile und er faßte Green unten beim Rock und sagte in einem plötzlichen Erkennen des wahren Sachverhaltes: „Eines müssen Sie mir noch erklären. Auf dem Umschlag des Briefes, den Sie mir zu übergeben hatten, steht bloß, daß ich ihn um Mitternacht erhalten soll, wo immer ich angetroffen werde. Warum haben Sie mich also mit Berufung auf diesen Brief hier zurückgehalten, als ich um viertel zwölf von hier fort wollte? Sie giengen dabei über Ihren Auftrag hinaus." Green leitete seine Antwort mit einer Handbewegung ein, welche das Unnütze von Karls Bemerkung übertrieben darstellte, und sagte dann: „Steht vielleicht auf dem Umschlag daß ich mich Ihretwegen zu Tode hetzen soll und läßt vielleicht der Inhalt des Briefes darauf schließen, daß die Aufschrift so aufzufassen ist? Hätte ich Sie nicht zurückgehalten, hätte ich Ihnen den Brief eben um Mitternacht auf der Landstraße übergeben müssen." „Nein", sagte Karl unbeirrt, „es ist nicht ganz so. Auf dem Umschlag steht zu übergeben nach Mitternacht. Wenn Sie

[1] amerik. Abkürzung für San Francisco

zu müde waren, hätten Sie mir vielleicht gar nicht folgen können, oder ich wäre, was allerdings selbst Herr Pollunder geleugnet hat, schon um Mitternacht bei meinem Onkel angekommen oder es wäre schließlich Ihre Pflicht gewesen, mich in Ihrem Automobil, von dem plötzlich nicht mehr die Rede war, zu meinem Onkel zurückzubringen, da ich so danach verlangte, zurückzukehren. Besagt nicht die Überschrift ganz deutlich, daß die Mitternacht für mich noch der letzte Termin sein soll? Und Sie sind es, der die Schuld trägt, daß ich ihn versäumt habe."

Karl sah Green mit scharfen Augen an und erkannte wohl wie in Green die Beschämung über diese Entlarvung mit der Freude über das Gelingen seiner Absicht kämpfte. Endlich nahm er sich zusammen, sagte in einem Tone, als wäre er Karl, der doch schon lange schwieg, mitten in die Rede gefallen: „Kein Wort weiter!" und schob ihn, der den Koffer und Schirm wieder aufgenommen hatte, durch eine kleine Tür, die er vor ihm aufstieß, hinaus.

Karl stand erstaunt im Freien. Eine an das Haus angebaute Treppe ohne Geländer führte vor ihm hinab. Er mußte nur hinunter gehn und dann sich ein wenig rechts zur Allee wenden, die auf die Landstraße führte. In dem hellen Mondschein konnte man sich gar nicht verirren. Unten im Garten hörte er das vielfache Bellen von Hunden, die losgelassen ringsherum im Dunkel der Bäume liefen. Man hörte in der sonstigen Stille ganz genau wie sie nach ihren großen Sprüngen ins Gras schlugen.

Ohne von diesen Hunden belästigt zu werden, kam Karl glücklich aus dem Garten. Er konnte nicht mit Bestimmtheit feststellen, in welcher Richtung Newyork lag, er hatte bei der Herfahrt zu wenig auf die Einzelheiten geachtet, die ihm jetzt hätten nützlich sein können. Schließlich sagte er sich, daß er ja nicht unbedingt nach New-York müsse, wo ihn niemand erwarte und einer sogar mit Bestimmtheit nicht erwarte. Er wählte also eine beliebige Richtung und machte sich auf den Weg.

IV
Der Marsch nach Ramses

In dem kleinen Wirtshaus, in das Karl nach kurzem Marsche kam, und das eigentlich nur eine kleine letzte Station des Newyorker Fuhrwerkverkehrs bildete und deshalb kaum für Nachtlager benützt zu werden pflegte, verlangte Karl die billigste Bettstelle, die zu haben war, denn er glaubte mit dem Sparen sofort anfangen zu müssen. Er wurde seiner Forderung entsprechend vom Wirt mit einem Wink, als sei er ein Angestellter, die Treppe hinaufgewiesen, wo ihn ein zerrauftes altes Frauenzimmer, ärgerlich über den gestörten Schlaf, empfieng und fast ohne ihn anzuhören mit ununterbrochenen Ermahnungen leise aufzutreten, in ein Zimmer führte, dessen Tür sie, nicht ohne ihn vorher mit einem Pst! angehaucht zu haben, schloß.

Karl wußte zuerst nicht recht, ob die Fenstervorhänge bloß herabgelassen waren oder ob vielleicht das Zimmer überhaupt keine Fenster habe, so finster war es; schließlich bemerkte er eine kleine verhängte Luke, deren Tuch er wegzog, wodurch einiges Licht hereinkam. Das Zimmer hatte zwei Betten, die aber beide schon besetzt waren. Karl sah dort zwei junge Leute, die in schwerem Schlafe dalagen und vor allem deshalb wenig vertrauenswürdig erschienen, weil sie ohne verständlichen Grund angezogen schliefen, der eine hatte sogar seine Stiefel an.

In dem Augenblick, als Karl die Luke freigelegt hatte, hob einer der Schläfer die Arme und Beine ein wenig in die Höhe, was einen derartigen Anblick bot, daß Karl trotz seiner Sorgen in sich hineinlachte.

Er sah bald ein, daß er, abgesehen davon, daß auch keine andere Schlafgelegenheit, weder Kanapee noch Sopha, vorhanden war, zu keinem Schlafe werde kommen können, denn er durfte seinen erst wiedergewonnenen Koffer und das Geld, das er bei sich trug, keiner Gefahr aussetzen. Weggehn aber wollte er auch nicht, denn er getraute sich nicht, an der Zimmerfrau und dem Wirt vorüber das Haus wieder gleich zu verlassen. Schließlich war es ja hier doch vielleicht nicht unsicherer als auf der Landstraße. Auffallend war freilich, daß im ganzen Zimmer, soweit sich das bei dem halben Licht feststellen ließ, kein einziges Gepäckstück zu entdecken war. Aber vielleicht und höchstwahrscheinlich waren die zwei jungen Leute die Hausdiener, die der Gäste wegen bald aufstehn mußten und deshalb angezogen schliefen. Dann war es allerdings nicht besonders ehrenvoll mit ihnen zu schlafen, aber desto ungefährlicher. Nur durfte er sich aber, solange das wenigstens nicht außer jedem Zweifel war, auf keinen Fall zum Schlafe niederlegen.

Unten vor dem einen Bett stand eine Kerze mit Zündhölzchen, die sich Karl mit schleichenden Schritten holte. Er hatte keine Bedenken Licht zu machen, denn das Zimmer gehörte nach Auftrag des Wirtes ihm ebenso gut wie den zwei andern, die überdies den Schlaf der halben Nacht schon genossen hatten und durch den Besitz der Betten ihm gegenüber in unvergleichlichem Vorteil waren. Im übrigen gab er sich natürlich durch Vorsicht beim Herumgehn und Hantieren alle Mühe, sie nicht zu wecken.

Zunächst wollte er seinen Koffer untersuchen um einmal einen Überblick über seine Sachen zu bekommen, an die er sich schon nur undeutlich erinnerte und von denen sicher das Wertvollste schon verlorengegangen sein dürfte. Denn wenn der Schubal seine Hand auf etwas legt, dann ist wenig Hoffnung, daß man es unbeschädigt zurückbekommt. Allerdings hatte er vom Onkel ein großes Trinkgeld erwarten können, während er aber anderseits wieder beim Fehlen einzelner Objekte sich auf den eigentlichen Kofferwächter, den Herrn Butterbaum hatte ausreden können.

Über den ersten Anblick beim Öffnen des Koffers war Karl entsetzt. Wieviele Stunden hatte er während der Überfahrt darauf verwendet, den Koffer zu ordnen und wieder neu zu ordnen und jetzt war alles so wild durcheinander hineingestopft, daß der Deckel beim Öffnen des Schlosses von selbst in die Höhe sprang. Bald aber erkannte Karl zu seiner Freude, daß diese Unordnung nur darin ihren Grund hatte, daß man seinen Anzug den er während der Fahrt getragen hatte, und für den der Koffer natürlich nicht mehr berechnet gewesen war, nachträglich mit eingepackt hatte. Nicht das geringste fehlte. In der Geheimtasche des Rockes befand sich nicht nur der Paß sondern auch das von zuhause mitgenommene Geld, sodaß Karl, wenn er jenes, das er bei sich hatte, dazu legte, mit Geld für den Augenblick reichlich versehen war. Auch die Wäsche, die er bei seiner Ankunft auf dem Leib getragen hatte, fand sich vor, rein gewaschen und gebügelt. Er legte auch sofort Uhr und Geld in die bewährte Geheimtasche. Das einzig Bedauerliche war, daß die Veroneser Salami, die auch nicht fehlte, allen Sachen ihren Geruch mitgeteilt hatte. Wenn sich das nicht durch irgendein Mittel beseitigen ließ, hatte Karl die Aussicht monatelang in diesen Geruch eingehüllt herumzugehn.

Beim Hervorsuchen einiger Gegenstände die zu unterst lagen, es waren dies eine Taschenbibel, Briefpapier und die Photographien der Eltern, fiel ihm die Mütze vom Kopf und in den Koffer. In ihrer alten Umgebung erkannte er sie sofort, es war seine Mütze, die Mütze, die ihm die Mutter als Reisemütze mitgegeben hatte. Er hatte jedoch aus Vorsicht diese Mütze auf dem Schiff nicht getragen, da er wußte, daß man in Amerika allgemein Mützen statt Hüte trägt, weshalb er die seine nicht schon vor der Ankunft hatte abnützen wollen. Nun hatte sie allerdings Herr Green dazu benützt um sich auf Karls Kosten zu belustigen. Ob ihm dazu vielleicht der Onkel auch den Auftrag gegeben hatte? Und in einer unabsichtlichen wütenden Bewegung faßte er den Kofferdeckel, der laut zuklappte.

Nun war keine Hilfe mehr, die beiden Schläfer waren geweckt. Zuerst streckte sich und gähnte der eine, ihm folgte gleich der andere. Dabei war fast der ganze Kofferinhalt auf dem Tisch ausgeschüttet, wenn es Diebe waren, brauchten sie nur heranzutreten und auszuwählen. Nicht nur um dieser Möglichkeit zuvorzukommen sondern um auch sonst gleich Klarheit zu schaffen, gieng Karl mit der Kerze in der Hand zu den Betten und erklärte, mit welchem Rechte er hier sei. Sie schienen diese Erklärung gar nicht erwartet zu haben, denn noch viel zu verschlafen, um reden zu können, sahen sie ihn bloß ohne jedes Erstaunen an. Sie waren beide sehr junge Leute, aber schwere Arbeit oder Not hatten ihnen vorzeitig die Knochen aus den Gesichtern vorgetrieben, unordentliche Bärte hiengen ihnen ums Kinn, ihr schon lange nicht geschnittenes Haar lag ihnen zerfahren auf dem Kopf und ihre tiefliegenden Augen rieben und drückten sie nun noch vor Verschlafenheit mit den Fingerknöcheln.

Karl wollte ihren augenblicklichen Schwächezustand ausnützen und sagte deshalb: „Ich heiße Karl Roßmann und bin ein Deutscher. Bitte sagen Sie mir, da wir doch ein gemeinsames Zimmer haben, auch Ihren Namen und Ihre Nationalität. Ich erkläre nur noch gleich, daß ich keinen Anspruch auf ein Bett erhebe, da ich so spät gekommen bin und überhaupt nicht die Absicht habe zu schlafen. Außerdem müssen Sie sich nicht an meinem schönen Kleid stoßen, ich bin vollständig arm und ohne Aussichten."

Der Kleinere von beiden – es war jener der die Stiefel anhatte – deutete mit Armen, Beinen und Mienen an, daß ihn das alles gar nicht interessiere und daß jetzt überhaupt keine Zeit für derartige Redensarten sei, legte sich nieder und schlief sofort; der andere, ein dunkelhäutiger Mann, legte sich auch wieder nieder, sagte aber noch vor dem Einschlafen mit lässig ausgestreckter Hand: „Der da heißt Robinson und ist Irländer, ich heiße Delamarche, bin Franzose und bitte jetzt um Ruhe." Kaum hatte er das gesagt, blies er mit großem Atemaufwand Karls Kerze aus und fiel auf das Kissen zurück.

„Diese Gefahr ist also vorläufig abgewehrt", sagte sich Karl und kehrte zum Tisch zurück. Wenn ihre Schläfrigkeit nicht Vorwand war, war ja alles gut. Unangenehm war bloß, daß der eine ein Irländer war. Karl wußte nicht mehr genau, in was für einem Buch er einmal zuhause gelesen hatte, daß man sich in Amerika vor den Irländern hüten solle. Während seines Aufenthaltes beim Onkel hätte er freilich die beste Gelegenheit gehabt, der Frage nach der Gefährlichkeit der Irländer auf den Grund zu gehn, hatte dies aber, weil er sich für immer gut aufgehoben geglaubt hatte, völlig versäumt. Nun wollte er wenigstens mit der Kerze, die er wieder angezündet hatte, diesen Irländer genauer ansehn, wobei er fand, daß gerade dieser erträglicher aussah, als der Franzose. Er hatte sogar noch eine Spur von runden Wangen und lächelte im Schlaf ganz freundlich, soweit das Karl aus einiger Entfernung, auf den Fußspitzen stehend feststellen konnte.

Trotz allem fest entschlossen, nicht zu schlafen, setzte sich Karl auf den einzigen Sessel des Zimmers, verschob vorläufig das Packen

des Koffers, da er ja dafür die ganze Nacht noch verwenden konnte und blätterte ein wenig in der Bibel, ohne etwas zu lesen. Dann nahm er die Photographie der Eltern zur Hand, auf der der kleine Vater hoch aufgerichtet stand, während die Mutter in dem Fauteuil vor ihm ein wenig eingesunken dasaß. Die eine Hand hielt der Vater auf der Rückenlehne des Fauteuils, die andere zur Faust geballt, auf einem illustrierten Buch, das aufgeschlagen auf einem schwachen Schmucktischchen ihm zur Seite lag. Es gab auch eine Photographie, auf welcher Karl mit seinen Eltern abgebildet war, Vater und Mutter sahen ihn dort scharf an, während er nach dem Auftrag des Photographen den Apparat hatte anschauen müssen. Diese Photographie hatte er aber auf die Reise nicht mitbekommen.
Desto genauer sah er die vor ihm liegende an und suchte von verschiedenen Seiten den Blick des Vaters aufzufangen. Aber der Vater wollte, wie er auch den Anblick durch verschiedene Kerzenstellungen änderte, nicht lebendiger werden, sein wagrechter starker Schnurrbart sah der Wirklichkeit auch gar nicht ähnlich, es war keine gute Aufnahme. Die Mutter dagegen war schon besser abgebildet, ihr Mund war so verzogen, als sei ihr ein Leid angetan worden und als zwinge sie sich zu lächeln. Karl schien es, als müsse dies jedem der das Bild ansah, so sehr auffallen, daß es ihm im nächsten Augenblick wieder schien, die Deutlichkeit dieses Eindrucks sei zu stark und fast widersinnig. Wie könne man von einem Bild so sehr die unumstößliche Überzeugung eines verborgenen Gefühls des Abgebildeten erhalten. Und er sah vom Bild ein Weilchen lang weg. Als er mit den Blicken wieder zurückkehrte, fiel ihm die Hand der Mutter auf, die ganz vorn an der Lehne des Fauteuils herabhieng, zum Küssen nahe. Er dachte ob es nicht vielleicht doch gut wäre, den Eltern zu schreiben, wie sie es ja tatsächlich beide und der Vater zuletzt sehr streng in Hamburg von ihm verlangt hatten. Er hatte sich freilich, damals, als ihm die Mutter am Fenster an einem schrecklichen Abend die Amerika-Reise angekündigt hatte, unabänderlich zugeschworen, niemals zu schreiben, aber was galt ein solcher Schwur eines unerfahrenen Jungen hier in den neuen Verhältnissen. Ebenso gut hätte er damals schwören können, daß er nach zwei Monaten amerikanischen Aufenthaltes General der amerikanischen Miliz

sein werde, während er tatsächlich in einer Dachkammer mit zwei Lumpen beisammen war, in einem Wirtshaus vor Newyork und außerdem zugeben mußte, daß er hier wirklich an seinem Platze war. Und lächelnd prüfte er die Gesichter der Eltern, als könne man aus ihnen erkennen, ob sie noch immer das Verlangen hatten, eine Nachricht von ihrem Sohn zu bekommen.

In diesem Anschauen merkte er bald, daß er doch sehr müde war und kaum die Nacht werde durchwachen können. Das Bild entfiel seinen Händen, dann legte er das Gesicht auf das Bild, dessen Kühle seiner Wange wohltat und mit einem angenehmen Gefühle schlief er ein.

Geweckt wurde er früh durch ein Kitzeln unter der Achsel. Es war der Franzose, der sich diese Zudringlichkeit erlaubte. Aber auch der Irländer stand schon vor Karls Tisch und beide sahen ihn mit keinem geringern Interesse an, als es Karl in der Nacht ihnen gegenüber getan hatte. Karl wunderte sich nicht darüber, daß ihn ihr Aufstehn nicht schon geweckt hatte; sie mußten durchaus nicht aus böser Absicht besonders leise aufgetreten sein, denn er hatte tief geschlafen und außerdem hatte ihnen das Anziehn und offenbar auch das Waschen nicht viel Arbeit gemacht.

Nun begrüßten sie einander ordentlich und mit einer gewissen Förmlichkeit und Karl erfuhr, daß die zwei Maschinenschlosser waren, die in Newyork schon lange Zeit keine Arbeit hatten bekommen können und infolgedessen ziemlich heruntergekommen waren. Robinson öffnete zum Beweise dessen seinen Rock und man konnte sehn, daß kein Hemd da war, was man allerdings auch schon an dem lose sitzenden Kragen hätte erkennen können, der hinten am Rock befestigt war. Sie hatten die Absicht in das zwei Tagereisen von Newyork entfernte Städtchen Butterford zu marschieren, wo angeblich Arbeitsstellen frei waren. Sie hatten nichts dagegen, daß Karl mitkomme und versprachen ihm erstens zeitweilig seinen Koffer zu tragen und zweitens, falls sie selbst Arbeit bekommen sollten, ihm eine Lehrlingsstelle zu verschaffen, was wenn nur überhaupt Arbeit vorhanden sei, eine Leichtigkeit wäre. Karl hatte noch kaum zugestimmt als sie ihm schon freundschaftlich den Rat gaben, das schöne Kleid auszuziehn, da es ihm bei jeder Bewerbung um eine Stelle hinderlich

Schicksal hat erneut überhand

sein werde. Gerade in diesem Hause sei eine gute Gelegenheit das Kleid los zu werden, denn die Zimmerfrau betreibe einen Kleiderhandel. Sie halfen Karl, der auch rücksichtlich des Kleides noch nicht ganz entschlossen war, aus dem Kleid heraus und trugen es davon. Als Karl, allein gelassen und noch ein wenig schlaftrunken, sein altes Reisekleid langsam anzog, machte er sich Vorwürfe das Kleid verkauft zu haben, das ihm vielleicht bei der Bewerbung um eine Lehrlingsstelle schaden, um einen bessern Posten aber nur nützen konnte und er öffnete die Tür, um die zwei zurück zu rufen, stieß aber schon mit ihnen zusammen, die einen halben Dollar als Erlös auf den Tisch legten, dabei aber so fröhliche Gesichter machten, daß man sich unmöglich dazu überreden konnte, sie hätten bei dem Verkauf nicht auch ihren Verdienst gehabt undzwar einen ärgerlich großen.

Es war übrigens keine Zeit sich darüber auszusprechen, denn die Zimmerfrau kam herein, genau so verschlafen, wie in der Nacht, und trieb alle drei auf den Gang hinaus mit der Erklärung, daß das Zimmer für neue Gäste hergerichtet werden müsse. Davon war aber natürlich keine Rede, sie handelte nur aus Bosheit. Karl der seinen Koffer gerade hatte ordnen wollen, mußte zusehn, wie die Frau seine Sachen mit beiden Händen packte und mit einer Kraft in den Koffer warf, als seien es irgendwelche Tiere, die man zum Kuschen bringen mußte. Die beiden Schlosser machten sich zwar um sie zu schaffen, zupften sie an ihrem Rock, beklopften ihren Rücken, aber wenn sie die Absicht hatten Karl damit zu helfen, so war das ganz verfehlt. Als die Frau den Koffer zugeklappt hatte, drückte sie Karl den Halter in die Hand, schüttelte die Schlosser ab, und jagte alle drei mit der Drohung aus dem Zimmer, daß sie, wenn sie nicht folgten, keinen Kaffee bekommen würden. Die Frau mußte offenbar gänzlich daran vergessen haben, daß Karl nicht von allem Anfang an zu den Schlossern gehört hatte, denn sie behandelte sie als eine einzige Bande. Allerdings hatten die Schlosser Karls Kleid ihr verkauft und damit eine gewisse Gemeinsamkeit erwiesen.

Auf dem Gange mußten sie lange hin und her gehn und besonders der Franzose, der sich in Karl eingehängt hatte, schimpfte ununterbrochen, drohte den Wirt, wenn er sich vorwagen sollte, niederzuboxen und es schien eine Vorbereitung dazu zu sein, daß er die geballten Fäuste rasend an einander rieb. Endlich kam ein unschuldiger kleiner Junge, der sich strecken mußte als er dem Franzosen die Kaffeekanne reichte. Leider war nur eine Kanne vorhanden und man konnte dem Jungen nicht begreiflich machen, daß noch Gläser erwünscht wären. So konnte immer nur einer trinken und die zwei andern standen vor ihm und warteten. Karl hatte keine Lust zu trinken, wollte aber die andern nicht kränken und stand also, wenn er an der Reihe war untätig da, die Kanne an den Lippen.

Zum Abschied warf der Irländer die Kanne auf die steinernen Fliesen hin, sie verließen von niemandem gesehn das Haus und traten in den dichten gelblichen Morgennebel. Sie marschierten im allgemeinen still nebeneinander am Rande der Straße, Karl mußte seinen Koffer tragen, die andern würden ihn wahrscheinlich erst auf seine Bitte ablösen, hie und da schoß ein Automobil aus dem Nebel und die drei drehten ihre Köpfe nach den meist riesenhaften Wagen, die so auffällig in ihrem Bau und so kurz in ihrer Erscheinung waren, daß man nicht Zeit hatte, auch nur das Vorhandensein von Insassen zu bemerken. Später begannen die Kolonnen der Fuhrwerke, welche Lebensmittel nach New York brachten, und die in fünf die ganze Breite der Straße einnehmenden Reihen so ununterbrochen dahinzogen, daß niemand die Straße hätte überqueren können. Von Zeit zu Zeit verbreiterte sich die Straße zu einem Platz, in dessen Mitte auf einer turmartigen Erhöhung ein Polizist auf und ab schritt, um alles übersehen und mit einem Stöckchen den Verkehr auf der Hauptstraße sowie den von den Seitenstraßen hier einmündenden Verkehr ordnen zu können, der dann bis zum nächsten Platze und zum nächsten Policisten unbeaufsichtigt blieb, aber von den schweigenden und aufmerksamen Kutschern und Chauffeuren freiwillig in genügender Ordnung gehalten wurde. Über die allgemeine Ruhe staunte Karl am meisten. Wäre nicht das Geschrei der sorglosen Schlachttiere gewesen, man hätte vielleicht nichts gehört als das Klappern der Hufe und das Sausen der Antiderapants[1].

[1] Vorrichtung zur Vergrößerung der Bodenhaftung der Reifen

Dabei war die Fahrtschnelligkeit natürlich nicht immer die gleiche. Wenn auf einzelnen Plätzen infolge allzu großen Andranges von den Seiten große Umstellungen vorgenommen werden mußten, stockten die ganzen Reihen und fuhren nur Schritt für Schritt, dann aber kam es auch wieder vor, daß für ein Weilchen alles blitzschnell vorbeijagte, bis es wie von einer einzigen Bremse regiert sich wieder besänftigte. Dabei stieg von der Straße nicht der geringste Staub auf, alles bewegte sich in der klarsten Luft. Fußgänger gab es keine, hier wanderten keine einzelnen Marktweiber zur Stadt, wie in Karls Heimat, aber doch erschienen hie und da große flache Automobile, auf denen an zwanzig Frauen mit Rückenkörben, also doch vielleicht Marktweiber, standen und die Hälse streckten, um den Verkehr zu überblicken und sich Hoffnung auf raschere Fahrt zu holen. Dann sah man ähnliche Automobile, auf denen einzelne Männer die Hände in den Hosentaschen herumspazierten. Auf einem dieser Automobile die verschiedene Aufschriften trugen, las Karl unter einem kleinen Aufschrei „Hafenarbeiter für die Spedition Jakob aufgenommen". Der Wagen fuhr gerade ganz langsam und ein auf der Wagentreppe stehender kleiner gebückter lebhafter Mann lud die drei Wanderer zum Einsteigen ein. Karl flüchtete sich hinter die Schlosser, als könne sich auf dem Wagen der Onkel befinden und ihn sehn. Er war froh, daß auch die zwei die Einladung ablehnten, wenn ihn auch der hochmütige Gesichtsausdruck gewissermaßen kränkte, mit dem sie das taten. Sie mußten durchaus nicht glauben, daß sie zu gut waren, um in die Dienste des Onkels zu treten. Er gab es ihnen, wenn auch natürlich nicht ausdrücklich, sofort zu verstehn. Darauf bat ihn Delamarche sich gefälligst nicht in Sachen einzumischen, die er nicht verstehe, diese Art Leute aufzunehmen sei ein schändlicher Betrug und die Firma Jakob sei berüchtigt in den ganzen Vereinigten Staaten. Karl antwortete nicht, hielt sich aber von nun an mehr an den Irländer, er bat ihn auch ihm jetzt ein wenig den Koffer zu tragen, was dieser nachdem Karl seine Bitte mehrmals wiederholt hatte, auch tat. Nur klagte er ununterbrochen über die Schwere des Koffers, bis es sich zeigte, daß er nur die Absicht hatte, den Koffer um die Veroneser Salami zu erleichtern, die ihm wohl schon im Hotel angenehm aufgefallen war. Karl mußte sie auspacken, der Franzose nahm sie zu sich, um sie mit seinem dolchartigen Messer zu behandeln und fast ganz allein aufzuessen. Robinson bekam nur hie und da eine Schnitte, Karl dagegen, der wieder den Koffer tragen mußte, wenn er ihn nicht auf der Landstraße stehen lassen wollte, bekam nichts, als hätte er seinen Anteil schon im Voraus sich genommen. Es schien ihm zu kleinlich, um ein Stückchen zu betteln, aber die Galle regte sich ihm.

Aller Nebel war schon verschwunden, in der Ferne erglänzte ein hohes Gebirge, das mit welligem Kamm in noch ferneren Sonnendunst führte. An der Seite der Straße lagen schlecht bebaute Felder, die sich um große Fabriken hinzogen, die dunkel angeraucht im freien Lande standen. In den wahllos hingestellten einzelnen Mietskasernen zitterten die vielen Fenster in der mannigfaltigsten Bewegung und Beleuchtung und auf allen den kleinen schwachen Balkonen hatten Frauen und Kinder vielerlei zu tun, während um sie herum, sie verdeckend und enthüllend, aufgehängte und hingelegte Tücher und Wäschestücke im Morgenwind flatterten und mächtig sich bauschten. Glitten die Blicke von den Häusern ab, dann sah man Lerchen hoch am Himmel fliegen und unten wieder die Schwalben nicht allzuweit über den Köpfen der Fahrenden.

Vieles erinnerte Karl an seine Heimat und er wußte nicht, ob er gut daran tue, New-York zu verlassen und in das Innere des Landes zu gehn. In New-York war das Meer und zu jeder Zeit die Möglichkeit der Rückkehr in die Heimat. Und so blieb er stehn und sagte zu seinen beiden Begleitern, er habe doch wieder Lust in New York zu bleiben. Und als Delamarche ihn einfach weitertreiben wollte, ließ er sich nicht treiben und sagte, daß er doch wohl noch das Recht habe über sich zu entscheiden. Der Irländer mußte erst vermitteln und erklären, daß Butterford viel schöner als Newyork sei und beide mußten ihn noch sehr bitten, ehe er wieder weiter gieng. Und selbst dann wäre er noch nicht gegangen, wenn er sich nicht gesagt hätte, daß es für ihn vielleicht besser sei, an einen Ort zu kommen, wo die Möglichkeit der Rückkehr in die Heimat keine so leichte sei. Gewiß werde er dort besser arbeiten und vorwärtskommen, da ihn keine unnützen Gedanken hindern werden.

Und nun war er es, der die beiden andern zog und sie freuten sich so sehr über seinen Eifer, daß sie ohne sich erst bitten zu lassen, den Koffer abwechselnd trugen und Karl gar nicht recht verstand, womit er ihnen eigentlich diese große Freude verursache. Sie kamen in eine ansteigende Gegend und wenn sie hie und da stehen blieben, konnten sie beim Rückblick das Panorama New Yorks und seines Hafens immer ausgedehnter sich entwickeln sehn. Die Brücke, die New York mit Boston verbindet hieng zart über den Hudson und sie erzitterte, wenn man die Augen klein machte. Sie schien ganz ohne Verkehr zu sein und unter ihr spannte sich das unbelebte glatte Wasserband. Alles in beiden Riesenstädten schien leer und nutzlos aufgestellt. Unter den Häusern gab es kaum einen Unterschied zwischen den großen und den kleinen. In der unsichtbaren Tiefe der Straßen gieng wahrscheinlich das Leben fort nach seiner Art, aber über ihnen war nichts zu sehen, als leichter Dunst, der sich zwar nicht bewegte, aber ohne Mühe zu verjagen schien. Selbst in dem Hafen, dem größten der Welt, war Ruhe eingekehrt und nur hie und da glaubte man, wohl beeinflußt von der Erinnerung an einen früheren Anblick aus der Nähe, ein Schiff zu sehn, das eine kurze Strecke sich fortschob. Aber man konnte ihm auch nicht lange folgen, es entgieng den Augen und war nicht mehr zu finden.

Aber Delamarche und Robinson sahen offenbar viel mehr, sie zeigten rechts und links und überwölbten mit den ausgestreckten Händen Plätze und Gärten die sie mit Namen benannten. Sie konnten es nicht begreifen, daß Karl über zwei Monate in New York gewesen war und kaum etwas anderes von der Stadt gesehen hatte, als eine Straße. Und sie versprachen ihm, wenn sie in Butterford genug verdient hätten, mit ihm nach New York zu gehn und ihm alles Sehenswerte zu zeigen und ganz besonders natürlich jene Örtlichkeiten, wo man sich bis zum Seligwerden unterhielt. Und Robinson begann im Anschluß daran mit vollem Mund ein Lied zu singen, das Delamarche mit Händeklatschen begleitete, das Karl als eine Operettenmelodie aus seiner Heimat erkannte die ihm hier mit dem englischen Text viel besser gefiel, als sie ihm je zuhause gefallen hatte. So gab es eine kleine Vorstellung im Freien, an der alle Anteil nahmen, nur die Stadt unten, die sich angeblich bei dieser Melodie unterhielt, schien gar nichts davon zu wissen.

Einmal fragte Karl, wo denn die Spedition Jakob liege, und sofort sah er Delamarches und Robinsons ausgestreckte Zeigefinger, vielleicht auf den gleichen, vielleicht auf meilenweit entfernte Punkte gerichtet. Als sie dann weitergiengen, fragte Karl, wann sie frühestens mit genügendem Verdienst nach New York zurückkehren könnten. Delamarche sagte, das könne schon ganz gut in einem Monat sein, denn in Butterford sei Arbeitermangel und die Löhne seien hoch. Natürlich würden sie ihr Geld in eine gemeinsame Kassa legen, damit zufällige Unterschiede im Verdienst unter ihnen als Kameraden ausgeglichen würden. Die gemeinsame Kassa gefiel Karl nicht, trotzdem er als Lehrling natürlich weniger verdienen würde, als ausgelernte Arbeiter. Überdies erwähnte Robinson, daß sie natürlich wenn in Butterford keine Arbeit wäre, weiter wandern müßten, entweder um als Landarbeiter irgendwo unterzukommen oder vielleicht nach Kalifornien in die Goldwäschereien zu gehn, was nach Robinsons ausführlichen Erzählungen zu schließen, sein liebster Plan war. „Warum sind Sie denn Schlosser geworden, wenn Sie jetzt in die Goldwäschereien wollen?" fragte Karl, der ungern von der Notwendigkeit solcher weiter unsicherer Reisen hörte. „Warum ich Schlosser geworden bin?" sagte Robinson, „doch gewiß nicht deshalb, damit meiner Mutter Sohn dabei verhungert. In den Goldwäschereien ist ein feiner Verdienst." „War einmal", sagte Delamarche. „Ist noch immer", sagte Robinson und erzählte von vielen dabei reich gewordenen Bekannten, die noch immer dort waren, natürlich keinen Finger mehr rührten, ihm aber aus alter Freundschaft und selbstverständlich auch seinen Kameraden zu Reichtum verhelfen würden. „Wir werden schon in Butterford Stellen erzwingen", sagte Delamarche und sprach damit Karl aus der Seele, aber eine zuversichtliche Ausdrucksweise war es nicht.

Während des Tages machten sie nur einmal in einem Wirtshaus Halt und aßen davor im Freien an einem, wie es Karl schien, eisernen Tisch fast rohes Fleisch, das man mit Messer und Gabel nicht zerschneiden, sondern nur zerreißen konnte. Das Brot hatte eine walzenartige Form und in jedem Brotlaib steckte ein langes Messer. Zu diesem Essen wurde eine schwarze Flüssigkeit gereicht, die im Halse brannte. Delamarche und Robinson schmeckte sie aber, sie erhoben oft auf die Erfüllung verschiedener Wünsche ihre Gläser und stießen mit einander an, wobei sie ein Weilchen lang in der Höhe Glas an Glas hielten. An Nebentischen saßen Arbeiter in kalkbespritzten Blusen und alle tranken die gleiche Flüssigkeit. Automobile, die in Mengen vorüberfuhren, warfen Schwaden von Staub über die Tische hin. Große Zeitungsblätter wurden herumgereicht, man sprach erregt vom Streik der Bauarbeiter, der Name Mack wurde öfters genannt, Karl erkundigte sich über ihn und erfuhr, daß dies der Vater des ihm bekannten Mack und der größte Bauunternehmer von New-York war. Der Streik kostete ihn Millionen und bedrohte vielleicht seine geschäftliche Stellung. Karl glaubte kein Wort von diesem Gerede schlecht unterrichteter übelwollender Leute.

Verbittert wurde das Essen für Karl außerdem dadurch, daß es sehr fraglich war, wie das Essen gezahlt werden sollte. Das Natürliche wäre gewesen, daß jeder seinen Teil gezahlt hätte, aber Delamarche wie auch Robinson hatten gelegentlich bemerkt, daß für das letzte Nachtlager ihr letztes Geld aufgegangen war. Uhr, Ring oder sonst etwas Veräußerbares war an keinem zu sehn. Und Karl konnte ihnen doch nicht vorhalten, daß sie an dem Verkauf seiner Kleider etwas verdient hätten, das wäre doch Beleidigung und Abschied für immer gewesen. Das Erstaunliche aber war, daß weder Delamarche noch Robinson irgendwelche Sorgen wegen der Bezahlung hatten, vielmehr hatten sie gute Laune genug, möglichst oft Anknüpfungen mit der Kellnerin zu versuchen, die stolz und mit schwerem Gang zwischen den Tischen hin- und hergieng. Ihr Haar gieng ihr von den Seiten ein wenig lose in Stirn und Wangen und sie strich es immer wieder zurück, indem sie mit den Händen darunter hinfuhr. Schließlich als man vielleicht das erste freundliche Wort von ihr erwartete, trat sie zum Tisch, legte beide Hände auf ihn und fragte: „Wer zahlt?“ Nie waren Hände rascher aufgeflogen, als jetzt jene von Delamarche und Robinson, die auf Karl zeigten. Karl erschrak darüber nicht, denn er hatte es ja vorausgesehn und sah nichts Schlimmes darin, daß die Kameraden, von denen er ja auch Vorteile erwartete, einige Kleinigkeiten von ihm bezahlen ließen, wenn es auch anständiger gewesen wäre, diese Sache vor dem entscheidenden Augenblick ausdrücklich zu besprechen. Peinlich war bloß, daß er das Geld erst aus der Geheimtasche heraufbefördern mußte. Seine ursprüngliche Absicht war es gewesen, das Geld für die letzte Not aufzuheben und sich also vorläufig mit seinen Kameraden gewissermaßen in eine Reihe zu stellen. Der Vorteil, den er durch dieses Geld und vor allem durch das Verschweigen des Besitzes gegenüber den Kameraden erlangte, wurde für diese mehr als reichlich dadurch aufgewogen, daß sie schon seit ihrer Kindheit in Amerika waren, daß sie genügende Kenntnisse und Erfahrungen für Gelderwerb hatten und daß sie schließlich an bessere Lebensverhältnisse, als ihre gegenwärtigen nicht gewöhnt waren. Diese bisherigen Absichten die Karl rücksichtlich seines Geldes hatte, mußten an und für sich durch diese Bezahlung nicht gestört werden, denn ein Viertelpfund konnte er schließlich entbehren und deshalb also ein Viertelpfundstück auf den Tisch legen und erklären, dies sei sein einziges Eigentum und er sei bereit, es für die gemeinsame Reise nach Butterford zu opfern. Für die Fußreise genügte auch ein solcher Betrag vollkommen. Nun aber wußte er nicht, ob er genügendes Kleingeld hatte und überdies lag dieses Geld sowie die zusammengelegten Banknoten irgendwo in der Tiefe der Geheimtasche, in der man eben am besten etwas fand, wenn man den ganzen Inhalt auf den Tisch schüttete. Außerdem war es höchst unnötig, daß die Kameraden von dieser Geheimtasche überhaupt etwas erfuhren. Nun schien es zum Glück, daß die Kameraden sich noch immer mehr für die Kellnerin interessierten, als dafür wie Karl das Geld für die Bezahlung zusammenbrächte. Delamarche lockte die Kellnerin durch die Aufforderung, die Rechnung aufzustellen zwischen sich und Robinson und sie konnte die Zudringlichkeiten der beiden nur dadurch abwehren, daß sie einem oder dem andern die ganze Hand auf das Gesicht legte und ihn wegschob. Inzwischen sammelte Karl heiß vor Anstrengung unter der Tischplatte in der einen Hand das Geld, das er mit der andern Stück für Stück in der Geheimtasche herumjagte und herausholte. Endlich glaubte er, trotzdem er das amerikanische Geld noch nicht genau kannte, er hätte wenigstens der Menge der Stücke nach eine genügende Summe und legte sie auf den Tisch. Der Klang des Geldes unterbrach sofort die Scherze. Zu Karls Ärger und zu allgemeinem Erstaunen zeigte sich, daß da fast ein ganzes Pfund dalag. Keiner fragte zwar, warum Karl von dem Gelde, das für eine bequeme Eisenbahnfahrt nach Butterford gereicht hätte, früher nichts gesagt hatte, aber Karl war doch in großer Verlegenheit. Langsam strich er, nachdem das Essen bezahlt worden war, das Geld wieder ein, noch aus seiner Hand nahm Delamarche ein Geldstück, das er für die Kellnerin als Trinkgeld brauchte, die er umarmte und an sich drückte, um ihr dann von der andern Seite her das Geld zu überreichen.

Karl war ihnen auch dankbar, daß sie auf dem Weitermarsch über das Geld keine Bemerkungen machten und er dachte sogar eine Zeitlang daran ihnen sein ganzes Vermögen einzugestehn, unterließ das aber doch, da sich keine rechte Gelegenheit fand. Gegen Abend kamen sie in eine mehr ländliche fruchtbare Gegend. Ringsherum sah man ungeteilte Felder die sich in ihrem ersten Grün über sanfte Hügel legten, reiche Landsitze umgrenzten die Straße und stundenlang gieng man zwischen den vergoldeten Gittern der Gärten, mehrmals kreuzten sie den gleichen langsam fließenden Strom und viele mal hörten sie über sich die Eisenbahnzüge auf den hoch sich schwingenden Viadukten[1] donnern.

Eben gieng die Sonne an dem geraden Rande ferner Wälder nieder, als sie sich auf einer Anhöhe in mitten einer kleinen Baumgruppe ins Gras hinwarfen, um sich von den Strapazen auszuruhn. Delamarche und Robinson lagen da und streckten sich nach Kräften, Karl saß aufrecht und sah auf die paar Meter tiefer führende Straße auf der immer wieder Automobile, wie schon während des ganzen Tags, leicht an einander vorübereilten, als würden sie in genauer Anzahl immer wieder von der Ferne abgeschickt und in der gleichen Anzahl in der andern Ferne erwartet. Während des ganzen Tages seit dem frühesten Morgen hatte Karl kein Automobil halten, keinen Passagier aussteigen gesehn.

---

1 Talbrücken, Überführungen

Robinson machte den Vorschlag die Nacht hier zu verbringen, da sie alle genug müde wären, da sie dann desto früher ausmarschieren könnten und da sie schließlich kaum ein billigeres und besser gelegenes Nachtlager vor Einbruch völliger Dunkelheit finden könnten. Delamarche war einverstanden und nur Karl glaubte zu der Bemerkung verpflichtet zu sein, daß er genug Geld habe um das Nachtlager für alle auch in einem Hotel zu bezahlen. Delamarche sagte, sie würden das Geld noch brauchen, er solle es nur gut aufheben. Delamarche verbarg nicht im geringsten, daß man mit Karls Gelde schon rechnete. Da sein erster Vorschlag angenommen war erklärte nun Robinson weiter, nun müßten sie aber vor dem Schlafen, um sich für morgen zu kräftigen, etwas Tüchtiges essen und einer solle das Essen für alle aus dem Hotel holen, das in nächster Nähe an der Landstraße mit der Aufschrift „Hotel occidental“ leuchtete. Als der Jüngste und da sich auch sonst niemand meldete, zögerte Karl nicht sich für diese Besorgung anzubieten und gieng, nachdem er eine Bestellung auf Speck, Brot und Bier erhalten hatte, ins Hotel hinüber.

Es mußte eine große Stadt in der Nähe sein, denn gleich der erste Saal des Hotels, den Karl betrat, war von einer lauten Menge erfüllt und an dem Buffet das sich an einer Längswand und an den zwei Seitenwänden hinzog, liefen unaufhörlich viele Kellner mit weißen Schürzen vor der Brust und konnten doch die ungeduldigen Gäste nicht zufriedenstellen, denn immer wieder hörte man an den verschiedensten Stellen Flüche und Fäuste die auf den Tisch schlugen. Karl wurde von niemandem beachtet; es gab auch im Saale selbst keine Bedienung, die Gäste, die an winzigen, bereits zwischen drei Tischnachbarn verschwindenden Tischen saßen, holten alles, was sie wünschten beim Buffet. Auf allen Tischchen stand eine große Flasche mit Öl, Essig oder dergleichen und alle Speisen, die vom Buffet geholt wurden, wurden vor dem Essen aus dieser Flasche übergossen. Wollte Karl überhaupt erst zum Buffet kommen, wo ja dann wahrscheinlich, besonders bei seiner großen Bestellung, die Schwierigkeiten erst beginnen würden, mußte er sich zwischen vielen Tischen durchdrängen, was natürlich bei aller Vorsicht nicht ohne grobe Belästigung der Gäste durchzuführen war, die jedoch alles wie gefühllos hinnahmen, selbst als Karl einmal allerdings gleichfalls von einem Gast gegen ein Tischchen gestoßen worden war, das er fast umgeworfen hätte. Er entschuldigte sich zwar, wurde aber offenbar nicht verstanden, verstand übrigens auch nicht das geringste von dem was man ihm zurief.

Beim Buffet fand er mit Mühe ein kleines freies Plätzchen, auf dem ihm eine lange Weile die Aussicht durch die aufgestützten Elbogen seiner Nachbarn genommen war. Es schien hier überhaupt eine Sitte, die Elbogen aufzustützen und die Faust an die Schläfe zu drücken; Karl mußte daran denken, wie der Lateinprofessor Dr. Krumpal gerade diese Haltung gehaßt hatte und wie er immer heimlich und unversehens herangekommen war und mittels eines plötzlich erscheinenden Lineals mit schmerzhaftem Ruck die Elbogen von den Tischen gestreift hatte.

Karl stand eng ans Büffet gedrängt, denn kaum hatte er sich angestellt, war hinter ihm ein Tisch aufgestellt worden und der eine der dort sich niederlassenden Gäste streifte schon, wenn er sich nur ein wenig beim Reden zurückbog, mit seinem großen Hut Karls Rücken. Und dabei war so wenig Hoffnung vom Kellner etwas zu bekommen, selbst als die beiden plumpen Nachbarn befriedigt weggegangen waren. Einigemal hatte Karl einen Kellner über den Tisch hin bei der Schürze gefaßt, aber immer hatte sich der mit verzerrtem Gesicht losgerissen. Keiner war zu halten, sie liefen nur und liefen nur. Wenn wenigstens in der Nähe Karls etwas Passendes zum Essen und Trinken gewesen wäre, er hätte es genommen, sich nach dem Preis erkundigt, das Geld hingelegt und wäre mit Freude weggegangen. Aber gerade vor ihm lagen nur Schüsseln mit häringsartigen Fischen, deren schwarze Schuppen am Rande goldig glänzten. Die konnten sehr teuer sein und würden wahrscheinlich niemanden sättigen. Außerdem waren kleine Fäßchen mit Rum erreichbar, aber Rum wollte er seinen Kameraden nicht bringen, sie schienen schon so wie so bei jeder Gelegenheit nur auf den koncentriertesten Alkohol auszugehn und darin wollte er sie nicht noch unterstützen.

Es blieb also Karl nichts übrig als einen andern Platz zu suchen und mit seinen Bemühungen von vorne anzufangen. Nun war aber auch schon die Zeit sehr vorgerückt. Die Uhr am andern

Ende des Saales, deren Zeiger man beim scharfen Hinsehn durch den Rauch gerade noch erkennen konnte, zeigte schon neun vorüber. Anderswo am Buffet war aber das Gedränge noch größer als an dem früheren ein wenig abgelegenen Platz. Außerdem füllte sich der Saal desto mehr, je später es wurde. Immer wieder zogen durch die Haupttüre mit großem Halloh neue Gäste ein. An manchen Stellen räumten Gäste selbstherrlich das Buffet ab, setzten sich aufs Pult und tranken einander zu; es waren die besten Plätze, man übersah den ganzen Saal.

Karl drängte sich zwar noch weiter durch, aber eine eigentliche Hoffnung etwas zu erreichen hatte er nicht mehr. Er machte sich Vorwürfe darüber, daß er, der die hiesigen Verhältnisse nicht kannte, sich zu dieser Besorgung angeboten hatte. Seine Kameraden würden ihn mit vollem Recht auszanken und gar noch denken, daß er nur um Geld zu sparen nichts mitgebracht hatte. Nun stand er gar in einer Gegend wo ringsherum an den Tischen warme Fleischspeisen mit schönen gelben Kartoffeln gegessen wurden, es war ihm unbegreiflich wie sich das die Leute verschafft hatten.

Da sah er paar Schritte vor sich eine ältere offenbar zum Hotelpersonal gehörige Frau, die lachend mit einem Gast redete. Dabei arbeitete sie fortwährend mit einer Haarnadel in ihrer Frisur herum. Sofort war Karl entschlossen seine Bestellung bei dieser Frau vorzubringen, schon weil sie ihm als die einzige Frau im Saal eine Ausnahme vom allgemeinen Lärm und Jagen bedeutete und dann auch aus dem einfachern Grunde, weil sie die einzige Hotelangestellte war, die man erreichen konnte, vorausgesetzt allerdings daß sie nicht beim ersten Wort, das er an sie richten würde, in Geschäften fortlief. Aber ganz das Gegenteil trat ein. Karl hatte sie noch gar nicht angeredet, sondern nur ein wenig belauert, als sie, wie man eben manchmal mitten im Gespräch beiseite schaut, zu Karl hinsah und ihn, ihre Rede unterbrechend, freundlich und in einem Englisch klar wie die Grammatik fragte, ob er etwas suche. „Allerdings“, sagte Karl, „ich kann hier gar nichts bekommen.“ „Dann kommen Sie mit mir Kleiner“, sagte sie, verabschiedete sich von ihrem Bekannten, der seinen Hut abnahm, was hier wie unglaubliche Höflichkeit erschien, faßte Karl bei der Hand, gieng zum Buffet, schob einen Gast beiseite, öffnete eine Klapptür im Pult, durchquerte mit Karl den Gang hinter dem Pult, wo man sich vor den unermüdlich laufenden Kellnern in Acht nehmen mußte, öffnete eine zweifache Tapetentüre und schon befanden sie sich in großen kühlen Vorratskammern. „Man muß eben den Mechanismus kennen“, sagte sich Karl.

„Also was wollen Sie denn?“ fragte sie und beugte sich dienstbereit zu ihm herab. Sie war sehr dick, ihr Leib schaukelte sich, aber ihr Gesicht hatte eine, natürlich im Verhältnis, fast zarte Bildung. Karl war versucht im Anblick der vielen Eßwaren, die hier sorgfältig in Regalen und auf Tischen aufgeschichtet lagen, für seine Bestellung rasch ein feineres Nachtessen auszudenken, besonders da er erwarten konnte von dieser einflußreichen Frau billig bedient zu werden, schließlich aber nannte er doch wieder, da ihm nichts passendes einfiel, nur Speck, Brot und Bier. „Nichts weiter?“ fragte die Frau. „Nein danke“, sagte Karl, „aber für drei Personen.“ Auf die Frage der Frau nach den zwei andern, erzählte Karl in paar kurzen Worten von seinen Kameraden, es machte ihm Freude, ein wenig ausgefragt zu werden.

„Aber das ist ja ein Essen für Sträflinge“, sagte die Frau und erwartete nun offenbar weitere Wünsche Karls. Dieser aber fürchtete nun, sie werde ihn beschenken und kein Geld annehmen wollen und schwieg deshalb. „Das werden wir gleich zusammengestellt haben“, sagte die Frau, gieng mit einer bei ihrer Dicke bewunderungswerten Beweglichkeit zu einem Tisch hin, schnitt mit einem langen dünnen, sägeblattartigen Messer ein großes Stück mit viel Fleisch durchwachsenen Specks ab, nahm aus einem Regal ein Laib Brot, hob vom Boden drei Flaschen Bier auf und legte alles in einen leichten Strohkorb, den sie Karl reichte. Zwischendurch erklärte sie Karl, sie habe ihn deshalb hierhergeführt, weil die Eßwaren draußen im Buffet im Rauch und in den vielen Ausdünstungen trotz des schnellen Verbrauches immer die Frische verlieren. Für die Leute draußen sei aber alles gut genug. Karl sagte nun gar nichts mehr, denn er wußte nicht, wodurch er diese auszeichnende Behandlung verdiene. Er dachte an seine Kameraden, die vielleicht, so gute Kenner Amerikas sie auch waren, doch nicht bis in diese Vorratskammern gedrungen wären und sich mit den verdorbenen Eßwaren auf dem Buffet hätten begnügen müssen. Man hörte hier keinen Laut aus dem Saal, die Mauern mußten sehr dick sein, um diese Gewölbe genügend kühl zu erhalten. Karl hatte schon den Strohkorb ein Weilchen lang in der Hand, dachte aber nicht an Zahlen und rührte sich auch nicht. Nur als die Frau noch nachträglich eine Flasche, ähnlich denen, die draußen auf den Tischen standen, in den Korb legen wollte, dankte er schaudernd.

„Haben Sie noch einen weiten Marsch?" fragte die Frau. „Bis nach Butterford", antwortete Karl. „Das ist noch sehr weit", sagte die Frau. „Noch eine Tagereise", sagte Karl. „Nicht weiter?" fragte die Frau. „Oh nein", sagte Karl.

Die Frau rückte einige Sachen auf den Tischen zurecht, ein Kellner kam herein, schaute suchend herum, wurde dann von der Frau auf eine große Schüssel hingewiesen in der ein breiter mit ein wenig Petersilie bestreuter Haufen von Sardinen lag, und trug dann diese Schüssel in den erhobenen Händen in den Saal hinaus.

„Warum wollen Sie denn eigentlich im Freien übernachten?" fragte die Frau. „Wir haben hier genug Platz. Schlafen Sie bei uns im Hotel." Das war für Karl sehr verlockend besonders da er die vorige Nacht so schlecht verbracht hatte. „Ich habe mein Gepäck draußen", sagte er zögernd und nicht ganz ohne Eitelkeit. „Das bringen Sie nur her", sagte die Frau, „das ist kein Hindernis." „Aber meine Kameraden!" sagte Karl und merkte sofort, daß die allerdings ein Hindernis waren. „Die dürfen natürlich auch hier übernachten", sagte die Frau. „Kommen Sie nur! Lassen Sie sich nicht so bitten." „Meine Kameraden sind im übrigen brave Leute", sagte Karl, „aber sie sind nicht rein." „Haben Sie denn den Schmutz im Saal nicht gesehn?" fragte die Frau und verzog das Gesicht. „Zu uns kann wirklich der Ärgste kommen. Ich werde also gleich drei Betten vorbereiten lassen. Allerdings nur auf dem Dachboden, denn das Hotel ist vollbesetzt, ich bin auch auf den Dachboden übersiedelt, aber besser als im Freien ist es jedenfalls." „Ich kann meine Kameraden nicht mitbringen", sagte Karl. Er stellte sich vor, was für einen Lärm die zwei auf den Gängen dieses feinen Hotels machen würden, und Robinson würde alles verunreinigen und Delamarche unfehlbar selbst diese Frau belästigen. „Ich weiß nicht warum das unmöglich sein soll“, sagte die Frau, „aber wenn Sie es so wollen dann lassen Sie eben Ihre Kameraden draußen und kommen allein zu uns.“ „Das geht nicht, das geht nicht“, sagte Karl, „es sind meine Kameraden und ich muß bei ihnen bleiben.“ „Sie sind starrköpfig“, sagte die Frau und sah von ihm weg, „man meint es gut mit Ihnen, möchte Ihnen gern behilflich sein und Sie wehren sich mit allen Kräften.“ Karl sah das alles ein, aber er wußte keinen Ausweg, so sagte er nur noch: „Meinen besten Dank für Ihre Freundlichkeit“, dann erinnerte er sich daran, daß er noch nicht gezahlt hatte, und fragte nach dem schuldigen Betrag. „Zahlen Sie das erst, bis Sie mir den Strohkorb zurückbringen“, sagte die Frau. „Spätestens morgen früh muß ich ihn haben.“ „Bitte“, sagte Karl. Sie öffnete eine Türe, die geradewegs ins Freie führte und sagte noch, während er mit einer Verbeugung hinaustrat: „Gute Nacht. Sie handeln aber nicht recht.“ Er war schon ein paar Schritte weit, da rief sie ihm noch nach: „Auf Wiedersehn morgen!“

Kaum war er draußen, hörte er auch schon wieder aus dem Saal den ungeschwächten Lärm, in den sich jetzt auch Klänge eines Blasorchesters mischten. Er war froh, daß er nicht durch den Saal hatte herausgehn müssen. Das Hotel war jetzt in allen seinen fünf Stockwerken beleuchtet und machte die Straße davor in ihrer ganzen Breite hell. Noch immer fuhren draußen wenn auch schon in unterbrochener Folge Automobile, rascher aus der Ferne her anwachsend als bei Tag, tasteten mit den weißen Strahlen ihrer Laternen den Boden der Straße ab, kreuzten mit erblassenden Lichtern die Lichtzone des Hotels und eilten aufleuchtend in das weitere Dunkel.

Die Kameraden fand Karl schon in tiefem Schlaf, er war aber auch zu lange ausgeblieben. Gerade wollte er das Mitgebrachte appetitlich auf Papieren ausbreiten, die er im Korbe vorfand, um erst wenn alles fertig wäre, die Kameraden zu wecken, als er zu seinem Schrecken seinen Koffer, den er abgesperrt zurückgelassen hatte und dessen Schlüssel er in der Tasche trug, vollständig geöffnet sah, während der halbe Inhalt ringsherum im Gras verstreut war. „Steht auf!“ rief er. „Ihr schlaft und inzwischen waren

Diebe da." „Fehlt denn etwas?" fragte Delamarche. Robinson war noch nicht ganz wach und griff schon nach dem Bier. „Ich weiß nicht", rief Karl, „aber der Koffer ist offen. Das ist doch eine Unvorsichtigkeit sich schlafen zu legen und den Koffer hier frei stehen zu lassen." Delamarche und Robinson lachten und der erstere sagte: „Sie dürfen eben nächstens nicht so lange fortbleiben. Das Hotel ist zehn Schritte entfernt und Sie brauchen zum Hin- und Herweg drei Stunden. Wir haben Hunger gehabt, haben gedacht, daß Sie in Ihrem Koffer etwas zum Essen haben könnten und haben das Schloß solange gekitzelt, bis es sich aufgemacht hat. Im übrigen war ja gar nichts drin und Sie können alles wieder ruhig einpacken." „So", sagte Karl, starrte in den rasch sich leerenden Korb und horchte auf das eigentümliche Geräusch, das Robinson beim Trinken hervorbrachte, da ihm die Flüssigkeit zuerst weit in die Gurgel eindrang, dann aber mit einer Art Pfeifen wieder zurückschnellte, um erst dann in großem Erguß in die Tiefe zu rollen. „Haben Sie schon zu ende gegessen?" fragte er, als sich die beiden einen Augenblick verschnauften. „Haben Sie denn nicht schon im Hotel gegessen?" fragte Delamarche, der glaubte, Karl beanspruche seinen Anteil. „Wenn Sie noch essen wollen, dann beeilen Sie sich", sagte Karl und gieng zu seinem Koffer. „Der scheint Launen zu haben", sagte Delamarche zu Robinson. „Ich habe keine Launen", sagte Karl, „aber ist es vielleicht recht in meiner Abwesenheit meinen Koffer aufzubrechen und meine Sachen herauszuwerfen. Ich weiß man muß unter Kameraden manches dulden, und ich habe mich auch darauf vorbereitet, aber das ist zuviel. Ich werde im Hotel übernachten und gehe nicht nach Butterford. Essen Sie rasch auf, ich muß den Korb zurückgeben." „Siehst Du Robinson, so spricht man", sagte Delamarche, „das ist die feine Redeweise. Er ist eben ein Deutscher. Du hast mich früh vor ihm gewarnt, aber ich bin ein guter Narr gewesen und habe ihn doch mitgenommen. Wir haben ihm unser Vertrauen geschenkt, haben ihn einen ganzen Tag mit uns geschleppt, haben dadurch zumindest einen halben Tag verloren und jetzt – weil ihn dort im Hotel irgendjemand gelockt hat – verabschiedet er sich, verabschiedet sich einfach. Aber weil er ein falscher Deutscher ist, tut er dies nicht offen, sondern sucht sich den Vorwand mit dem Koffer und weil er ein grober Deutscher ist, kann er nicht weggehn, ohne uns in unserer Ehre zu beleidigen und uns Diebe zu nennen, weil wir mit seinem Koffer einen kleinen Scherz gemacht haben.“ Karl, der seine Sachen packte, sagte ohne sich umzuwenden: „Reden Sie nur so weiter und erleichtern Sie mir das Weggehn. Ich weiß ganz gut, was Kameradschaft ist. Ich habe in Europa auch Freunde gehabt und keiner kann mir vorwerfen, daß ich mich falsch oder gemein gegen ihn benommen hätte. Wir sind jetzt natürlich außer Verbindung, aber wenn ich noch einmal nach Europa zurückkommen sollte, werden mich alle gut aufnehmen und mich sofort als ihren Freund anerkennen. Und Sie Delamarche und Sie Robinson, Sie hätte ich verraten sollen, da Sie doch, was ich niemals vertuschen werde, so freundlich waren, sich meiner anzunehmen und mir eine Lehrlingsstelle in Butterford in Aussicht zu stellen. Aber es ist etwas anderes. Sie haben nichts und das erniedrigt Sie in meinen Augen nicht im geringsten, aber Sie mißgönnen mir meinen kleinen Besitz und suchen mich deshalb zu demütigen, das kann ich nicht aushalten. Und nun nachdem Sie meinen Koffer aufgebrochen haben, entschuldigen Sie sich mit keinem Wort, sondern beschimpfen mich noch und beschimpfen weiter mein Volk – damit nehmen Sie mir aber auch jede Möglichkeit bei Ihnen zu bleiben. Übrigens gilt das alles nicht eigentlich von Ihnen Robinson. Gegen Ihren Charakter habe ich nur einzuwenden, daß Sie von Delamarche zu sehr abhängig sind.“ „Da sehn wir ja“, sagte Delamarche indem er zu Karl trat und ihm einen leichten Stoß gab, wie um ihn aufmerksam zu machen, „da sehn wir ja wie Sie sich entpuppen. Den ganzen Tag sind Sie hinter mir gegangen, haben sich an meinem Rock gehalten, haben mir jede Bewegung nachgemacht und waren sonst still wie ein Mäuschen. Jetzt aber da Sie im Hotel irgendeinen Rückhalt spüren, fangen Sie große Reden zu halten an. Sie sind ein kleiner Schlaumeier und ich weiß noch gar nicht, ob wir das so ruhig hinnehmen werden. Ob wir nicht das Lehrgeld für das verlangen werden, was Sie uns während des Tages abgeschaut haben. Du Robinson, wir beneiden ihn – meint er – um seinen Besitz. Ein Tag Arbeit in Butterford – von Kalifornien gar nicht zu reden – und wir haben zehnmal mehr, als Sie uns gezeigt haben und als Sie in Ihrem Rockfutter noch versteckt haben mögen. Also nur immer Achtung aufs Maul!“ Karl hatte sich vom Koffer erhoben und sah nun auch den verschlafenen, aber vom Bier ein wenig belebten Robinson herankommen. „Wenn ich noch lange hierbliebe“, sagte er, „könnte ich vielleicht noch weitere Überraschungen erleben. Sie scheinen Lust zu haben, mich durchzuprügeln.“ „Alle Geduld hat ein Ende“, sagte Robinson. „Sie schweigen besser, Robinson“, sagte Karl, ohne Delamarche aus den Augen zu lassen, „im Innern geben Sie mir ja doch recht, aber nach außen müssen Sie es mit Delamarche halten.“ „Wollen Sie ihn vielleicht bestechen?“ fragte Delamarche. „Fällt mir nicht ein“, sagte Karl. „Ich bin froh, daß ich fortgehe und ich will mit keinem von Ihnen mehr etwas zu tun haben. Nur eines will ich noch sagen, Sie haben mir den Vorwurf gemacht, daß ich Geld besitze und es vor Ihnen versteckt habe. Angenommen, daß es wahr ist, war es nicht sehr richtig Leuten gegenüber gehandelt, die ich erst paar Stunden kannte und bestätigen Sie nicht noch durch Ihr jetziges Benehmen die Richtigkeit einer derartigen Handlungsweise?“ „Bleib ruhig“, sagte Delamarche zu Robinson, trotzdem sich dieser nicht rührte. Dann fragte er Karl: „Da Sie so unverschämt aufrichtig sind, so treiben Sie doch, da wir ja so gemütlich beisammen stehn, diese Aufrichtigkeit noch weiter und gestehn Sie ein, warum Sie eigentlich ins Hotel wollen.“ Karl mußte einen Schritt über den Koffer hinweg machen, so nahe war Delamarche an ihn herangetreten. Aber Delamarche ließ sich dadurch nicht beirren, schob den Koffer beiseite, machte einen Schritt vorwärts, wobei er den Fuß auf ein weißes Vorhemd setzte, das im Gras liegen geblieben war und wiederholte seine Frage.

Wie zur Antwort stieg von der Straße her ein Mann mit einer stark leuchtenden Taschenlampe zu der Gruppe herauf. Es war ein Kellner aus dem Hotel. Kaum hatte er Karl erblickt, sagte er: „Ich suche Sie schon fast eine halbe Stunde. Alle Böschungen auf beiden Straßenseiten habe ich schon abgesucht. Die Frau Oberköchin läßt Ihnen nämlich sagen, daß sie den Strohkorb, den sie Ihnen geborgt hat dringend braucht.“ „Hier ist er“, sagte Karl mit einer vor Aufregung unsichern Stimme. Delamarche und Robinson waren in scheinbarer Bescheidenheit beiseite getreten, wie sie es vor fremden gutgestellten Leuten immer machten. Der Kellner nahm den Korb an sich und sagte: „Dann läßt Sie die Frau Oberköchin fragen, ob Sie es sich nicht überlegt haben und doch vielleicht im Hotel übernachten wollten. Auch die beiden andern Herren wären willkommen, wenn Sie sie mitnehmen wollen. Die Betten sind schon vorbereitet. Die Nacht ist ja heute warm, aber hier auf der Lehne ist es durchaus nicht ungefährlich zu schlafen, man findet öfters Schlangen." „Da die Frau Oberköchin so freundlich ist, werde ich ihre Einladung doch annehmen", sagte Karl und wartete auf eine Äußerung seiner Kameraden. Aber Robinson stand stumpf da und Delamarche hatte die Hände in den Hosentaschen und schaute zu den Sternen hinauf. Beide bauten offenbar darauf, daß Karl sie ohne weiters mitnehmen werde. „Für diesen Fall", sagte der Kellner, „habe ich den Auftrag, Sie ins Hotel zu führen und Ihr Gepäck zu tragen." „Dann warten Sie bitte noch einen Augenblick", sagte Karl und bückte sich um die paar Sachen, die noch herumlagen, in den Koffer zu legen.

Plötzlich richtete er sich auf. Die Photographie fehlte, sie hatte ganz oben im Koffer gelegen und war nirgends zu finden. Alles war vollständig, nur die Photographie fehlte. „Ich kann die Photographie nicht finden", sagte er bittend zu Delamarche. „Was für eine Photographie?" fragte dieser. „Die Photographie meiner Eltern", sagte Karl. „Wir haben keine Photographie gesehn", sagte Delamarche. „Es war keine Photographie drin, Herr Roßmann", bestätigte auch Robinson von seiner Seite. „Aber das ist doch unmöglich", sagte Karl und seine Hilfe suchenden Blicke zogen den Kellner näher. „Sie lag obenauf und jetzt ist sie weg. Wenn Sie doch lieber den Spaß mit dem Koffer nicht gemacht hätten." „Jeder Irrtum ist ausgeschlossen", sagte Delamarche, „in dem Koffer war keine Photographie." „Sie war mir wichtiger, als alles was ich sonst im Koffer habe", sagte Karl zum Kellner, der herumgieng und im Grase suchte. „Sie ist nämlich unersetzlich, ich bekomme keine zweite." Und als der Kellner von dem aussichtslosen Suchen abließ, sagte er noch: „Es war das einzige Bild, das ich von meinen Eltern besaß." Daraufhin sagte der Kellner laut ohne jede Beschönigung: „Vielleicht könnten wir noch die Taschen der Herren untersuchen." „Ja", sagte Karl sofort, „ich muß die Photographie finden. Aber ehe ich die Taschen durchsuche, sage ich noch, daß, wer mir die Photographie freiwillig gibt, den ganzen gefüllten Koffer bekommt." Nach einem Augenblick allgemeiner Stille sagte Karl zum Kellner: „Meine Kameraden wollen also offenbar die Taschendurchsuchung. Aber selbst jetzt verspreche ich sogar demjenigen, in dessen Tasche die Photographie gefunden wird, den ganzen Koffer. Mehr kann ich nicht tun." Sofort machte sich der Kellner daran, Delamarche zu untersuchen, der ihm schwieriger zu behandeln schien, als Robinson, den er Karl überließ. Er machte Karl darauf aufmerksam, daß beide gleichzeitig untersucht werden müßten, da sonst einer unbeobachtet die Photographie beiseite schaffen könnte. Gleich beim ersten Griff fand Karl in Robinsons Tasche eine ihm gehörige Kravatte, aber er nahm sie nicht an sich und rief dem Kellner zu: „Was Sie bei Delamarche auch finden mögen, lassen Sie ihm bitte alles. Ich will nichts als die Photographie, nur die Photographie." Beim Durchsuchen der Brusttaschen gelangte Karl mit der Hand an die heiße fettige Brust Robinsons und da kam es ihm zu Bewußtsein, daß er an seinen Kameraden vielleicht ein großes Unrecht begehe. Er beeilte sich nun nach Möglichkeit. Im übrigen war alles umsonst, weder bei Robinson noch bei Delamarche fand sich die Photographie vor.

„Es hilft nichts", sagte der Kellner. „Sie haben wahrscheinlich die Photographie zerrissen und die Stücke weggeworfen", sagte Karl, „ich dachte sie wären meine Freunde, aber im Geheimen wollten sie mir nur schaden. Nicht eigentlich Robinson, der wäre gar nicht auf den Einfall gekommen, daß die Photographie solchen Wert für mich hat, aber desto mehr Delamarche." Karl sah nur den Kellner vor sich, dessen Laterne einen kleinen Kreis beleuchtete, während alles sonst, auch Delamarche und Robinson, in tiefem Dunkel war.

Es war natürlich gar nicht mehr die Rede davon, daß die beiden in das Hotel mitgenommen werden könnten. Der Kellner schwang den Koffer auf die Achsel, Karl nahm den Strohkorb und sie giengen. Karl war schon auf der Straße, als er im Nachdenken sich unterbrechend stehen blieb und in das Dunkel hinaufrief: „Hören Sie einmal! Sollte doch einer von Ihnen die Photographie noch haben und mir ins Hotel bringen wollen – er bekommt den Koffer noch immer und wird – ich schwöre es – nicht angezeigt.“ Es kam keine eigentliche Antwort herunter, nur ein abgerissenes Wort war zu hören, der Beginn eines Zurufes Robinsons, dem aber offenbar Delamarche sofort den Mund stopfte. Noch eine lange Weile wartete Karl ob man sich oben nicht doch noch anders entscheiden würde. Zweimal rief er in Abständen: „Ich bin noch immer da.“ Aber kein Laut antwortete, nur einmal rollte ein Stein den Abhang herab, vielleicht durch Zufall, vielleicht in einem verfehlten Wurf.

V
Im Hotel occidental

Im Hotel wurde Karl gleich in eine Art Bureau geführt, in welchem die Oberköchin ein Vormerkbuch in der Hand einer jungen Schreibmaschinistin einen Brief in die Schreibmaschine diktierte. Das äußerst präcise Diktieren, der beherrschte und elastische Tastenschlag jagten an dem nur hie und da merklichen Ticken der Wanduhr vorüber, die schon fast halb zwölf Uhr zeigte. „So!“ sagte die Oberköchin, klappte das Vormerkbuch zu, die Schreibmaschinistin sprang auf und stülpte den Holzdeckel über die Maschine, ohne bei dieser mechanischen Arbeit die Augen von Karl zu lassen. Sie sah noch wie ein Schulmädchen aus, ihre Schürze war sehr sorgfältig gebügelt, auf den Achseln z. B. gewellt, die Frisur recht hoch und man staunte ein wenig wenn man nach diesen Einzelnheiten ihr ernstes Gesicht sah. Nach Verbeugungen zuerst gegen die Oberköchin, dann gegen Karl entfernte sie sich und Karl sah unwillkürlich die Oberköchin mit einem fragenden Blicke an.

„Das ist aber schön, daß Sie nun doch gekommen sind“, sagte die Oberköchin. „Und Ihre Kameraden?“ „Ich habe sie nicht mitgenommen“, sagte Karl. „Die marschieren wohl sehr früh aus“, sagte die Oberköchin, wie um sich die Sache zu erklären. „Muß sie denn nicht denken, daß ich auch mitmarschiere?“ fragte sich Karl und sagte deshalb, um jeden Zweifel auszuschließen: „Wir sind in Unfrieden aus einander gegangen.“ Die Oberköchin schien das als eine angenehme Nachricht aufzufassen. „Dann sind Sie also frei?“ fragte sie. „Ja frei bin ich“, sagte Karl und nichts schien ihm wertloser. „Hören Sie, möchten Sie nicht hier im Hotel eine Stelle annehmen?“ fragte die Oberköchin. „Sehr gern“, sagte Karl, „ich habe aber entsetzlich wenig Kenntnisse. Ich kann z. B. nicht einmal auf der Schreibmaschine schreiben.“ „Das ist nicht das wichtigste“, sagte die Oberköchin. „Sie bekämen eben vorläufig nur eine ganz kleine Anstellung und müßten dann zusehn, durch Fleiß und Aufmerksamkeit sich hinaufzubringen. Jedenfalls aber glaube ich, daß es für Sie besser und passender wäre sich irgendwo festzusetzen statt so durch die Welt zu bummeln. Dazu scheinen Sie mir nicht gemacht." „Das würde alles auch der Onkel unterschreiben", sagte sich Karl und nickte zustimmend. Gleichzeitig erinnerte er sich, daß er, um den man so besorgt war, sich noch gar nicht vorgestellt hatte. „Entschuldigen Sie bitte", sagte er, „daß ich mich noch gar nicht vorgestellt habe, ich heiße Karl Roßmann." „Sie sind ein Deutscher, nicht wahr?" „Ja", sagte Karl, „ich bin noch nicht lange in Amerika." „Von wo sind Sie denn?" „Aus Prag in Böhmen", sagte Karl. „Sehn Sie einmal an", rief die Oberköchin in einem stark englisch betonten Deutsch und hob fast die Arme, „dann sind wir ja Landsleute, ich heiße Grete Mitzelbach und bin aus Wien. Und Prag kenne ich ja ausgezeichnet, ich war ja ein halbes Jahr in der Goldenen Gans auf dem Wenzelsplatz angestellt. Aber denken Sie nur einmal!" „Wann ist das gewesen?" fragte Karl. „Das ist schon viele viele Jahre her." „Die alte Goldene Gans", sagte Karl, „ist vor zwei Jahren niedergerissen worden." „Ja, freilich", sagte die Oberköchin ganz in Gedanken an vergangene Zeiten.

Mit einem Male aber wieder lebhaft werdend rief sie und faßte dabei Karls Hände: „Jetzt da es sich herausgestellt hat, daß Sie mein Landsmann sind, dürfen Sie um keinen Preis von hier fort. Das dürfen Sie mir nicht antun. Hätten Sie z. B. Lust Liftjunge zu werden? Sagen Sie nur ja und Sie sind es. Wenn Sie ein bißchen herumgekommen sind, werden Sie wissen daß es nicht besonders leicht ist, solche Stellen zu bekommen, denn sie sind der beste Anfang, den man sich denken kann. Sie kommen mit allen Gästen zusammen, man sieht Sie immer, man gibt Ihnen kleine Aufträge, kurz, Sie haben jeden Tag die Möglichkeit, zu etwas Besserem zu gelangen. Für alles übrige lassen Sie mich sorgen!" „Liftjunge möchte ich ganz gerne sein", sagte Karl nach einer kleinen Pause. Es wäre ein großer Unsinn gewesen, gegen die Stelle eines Liftjungen mit Rücksicht auf seine fünf Gymnasialklassen Bedenken zu haben. Eher wäre hier in Amerika Grund gewesen, sich der fünf Gymnasialklassen zu schämen. Übrigens hatten die Liftjungen Karl immer gefallen, sie waren ihm wie der Schmuck der Hotels vorgekommen. „Sind nicht Sprachenkenntnisse erforderlich?" fragte er noch. „Sie sprechen Deutsch und ein schönes

Englisch, das genügt vollkommen.“ „Englisch habe ich erst in Amerika in zweieinhalb Monaten erlernt“, sagte Karl, er glaubte, seinen einzigen Vorzug nicht verschweigen zu dürfen. „Das spricht schon genügend für Sie“, sagte die Oberköchin. „Wenn ich daran denke, welche Schwierigkeiten mir das Englisch gemacht hat. Das ist allerdings schon seine dreißig Jahre her. Gerade gestern habe ich davon gesprochen. Gestern war nämlich mein fünfzigster Geburtstag.“ Und sie suchte lächelnd den Eindruck von Karls Mienen abzulesen, den die Würde dieses Alters auf ihn machte. „Dann wünsche ich Ihnen viel Glück“, sagte Karl. „Das kann man immer brauchen“, sagte sie, schüttelte Karl die Hand und wurde wieder halb traurig, über diese alte Redensart aus der Heimat, die ihr da im Deutschsprechen eingefallen war.

„Aber ich halte Sie hier auf“, rief sie dann. „Und Sie sind gewiß sehr müde und wir können auch alles viel besser bei Tag besprechen. Die Freude einen Landsmann getroffen zu haben, macht ganz gedankenlos. Kommen Sie, ich werde Sie in Ihr Zimmer führen.“ „Ich habe noch eine Bitte Frau Oberköchin“, sagte Karl im Anblick des Telephonkastens der auf einem Tische stand. „Es ist möglich, daß mir morgen, vielleicht sehr früh, meine frühern Kameraden eine Photographie bringen, die ich dringend brauche. Wären Sie so freundlich und würden Sie dem Portier telephonieren, er möchte die Leute zu mir schicken oder mich holen lassen.“ „Gewiß“, sagte die Oberköchin, „aber würde es nicht genügen, wenn er ihnen die Photographie abnimmt? Was ist es denn für eine Photographie, wenn man fragen darf?“ „Es ist die Photographie meiner Eltern“, sagte Karl, „nein ich muß mit den Leuten selbst sprechen.“ Die Oberköchin sagte nichts weiter und gab telephonisch in die Portiersloge den entsprechenden Befehl, wobei sie 536 als Zimmernummer Karls nannte.

Sie giengen dann durch eine der Eingangstüre entgegengesetzte Tür auf einen kleinen Gang hinaus, wo an dem Geländer eines Aufzuges ein kleiner Liftjunge schlafend lehnte. „Wir können uns selbst bedienen“, sagte die Oberköchin leise und ließ Karl in den Aufzug eintreten. „Eine Arbeitszeit von zehn bis zwölf Stunden ist eben ein wenig zu viel für einen solchen Jungen“, sagte sie dann während sie aufwärts fuhren. „Aber es ist eigentümlich in

Amerika. Da ist dieser kleine Junge z. B., er ist auch erst vor einem halben Jahr mit seinen Eltern hier angekommen, er ist ein Italiener. Jetzt sieht es aus, als könne er die Arbeit unmöglich aushalten, hat schon kein Fleisch im Gesicht, schläft im Dienst ein, trotzdem er von Natur sehr bereitwillig ist – aber er muß nur noch ein halbes Jahr hier oder irgendwo anders in Amerika dienen und hält alles mit Leichtigkeit aus und in fünf Jahren wird er ein starker Mann sein. Von solchen Beispielen könnte ich Ihnen stundenlang erzählen. Dabei denke ich gar nicht an Sie, denn Sie sind ein kräftiger Junge. Sie sind siebzehn Jahre alt, nicht?“ „Ich werde nächsten Monat sechzehn“, antwortete Karl. „Sogar erst sechzehn!“ sagte die Oberköchin. „Also nur Mut!“
Oben führte sie Karl in ein Zimmer, das zwar schon als Dachzimmer eine schiefe Wand hatte, im übrigen aber bei einer Beleuchtung durch zwei Glühlampen sich sehr wohnlich zeigte. „Erschrecken Sie nicht über die Einrichtung“, sagte die Oberköchin, „es ist nämlich kein Hotelzimmer, sondern ein Zimmer meiner Wohnung, die aber aus drei Zimmern besteht, so daß Sie mich nicht im geringsten stören. Ich sperre die Verbindungstüre ab, so daß Sie ganz ungeniert bleiben. Morgen als neuer Hotelangestellter werden Sie natürlich Ihr eigenes Zimmerchen bekommen. Wären Sie mit Ihren Kameraden gekommen, dann hätte ich Ihnen in der gemeinsamen Schlafkammer der Hausdiener aufbetten lassen, aber da Sie allein sind, denke ich, daß es Ihnen hier besser passen wird, wenn Sie auch nur auf einem Sopha schlafen müssen. Und nun schlafen Sie wohl damit Sie sich für den Dienst kräftigen. Er wird morgen noch nicht zu streng sein.“ „Ich danke Ihnen vielmals für Ihre Freundlichkeit.“ „Warten Sie“, sagte sie beim Ausgang stehen bleibend, „da wären Sie aber bald geweckt worden.“ Und sie gieng zu der einen Seitentür des Zimmers, klopfte und rief: „Therese!“ „Bitte, Frau Oberköchin“, meldete sich die Stimme der kleinen Schreibmaschinistin. „Wenn Du mich früh wecken gehst, so mußt Du über den Gang gehn, hier im Zimmer schläft ein Gast. Er ist totmüde.“ Sie lächelte Karl zu, während sie das sagte. „Hast Du verstanden?“ „Ja Frau Oberköchin.“ „Also dann gute Nacht!“ „Gute Nacht wünsch ich.“

„Ich schlafe nämlich", sagte die Oberköchin zur Erklärung, „seit einigen Jahren ungemein schlecht. Jetzt kann ich ja mit meiner Stellung zufrieden sein und brauche eigentlich keine Sorgen zu haben. Aber es müssen die Folgen meiner frühern Sorgen sein, die mir diese Schlaflosigkeit verursachen. Wenn ich um drei Uhr früh einschlafe kann ich froh sein. Da ich aber schon um fünf, spätestens um halb sechs wieder auf dem Platze sein muß, muß ich mich wecken lassen undzwar besonders vorsichtig, damit ich nicht noch nervöser werde als ich schon bin. Und da weckt mich eben die Therese. Aber jetzt wissen Sie wirklich schon alles und ich komme gar nicht weg. Gute Nacht!" Und trotz ihrer Schwere huschte sie fast aus dem Zimmer.

Karl freute sich auf den Schlaf, denn der Tag hatte ihn sehr hergenommen. Und behaglichere Umgebung konnte er für einen langen ungestörten Schlaf gar nicht wünschen. Das Zimmer war zwar nicht zum Schlafzimmer bestimmt, es war eher ein Wohnzimmer oder richtiger ein Repräsentationszimmer der Oberköchin und ein Waschtisch war ihm zuliebe eigens für diesen Abend hergebracht, aber dennoch fühlte sich Karl nicht als Eindringling, sondern nur desto besser versorgt. Sein Koffer war richtig hergestellt und wohl schon lange nicht in größerer Sicherheit gewesen. Auf einem niedrigen Schrank mit Schiebefächern, über den eine großmaschige wollene Decke gezogen war, standen verschiedene Photographien in Rahmen und unter Glas, bei der Besichtigung des Zimmers blieb Karl dort stehn und sah sie an. Es waren meist alte Photographien und stellten in der Mehrzahl Mädchen dar, die in unmodernen unbehaglichen Kleidern, mit locker aufgesetzten kleinen aber hochgehenden Hüten, die rechte Hand auf einen Schirm gestützt, dem Beschauer zugewendet waren und doch mit den Blicken auswichen. Unter den Herrenbildnissen fiel Karl besonders das Bild eines jungen Soldaten auf, der das Käppi auf ein Tischchen gelegt hatte, stramm mit seinem wilden schwarzen Haar dastand und voll von einem stolzen aber unterdrückten Lachen war. Die Knöpfe seiner Uniform waren auf der Photographie nachträglich vergoldet worden. Alle diese Photographien stammten wohl noch aus Europa, man hätte dies auf der Rückseite wahrscheinlich auch genau ablesen können, aber Karl wollte sie nicht in die Hand nehmen. So wie diese Photographien hier standen, so hatte er auch die Photographie seiner Eltern in seinem künftigen Zimmer aufstellen mögen.

Gerade streckte er sich nach einer gründlichen Waschung des ganzen Körpers, die er seiner Nachbarin wegen möglichst leise durchzuführen sich bemüht hatte, im Vorgenuß des Schlafes auf seinem Kanapee, da glaubte er ein schwaches Klopfen an einer Türe zu hören. Man konnte nicht gleich feststellen, an welcher Tür es war, es konnte auch bloß ein zufälliges Geräusch sein. Es wiederholte sich auch nicht gleich und Karl schlief schon fast, als es wieder erfolgte. Aber nun war kein Zweifel mehr, daß es ein Klopfen war und von der Tür der Schreibmaschinistin herkam. Karl lief auf den Fußspitzen zur Tür hin und fragte so leise, daß es, wenn man trotz allem nebenan doch schlief, niemanden hätte wecken können: „Wünschen Sie etwas?“ Sofort und ebenso leise kam die Antwort: „Möchten Sie nicht die Tür öffnen? Der Schlüssel steckt auf Ihrer Seite.“ „Bitte“, sagte Karl, „ich muß mich nur zuerst anziehn.“ Es gab eine kleine Pause, dann hieß es: „Das ist nicht nötig. Machen Sie auf und legen Sie sich ins Bett, ich werde ein wenig warten.“ „Gut“, sagte Karl und führte es auch so aus, nur drehte er außerdem noch das elektrische Licht auf. „Ich liege schon“, sagte er dann etwas lauter. Da trat auch schon aus ihrem dunklen Zimmer die kleine Schreibmaschinistin, genau so angezogen wie unten im Bureau, sie hatte wohl die ganze Zeit über nicht daran gedacht schlafen zu gehn.

„Entschuldigen Sie vielmals“, sagte sie und stand ein wenig gebückt vor Karls Lager, „und verraten Sie mich bitte nicht. Ich will Sie auch nicht lange stören, ich weiß, daß Sie totmüde sind.“ „Es ist nicht so arg“, sagte Karl, „aber es wäre vielleicht doch besser gewesen, ich hätte mich angezogen.“ Er mußte ausgestreckt daliegen, um bis an den Hals zugedeckt sein zu können, denn er besaß kein Nachthemd. „Ich bleibe ja nur einen Augenblick“, sagte sie und griff nach einem Sessel, „kann ich mich zum Kanapee setzen?“ Karl nickte. Da setzte sie sich so eng zum Kanapee, daß Karl an die Mauer rücken mußte, um zu ihr aufschauen zu können. Sie hatte ein rundes gleichmäßiges Gesicht, nur die Stirn war ungewöhnlich hoch, aber das konnte auch vielleicht nur an der Frisur liegen, die ihr nicht recht paßte. Ihr Anzug war sehr rein und sorgfältig. In der linken Hand quetschte sie ein Taschentuch.

„Werden Sie lange hier bleiben?“ fragte sie. „Es ist noch nicht ganz bestimmt“, antwortete Karl, „aber ich denke, ich werde bleiben.“ „Das wäre nämlich sehr gut“, sagte sie und fuhr mit dem Taschentuch über ihr Gesicht, „ich bin hier nämlich so allein.“ „Das wundert mich“, sagte Karl, „die Frau Oberköchin ist doch sehr freundlich zu Ihnen. Sie behandelt Sie gar nicht wie eine Angestellte. Ich dachte schon, Sie wären verwandt.“ „Oh nein“, sagte sie, „ich heiße Therese Berchtold, ich bin aus Pommern.“ Auch Karl stellte sich vor. Daraufhin sah sie ihn zum erstenmal voll an, als sei er ihr durch die Namensnennung ein wenig fremder geworden. Sie schwiegen ein Weilchen. Dann sagte sie: „Sie dürfen nicht glauben, daß ich undankbar bin. Ohne die Frau Oberköchin stünde es ja mit mir viel schlechter. Ich war früher Küchenmädchen hier im Hotel und schon in großer Gefahr entlassen zu werden, denn ich konnte die schwere Arbeit nicht leisten. Man stellt hier sehr große Ansprüche. Vor einem Monat ist ein Küchenmädchen nur vor Überanstrengung ohnmächtig geworden und vierzehn Tage im Krankenhaus gelegen. Und ich bin nicht sehr stark, ich habe früher viel zu leiden gehabt und bin dadurch in der Entwicklung ein wenig zurückgeblieben, Sie würden wohl gar nicht sagen, daß ich schon achtzehn Jahre alt bin. Aber jetzt werde ich schon stärker.“ „Der Dienst hier muß wirklich sehr anstrengend sein“, sagte Karl. „Unten habe ich jetzt einen Liftjungen stehend schlafen gesehn.“ „Dabei haben es die Liftjungen noch am besten“, sagte sie, „die verdienen ihr schönes Geld an Trinkgeldern und müssen sich schließlich doch bei weitem nicht so plagen wie die Leute in der Küche. Aber da habe ich wirklich einmal Glück gehabt, die Frau Oberköchin hat einmal ein Mädchen gebraucht um die Servietten für ein Bankett herzurichten, hat zu uns Küchenmädchen heruntergeschickt, es gibt hier an fünfzig solcher Mädchen, ich war gerade bei der Hand und habe sie sehr zufriedengestellt, denn im Aufbauen der Servietten habe ich mich immer ausgekannt. Und so hat sie mich von da an in ihrer Nähe behalten und allmählich zu ihrer Sekretärin ausgebildet. Dabei habe ich sehr viel gelernt." „Gibt es denn da soviel zu schreiben?" fragte Karl. „Ach sehr viel", antwortete sie, „das können Sie sich wahrscheinlich gar nicht vorstellen. Sie haben doch gesehn, daß ich heute bis halb zwölf gearbeitet habe und heute ist kein besonderer Tag. Allerdings schreibe ich nicht immerfort, sondern habe auch viele Besorgungen in der Stadt zu machen." „Wie heißt denn die Stadt?" fragte Karl. „Das wissen Sie nicht?" sagte sie, „Ramses." „Ist es eine große Stadt?" fragte Karl. „Sehr groß", antwortete sie, „ich gehe nicht gern hin. Aber wollen Sie nicht wirklich schon schlafen?" „Nein, nein", sagte Karl, „ich weiß ja noch gar nicht, warum Sie hereingekommen sind." „Weil ich mit niemandem reden kann. Ich bin nicht wehleidig, aber wenn wirklich niemand für einen da ist, so ist man schon glücklich, schließlich von jemandem angehört zu werden. Ich habe Sie schon unten im Saal gesehn, ich kam gerade um die Frau Oberköchin zu holen, als sie Sie in die Speisekammern wegführte." „Das ist ein schrecklicher Saal", sagte Karl. „Ich merke es schon gar nicht mehr", antwortete sie. „Aber ich wollte nur sagen, daß ja die Frau Oberköchin so freundlich zu mir ist, wie es nur meine selige Mutter war. Aber es ist doch ein zu großer Unterschied in unserer Stellung, als daß ich frei mit ihr reden könnte. Unter den Küchenmädchen habe ich früher gute Freundinnen gehabt, aber die sind schon längst nicht mehr hier und die neuen Mädchen kenne ich kaum. Schließlich kommt es mir manchmal vor, daß mich meine jetzige Arbeit mehr anstrengt als die frühere, daß ich sie aber nicht einmal so gut verrichte, wie die und daß mich die Frau Oberköchin nur aus Mitleid in meiner Stellung hält. Schließlich muß man ja wirklich eine bessere Schulbildung gehabt haben, um Sekretärin zu werden. Es ist eine Sünde das zu sagen, aber oft und oft fürchte ich wahnsinnig zu werden. Um Gotteswillen", sagte sie plötzlich viel schneller und griff flüchtig nach Karls Schulter, da er die Hände unter der Decke hielt, „Sie dürfen aber der Frau Oberköchin kein Wort davon sagen, sonst bin ich wirklich verloren. Wenn ich ihr jetzt außer den Umständen die ich ihr durch meine Arbeit mache, auch noch Leid bereiten sollte, das wäre wirklich das Höchste." „Es ist selbstverständlich, daß ich ihr nichts sagen werde", antwortete Karl. „Dann ist es gut", sagte sie,

„und bleiben Sie hier. Ich wäre froh wenn Sie hierblieben und wir könnten, wenn es Ihnen recht ist, zusammenhalten. Gleich wie ich Sie zum erstenmal gesehn habe, habe ich Vertrauen zu Ihnen gehabt. Und trotzdem – denken Sie, so schlecht bin ich – habe ich auch Angst gehabt, die Frau Oberköchin könnte Sie an meiner Stelle zum Sekretär machen und mich entlassen. Erst wie ich da lange allein gesessen bin, während Sie unten im Bureau waren, habe ich mir die Sache so zurechtgelegt, daß es sogar sehr gut wäre, wenn Sie meine Arbeiten übernehmen würden, denn die würden Sie sicher besser verstehn. Wenn Sie die Besorgungen in der Stadt nicht machen wollten, könnte ich ja diese Arbeit behalten. Sonst aber wäre ich in der Küche gewiß viel nützlicher, besonders da ich auch schon etwas stärker geworden bin." „Die Sache ist schon geordnet", sagte Karl, „ich werde Liftjunge und Sie bleiben Sekretärin. Wenn Sie aber der Frau Oberköchin nur die geringste Andeutung von Ihren Plänen machen, verrate ich auch das Übrige, was Sie mir heute gesagt haben, so leid es mir tun würde." Diese Tonart erregte Therese so sehr, daß sie sich beim Bett niederwarf und wimmernd das Gesicht ins Bettzeug drückte. „Ich verrate ja nichts", sagte Karl, „aber Sie dürfen auch nichts sagen." Nun konnte er nicht mehr ganz unter seiner Decke versteckt bleiben, streichelte ein wenig ihren Arm, fand nichts Rechtes, was er ihr sagen könne und dachte nur, daß hier ein bitteres Leben sei. Endlich beruhigte sie sich wenigstens so weit, daß sie sich ihres Weinens schämte, sah Karl dankbar an, redete ihm zu, morgen lange zu schlafen und versprach, wenn sie Zeit fände, gegen acht Uhr heraufzukommen und ihn zu wecken. „Sie wekken ja so geschickt", sagte Karl. „Ja einiges kann ich", sagte sie, fuhr mit der Hand zum Abschied sanft über seine Decke hin und lief in ihr Zimmer.

Am nächsten Tage bestand Karl darauf gleich seinen Dienst anzutreten, trotzdem ihm die Oberköchin diesen Tag für die Besichtigung von Ramses freigeben wollte. Aber Karl erklärte offen, dafür werde sich noch Gelegenheit finden, jetzt sei es für ihn das Wichtigste mit der Arbeit anzufangen, denn eine auf ein anderes Ziel gerichtete Arbeit habe er schon in Europa nutzlos abgebrochen und fange als Liftjunge in einem Alter an, in dem wenigstens die tüchtigern Jungen nahe daran seien in natürlicher Folge eine höhere Arbeit zu übernehmen. Es sei ganz richtig daß er als Liftjunge anfange, aber ebenso richtig sei, daß er sich besonders beeilen müsse. Bei diesen Umständen würde ihm die Besichtigung der Stadt gar kein Vergnügen machen. Nicht einmal zu einem kurzen Weg, zu dem ihn Therese aufforderte konnte er sich entschließen. Immer schwebte ihm der Gedanke daran vor Augen, es könne schließlich mit ihm, wenn er nicht fleißig sei, soweit kommen wie mit Delamarche und Robinson.

Beim Hotelschneider wurde ihm die Liftjungenuniform anprobiert, die äußerlich sehr prächtig mit Goldknöpfen und Goldschnüren ausgestattet war, bei deren Anziehn es Karl aber doch ein wenig schauderte, denn besonders unter den Achseln war das Röckchen kalt, hart und dabei unaustrockbar naß von dem Schweiß der Liftjungen, die es vor ihm getragen hatten. Die Uniform mußte auch vor allem über der Brust eigens für Karl erweitert werden, denn keine der zehn vorliegenden wollte auch nur beiläufig passen. Trotz dieser Näharbeit die hier notwendig war, und trotzdem der Meister sehr peinlich schien – zweimal flog die bereits abgelieferte Uniform aus seiner Hand in die Werkstatt zurück – war alles in kaum fünf Minuten erledigt und Karl verließ das Atelier schon als Liftjunge mit anliegenden Hosen und einem trotz der bestimmten gegenteiligen Zusicherung des Meisters sehr beengenden Jäckchen, das immer wieder zu Athemübungen verlockte, da man sehen wollte, ob das Athmen noch immer möglich war.

Dann meldete er sich bei jenem Oberkellner unter dessen Befehl er stehen sollte, einem schlanken schönen Mann mit großer Nase, der wohl schon in den vierziger Jahren stehen konnte. Er hatte keine Zeit sich auch nur auf das geringste Gespräch einzulassen und läutete bloß einen Liftjungen herbei, zufällig gerade jenen, den Karl gestern gesehen hatte. Der Oberkellner nannte ihn nur bei seinem Taufnamen Giacomo, was Karl erst später erfuhr, denn in der englischen Aussprache war der Name nicht zu erkennen. Dieser Junge bekam nun den Auftrag Karl das für den Liftdienst Notwendige zu zeigen, aber er war so scheu und eilig, daß Karl von ihm, so wenig auch im Grunde zu zeigen war, kaum dieses Wenige erfahren konnte. Sicher war Giacomo auch deshalb verärgert, weil er den Liftdienst offenbar Karls halber verlassen mußte und den Zimmermädchen zur Hilfeleistung zugeteilt war, was ihm nach bestimmten Erfahrungen die er aber verschwieg, entehrend vorkam. Enttäuscht war Karl vor allem dadurch, daß ein Liftjunge mit der Maschinerie des Aufzugs nur insoferne etwas zu tun hatte, als er ihn durch einen einfachen Druck auf den Knopf in Bewegung setzte, während für Reparaturen am Triebwerk derartig ausschließlich die Maschinisten des Hotels verwendet wurden, daß z. B. Giacomo trotz halbjährigen Dienstes beim Lift weder das Triebwerk im Keller, noch die Maschinerie im Innern des Aufzugs mit eigenen Augen gesehen hatte, trotzdem ihn dies, wie er ausdrücklich sagte, sehr gefreut hätte. Überhaupt war es ein einförmiger Dienst und wegen der zwölfstündigen Arbeitszeit, abwechselnd bei Tag und Nacht, so anstrengend, daß er nach Giacomos Angaben überhaupt nicht auszuhalten war, wenn man nicht minutenweise im Stehen schlafen konnte. Karl sagte hiezu nichts, aber er begriff wohl, daß gerade diese Kunst Giacomo die Stelle gekostet hatte.

Sehr willkommen war es Karl, daß der Aufzug den er zu besorgen hatte, nur für die obersten Stockwerke bestimmt war, weshalb er es nicht mit den anspruchsvollsten reichen Leuten zu tun haben würde. Allerdings konnte man hier auch nicht soviel lernen wie anderswo und es war nur für den Anfang gut.

Schon nach der ersten Woche sah Karl ein, daß er dem Dienst vollständig gewachsen war. Das Messing seines Aufzugs war am besten geputzt, keiner der dreißig andern Aufzüge konnte sich darin vergleichen und es wäre vielleicht noch leuchtender gewesen, wenn der Junge, der bei dem gleichen Aufzug diente auch nur annähernd so fleißig gewesen wäre und sich nicht in seiner Lässigkeit durch Karls Fleiß unterstützt gefühlt hätte. Es war ein geborener Amerikaner, namens Rennel, ein eitler Junge mit dunklen Augen und glatten, etwas gehöhlten Wangen. Er hatte einen eleganten Privatanzug, in dem er an dienstfreien Abenden leicht parfumiert in die Stadt eilte; hie und da bat er auch Karl ihn abends zu vertreten, da er in Familienangelegenheiten weggehn müsse, und es kümmerte ihn wenig, daß sein Aussehn allen solchen Ausreden widersprach. Trotzdem konnte ihn Karl gut leiden und hatte es gern, wenn Rennel an solchen Abenden vor dem Ausgehn in seinem Privatanzug unten beim Lift vor ihm stehen blieb, sich noch ein wenig entschuldigte, während er die Handschuh über die Finger zog und dann durch den Korridor abgieng. Im übrigen wollte ihm Karl mit diesen Vertretungen nur eine Gefälligkeit machen, wie sie ihm gegenüber einem ältern Kollegen am Anfang selbstverständlich schien, eine dauernde Einrichtung sollte es nicht werden. Denn ermüdend genug war dieses ewige Fahren im Lift allerdings und gar in den Abendstunden hatte es fast keine Unterbrechung.

Bald lernte Karl auch, die kurzen tiefen Verbeugungen machen, die man von den Liftjungen verlangte und das Trinkgeld fieng er im Fluge ab. Es verschwand in seiner Westentasche und niemand hätte nach seinen Mienen sagen können, ob es groß oder klein war. Vor Damen öffnete er die Tür mit einer kleinen Beigabe von Galanterie und schwang sich in den Aufzug langsam hinter ihnen, die in Sorge um ihre Röcke, Hüte und Behänge zögernder als Männer einzutreten pflegten. Während der Fahrt stand er, weil dies das unauffälligste war, knapp bei der Tür mit dem Rücken zu seinen Fahrgästen und hielt den Griff der Aufzugtüre, um sie im Augenblick der Ankunft plötzlich und doch nicht etwa erschreckend seitwärts weg zu stoßen. Selten nur klopfte ihm einer während der Fahrt auf die Schulter, um irgendeine kleine Auskunft zu bekommen, dann drehte er sich eilig um, als habe er es erwartet und gab mit lauter Stimme Antwort. Oft gab es trotz der vielen Aufzüge, besonders nach Schluß der Teater oder nach Ankunft bestimmter Expreßzüge, ein solches Gedränge, daß er, kaum daß die Gäste oben entlassen waren, wieder hinunterrasen mußte, um die dort Wartenden aufzunehmen. Er hatte auch die Möglichkeit, durch Ziehen an einem durch den Aufzugskasten hindurchgehenden Drahtseil, die gewöhnliche Schnelligkeit zu steigern, allerdings war dies durch die Aufzugsordnung verboten und sollte auch gefährlich sein. Karl tat es auch niemals wenn er mit Passagieren fuhr, aber wenn er sie oben abgesetzt hatte und unten andere warteten, dann kannte er keine Rücksicht, und arbeitete an dem Seil mit starken taktmäßigen Griffen, wie ein Matrose. Er wußte übrigens, daß dies die andern Liftjungen auch taten und er wollte seine Passagiere nicht an andere Jungen verlieren. Einzelne Gäste, die längere Zeit im Hotel wohnten, was hier übrigens ziemlich gebräuchlich war, zeigten hie und da durch ein Lächeln, daß sie Karl als ihren Liftjungen erkannten, Karl nahm diese Freundlichkeit mit ernstem Gesichte aber gerne an. Manchmal, wenn der Verkehr etwas schwächer war, konnte er auch besondere kleine Aufträge annehmen, z. B. einem Hotelgast, der sich nicht erst in sein Zimmer bemühen wollte, eine im Zimmer vergessene Kleinigkeit zu holen, dann flog er in seinem in solchen Augenblicken ihm besonders vertrauten Aufzug allein hinauf, trat in das fremde Zimmer, wo meistens sonderbare Dinge, die er nie gesehen hatte, herumlagen oder auf den Kleiderrechen hiengen, fühlte den charakteristischen Geruch einer fremden Seife, eines Parfums, eines Mundwassers und eilte ohne sich im geringsten aufzuhalten mit dem meist trotz undeutlicher Angaben gefundenen Gegenstand wieder zurück. Oft bedauerte er größere Aufträge nicht übernehmen zu können, da hiefür eigene Diener und Botenjungen bestimmt waren, die ihre Wege auf Fahrrädern, ja sogar Motorrädern besorgten, nur zu Botengängen aus den Zimmern in die Speise- oder Spielsäle konnte sich Karl bei günstiger Gelegenheit verwenden lassen.

Wenn er nach der zwölfstündigen Arbeitszeit drei Tage um sechs Uhr abends, die nächsten drei Tage um sechs Uhr früh aus der Arbeit kam, war er so müde, daß er geradewegs ohne sich um jemanden zu kümmern in sein Bett gieng. Es lag im gemeinsamen Schlafsaal der Liftjungen, die Frau Oberköchin, deren Einfluß vielleicht doch nicht so groß war, wie er am ersten Abend geglaubt hatte, hatte sich zwar bemüht, ihm ein eigenes Zimmerchen zu verschaffen und es wäre ihr wohl auch gelungen, aber da Karl sah, welche Schwierigkeiten es machte und wie die Oberköchin öfters mit seinem Vorgesetzten, jenem so beschäftigten Oberkellner wegen dieser Sache telephonierte, verzichtete er darauf und überzeugte die Oberköchin von dem Ernst seines Verzichtes mit dem Hinweis darauf, daß er von den andern Jungen wegen eines nicht eigentlich selbst erarbeiteten Vorzugs nicht beneidet werden wolle.

Ein ruhiges Schlafzimmer war dieser Schlafsaal allerdings nicht. Denn da jeder einzelne die freie Zeit von zwölf Stunden verschiedenartig auf Essen, Schlaf, Vergnügen und Nebenverdienst verteilte, war im Schlafsaal immerfort die größte Bewegung. Da schliefen einige und zogen die Decken über die Ohren um nichts zu hören; wurde doch einer geweckt, dann schrie er so wütend über das Geschrei der andern, daß auch die übrigen noch so guten Schläfer nicht standhalten konnten. Fast jeder Junge hatte seine Pfeife, es wurde damit eine Art Luxus getrieben, auch Karl hatte sich eine angeschafft und fand bald Geschmack an ihr. Nun durfte aber im Dienst nicht geraucht werden, die Folge dessen war, daß im Schlafsaal jeder solange er nicht unbedingt schlief auch rauchte. Infolge dessen stand jedes Bett in einer eigenen Rauchwolke und alles in einem allgemeinen Dunst. Es war unmöglich durchzusetzen, trotzdem eigentlich die Mehrzahl grundsätzlich zustimmte, daß in der Nacht nur an einem Ende des Saales das Licht brennen sollte. Wäre dieser Vorschlag durchgedrungen, dann hätten diejenigen, welche schlafen wollten, dies im Dunkel der einen Saalhälfte – es war ein großer Saal mit vierzig Betten – ruhig tun können, während die andern im beleuchteten Teil Würfel oder Karten hätten spielen und alles übrige besorgen können, wozu Licht nötig war. Hätte einer dessen Bett in der beleuchteten Saalhälfte stand, schlafen gehn wollen, so hätte er sich in eines der freien Betten im Dunkel legen können, denn es standen immer genug Betten frei und niemand wendete gegen eine derartige vorübergehende Benützung seines Bettes durch einen Andern etwas ein. Aber es gab keine Nacht, in der diese Einteilung befolgt worden wäre. Immer wieder fanden sich z. B. zwei, welche nachdem sie das Dunkel zu etwas Schlaf ausgenützt hatten, Lust bekamen in ihren Betten auf einem zwischen sie gelegten Brett Karten zu spielen und natürlich drehten sie eine passende elektrische Lampe auf, deren stechendes Licht die Schlafenden, wenn sie ihm zugewendet waren, auffahren ließ. Man wälzte sich zwar noch ein wenig herum, fand aber schließlich auch nichts besseres zu tun, als mit dem gleichfalls geweckten Nachbar auch ein Spiel bei neuer Beleuchtung vorzunehmen. Und wieder dampften natürlich auch alle Pfeifen. Es gab allerdings auch einige, die um jeden Preis schlafen wollten – Karl gehörte meist zu ihnen – und die statt den Kopf aufs Kissen zu legen, ihn mit dem Kissen bedeckten oder hinein einwikkelten, aber wie wollte man im Schlaf bleiben, wenn der nächste Nachbar in tiefer Nacht aufstand, um vor dem Dienst noch ein wenig in der Stadt dem Vergnügen nachzugehn, wenn er in dem am Kopfende des eigenen Bettes angebrachten Waschbecken laut und wassersprühend sich wusch, wenn er die Stiefel nicht nur polternd anzog sondern stampfend sich besser in sie hineintreten wollte – fast alle hatten trotz amerikanischer Stiefelform zu enge Stiefel – um dann schließlich, da ihm eine Kleinigkeit in seiner Ausstattung fehlte, das Kissen des Schlafenden zu heben, unter dem man allerdings schon längst geweckt, nur darauf wartete, auf ihn loszufahren. Nun waren aber auch alle Sportsleute und junge meist kräftige Burschen, die keine Gelegenheit zu sportlichen Übungen versäumen wollten. Und man konnte sicher sein, wenn man in der Nacht mitten aus dem Schlaf durch großen Lärm geweckt aufsprang, auf dem Boden neben seinem Bett zwei Ringkämpfer zu finden und bei greller Beleuchtung auf allen Betten in der Runde aufrecht stehende Sachverständige in Hemd und Unterhosen. Einmal fiel anläßlich eines solchen nächtlichen Boxkampfes einer der Kämpfer über den schlafenden Karl und das erste, was Karl beim Öffnen der Augen erblickte, war das Blut, das dem Jungen aus der Nase rann und ehe man noch etwas dagegen unternehmen konnte das ganze Bettzeug überfloß. Oft verbrachte Karl fast die ganzen zwölf Stunden mit Versuchen, einige Stunden Schlaf zu gewinnen, trotzdem es ihn auch sehr lockte an den Unterhaltungen der andern teilzunehmen; aber immer wieder schien es ihm, daß alle andern in ihrem Leben einen Vorsprung vor ihm hätten, den er durch fleißigere Arbeit und ein wenig Verzichtleistung ausgleichen müsse. Trotzdem ihm also hauptsächlich seiner Arbeit wegen am Schlaf sehr gelegen war, beklagte er sich doch weder gegenüber der Oberköchin noch gegenüber Therese über die Verhältnisse im Schlafsaal, denn erstens trugen im Ganzen und Großen alle Jungen schwer daran ohne sich ernstlich zu beklagen und zweitens war die Plage im Schlafsaal ein notwendiger Teil seiner Aufgabe als

Liftjunge, die er ja aus den Händen der Oberköchin dankbar übernommen hatte.

Einmal in der Woche hatte er beim Schichtwechsel vierundzwanzig Stunden frei, die er zum Teil dazu verwendete bei der Oberköchin ein zwei Besuche zu machen und mit Therese deren kärgliche freie Zeit er abpaßte irgendwo in einem Winkel, auf einem Korridor und selten nur in ihrem Zimmer einige flüchtige Reden auszutauschen. Manchmal begleitete er sie auch auf ihren Besorgungen in der Stadt, die alle höchst eilig ausgeführt werden mußten. Dann liefen sie fast, Karl mit ihrer Tasche in der Hand, zur nächsten Station der Untergrundbahn, die Fahrt vergieng im Nu, als werde der Zug ohne jeden Widerstand nur hingerissen, schon waren sie ihm entstiegen, klapperten statt auf den Aufzug zu warten, der ihnen zu langsam war, die Stufen hinauf, die großen Plätze, von denen sternförmig die Straßen auseinanderflogen, erschienen und brachten ein Getümmel in den von allen Seiten geradlinig strömenden Verkehr, aber Karl und Therese eilten, eng beisammen in die verschiedenen Bureaux, Waschanstalten, Lagerhäuser und Geschäfte, in denen telephonisch nicht leicht zu besorgende, im übrigen nicht besonders verantwortliche Bestellungen oder Beschwerden auszurichten waren. Therese merkte bald, daß Karls Hilfe hiebei nicht zu verachten war, daß sie vielmehr in vieles eine große Beschleunigung brachte. Niemals mußte sie in seiner Begleitung wie sonst oft darauf warten, daß die überbeschäftigten Geschäftsleute sie anhörten. Er trat an den Pult und klopfte auf ihn solange mit den Knöcheln, bis es half, er rief über Menschenmauern sein noch immer etwas überspitztes, aus hundert Stimmen leicht herauszuhörendes Englisch hin, er gieng auf die Leute ohne Zögern zu und mochten sie sich hochmütig in die Tiefe der längsten Geschäftssäle zurückgezogen haben. Er tat es nicht aus Übermut und würdigte jeden Widerstand, aber er fühlte sich in einer sichern Stellung, die ihm Rechte gab, das Hotel occidental war eine Kundschaft, deren man nicht spotten durfte und schließlich war Therese trotz ihrer geschäftlichen Erfahrung hilfsbedürftig genug. „Sie sollten immer mitkommen“, sagte sie manchmal glücklich lachend, wenn sie von einer besonders gut ausgeführten Unternehmung kamen.

Nur dreimal während der anderthalb Monate, die Karl in Ramses blieb, war er längere Zeit über ein paar Stunden in Thereses Zimmerchen. Es war natürlich kleiner als irgend ein Zimmer der Oberköchin, die paar Dinge welche darin standen, waren gewissermaßen nur um das Fenster gelagert, aber Karl verstand schon nach seinen Erfahrungen aus dem Schlafsaal den Wert eines eigenen verhältnismäßig ruhigen Zimmers und wenn er es auch nicht ausdrücklich sagte, so merkte Therese doch, wie ihm ihr Zimmer gefiel. Sie hatte keine Geheimnisse vor ihm und es wäre auch nicht gut möglich gewesen, nach ihrem Besuch damals am ersten Abend noch Geheimnisse vor ihm zu haben. Sie war ein uneheliches Kind, ihr Vater war Baupolier und hatte die Mutter und das Kind aus Pommern sich nachkommen lassen, aber als hätte er damit seine Pflicht erfüllt oder als hätte er andere Menschen erwartet, als die abgearbeitete Frau und das schwache Kind, die er an der Landungsstelle in Empfang nahm, war er bald nach ihrer Ankunft ohne viel Erklärungen nach Kanada ausgewandert, und die Zurückgebliebenen hatten weder einen Brief noch eine sonstige Nachricht von ihm erhalten, was zum Teil auch nicht zu verwundern war, denn sie waren in den Massenquartieren des New Yorker Ostens unauffindbar verloren.

Einmal erzählte Therese – Karl stand neben ihr beim Fenster und sah auf die Straße – vom Tode ihrer Mutter. Wie die Mutter und sie an einem Winterabend – sie konnte damals etwa fünf Jahre alt gewesen sein – jede mit ihrem Bündel durch die Straßen eilten, um Schlafstellen zu suchen. Wie die Mutter sie zuerst bei der Hand führte, es war ein Schneesturm und nicht leicht vorwärtszukommen, bis die Hand erlahmte und sie Therese ohne sich nach ihr umzusehn losließ, die sich nun Mühe geben mußte, sich selbst an den Röcken der Mutter festzuhalten. Oft stolperte Therese und fiel sogar, aber die Mutter war wie in einem Wahn und hielt nicht an. Und diese Schneestürme in den langen geraden Newyorker Straßen! Karl hatte noch keinen Winter in Newyork mitgemacht. Geht man gegen den Wind, und der dreht sich im Kreise, kann man keinen Augenblick die Augen öffnen, immerfort zerreibt einem der Wind den Schnee auf dem Gesicht, man lauft aber kommt nicht weiter, es ist etwas Verzweifeltes. Ein Kind ist dabei natürlich gegen

Erwachsene im Vorteil, es lauft unter dem Wind durch und hat noch ein wenig Freude an allem. So hatte auch damals Therese ihre Mutter nicht ganz begreifen können und sie war fest davon überzeugt, daß, wenn sie sich an jenem Abend klüger – sie war eben noch ein so kleines Kind – zu ihrer Mutter verhalten hätte, diese nicht einen so jammervollen Tod hätte erleiden müssen. Die Mutter war damals schon zwei Tage ohne Arbeit gewesen, nicht das kleinste Geldstück war mehr vorhanden, der Tag war ohne einen Bissen im Freien verbracht worden und in ihren Bündeln schleppten sie nur unbrauchbare Fetzen mit sich herum, die sie vielleicht aus Aberglauben sich nicht wegzuwerfen getrauten. Nun war der Mutter für den nächsten Morgen Arbeit bei einem Bau in Aussicht gestellt worden, aber sie fürchtete wie sie Therese den ganzen Tag über zu erklären suchte, die günstige Gelegenheit nicht ausnützen zu können, denn sie fühlte sich totmüde, hatte schon am Morgen zum Schrecken der Passanten auf der Gasse viel Blut gehustet, und ihre einzige Sehnsucht war, irgendwo in die Wärme zu kommen und sich auszuruhn. Und gerade an diesem Abend war es unmöglich ein Plätzchen zu bekommen. Dort wo sie nicht schon vom Hausbesorger aus dem Torgang gewiesen wurden, in dem man sich immerhin vom Wetter ein wenig hätte erholen können, durcheilten sie die engen eisigen Korridore, durchstiegen die hohen Stockwerke, umkreisten die schmalen Terassen der Höfe, klopften wahllos an Türen, wagten einmal niemanden anzusprechen, baten dann jeden der ihnen entgegenkam und einmal oder zweimal hockte die Mutter atemlos auf der Stufe einer stillen Treppe nieder, riß Therese, die sich fast wehrte, an sich und küßte sie mit schmerzhaftem Anpressen der Lippen. Wenn man nachher weiß, daß das die letzten Küsse waren, begreift man nicht, daß man, und mag man ein kleiner Wurm gewesen sein, so blind sein konnte, das nicht einzusehn. In manchen Zimmern an denen sie vorüberkamen, waren die Türen geöffnet um eine erstickende Luft herauszulassen und aus dem rauchigen Dunst, der wie durch einen Brand verursacht die Zimmer erfüllte, trat nur die Gestalt irgendjemandes hervor, der im Türrahmen stand und entweder durch seine stumme Gegenwart oder durch ein kurzes Wort die Unmöglichkeit eines Unterkommens in dem betreffenden Zimmer bewies. Therese schien es jetzt im Rückblick, daß die Mutter nur in den ersten Stunden ernstlich einen Platz suchte, denn nachdem etwa Mitternacht vorüber war, hat sie wohl niemanden mehr angesprochen, trotzdem sie mit kleinen Pausen bis zur Morgendämmerung nicht aufhörte weiterzueilen und trotzdem in diesen Häusern, in denen weder Haustore noch Wohnungstüren je verschlossen werden, immerfort Leben ist und einem Menschen auf Schritt und Tritt begegnen. Natürlich war es kein Laufen, das sie rasch weiterbrachte, sondern es war nur die äußerste Anstrengung deren sie fähig waren, und es konnte in Wirklichkeit ganz gut auch bloß ein Schleichen sein. Therese wußte auch nicht, ob sie von Mitternacht bis fünf Uhr früh in zwanzig Häusern oder in zwei oder gar nur in einem Haus gewesen waren. Die Korridore dieser Häuser sind nach schlauen Plänen der besten Raumausnützung aber ohne Rücksicht auf leichte Orientierung angelegt, wie oft waren sie wohl durch die gleichen Korridore gekommen! Therese hatte wohl in dunkler Erinnerung, daß sie das Tor eines Hauses, das sie ewig durchsucht hatten, wieder verließen, aber ebenso schien es ihr, daß sie auf der Gasse gleich gewendet und wieder in dieses Haus sich gestürzt hätten. Für das Kind war es natürlich ein unbegreifliches Leid, einmal von der Mutter gehalten, einmal sich an ihr festhaltend, ohne ein kleines Wort des Trostes mitgeschleift zu werden, und das Ganze schien damals für seinen Unverstand nur die Erklärung zu haben, daß die Mutter von ihm weglaufen wolle. Darum hielt sich Therese desto fester, selbst wenn die Mutter sie an einer Hand hielt, der Sicherheit halber auch noch mit der andern Hand an den Röcken der Mutter und heulte in Abständen. Sie wollte nicht hier zurückgelassen werden, zwischen den Leuten, die vor ihnen die Treppen stampfend emporstiegen, die hinter ihnen, noch nicht zu sehn, hinter einer Wendung der Treppe herankamen, die in den Gängen vor einer Tür Streit mit einander hatten und einander gegenseitig in das Zimmer hineinstießen. Betrunkene wanderten mit dumpfem Gesang im Haus umher und glücklich schlüpfte noch die Mutter mit Therese durch solche sich gerade schließende Gruppen. Gewiß hätten sie spät in der Nacht, wo man nicht mehr so acht gab und niemand mehr unbedingt auf seinem Recht bestand, wenigstens in einen der allgemeinen von Unternehmern vermieteten Schlafsäle sich drängen können, an deren einigen sie vorüberkamen, aber Therese verstand es nicht und die Mutter wollte keine Ruhe mehr. Am Morgen, dem Beginn eines schönen Wintertags, lehnten sie beide an einer Hausmauer und hatten dort vielleicht ein wenig geschlafen, vielleicht nur mit offenen Augen herumgestarrt. Es zeigte sich, daß Therese ihr Bündel verloren hatte, und die Mutter machte sich daran, Therese zur Strafe für die Unachtsamkeit zu schlagen, aber Therese hörte keinen Schlag und spürte keinen. Sie giengen dann weiter durch die sich belebenden Gassen, die Mutter an der Mauer, kamen über eine Brücke, wo die Mutter mit der Hand den Reif vom Geländer streifte und gelangten schließlich, damals hatte es Therese hingenommen, heute verstand sie es nicht, gerade zu jenem Bau, zu dem die Mutter für jenen Morgen bestellt war. Sie sagte Therese nicht, ob sie warten oder weggehn solle, und Therese nahm dies als Befehl zum Warten, da dies ihren Wünschen am besten entsprach. Sie setzte sich also auf einen Ziegelhaufen und sah zu, wie die Mutter ihr Bündel aufschnürte, einen bunten Fetzen herausnahm und damit ihr Kopftuch umband, das sie während der ganzen Nacht getragen hatte. Therese war zu müde, als daß ihr auch nur der Gedanke gekommen wäre, der Mutter zu helfen. Ohne sich in der Bauhütte zu melden, wie dies üblich war, und ohne jemanden zu fragen, stieg die Mutter eine Leiter hinauf, als wisse sie schon selbst welche Arbeit ihr zugeteilt war. Therese wunderte sich darüber, da die Handlangerinnen gewöhnlich nur unten mit Kalklöschen, mit dem Hinreichen der Ziegel und mit sonstigen einfachen Arbeiten beschäftigt werden. Sie dachte daher, die Mutter wolle heute eine besser bezahlte Arbeit ausführen und lächelte verschlafen zu ihr hinauf. Der Bau war noch nicht hoch, kaum bis zum Erdgeschoß gediehn, wenn auch schon die hohen Gerüststangen für den weitern Bau, allerdings noch ohne Verbindungshölzer, zum blauen Himmel ragten. Oben umgieng die Mutter geschickt die Maurer die Ziegel auf Ziegel legten und sie unbegreiflicher Weise nicht zur Rede stellten, sie hielt sich vorsichtig mit zarter Hand an einem Holzverschlag der als Geländer diente und Therese staunte unten in ihrem Dusel[1] diese Geschicklichkeit an und glaubte noch einen freundlichen

[1] Benommenheit

Blick der Mutter erhalten zu haben. Nun kam aber die Mutter auf ihrem Gang zu einem kleinen Ziegelhaufen, vor dem das Geländer und wahrscheinlich auch der Weg aufhörte, aber sie hielt sich nicht daran, gieng auf den Ziegelhaufen los, ihre Geschicklichkeit schien sie verlassen zu haben, sie stieß den Ziegelhaufen um und fiel über ihn hinweg in die Tiefe. Viele Ziegel rollten ihr nach und schließlich eine ganze Weile später löste sich irgendwo ein schweres Brett los und krachte auf sie nieder. Die letzte Erinnerung Thereses an ihre Mutter war, wie sie mit auseinandergestreckten Beinen dalag in dem karierten Rock, der noch aus Pommern stammte, wie jenes auf ihr liegende rohe Brett sie fast bedeckte, wie nun die Leute von allen Seiten zusammenliefen und wie oben vom Bau irgendein Mann zornig etwas hinunterrief.

Es war spät geworden, als Therese ihre Erzählung beendet hatte. Sie hatte ausführlich erzählt, wie es sonst nicht ihre Gewohnheit war und gerade bei gleichgültigen Stellen, wie bei der Beschreibung der Gerüststangen, die jede allein für sich in den Himmel ragten, hatte sie mit Tränen in den Augen innehalten müssen. Sie wußte jede Kleinigkeit, die damals vorgefallen war jetzt nach zehn Jahren ganz genau, und weil der Anblick ihrer Mutter oben im halbfertigen Erdgeschoß das letzte Andenken an das Leben der Mutter war und sie es ihrem Freunde gar nicht genug deutlich überantworten konnte, wollte sie nach dem Schlusse ihrer Erzählung noch einmal darauf zurückkommen, stockte aber, legte das Gesicht in die Hände und sagte kein Wort mehr.

Es gab aber auch lustigere Zeiten in Theresens Zimmer. Gleich bei seinem ersten Besuch hatte Karl dort ein Lehrbuch der kaufmännischen Korrespondenz liegen gesehn und auf seine Bitte geborgt erhalten. Es wurde gleichzeitig besprochen, daß Karl die im Buch enthaltenen Aufgaben machen und Theresen, die das Buch, soweit es für ihre kleinen Arbeiten nötig war, schon durchstudiert hatte, zur Durchsicht vorlegen solle. Nun lag Karl ganze Nächte lang, Watte in den Ohren, unten auf seinem Bett im Schlafsaal, der Abwechslung halber in allen möglichen Lagen, las im Buch und kritzelte die Aufgaben in ein Heftchen mit einer Füllfeder, die ihm die Oberköchin zur Belohnung dafür geschenkt hatte, daß er für sie ein großes Inventurverzeichnis sehr praktisch angelegt und rein ausgeführt hatte. Es gelang ihm die meisten Störungen der andern Jungen dadurch zum Guten zu wenden, daß er sich von ihnen immer kleine Ratschläge in der englischen Sprache geben ließ bis sie dessen müde wurden und ihn in Ruhe ließen. Oft staunte er, wie die andern mit ihrer gegenwärtigen Lage ganz ausgesöhnt waren, ihren provisorischen Charakter – ältere als zwanzigjährige Liftjungen wurden nicht geduldet – gar nicht fühlten, die Notwendigkeit einer Entscheidung über ihren künftigen Beruf nicht einsahen und trotz Karls Beispiel nichts anderes lasen, als höchstens Detektivgeschichten, die in schmutzigen Fetzen von Bett zu Bett gereicht wurden.

Bei den Zusammenkünften korrigierte nun Therese mit übergroßer Umständlichkeit, es ergaben sich strittige Ansichten, Karl führte als Zeugen seinen großen Newyorker Professor an, aber der galt bei Therese ebenso wenig wie die grammatikalischen Meinungen der Liftjungen. Sie nahm ihm die Füllfeder aus der Hand und strich die Stelle von deren Fehlerhaftigkeit sie überzeugt war durch, Karl aber strich in solchen Zweifelfällen, trotzdem im allgemeinen keine höhere Autorität als Therese, die Sache zu Gesicht bekommen sollte, aus Genauigkeit die Striche Theresens wieder durch. Manchmal allerdings kam die Oberköchin und entschied dann immer zu Theresens Gunsten, was noch nicht beweisend war, denn Therese war ihre Sekretärin. Gleichzeitig aber brachte sie die allgemeine Versöhnung, denn es wurde Thee gekocht, Gebäck geholt und Karl mußte von Europa erzählen, allerdings mit vielen Unterbrechungen von Seiten der Oberköchin, die immer wieder fragte und staunte, wodurch sie Karl zu Bewußtsein brachte, wie vieles sich dort in verhältnismäßig kurzer Zeit von Grund aus geändert hatte und wie vieles wohl auch schon seit seiner Abwesenheit anders geworden war und immerfort anders wurde.

Karl mochte einen Monat etwa in Ramses gewesen sein, als ihm eines Abends Renell im Vorübergehn sagte, er sei vor dem Hotel von einem Mann mit Namen Delamarche angesprochen und nach Karl ausgefragt worden. Renell habe nun keinen Grund gehabt etwas zu verschweigen und habe der Wahrheit gemäß erzählt, daß Karl Liftjunge sei, jedoch Aussicht habe infolge der

Protektion[1] der Oberköchin noch ganz andere Stellen zu bekommen. Karl merkte wie vorsichtig Renell von Delamarche behandelt worden war, der ihn sogar für diesen Abend zu einem gemeinsamen Nachtmahl eingeladen hatte. „Ich habe nichts mehr mit Delamarche zu tun", sagte Karl. „Nimm Du Dich nur auch vor ihm in Acht!" „Ich?" sagte Renell, streckte sich und eilte weg. Er war der zierlichste Junge im Hotel und es gieng unter den andern Jungen, ohne daß man den Urheber wußte, das Gerücht herum, daß er von einer vornehmen Dame, die schon längere Zeit im Hotel wohnte, im Lift zumindest abgeküßt worden sei. Für den, der das Gerücht kannte hatte es unbedingt einen großen Reiz, jene selbstbewußte Dame, in deren Äußern nicht das Geringste die Möglichkeit eines solchen Benehmens ahnen ließ, mit ihren ruhigen leichten Schritten, zarten Schleiern, streng geschnürter Taille an sich vorübergehn zu sehn. Sie wohnte im ersten Stock und Renells Lift war nicht der ihre, aber man konnte natürlich, wenn die andern Lifts augenblicklich besetzt waren, solchen Gästen den Eintritt in einen andern Lift nicht verwehren. So kam es daß diese Dame hie und da in Karls und Renells Lift fuhr und tatsächlich immer nur wenn Renell Dienst hatte. Es konnte Zufall sein, aber niemand glaubte daran und wenn der Lift mit den beiden abfuhr, gab es in der ganzen Reihe der Liftjungen eine mühsam unterdrückte Unruhe, die schon sogar zum Einschreiten eines Oberkellners geführt hatte. Sei es nun daß die Dame, sei es daß das Gerücht die Ursache war, jedenfalls hatte sich Renell verändert, war noch beiweitem selbstbewußter geworden, überließ das Putzen gänzlich Karl, der schon auf die nächste Gelegenheit einer gründlichen Aussprache hierüber wartete, und war im Schlafsaal gar nicht mehr zu sehn. Kein anderer war so vollständig aus der Gemeinschaft der Liftjungen ausgetreten, denn im allgemeinen hielten alle zumindest in Dienstfragen streng zusammen und hatten eine Organisation die von der Hoteldirektion anerkannt war.

Alles dieses ließ sich Karl durch den Kopf gehn, dachte auch an Delamarche und verrichtete im übrigen seinen Dienst wie im-

[1] Gönnerschaft, Begünstigung

mer. Gegen Mitternacht hatte er eine kleine Abwechslung, denn Therese, die ihn öfters mit kleinen Geschenken überraschte, brachte ihm einen großen Apfel und eine Tafel Chokolade. Sie unterhielten sich ein wenig, durch die Unterbrechungen, welche die Fahrten mit dem Aufzug brachten, kaum gestört. Das Gespräch kam auch auf Delamarche und Karl merkte, daß er sich eigentlich durch Therese hatte beeinflussen lassen, wenn er ihn seit einiger Zeit für einen gefährlichen Menschen hielt, denn so erschien er allerdings Therese nach Karls Erzählungen. Karl jedoch hielt ihn im Grunde nur für einen Lumpen, der durch das Unglück sich hatte verderben lassen und mit dem man schon auskommen konnte. Therese widersprach dem aber sehr lebhaft und forderte Karl in langen Reden das Versprechen ab, kein Wort mit Delamarche mehr zu reden. Statt dieses Versprechen zu geben, drängte sie Karl wiederholt schlafen zu gehn, da schon Mitternacht längst vorüber war, und als sie sich weigerte, drohte er seinen Posten zu verlassen und sie in ihr Zimmer zu führen. Als sie endlich bereit war wegzugehn, sagte er: „Warum machst Du Dir so unnötige Sorgen, Therese? Für den Fall, daß Du dadurch besser schlafen solltest verspreche ich Dir gerne, daß ich mit Delamarche nur reden werde, wenn es sich nicht vermeiden läßt." Dann kamen viele Fahrten, denn der Junge am Nebenlift wurde zu irgend einer andern Dienstleistung verwendet und Karl mußte beide Lifts besorgen. Es gab Gäste, die von Unordnung sprachen und ein Herr, der eine Dame begleitete, berührte Karl sogar leicht mit dem Spazierstock, um ihn zur Eile anzutreiben, eine Ermahnung, die recht unnötig war. Wenn doch wenigstens die Gäste, da sie sahen, daß bei dem einen Lift kein Junge stand, gleich zu Karls Lift getreten wären, aber das taten sie nicht, sondern giengen zu dem Nebenlift und blieben dort, die Hand an der Klinke stehn oder traten gar selbst in den Aufzug ein, was nach dem strengsten Paragraphen der Dienstordnung die Liftjungen um jeden Preis verhüten sollten. So gab es für Karl ein sehr ermüdendes Hin- und Herlaufen, ohne daß er aber dabei das Bewußtsein gehabt hätte seine Pflicht genau zu erfüllen. Gegen drei Uhr früh wollte überdies ein Packträger, ein alter Mann mit dem er ein wenig befreundet war, irgend eine Hilfeleistung von ihm haben, aber die konnte er nun keinesfalls leisten, denn gerade standen Gäste vor seinen beiden Lifts und es gehörte Geistesgegenwart dazu sich sofort mit großen Schritten für eine Gruppe zu entscheiden. Er war daher glücklich als der andere Junge wieder antrat und rief ein paar Worte des Vorwurfs wegen seines langen Ausbleibens zu ihm hinüber, trotzdem er wahrscheinlich keine Schuld daran hatte. Nach vier Uhr früh trat ein wenig Ruhe ein, aber Karl brauchte sie auch schon dringend. Er lehnte schwer am Geländer neben seinem Aufzug, aß langsam den Apfel, aus dem schon nach dem ersten Biß ein starker Duft strömte, und sah in einen Lichtschacht hinunter, der von großen Fenstern der Vorratskammern umgeben war, hinter denen hängende Massen von Bananen im Dunkel gerade noch schimmerten.

VI
Der Fall Robinson

Da klopfte ihm jemand auf die Schulter. Karl, der natürlich dachte, es wäre ein Gast, steckte den Apfel eiligst in die Tasche und eilte, kaum daß er den Mann ansah, zum Aufzug hin. „Guten Abend, Herr Roßmann“, sagte nun aber der Mann, „ich bin es, Robinson.“ „Sie haben sich aber verändert“, sagte Karl und schüttelte den Kopf. „Ja es geht mir gut“, sagte Robinson und sah an seiner Kleidung hinunter, die vielleicht aus genug feinen Stücken bestand, aber so zusammengewürfelt war, daß sie geradezu schäbig aussah. Das Auffallendste war eine offenbar zum erstenmal getragene weiße Weste mit vier kleinen schwarz eingefaßten Täschchen, auf die Robinson auch durch Vorstrecken der Brust aufmerksam zu machen suchte. „Sie haben teuere Kleider“, sagte Karl und dachte flüchtig an sein schönes einfaches Kleid, in dem er sogar neben Renell hätte bestehen können und das die zwei schlechten Freunde verkauft hatten. „Ja“, sagte Robinson, „ich kaufe mir fast jeden Tag irgend etwas. Wie gefällt Ihnen die Weste?“ „Ganz gut“, sagte Karl. „Es sind aber keine wirklichen Taschen, das ist nur so gemacht“, sagte Robinson und faßte Karl bei der Hand, damit sich dieser selbst davon überzeuge. Aber Karl wich zurück, denn aus Robinsons Mund kam ein unerträglicher Branntweingeruch. „Sie trinken wieder viel“, sagte Karl und stand schon wieder am Geländer. „Nein“, sagte Robinson, „nicht viel“ und fügte im Widerspruch zu seiner früheren Zufriedenheit hinzu: „Was hat der Mensch sonst auf der Welt.“ Eine Fahrt unterbrach das Gespräch und, kaum war Karl wieder unten, erfolgte ein telephonischer Anruf, laut dessen Karl den Hotelarzt holen sollte, da eine Dame im siebenten Stockwerk einen Ohnmachtsanfall erlitten hatte. Während dieses Weges hoffte Karl im Geheimen, daß Robinson sich inzwischen entfernt haben werde, denn er wollte nicht mit ihm gesehen werden und in Gedanken an Theresens Warnung auch von Delamarche nichts hören. Aber Robinson wartete noch in der steifen Haltung eines Vollgetrunkenen und gerade gieng ein höherer Hotelbeamter im schwarzen Gehrock und Cylinderhut vorüber, ohne glücklicherweise Robinson, wie es schien, besonders zu beachten. „Wollen Sie Roßmann nicht einmal zu uns kommen, wir haben es jetzt sehr fein", sagte Robinson und sah Karl lockend an. „Laden Sie mich ein oder Delamarche?" fragte Karl. „Ich und Delamarche. Wir sind darin einig", sagte Robinson. „Dann sage ich Ihnen und bitte Sie Delamarche das Gleiche auszurichten: Unser Abschied war, wenn das nicht schon an und für sich klar gewesen sein sollte, ein endgültiger. Sie beide haben mir mehr Leid getan, als irgend jemand. Haben Sie sich vielleicht in den Kopf gesetzt, mich auch weiterhin nicht in Ruhe zu lassen?" „Wir sind doch Ihre Kameraden", sagte Robinson und widerliche Tränen der Trunkenheit stiegen ihm in die Augen. „Delamarche läßt Ihnen sagen, daß er Sie für alles Frühere entschädigen will. Wir wohnen jetzt mit Brunelda zusammen, einer herrlichen Sängerin." Und im Anschluß daran wollte er gerade ein Lied in hohen Tönen singen, wenn ihn nicht Karl noch rechtzeitig angezischt hätte: „Schweigen Sie aber augenblicklich, wissen Sie denn nicht, wo Sie sind." „Roßmann", sagte Robinson nur rücksichtlich des Singens eingeschüchtert, „ich bin doch Ihr Kamerad, sagen Sie, was Sie wollen. Und nun haben Sie hier so eine schöne Position, könnten Sie mir einiges Geld überlassen." „Sie vertrinken es ja bloß wieder", sagte Karl, „da sehe ich sogar in Ihrer Tasche irgendeine Branntweinflasche aus der Sie gewiß, während ich weg war, getrunken haben, denn anfangs waren Sie ja noch ziemlich bei Sinnen." „Das ist nur zur Stärkung, wenn ich auf einem Wege bin", sagte Robinson entschuldigend. „Ich will Sie ja nicht mehr bessern", sagte Karl. „Aber das Geld!" sagte Robinson mit aufgerissenen Augen. „Sie haben wohl von Delamarche den Auftrag bekommen Geld mitzubringen. Gut ich gebe Ihnen Geld, aber nur unter der Bedingung, daß Sie sofort von hier fortgehn und niemals mehr mich hier besuchen. Wenn Sie mir etwas mitteilen wollen, schreiben Sie an mich. Karl Roßmann, Liftjunge, Hotel occidental, genügt als Adresse. Aber hier dürfen Sie, das wiederhole ich, mich nicht mehr aufsuchen. Hier bin ich im Dienst und habe keine Zeit für Besuche. Wollen Sie also das Geld unter dieser Bedingung?" fragte Karl und griff in die Westentasche, denn er war entschlossen, das Trinkgeld der heutigen Nacht zu opfern. Robinson nickte bloß zu der Frage und atmete schwer. Karl deutete das unrichtig und fragte nochmals: „Ja oder Nein?“

Da winkte ihn Robinson zu sich heran und flüsterte unter Schlingbewegungen, die schon ganz deutlich waren: „Roßmann, mir ist sehr schlecht.“ „Zum Teufel“, entfuhr es Karl und mit beiden Händen schleppte er ihn zum Geländer.

Und schon ergoß es sich aus Robinsons Mund in die Tiefe. Hilflos strich er in den Pausen die ihm seine Übelkeit ließ blindlings an Karl hin. „Sie sind wirklich ein guter Junge“, sagte er dann oder „es hört schon auf“, was aber noch lange nicht richtig war, oder „die Hunde, was haben sie mir dort für ein Zeug eingegossen!“ Karl hielt es vor Unruhe und Ekel bei ihm nicht aus und begann auf und ab zu gehn. Hier im Winkel neben dem Aufzug war ja Robinson ein wenig versteckt, aber wie wenn ihn doch jemand bemerkte, einer dieser nervösen reichen Gäste, die nur darauf warten, dem herbeilaufenden Hotelbeamten eine Beschwerde mitzuteilen, für welche dieser dann wütend am ganzen Hause Rache nimmt oder wenn einer dieser immerfort wechselnden Hoteldetektivs vorüberkäme, die niemand kennt außer die Direktion und die man in jedem Menschen vermutet, der prüfende Blicke, vielleicht auch bloß aus Kurzsichtigkeit, macht. Und unten brauchte nur jemand bei dem die ganze Nacht nicht aussetzenden Restaurationsbetrieb in die Vorratskammern zu gehn, staunend die Scheußlichkeit im Lichtschacht zu bemerken und Karl telephonisch anzufragen, was denn um Himmelswillen da oben los sei. Konnte Karl dann Robinson verleugnen? Und wenn er es täte, würde sich nicht Robinson in seiner Dummheit und Verzweiflung statt aller Entschuldigung gerade nur auf Karl berufen? Und mußte dann nicht Karl sofort entlassen werden, da dann das Unerhörte geschehen war, daß ein Liftjunge, der niedrigste und entbehrlichste Angestellte in der ungeheueren Stufenleiter der Dienerschaft dieses Hotels, durch seinen Freund das Hotel hatte beschmutzen und die Gäste erschrecken oder gar vertreiben lassen? Konnte man einen Liftjungen weiter dulden, der solche Freunde hatte, von denen er sich überdies während seiner Dienststunden besuchen ließ? Sah es nicht ganz so aus, als ob ein solcher Liftjunge selbst ein Säufer oder gar etwas Ärgeres sei, denn welche Vermutung war einleuchtender, als daß er seine Freunde aus den Vorräten des Hotels so lange überfütterte, bis sie an einer beliebigen Stelle dieses gleichen peinlich rein gehaltenen Hotels solche Dinge ausführten, wie jetzt Robinson? Und warum sollte sich ein solcher Junge auf die Diebstähle von Lebensmitteln beschränken, da doch die Möglichkeiten zu stehlen, bei der bekannten Nachlässigkeit der Gäste, den überall offenstehenden Schränken, den auf den Tischen herumliegenden Kostbarkeiten, den aufgerissenen Kassetten, den gedankenlos hingeworfenen Schlüsseln wirklich unzählige waren?

Gerade sah Karl in der Ferne Gäste aus einem Kellerlokal heraufsteigen, in dem eben eine Varietévorstellung beendet worden war. Karl stellte sich zu seinem Aufzug und wagte sich gar nicht nach Robinson umzudrehn aus Furcht vor dem, was er zu sehn bekommen könnte. Es beruhigte ihn wenig, daß er keinen Laut, nicht einmal einen Seufzer von dort hörte. Er bediente zwar seine Gäste und fuhr mit ihnen auf und ab, aber seine Zerstreutheit konnte er doch nicht ganz verbergen und bei jeder Abwärtsfahrt war er darauf gefaßt, unten eine peinliche Überraschung vorzufinden.

Endlich hatte er wieder Zeit nach Robinson zu sehn, der in seinem Winkel ganz klein kauerte und das Gesicht gegen die Knie drückte. Seinen runden harten Hut hatte er weit aus der Stirne geschoben. „Also jetzt gehn Sie schon“, sagte Karl leise und bestimmt, „hier ist das Geld. Wenn Sie sich beeilen, kann ich Ihnen noch den kürzesten Weg zeigen.“ „Ich werde nicht weggehn können“, sagte Robinson und wischte sich mit einem winzigen Taschentuch die Stirn, „ich werde hier sterben. Sie können sich nicht vorstellen, wie schlecht mir ist. Delamarche nimmt mich überall in die feinen Lokale mit, aber ich vertrage dieses zimperliche Zeug nicht, ich sage es Delamarche täglich.“ „Hier können Sie nun einmal nicht bleiben“, sagte Karl, „bedenken Sie doch wo Sie sind. Wenn man Sie hier findet, werden Sie bestraft und ich verliere meinen Posten. Wollen Sie das?“ „Ich kann nicht weggehn“, sagte Robinson, „lieber spring ich da hinunter“, und er zeigte zwischen den Geländerstangen in den Lichtschacht. „Wenn ich hier so sitze, so kann ich es noch ertragen, aber aufstehn kann ich nicht, ich habe es ja schon versucht wie Sie wegwaren.“ „Dann hole ich also einen Wagen, und Sie fahren ins Krankenhaus“, sagte Karl und schüttelte ein wenig Robinsons Beine, der jeden Augenblick in völlige Teilnahmslosigkeit zu verfallen drohte. Aber kaum hatte Robinson das Wort Krankenhaus gehört, das ihm schreckliche Vorstellungen zu erwecken schien, als er laut zu weinen anfieng und die Hände um Gnade bittend nach Karl ausstreckte.

„Still“, sagte Karl, schlug ihm mit einem Klaps die Hände nieder, lief zu dem Liftjungen, den er in der Nacht vertreten hatte, bat ihn für ein kleines Weilchen um die gleiche Gefälligkeit, eilte zu Robinson zurück, zog den noch immer Schluchzenden mit aller Kraft in die Höhe und flüsterte ihm zu: „Robinson, wenn Sie wollen, daß ich mich Ihrer annehme, dann strengen Sie sich aber an, jetzt eine ganz kleine Strecke Wegs aufrecht zu gehn. Ich führe Sie nämlich in mein Bett, in dem Sie solange bleiben können, bis Ihnen gut ist. Sie werden staunen, wie bald Sie sich erholen werden. Aber jetzt benehmen Sie sich nur vernünftig, denn auf den Gängen sind überall Leute und auch mein Bett ist in einem allgemeinen Schlafsaal. Wenn man auf Sie auch nur ein wenig aufmerksam wird, kann ich nichts mehr für Sie tun. Und die Augen müssen Sie offenhalten, ich kann Sie da nicht wie einen Totkranken herumführen.“ „Ich will ja alles tun was Sie für recht halten“, sagte Robinson, „aber Sie allein werden mich nicht führen können. Könnten Sie nicht noch Renell holen?“ „Renell ist nicht hier“, sagte Karl. „Ach ja“, sagte Robinson, „Renell ist mit Delamarche beisammen. Die beiden haben mich ja um Sie geschickt. Ich verwechsle schon alles.“ Karl benützte diese und andere unverständliche Selbstgespräche Robinsons, um ihn vorwärts zu schieben und kam mit ihm auch glücklich bis zu einer Ecke, von der aus ein etwas schwächer beleuchteter Gang zum Schlafsaal der Liftjungen führte. Gerade jagte in vollem Lauf ein Liftjunge auf sie zu und an ihnen vorüber. Im übrigen hatten sie bis jetzt nur ungefährliche Begegnungen gehabt; zwischen vier und fünf Uhr war nämlich die stillste Zeit und Karl hatte wohl gewußt, daß wenn ihm das Wegschaffen Robinsons jetzt nicht gelänge, in der Morgendämmerung und im beginnenden Tagesverkehr überhaupt nicht mehr daran zu denken wäre.

Im Schlafsaal war am andern Ende des Saales gerade eine große Rauferei oder sonstige Veranstaltung im Gange, man hörte rythmisches Händeklatschen, aufgeregtes Füßetrappeln und sportliche Zurufe. In der bei der Tür gelegenen Saalhälfte sah man in den Betten nur wenige unbeirrte Schläfer, die meisten lagen auf dem Rücken und starrten in die Luft, während hie und da einer bekleidet oder unbekleidet wie er gerade war, aus dem Bett sprang, um nachzusehn, wie die Dinge am andern Saalende standen. So brachte Karl Robinson, der sich an das Gehen inzwischen ein wenig gewöhnt hatte, ziemlich unbeachtet in Renells Bett, da es der Tür sehr nahe lag und glücklicherweise nicht besetzt war, während in seinem eigenen Bett, wie er aus der Ferne sah, ein fremder Junge, den er gar nicht kannte, ruhig schlief. Kaum fühlte Robinson das Bett unter sich, als er sofort – ein Bein baumelte noch aus dem Bett heraus – einschlief. Karl zog ihm die Decke weit über das Gesicht und glaubte sich für die nächste Zeit wenigstens keine Sorgen machen zu müssen, da Robinson gewiß nicht vor sechs Uhr früh erwachen würde, und bis dahin würde er wieder hier sein und dann schon vielleicht mit Renell ein Mittel finden, um Robinson wegzubringen. Eine Inspektion des Schlafsaales durch irgendwelche höhere Organe gab es nur in außerordentlichen Fällen, die Abschaffung der früher üblichen allgemeinen Inspektion hatten die Liftjungen schon vor Jahren durchgesetzt, es war also auch von dieser Seite nichts zu fürchten.

Als Karl wieder bei seinem Aufzug angelangt war, sah er, daß sowohl sein Aufzug, als auch jener seines Nachbarn gerade in die Höhe fuhren. Unruhig wartete er darauf, wie sich das aufklären würde. Sein Aufzug kam früher herunter und es entstieg ihm jener Junge, der vor einem Weilchen durch den Gang gelaufen war. „Ja wo bist Du denn gewesen Roßmann?“ fragte dieser. „Warum bist Du weggegangen? Warum hast Du es nicht gemeldet?“ „Aber ich habe ihm doch gesagt, daß er mich ein Weilchen vertreten soll“, antwortete Karl und zeigte auf den Jungen vom Nachbarlift der gerade herankam. „Ich habe ihn doch auch zwei Stunden während des größten Verkehres vertreten.“ „Das ist alles sehr gut", sagte der Angesprochene, „aber das genügt doch nicht. Weißt Du denn nicht, daß man auch die kürzeste Abwesenheit während des Dienstes im Bureau des Oberkellners melden muß. Dazu hast Du ja das Telephon da. Ich hätte Dich schon gerne vertreten, aber Du weißt ja, daß das nicht so leicht ist. Gerade waren vor beiden Lifts neue Gäste vom Vier-Uhr-dreißig-Expreßzug. Ich konnte doch nicht zuerst zu Deinem Lift laufen und meine Gäste warten lassen, so bin ich also zuerst mit meinem Lift hinaufgefahren." „Nun?" fragte Karl gespannt, da beide Jungen schwiegen. „Nun", sagte der Junge vom Nachbarlift, „da geht gerade der Oberkellner vorüber, sieht die Leute vor Deinem Lift ohne Bedienung, bekommt Galle, fragt mich, der ich gleich hergerannt bin, wo Du steckst, ich habe keine Ahnung davon, denn Du hast mir ja gar nicht gesagt, wohin Du gehst und so telephoniert er gleich in den Schlafsaal, daß sofort ein anderer Junge herkommen soll." „Ich habe Dich ja noch im Gang getroffen", sagte Karls Ersatzmann. Karl nickte. „Natürlich", beteuerte der andere Junge, „habe ich gleich gesagt, daß Du mich um Deine Vertretung gebeten hast, aber hört denn der auf solche Entschuldigungen. Du kennst ihn wahrscheinlich noch nicht. Und wir sollen Dir ausrichten, daß Du sofort ins Bureau kommen sollst. Also halte Dich lieber nicht auf und lauf hin. Vielleicht verzeiht er es Dir noch, Du warst ja wirklich nur zwei Minuten weg. Berufe Dich nur ruhig auf mich, daß Du mich um Vertretung gebeten hast. Davon daß Du mich vertreten hast rede lieber nicht, laß Dir raten, mir kann ja nichts geschehn, ich hatte Erlaubnis, aber es ist nicht gut von einer solchen Sache zu reden und sie noch in diese Angelegenheit zu mischen, mit der sie nichts zu tun hat." „Es ist das erstemal gewesen, daß ich meinen Posten verlassen habe", sagte Karl. „Das ist immer so, nur glaubt man es nicht", sagte der Junge und lief zu seinem Lift, da sich Leute näherten. Karls Vertreter, ein etwa vierzehnjähriger Junge, der offenbar mit Karl Mitleid hatte, sagte: „Es sind schon viele Fälle vorgekommen, in denen man solche Sachen verziehen hat. Gewöhnlich wird man zu andern Arbeiten versetzt. Entlassen wurde soviel ich weiß wegen einer solchen Sache nur einer. Du mußt Dir nur eine gute Entschuldigung ausdenken. Auf keinen Fall sag, daß Dir plötzlich schlecht

geworden ist, da lacht er Dich aus. Da ist schon besser, Du sagst, ein Gast hat Dir irgend eine eilige Bestellung an einen andern Gast aufgegeben und Du weißt nicht mehr, wer der erste Gast war und den zweiten hast Du nicht finden können." „Na", sagte Karl, „es wird nicht so schlimm werden", nach allem was er gehört hatte, glaubte er an keinen guten Ausgang mehr. Und wenn selbst diese Dienstversäumnis verziehen werden sollte, so lag doch drin im Schlafsaal noch Robinson als seine lebendige Schuld und es war bei dem galligen Charakter des Oberkellners nur zu wahrscheinlich, daß man sich mit keiner oberflächlichen Untersuchung begnügen und schließlich doch Robinson noch aufstöbern würde. Es bestand wohl kein ausdrückliches Verbot, nach dem fremde Leute in den Schlafsaal nicht mitgenommen werden durften, aber dies bestand nur deshalb nicht, weil eben unausdenkbare Dinge nicht verboten werden.
Als Karl in das Bureau des Oberkellners eintrat, saß dieser gerade bei seinem Morgenkaffee, machte einmal einen Schluck und sah dann wieder in ein Verzeichnis, das ihm offenbar der gleichfalls anwesende oberste Hotelportier zur Begutachtung überbracht hatte. Es war dies ein großer Mann, den seine üppige reichgeschmückte Uniform – noch auf den Achseln und die Arme hinunter schlängelten sich goldene Ketten und Bänder – noch breitschultriger machte, als er von Natur aus war. Ein glänzender schwarzer Schnurrbart, weit in Spitzen ausgezogen so wie ihn Ungarn tragen, rührte sich auch bei der schnellsten Kopfwendung nicht. Im übrigen konnte sich der Mann infolge seiner Kleiderlast überhaupt nur schwer bewegen und stellte sich nicht anders, als mit seitwärts eingestemmten Beinen auf, um sein Gewicht richtig zu verteilen.
Karl war frei und eilig eingetreten, wie er es sich hier im Hotel angewöhnt hatte, denn die Langsamkeit und Vorsicht, die bei Privatpersonen Höflichkeit bedeutet, hält man bei Liftjungen für Faulheit. Außerdem mußte man ihm auch nicht gleich beim Eintreten sein Schuldbewußtsein ansehn. Der Oberkellner hatte zwar flüchtig auf die sich öffnende Türe hingeblickt, war dann aber sofort zu seinem Kaffee und zu seiner Lektüre zurückgekehrt, ohne sich weiter um Karl zu kümmern. Der Portier aber

fühlte sich vielleicht durch Karls Anwesenheit gestört, vielleicht hatte er irgend eine geheime Nachricht oder Bitte vorzutragen, jedenfalls sah er alle Augenblicke bös und mit steif geneigtem Kopf nach Karl hin, um sich dann wenn er offenbar seiner Absicht entsprechend mit Karls Blicken zusammengetroffen war, wieder dem Oberkellner zuzuwenden. Karl aber glaubte, es würde sich nicht gut ausnehmen, wenn er jetzt, da er nun schon einmal hier war, das Bureau wieder verlassen würde, ohne vom Oberkellner den Befehl hiezu erhalten zu haben. Dieser aber studierte weiter das Verzeichnis und aß zwischendurch von einem Stück Kuchen, von dem er hie und da, ohne im Lesen innezuhalten, den Zucker abschüttelte. Einmal fiel ein Blatt des Verzeichnisses zu Boden, der Portier machte nicht einmal einen Versuch es aufzuheben, er wußte daß er es nicht zustandebrächte, es war auch nicht nötig, denn Karl war schon zur Stelle und reichte das Blatt dem Oberkellner, der es ihm mit einer Handbewegung abnahm, als sei es von selbst vom Boden aufgeflogen. Die ganze kleine Dienstleistung hatte nichts genützt, denn der Portier hörte auch weiterhin mit seinen bösen Blicken nicht auf.

Trotzdem war Karl gefaßter als früher. Schon daß seine Sache für den Oberkellner so wenig Wichtigkeit zu haben schien, konnte man für ein gutes Zeichen halten. Es war schließlich auch nur begreiflich. Natürlich bedeutet ein Liftjunge gar nichts und darf sich deshalb nichts erlauben, aber eben deshalb weil er nichts bedeutet, kann er auch nichts Außerordentliches anstellen. Schließlich war der Oberkellner in seiner Jugend selbst Liftjunge gewesen – was noch der Stolz dieser Generation von Liftjungen war – er war es gewesen, der die Liftjungen zum ersten mal organisiert hatte und gewiß hat er auch einmal ohne Erlaubnis seinen Posten verlassen, wenn ihn auch jetzt allerdings niemand zwingen konnte, sich daran zu erinnern und wenn man auch nicht außer Acht lassen durfte, daß er gerade als gewesener Liftjunge darin seine Pflicht sah, diesen Stand durch zeitweilig unnachsichtliche Strenge in Ordnung zu halten. Nun setzte aber Karl außerdem seine Hoffnung auf das Vorrücken der Zeit. Nach der Bureauuhr war schon viertel sechs vorüber, jeden Augenblick konnte Renell zurückkehren, vielleicht war er sogar schon da, denn es mußte ihm doch aufgefallen sein, daß Robinson nicht zurückgekommen war, übrigens konnten sich Delamarche und Renell gar nicht weit vom Hotel occidental aufgehalten haben, wie Karl jetzt einfiel, denn sonst hätte doch Robinson in seinem elenden Zustand den Weg hierher nicht gefunden. Wenn nun Renell Robinson in seinem Bett antraf, was doch geschehen mußte, dann war alles gut. Denn praktisch wie Renell war, besonders wenn es sich um seine Interessen handelte, würde er schon Robinson irgendwie gleich aus dem Hotel entfernen, was ja um so leichter geschehen konnte, da Robinson sich inzwischen ein wenig gestärkt hatte und überdies wahrscheinlich Delamarche vor dem Hotel wartete, um ihn in Empfang zu nehmen. Wenn aber Robinson einmal entfernt war, dann konnte Karl dem Oberkellner viel ruhiger entgegentreten und für diesmal vielleicht noch mit einer wenn auch schweren Rüge davonkommen. Dann würde er sich mit Therese beraten, ob er der Oberköchin die Wahrheit sagen dürfe – er sah für seinen Teil kein Hindernis – und wenn das möglich war, würde die Sache ohne besonderen Schaden aus der Welt geschafft sein.

Gerade hatte sich Karl durch solche Überlegungen ein wenig beruhigt und machte sich daran, das in dieser Nacht eingenommene Trinkgeld unauffällig zu überzählen, denn es schien ihm dem Gefühl nach besonders reichlich gewesen zu sein, als der Oberkellner das Verzeichnis mit den Worten „Warten Sie noch bitte einen Augenblick Feodor“ auf den Tisch legte, elastisch aufsprang und Karl so laut anschrie, daß dieser erschrocken vorerst nur in das große schwarze Mundloch starrte.

„Du hast Deinen Posten ohne Erlaubnis verlassen. Weißt Du was das bedeutet? Das bedeutet Entlassung. Ich will keine Entschuldigungen hören, Deine erlogenen Ausreden kannst Du für Dich behalten, mir genügt vollständig die Tatsache daß Du nicht da warst. Wenn ich das einmal dulde und verzeihe, werden nächstens alle vierzig Liftjungen während des Dienstes davonlaufen und ich kann meine fünftausend Gäste allein die Treppen hinauftragen.“

Karl schwieg. Der Portier war nähergekommen und zog das Röckchen Karls, das einige Falten warf, ein wenig tiefer, zweifellos um den Oberkellner auf diese kleine Unordentlichkeit im Anzug Karls besonders aufmerksam zu machen.

„Ist Dir vielleicht plötzlich schlecht geworden?“ fragte der Oberkellner listig. Karl sah ihn prüfend an und antwortete: „Nein.“ „Also nicht einmal schlecht ist Dir geworden?“ schrie der Oberkellner desto stärker. „Also dann mußt Du ja irgendeine großartige Lüge erfunden haben. Heraus damit. Was für eine Entschuldigung hast Du?“ „Ich habe nicht gewußt, daß man telephonisch um Erlaubnis bitten muß“, sagte Karl. „Das ist allerdings köstlich“, sagte der Oberkellner, faßte Karl beim Rockkragen und brachte ihn fast in Schwebe vor eine Dienstordnung der Lifts, die auf der Wand aufgenagelt war. Auch der Portier gieng hinter ihnen zur Wand hin. „Da! lies!“ sagte der Oberkellner und zeigte auf einen Paragraphen. Karl glaubte er solle es für sich lesen. „Laut!“ kommandierte aber der Oberkellner. Statt laut zu lesen, sagte Karl in der Hoffnung damit den Oberkellner besser zu beruhigen: „Ich kenne den Paragraphen, ich habe ja die Dienstordnung auch bekommen und genau gelesen. Aber gerade eine solche Bestimmung, die man niemals braucht, vergißt man. Ich diene schon zwei Monate und habe niemals meinen Posten verlassen.“ „Dafür wirst Du ihn jetzt verlassen“, sagte der Oberkellner, gieng zum Tisch hin, nahm das Verzeichnis wieder zur Hand, als wolle er darin weiterlesen, schlug damit aber auf den Tisch als sei es ein nutzloser Fetzen und gieng, starke Röte auf Stirn und Wangen, kreuz und quer im Zimmer herum. „Wegen eines solchen Bengels hat man das nötig. Solche Aufregungen beim Nachtdienst!“ stieß er einigemal hervor. „Wissen Sie wer gerade hinauffahren wollte, als dieser Kerl hier vom Lift weggelaufen ist?“ wandte er sich zum Portier. Und er nannte einen Namen, bei dem es den Portier, der gewiß alle Gäste kannte und bewerten konnte, so schauderte, daß er schnell auf Karl hinsah, als sei nur dessen Existenz eine Bestätigung dessen, daß der Träger jenes Namens eine Zeitlang bei einem Lift dessen Junge weggelaufen war, nutzlos hatte warten müssen. „Das ist schrecklich!“ sagte der Portier und schüttelte langsam in grenzenloser Beunruhigung den Kopf gegen Karl hin, welcher ihn traurig ansah und dachte, daß er nun auch für die Begriffstützigkeit dieses Mannes werde büßen müssen. „Ich kenne Dich übrigens auch schon“, sagte der Portier und streckte seinen dicken großen steif gespannten Zeigefinger aus. „Du bist der einzige Junge, welcher mich grundsätzlich nicht grüßt. Was bildest Du Dir eigentlich ein! Jeder der an der Portierloge vorübergeht muß mich grüßen. Mit den übrigen Portiers kannst Du es halten, wie Du willst, ich aber verlange gegrüßt zu werden. Ich tue zwar manchmal so, als ob ich nicht aufpaßte, aber Du kannst ganz ruhig sein, ich weiß sehr genau, wer mich grüßt oder nicht, Du Lümmel." Und er wandte sich von Karl ab und schritt hochaufgerichtet auf den Oberkellner zu, der aber statt sich zu des Portiers Sache zu äußern, sein Frühstück beendete und eine Morgenzeitung überflog, die ein Diener eben ins Zimmer hereingereicht hatte.

„Herr Oberportier", sagte Karl, der während der Unachtsamkeit des Oberkellners wenigstens die Sache mit dem Portier ins Reine bringen wollte, denn er begriff, daß ihm vielleicht der Vorwurf des Portiers nicht schaden konnte, wohl aber dessen Feindschaft, „ich grüße Sie ganz gewiß. Ich bin doch noch nicht lange in Amerika und stamme aus Europa, wo man bekanntlich viel mehr grüßt, als nötig ist. Das habe ich mir natürlich noch nicht ganz abgewöhnen können und noch vor zwei Monaten hat man mir in New York, wo ich zufällig in höheren Kreisen verkehrte, bei jeder Gelegenheit zugeredet, mit meiner übertriebenen Höflichkeit aufzuhören. Und da sollte ich gerade Sie nicht gegrüßt haben. Ich habe Sie jeden Tag einigemal gegrüßt. Aber natürlich nicht jedesmal wenn ich Sie gesehen habe, da ich doch täglich hundertmal an Ihnen vorüberkomme." „Du hast mich jedesmal zu grüßen, jedesmal ohne Ausnahme, Du hast die ganze Zeit, während Du mit mir sprichst die Kappe in der Hand zu halten, Du hast mich immer mit Oberportier anzureden und nicht mit Sie. Und alles das jedesmal und jedesmal." „Jedesmal?" wiederholte Karl leise und fragend, er erinnerte sich jetzt, wie er vom Portier während der ganzen Zeit seines hiesigen Aufenthaltes immer streng und vorwurfsvoll angeschaut worden war, schon von jenem ersten Morgen, an dem er, seiner dienenden Stellung noch nicht recht angepaßt, etwas zu kühn, diesen Portier ohne weiters umständlich und dringlich ausgefragt hatte, ob nicht zwei Männer vielleicht nach ihm gefragt und etwa eine Photographie für ihn zurückgelassen hätten. „Jetzt siehst Du, wohin ein solches Benehmen führt", sagte der Portier, der wieder ganz nahe zu Karl zurückgekehrt war und zeigte auf den noch lesenden Oberkellner, als sei dieser der Vertreter seiner Rache. „In Deiner nächsten Stellung wirst Du es schon verstehn, den Portier zu grüßen und wenn es auch nur vielleicht in einer elenden Spelunke sein wird."

Karl sah ein, daß er eigentlich seinen Posten schon verloren hatte, denn der Oberkellner hatte es bereits ausgesprochen, der Oberportier als fertige Tatsache wiederholt und wegen eines Liftjungen dürfte wohl die Bestätigung der Entlassung seitens der Hoteldirektion nicht nötig sein. Es war allerdings schneller gegangen, als er gedacht hatte, denn schließlich hatte er doch zwei Monate gedient so gut er konnte und gewiß besser als mancher andere Junge. Aber auf solche Dinge wird eben im entscheidenden Augenblick offenbar in keinem Weltteil, weder in Europa noch in Amerika Rücksicht genommen, sondern es wird so entschieden, wie einem in der ersten Wut das Urteil aus dem Munde fährt. Vielleicht wäre es jetzt am besten gewesen, wenn er sich gleich verabschiedet hätte und weggegangen wäre, die Oberköchin und Therese schliefen vielleicht noch, er hätte sich, um ihnen die Enttäuschung und Trauer über sein Benehmen wenigstens beim persönlichen Abschied zu ersparen, brieflich verabschieden können, hätte rasch seinen Koffer packen und in der Stille fortgehn können. Blieb er aber auch nur einen Tag noch – und er hätte allerdings ein wenig Schlaf gebraucht – so erwartete ihn nichts anderes, als Aufbauschung seiner Sache zum Skandal, Vorwürfe von allen Seiten, der unerträgliche Anblick der Tränen Thereses und vielleicht gar der Oberköchin und möglicherweise zuguterletzt auch noch eine Bestrafung. Andererseits aber beirrte es ihn, daß er hier zwei Feinden gegenüberstand und daß an jedem Wort, das er aussprechen würde, wenn nicht der eine, so der andere etwas aussetzen und zum Schlechten deuten würde. Deshalb schwieg er und genoß vorläufig die Ruhe, die im Zimmer herrschte, denn der Oberkellner las noch immer die Zeitung und der Oberportier ordnete sein über den Tisch hin verstreutes Verzeichnis nach den Seitenzahlen, was ihm bei seiner offenbaren Kurzsichtigkeit große Schwierigkeiten machte.

Endlich legte der Oberkellner die Zeitung gähnend hin, vergewisserte sich durch einen Blick auf Karl daß dieser noch anwesend sei und drehte die Glocke des Tischtelephons an. Er rief mehrere Male Halloh, aber niemand meldete sich. „Es meldet sich niemand“, sagte er zum Oberportier. Dieser, der das Telephonieren wie es Karl schien, mit besonderem Interesse beobachtete, sagte: „Es ist ja schon dreiviertel sechs. Sie ist gewiß schon wach. Läuten Sie nur stärker.“ In diesem Augenblick kam, ohne weitere Aufforderung das telephonische Gegenzeichen. „Hier Oberkellner Isbary“, sagte der Oberkellner. „Guten Morgen Frau Oberköchin. Ich habe Sie doch nicht am Ende geweckt. Das tut mir sehr leid. Ja, ja, dreiviertel sechs ist schon. Aber das tut mir aufrichtig leid, daß ich Sie erschreckt habe. Sie sollten während des Schlafens das Telephon abstellen. Nein, nein tatsächlich, es gibt für mich keine Entschuldigung, besonders bei der Geringfügigkeit der Sache wegen deren ich Sie sprechen will. Aber natürlich habe ich Zeit, bitte sehr, ich bleibe beim Telephon wenn es Ihnen recht ist.“ „Sie muß im Nachthemd zum Telephon gelaufen sein“, sagte der Oberkellner lächelnd zum Oberportier, der die ganze Zeit über mit gespanntem Gesichtsausdruck zum Telephonkasten sich gebückt gehalten hatte. „Ich habe sie wirklich geweckt, sie wird nämlich sonst von dem kleinen Mädel, das bei ihr auf der Schreibmaschine schreibt, geweckt und die muß es heute ausnahmsweise versäumt haben. Es tut mir leid, daß ich sie aufgeschreckt habe, sie ist so wie so nervös.“ „Warum spricht sie nicht weiter?“ „Sie ist nachschauen gegangen, was mit dem Mädel los ist“, antwortete der Oberkellner schon mit der Muschel am Ohr, denn es läutete wieder. „Sie wird sich schon finden“, redete er weiter ins Telephon hinein. „Sie dürfen sich nicht von allem so erschrecken lassen, Sie brauchen wirklich eine gründliche Erholung. Ja also meine kleine Anfrage. Es ist da ein Liftjunge, namens“ – er drehte sich fragend nach Karl um, der, da er genau aufpaßte gleich mit seinem Namen aushelfen konnte – „also namens Karl Roßmann, wenn ich mich recht erinnere, so haben Sie sich für ihn ein wenig interessiert; leider hat er Ihre Freundlichkeit schlecht belohnt, er hat ohne Erlaubnis seinen Posten verlassen, hat mir dadurch schwere jetzt noch gar nicht übersehbare Unannehmlichkeiten verursacht und ich habe ihn daher soeben entlassen. Ich hoffe Sie nehmen die Sache nicht tragisch. Wie meinen Sie? Entlassen, ja entlassen. Aber ich sagte Ihnen doch, daß er seinen Posten verlassen hat. Nein da kann ich Ihnen wirklich nicht nachgeben liebe Frau Oberköchin. Es handelt sich um meine Autorität, da steht viel auf dem Spiel, so ein Junge verdirbt mir die ganze Bande. Gerade bei den Liftjungen muß man teuflisch aufpassen. Nein, nein, in diesem Falle kann ich Ihnen den Gefallen nicht tun, so sehr ich es mir immer angelegen sein lasse Ihnen gefällig zu sein. Und wenn ich ihn schon trotz allem hier ließe, zu keinem andern Zweck als um meine Galle in Tätigkeit zu erhalten, Ihretwegen, ja Ihretwegen Frau Oberköchin kann er nicht hierbleiben. Sie nehmen einen Anteil an ihm, den er durchaus nicht verdient und da ich nicht nur ihn kenne, sondern auch Sie, weiß ich, daß das zu den schwersten Enttäuschungen für Sie führen müßte, die ich Ihnen um jeden Preis ersparen will. Ich sage das ganz offen, trotzdem der verstockte Junge paar Schritte vor mir steht. Er wird entlassen, nein nein Frau Oberköchin, er wird vollständig entlassen, nein nein er wird zu keiner andern Arbeit versetzt, er ist vollständig unbrauchbar. Übrigens laufen ja auch sonst Beschwerden gegen ihn ein. Der Oberportier z. B. ja also was denn, Feodor, ja beklagt sich über die Unhöflichkeit und Frechheit dieses Jungen. Wie, das soll nicht genügen? Ja liebe Frau Oberköchin Sie verläugnen wegen dieses Jungen Ihren Charakter. Nein so dürfen Sie mir nicht zusetzen."

In diesem Augenblick beugte sich der Portier zum Ohr des Oberkellners und flüsterte etwas. Der Oberkellner sah ihn zuerst erstaunt an und redete dann so rasch in das Telephon, daß Karl ihn anfangs nicht ganz genau verstand und auf den Fußspitzen zwei Schritte nähertrat.

„Liebe Frau Oberköchin", hieß es, „aufrichtig gesagt, ich hätte nicht geglaubt, daß Sie eine so schlechte Menschenkennerin sind. Eben erfahre ich etwas über Ihren Engelsjungen, was Ihre Meinung über ihn gründlich ändern wird und es tut mir fast leid, daß gerade ich es Ihnen sagen muß. Dieser feine Junge also, den Sie ein Muster von Anstand nennen, läßt keine dienstfreie Nacht vergehn, ohne in die Stadt zu laufen, aus der er erst am Morgen wiederkommt. Ja ja Frau Oberköchin das ist durch Zeugen bewiesen, durch einwandfreie Zeugen, ja. Können Sie mir nun vielleicht sagen, wo er das Geld zu diesen Lustbarkeiten hernimmt? Wie er die Aufmerksamkeit für seinen Dienst behalten soll? Und wollen Sie vielleicht auch noch, daß ich Ihnen beschreiben soll, was er in der Stadt treibt? Diesen Jungen loszuwerden, will ich mich aber ganz besonders beeilen. Und Sie bitte nehmen das als Mahnung, wie vorsichtig man gegen hergelaufene Burschen sein soll."

„Aber Herr Oberkellner", rief nun Karl, förmlich erleichtert durch den großen Irrtum, der hier unterlaufen schien, und der vielleicht am ehesten dazu führen konnte, daß sich alles noch unerwartet besserte, „da liegt bestimmt eine Verwechslung vor. Ich glaube, der Herr Oberportier hat Ihnen gesagt, daß ich jede Nacht weggehe. Das ist aber durchaus nicht richtig, ich bin vielmehr jede Nacht im Schlafsaal, das können alle Jungen bestätigen. Wenn ich nicht schlafe lerne ich kaufmännische Korrespondenz, aber aus dem Schlafsaal rühre ich mich keine Nacht. Das ist ja leicht zu beweisen. Der Herr Oberportier verwechselt mich offenbar mit jemand anderm und jetzt verstehe ich auch, warum er glaubt daß ich ihn nicht grüße."

„Wirst Du sofort schweigen", schrie der Oberportier und schüttelte die Faust, wo andere einen Finger bewegt hätten, „ich soll Dich mit jemand andern verwechseln. Ja dann kann ich nicht mehr Oberportier sein, wenn ich die Leute verwechsle. Hören Sie nur, Herr Isbary, dann kann ich nicht mehr Oberportier sein, nun ja, wenn ich die Leute verwechsle. In meinen dreißig Dienstjahren ist mir allerdings noch keine Verwechslung passiert, wie mir hunderte von Herren Oberkellnern, die wir seit jener Zeit hatten, bestätigen müssen, aber bei Dir miserabler Junge soll ich mit den Verwechslungen angefangen haben. Bei Dir, mit Deiner auffallenden glatten Fratze. Was gibt es da zu verwechseln, Du könntest jede Nacht hinter meinem Rücken in die Stadt gelaufen sein und ich bestätige bloß nach Deinem Gesicht, daß Du ein ausgegohrener Lump bist."

„Laß Feodor!" sagte der Oberkellner, dessen telephonisches Gespräch mit der Oberköchin plötzlich abgebrochen worden zu sein schien. „Die Sache ist ja ganz einfach. Auf seine Unterhaltungen in der Nacht kommt es ja in erster Reihe gar nicht an. Er möchte ja vielleicht vor seinem Abschied noch irgend eine große Untersuchung über seine Nachtbeschäftigung verursachen wollen. Ich kann mir schon vorstellen daß ihm das gefallen würde. Es würden womöglich alle vierzig Liftjungen heraufcitiert und als Zeugen einvernommen, die würden ihn natürlich auch alle verwechselt haben, es müßte also allmählich das ganze Personal zur Zeugenschaft heran, der Hotelbetrieb würde natürlich auf ein Weilchen eingestellt und wenn er dann schließlich doch herausgeworfen würde, so hätte er doch wenigstens seinen Spaß gehabt. Also das machen wir lieber nicht. Die Oberköchin, diese gute Frau, hat er schon zum Narren gehalten und damit soll es genug sein. Ich will nichts weiter hören, Du bist wegen Dienstversäumnis auf der Stelle aus dem Dienst entlassen. Da gebe ich Dir eine Anweisung an die Kasse, daß Dir Dein Lohn bis zum heutigen Tag ausgezahlt werde. Das ist übrigens bei Deinem Verhalten, unter uns gesagt, einfach ein Geschenk, das ich Dir nur aus Rücksicht auf die Frau Oberköchin mache."

Ein telephonischer Anruf hielt den Oberkellner ab, die Anweisung sofort zu unterschreiben. „Die Liftjungen geben mir aber heute zu schaffen!" rief er schon nach Anhören der ersten Worte. „Das ist ja unerhört!" rief er nach einem Weilchen. Und vom Telephon weg wandte er sich zum Hotelportier und sagte: „Bitte Feodor halt mal diesen Burschen ein wenig, wir werden noch mit ihm zu reden haben." Und ins Telephon gab er den Befehl: „Komm sofort herauf!"

Nun konnte sich der Oberportier wenigstens austoben, was ihm beim Reden nicht hatte gelingen wollen. Er hielt Karl oben am Arm fest, aber nicht etwa mit ruhigem Griff, der schließlich auszuhalten gewesen wäre, sondern er lockerte hie und da den Griff und machte ihn dann mit Steigerung fester und fester, was bei seinen großen Körperkräften gar nicht aufzuhören schien und ein Dunkel vor Karls Augen verursachte. Aber er hielt Karl nicht nur, sondern als hätte er auch den Befehl bekommen ihn gleichzeitig zu strecken, zog er ihn auch hie und da in die Höhe und schüttelte ihn, wobei er immer wieder halb fragend zum Oberkellner sagte: „Ob ich ihn jetzt nur nicht verwechsle, ob ich ihn jetzt nur nicht verwechsle."

Es war eine Erlösung für Karl, als der oberste der Liftjungen, ein gewisser Bess, ein ewig fauchender dicker Junge eintrat und die Aufmerksamkeit des Oberportiers ein wenig auf sich lenkte. Karl war so ermattet, daß er kaum grüßte, als er zu seinem Staunen hinter dem Jungen Therese leichenblaß, unordentlich angezogen, mit lose aufgesteckten Haaren hereinschlüpfen sah. Im Augenblick war sie bei ihm und flüsterte: „Weiß es schon die Oberköchin?“ „Der Oberkellner hat es ihr telephoniert“, antwortete Karl. „Dann ist schon gut, dann ist schon gut“, sagte sie rasch mit lebhaften Augen. „Nein“, sagte Karl, „Du weißt ja nicht, was sie gegen mich haben. Ich muß weg, die Oberköchin ist davon auch schon überzeugt. Bitte bleib nicht hier, geh hinauf, ich werde mich dann von Dir verabschieden kommen.“ „Aber Roßmann, was fällt Dir denn ein. Du wirst schön bei uns bleiben, so lange es Dir gefällt. Der Oberkellner macht ja alles, was die Oberköchin will, er liebt sie ja, ich habe es letzthin zufällig erfahren. Da sei nur ruhig.“ „Bitte Therese geh jetzt weg. Ich kann mich nicht so gut verteidigen wenn Du hier bist. Und ich muß mich genau verteidigen, weil Lügen gegen mich vorgebracht werden. Je besser ich aber aufpassen und mich verteidigen kann, desto mehr Hoffnung ist, daß ich bleibe. Also, Therese –“ Leider konnte er in einem plötzlichen Schmerz nicht unterlassen leise hinzuzufügen: „Wenn mich nur dieser Oberportier loslassen würde! Ich wußte gar nicht daß er mein Feind ist. Aber wie er mich immerfort drückt und zieht.“ „Warum sage ich das nur!“ dachte er gleichzeitig, „kein Frauenzimmer kann das ruhig anhören“ und tatsächlich wendete sich Therese, ohne daß er sie noch mit der freien Hand hätte davon abhalten können, an den Oberportier: „Herr Oberportier bitte lassen Sie doch sofort den Roßmann frei. Sie machen ihm ja Schmerzen. Die Frau Oberköchin wird gleich persönlich kommen und dann wird man schon sehn, daß ihm in allem Unrecht geschieht. Lassen Sie ihn los, was kann es Ihnen denn für ein Vergnügen machen ihn zu quälen.“ Und sie griff sogar nach des Oberportiers Hand. „Befehl kleines Fräulein, Befehl“, sagte der Oberportier und zog mit der freien Hand Therese freundlich an sich, während er mit der andern Karl nun sogar angestrengt drückte, als wolle er ihm nicht nur Schmerzen machen, sondern als habe er mit diesem in seinem Besitz befindlichen Arm ein besonderes Ziel, das noch lange nicht erreicht sei. Therese brauchte einige Zeit um sich der Umarmung des Oberportiers zu entwinden und wollte sich gerade beim Oberkellner, der noch immer von dem sehr umständlichen Bess sich erzählen ließ, für Karl einsetzen, als die Oberköchin mit raschem Schritte eintrat. „Gottseidank“, rief Therese und man hörte einen Augenblick im Zimmer nichts als diese lauten Worte. Gleich sprang der Oberkellner auf und schob Bess zur Seite: „Sie kommen also selbst Frau Oberköchin. Wegen dieser Kleinigkeit? Nach unserem Telephongespräch konnte ich es ja ahnen, aber geglaubt habe ich es eigentlich doch nicht. Und dabei wird die Sache Ihres Schützlings immerfort ärger. Ich fürchte ich werde ihn tatsächlich nicht entlassen aber dafür einsperren lassen müssen. Hören Sie selbst!“ Und er winkte Bess herbei. „Ich möchte zuerst paar Worte mit dem Roßmann reden“, sagte die Oberköchin und setzte sich auf einen Sessel, da sie der Oberkellner hiezu nötigte. „Karl bitte komm näher“, sagte sie dann. Karl folgte oder wurde vielmehr vom Oberportier nähergeschleppt. „Lassen Sie ihn doch los“, sagte die Oberköchin ärgerlich, „er ist doch kein Raubmörder.“ Der Oberportier ließ ihn tatsächlich los, drückte aber vorher noch einmal so stark, daß ihm selbst vor Anstrengung die Tränen in die Augen traten.

„Karl“, sagte die Oberköchin, legte die Hände ruhig in den Schoß und sah Karl mit geneigtem Kopfe an – es war gar nicht wie ein Verhör – „vor allem will ich Dir sagen, daß ich noch vollständiges Vertrauen zu Dir habe. Auch der Herr Oberkellner ist ein gerechter Mann, dafür bürge ich. Wir beide wollen Dich im Grunde gerne hierbehalten.“ – Sie sah hiebei flüchtig zum Oberkellner hinüber, als wolle sie bitten, ihr nicht ins Wort zu fallen. Es geschah auch nicht – „Vergiß also, was man Dir bis jetzt vielleicht hier gesagt hat. Vor allem was Dir vielleicht der Herr Oberportier gesagt hat, mußt Du nicht besonders schwer nehmen. Er ist zwar ein aufgeregter Mann, was bei seinem Dienst kein Wunder ist, aber er hat auch Frau und Kinder und weiß, daß man einen Jungen, der nur auf sich angewiesen ist, nicht unnötig plagen muß, sondern daß das schon die übrige Welt genügend besorgt.“

Es war ganz still im Zimmer. Der Oberportier sah Erklärungen fordernd auf den Oberkellner, dieser sah auf die Oberköchin und schüttelte den Kopf. Der Liftjunge Bess grinste recht sinnlos hinter dem Rücken des Oberkellners. Therese schluchzte vor Freude und Leid in sich hinein und hatte alle Mühe es niemanden hören zu lassen.

Karl aber blickte, trotzdem das nur als schlechtes Zeichen aufgefaßt werden konnte, nicht auf die Oberköchin, die gewiß nach seinem Blick verlangte, sondern vor sich auf den Fußboden. In seinem Arm zuckte der Schmerz nach allen Richtungen, das Hemd klebte an dem Striemen fest und er hätte eigentlich den Rock ausziehn und die Sache besehen sollen. Was die Oberköchin sagte, war natürlich sehr freundlich gemeint, aber unglücklicher Weise schien es ihm, als müsse es gerade durch das Verhalten der Oberköchin zu Tage treten, daß er keine Freundlichkeit verdiene, daß er die Wohltaten der Oberköchin zwei Monate unverdient genossen habe, ja daß er nichts anderes verdiene, als unter die Hände des Oberportiers zu kommen.

„Ich sage das", fuhr die Oberköchin fort, „damit Du jetzt unbeirrt antwortest, was Du übrigens wahrscheinlich auch sonst getan hättest, wie ich Dich zu kennen glaube."

„Darf ich bitte inzwischen den Arzt holen, der Mann könnte nämlich inzwischen verbluten", mischte sich plötzlich der Liftjunge Bess sehr höflich, aber sehr störend ein.

„Geh", sagte der Oberkellner zu Bess, der gleich davonlief. Und dann zur Oberköchin: „Die Sache ist die. Der Oberportier hat den Jungen da nicht zum Spaß festgehalten. Unten im Schlafsaal der Liftjungen ist nämlich in einem Bett sorgfältig zugedeckt ein wildfremder schwer betrunkener Mann aufgefunden worden. Man hat ihn natürlich geweckt und wollte ihn wegschaffen. Da hat dieser Mann aber einen großen Radau zu machen angefangen, immer wieder herumgeschrien, der Schlafsaal gehöre dem Karl Roßmann, dessen Gast er sei, der ihn hergebracht habe und der jeden bestrafen werde, der ihn anzurühren wagen würde. Im übrigen müsse er auch deshalb auf den Karl Roßmann warten, weil ihm dieser Geld versprochen habe und es nur holen gegangen sei. Achten Sie bitte darauf, Frau Oberköchin: Geld versprochen habe und es holen gegangen sei. Du kannst auch acht geben Roßmann", sagte der Oberkellner nebenbei zu Karl, der sich gerade nach Therese umgedreht hatte, die wie gebannt den Oberkellner anstarrte, und die immer wieder entweder irgendwelche Haare aus der Stirn strich oder diese Handbewegung um ihrer selbst willen machte. „Aber vielleicht erinnere ich Dich an irgendwelche Verpflichtungen. Der Mann unten hat nämlich weiterhin gesagt, daß ihr beide nach Deiner Rückkunft einen Nachtbesuch bei irgendeiner Sängerin machen werdet, deren Namen allerdings niemand verstanden hat, da ihn der Mann immer nur unter Gesang aussprechen konnte."

Hier unterbrach sich der Oberkellner, denn die sichtlich bleich gewordene Oberköchin erhob sich vom Sessel, den sie ein wenig zurückstieß. „Ich verschone Sie mit dem weitern", sagte der Oberkellner. „Nein bitte nein", sagte die Oberköchin und ergriff seine Hand, „erzählen Sie nur weiter, ich will alles hören, darum bin ich ja hier." Der Oberportier, der vortrat und sich zum Zeichen dessen, daß er von Anfang an alles durchschaut hatte, laut auf die Brust schlug, wurde vom Oberkellner mit den Worten: „Ja Sie hatten ganz recht Feodor!" gleichzeitig beruhigt und zurückgewiesen.

„Es ist nicht mehr viel zu erzählen", sagte der Oberkellner. „Wie die Jungen eben schon sind, haben sie den Mann zuerst ausgelacht, haben dann mit ihm Streit bekommen und er ist, da dort immer gute Boxer zur Verfügung stehn, einfach niedergeboxt worden und ich habe gar nicht zu fragen gewagt, an welchen und an wieviel Stellen er blutet, denn diese Jungen sind fürchterliche Boxer und ein Betrunkener macht es ihnen natürlich leicht."

„So", sagte die Oberköchin, hielt den Sessel an der Lehne und sah auf den Platz, den sie eben verlassen hatte. „Also sprich doch bitte ein Wort Roßmann!" sagte sie dann. Therese war von ihrem bisherigen Platz zur Oberköchin hinübergelaufen und hatte sich, was sie Karl sonst niemals hatte tun sehn, in die Oberköchin eingehängt. Der Oberkellner stand knapp hinter der Oberköchin und glättete langsam einen kleinen bescheidenen Spitzenkragen der Oberköchin, der sich ein wenig umgeschlagen hatte. Der Oberportier neben Karl sagte: „Also wirds?" wollte damit aber nur

einen Stoß maskieren, den er unterdessen Karl in den Rücken gab.
„Es ist wahr“, sagte Karl infolge des Stoßes unsicherer als er wollte, „daß ich den Mann in den Schlafsaal gebracht habe.“
„Mehr wollen wir nicht wissen“, sagte der Portier im Namen aller. Die Oberköchin wandte sich stumm zum Oberkellner und dann zu Therese.
„Ich konnte mir nicht anders helfen“, sagte Karl weiter. „Der Mann ist mein Kamerad von früher her, er kam, nachdem wir uns zwei Monate lang nicht gesehen hatten, hierher, um mir einen Besuch zu machen, war aber so betrunken, daß er nicht wieder allein fortgehn konnte.“
Der Oberkellner sagte neben der Oberköchin halblaut vor sich hin: „Er kam also zu Besuch und war nachher so betrunken, daß er nicht fortgehn konnte.“ Die Oberköchin flüsterte über die Schulter dem Oberkellner etwas zu, der mit einem offenbar nicht zu dieser Sache gehörigen Lächeln Einwände zu machen schien. Therese – Karl sah nur zu ihr hin – drückte ihr Gesicht in völliger Hilflosigkeit an die Oberköchin und wollte nichts mehr sehn. Der Einzige der mit Karls Erklärung vollständig zufrieden war, war der Oberportier, welcher einigemal wiederholte: „Es ist ja ganz recht, seinem Saufbruder muß man helfen“ und diese Erklärung jedem der Anwesenden durch Blicke und Handbewegungen einzuprägen suchte.
„Schuld also bin ich“, sagte Karl und machte eine Pause, als warte er auf ein freundliches Wort seiner Richter, das ihm Mut zur weitern Verteidigung geben könnte, aber es kam nicht, „schuld bin ich nur daran, daß ich den Mann, er heißt Robinson, ist ein Irländer, in den Schlafsaal gebracht habe. Alles andere, was er gesagt hat, hat er aus Betrunkenheit gesagt und es ist nicht richtig.“
„Du hast ihm also kein Geld versprochen?“ fragte der Oberkellner.
„Ja“, sagte Karl und es tat ihm leid, daß er daran vergessen hatte, er hatte sich aus Unüberlegtheit oder Zerstreutheit in allzu bestimmten Ausdrücken als schuldlos bezeichnet. „Geld habe ich ihm versprochen, weil er mich darum gebeten hat. Aber ich wollte es nicht holen, sondern ihm das Trinkgeld geben, das ich heute

Nacht verdient hatte." Und er zog zum Beweise das Geld aus der Tasche und zeigte auf der flachen Hand die paar kleinen Münzen.

„Du verrennst Dich immer mehr", sagte der Oberkellner. „Wenn man Dir glauben sollte, müßte man immer das was Du früher gesagt hast vergessen. Zuerst hast Du also den Mann – nicht einmal den Namen Robinson glaube ich Dir, so hat, seitdem es ein Irland gibt, kein Irländer geheißen – zuerst also hast Du ihn nur in den Schlafsaal gebracht, wofür allein Du übrigens schon im Schwung herausfliegen könntest – Geld aber hast Du ihm zuerst nicht versprochen, dann wieder, wenn man Dich überraschend fragt, hast Du ihm Geld versprochen. Aber wir haben hier kein Antwort- und Fragespiel, sondern wollen Deine Rechtfertigung hören. Zuerst aber wolltest Du das Geld nicht holen, sondern ihm Dein heutiges Trinkgeld geben, dann aber zeigt sich, daß Du dieses Geld noch bei Dir hast, also offenbar doch noch anderes Geld holen wolltest, wofür auch Dein langes Ausbleiben spricht. Schließlich wäre es ja nichts Besonderes, wenn Du für ihn aus Deinem Koffer hättest Geld holen wollen, daß Du es aber mit aller Kraft leugnest, das ist allerdings etwas Besonderes. Ebenso wie Du auch immerfort verschweigen willst, daß Du den Mann erst hier im Hotel betrunken gemacht hast, woran ja nicht der geringste Zweifel ist, denn Du selbst hast zugegeben, daß er allein gekommen ist, aber nicht allein weggehn konnte und er selbst hat ja im Schlafsaal herumgeschrien, daß er Dein Gast ist. Fraglich also bleiben jetzt nur noch zwei Dinge, die Du, wenn Du die Sache vereinfachen willst, selbst beantworten kannst, die man aber schließlich auch ohne Deine Mithilfe wird feststellen können: Erstens wie hast Du Dir den Zutritt zu den Vorratskammern verschafft und zweitens wieso hast Du verschenkbares Geld angesammelt?"

„Es ist unmöglich sich zu verteidigen, wenn nicht guter Wille da ist", sagte sich Karl und antwortete dem Oberkellner nicht mehr, so sehr darunter wahrscheinlich Therese litt. Er wußte, daß alles was er sagen konnte, hinterher ganz anders aussehen würde als es gemeint gewesen war und daß es nur der Art der Beurteilung überlassen bliebe, Gutes oder Böses vorzufinden.

„Er antwortet nicht", sagte die Oberköchin.

„Es ist das Vernünftigste, was er tun kann“, sagte der Oberkellner.
„Er wird sich schon noch etwas ausdenken“, sagte der Oberportier und strich mit der früher grausamen Hand behutsam seinen Bart.
„Sei still“, sagte die Oberköchin zu Therese, die an ihrer Seite zu schluchzen begann, „Du siehst, er antwortet nicht, wie kann ich denn da etwas für ihn tun. Schließlich bin ich es, die vor dem Herrn Oberkellner Unrecht behält. Sag doch Therese, habe ich Deiner Meinung nach etwas für ihn zu tun versäumt?“ Wie konnte das Therese wissen und was nützte es, daß sich die Oberköchin durch diese öffentlich an das kleine Mädchen gerichtete Frage und Bitte vor den beiden Herren vielleicht viel vergab?
„Frau Oberköchin“, sagte Karl, der sich noch einmal aufraffte, aber nur um Therese die Antwort zu ersparen, zu keinem andern Zweck, „ich glaube nicht, daß ich Ihnen irgendwie Schande gemacht habe und nach genauer Untersuchung müßte das auch jeder andere finden.“
„Jeder andere“, sagte der Oberportier und zeigte mit dem Finger auf den Oberkellner, „das ist eine Spitze gegen Sie, Herr Isbary.“
„Nun Frau Oberköchin“, sagte dieser, „es ist halb sieben, hohe und höchste Zeit. Ich denke, Sie lassen mir am besten das Schlußwort in dieser schon allzu duldsam behandelten Sache.“
Der kleine Giacomo war hereingekommen, wollte zu Karl treten, ließ aber, durch die allgemein herrschende Stille erschreckt, davon ab und wartete.
Die Oberköchin hatte seit Karls letzten Worten den Blick nicht von ihm gewendet und es deutete auch nichts darauf hin, daß sie die Bemerkung des Oberkellners gehört hatte. Ihre Augen sahen voll auf Karl hin, sie waren groß und blau, aber ein wenig getrübt durch das Alter und die viele Mühe. Wie sie so dastand und den Sessel vor sich schwach schaukelte, hätte man ganz gut erwarten können, sie werde im nächsten Augenblicke sagen: „Nun Karl, die Sache ist, wenn ich es überlege, noch nicht recht klar gestellt und braucht wie Du es richtig gesagt hast noch eine genaue Untersuchung. Und die wollen wir jetzt veranstalten, ob man sonst damit einverstanden ist oder nicht, denn Gerechtigkeit muß sein.“
Statt dessen aber sagte die Oberköchin nach einer kleinen Pause, die niemand zu unterbrechen gewagt hatte – nur die Uhr schlug

in Bestätigung der Worte des Oberkellners halb sieben und mit ihr, wie jeder wußte, gleichzeitig alle Uhren im ganzen Hotel, es klang im Ohr und in der Ahnung wie das zweimalige Zucken einer einzigen großen Ungeduld: „Nein Karl nein, nein! Das wollen wir uns nicht einreden. Gerechte Dinge haben auch ein besonderes Aussehn und das hat, ich muß es gestehn, Deine Sache nicht. Ich darf das sagen und muß es auch sagen, denn ich bin es, die mit dem besten Vorurteil für Dich hergekommen ist. Du siehst, auch Therese schweigt.“ (Aber sie schwieg doch nicht, sie weinte.) Die Oberköchin stockte in einem plötzlich sie überkommenden Entschluß und sagte: „Karl, komm einmal her“ und als er zu ihr gekommen war – gleich vereinigten sich hinter seinem Rücken der Oberkellner und der Oberportier zu lebhaftem Gespräch – umfaßte sie ihn mit der linken Hand, gieng mit ihm und der willenlos folgenden Therese in die Tiefe des Zimmers und dort mit beiden einigemal auf und ab, wobei sie sagte: „Es ist möglich, Karl, und darauf scheinst Du zu vertrauen, sonst würde ich Dich überhaupt nicht verstehn, daß eine Untersuchung Dir in einzelnen Kleinigkeiten recht geben wird. Warum denn nicht Du hast vielleicht tatsächlich den Oberportier gegrüßt. Ich glaube es sogar bestimmt, ich weiß auch, was ich von dem Oberportier zu halten habe, Du siehst ich rede selbst jetzt noch offen zu Dir. Aber solche kleine Rechtfertigungen helfen Dir gar nichts. Der Oberkellner, dessen Menschenkenntnis ich im Laufe vieler Jahre zu schätzen gelernt habe und welcher der verläßlichste Mensch ist, den ich überhaupt kenne, hat Deine Schuld klar ausgesprochen und die scheint mir allerdings unwiderleglich. Vielleicht hast Du bloß unüberlegt gehandelt, vielleicht aber bist Du nicht der, für den ich Dich gehalten habe. Und doch“, damit unterbrach sie sich gewissermaßen selbst und sah nur flüchtig nach den beiden Herren zurück, „kann ich es mir noch nicht abgewöhnen, Dich für einen im Grunde anständigen Jungen zu halten.“

„Frau Oberköchin! Frau Oberköchin“, mahnte der Oberkellner, der ihren Blick aufgefangen hatte.

„Wir sind gleich fertig“, sagte die Oberköchin und redete nun schneller auf Karl ein: „Höre Karl, so wie ich die Sache übersehe, bin ich noch froh, daß der Oberkellner keine Untersuchung einleiten will, denn wollte er sie einleiten, ich müßte es in Deinem Interesse verhindern. Niemand soll erfahren, wie und womit Du den Mann bewirtet hast, der übrigens nicht einer Deiner früheren Kameraden gewesen sein kann wie Du vorgibst, denn mit denen hast Du ja zum Abschied großen Streit gehabt, so daß Du nicht jetzt einen von ihnen traktieren[1] wirst. Es kann also nur ein Bekannter sein, mit dem Du Dich leichtsinniger Weise in der Nacht in irgendeiner städtischen Kneipe verbrüdert hast. Wie konntest Du mir, Karl, alle diese Dinge verbergen? Wenn es Dir im Schlafsaal vielleicht unerträglich war und Du zuerst aus diesem unschuldigen Grunde mit Deinem Nachtschwärmen angefangen hast, warum hast Du denn kein Wort davon gesagt, Du weißt ich wollte Dir ein eigenes Zimmer verschaffen und habe darauf geradezu erst über Deine Bitten verzichtet. Es scheint jetzt, als hättest Du den allgemeinen Schlafsaal vorgezogen weil Du Dich dort ungebundener fühltest. Und Dein Geld hattest Du doch in meiner Kassa aufgehoben und die Trinkgelder brachtest Du mir jede Woche, woher um Gotteswillen, Junge, hast Du das Geld für Deine Vergnügungen genommen und woher wolltest Du jetzt das Geld für Deinen Freund holen? Das sind natürlich lauter Dinge, die ich wenigstens jetzt dem Oberkellner gar nicht andeuten darf, denn dann wäre vielleicht eine Untersuchung unausweichlich. Du mußt also unbedingt aus dem Hotel undzwar so schnell als möglich. Geh direkt in die Pension Brenner – Du warst doch schon mehrmals mit Therese dort – sie werden Dich auf diese Empfehlung hin umsonst aufnehmen" – und die Oberköchin schrieb mit einem goldenen Crayon[2], den sie aus der Bluse zog, einige Zeilen auf eine Visitkarte, wobei sie aber die Rede nicht unterbrach – „Deinen Koffer werde ich Dir gleich nachschicken, Therese, lauf doch in die Garderobe der Liftjungen und pack seinen Koffer", (aber Therese rührte sich noch nicht, sondern wollte, wie sie alles Leid ausgehalten hatte, nun auch die Wendung zum Bessern, welche die Sache Karls dank der Güte der Oberköchin nahm, ganz miterleben).

---

[1] großzügig bewirten
[2] Drehbleistift

Jemand öffnete ohne sich zu zeigen ein wenig die Tür und schloß sie gleich wieder. Es mußte offenbar Giacomo gegolten haben, denn dieser trat vor und sagte: „Roßmann ich habe Dir etwas auszurichten." „Gleich", sagte die Oberköchin und steckte Karl, der mit gesenktem Kopf ihr zugehört hatte, die Visitkarte in die Tasche, „Dein Geld behalte ich vorläufig, Du weißt, Du kannst es mir anvertrauen. Heute bleib zu hause und überlege Deine Angelegenheit, morgen – heute habe ich nicht Zeit, auch habe ich mich schon vielzulange hier aufgehalten – komme ich zu Brenner und wir werden zusehn was wir weiter für Dich machen können. Verlassen werde ich Dich nicht, das sollst Du jedenfalls schon heute wissen. Über Deine Zukunft mußt Du Dir keine Sorgen machen, eher über die letztvergangene Zeit." Darauf klopfte sie ihm leicht auf die Schulter und gieng zum Oberkellner hinüber, Karl hob den Kopf und sah der großen stattlichen Frau nach, die sich in ruhigem Schritt und freier Haltung von ihm entfernte.

„Bist Du denn gar nicht froh", sagte Therese, die bei ihm zurückgeblieben war, „daß alles so gut ausgefallen ist?" „O ja", sagte Karl und lächelte ihr zu, wußte aber nicht warum er darüber froh sein sollte, daß man ihn als einen Dieb wegschickte. Aus Thereses Augen strahlte die Freude, als sei es ihr ganz gleichgültig, ob Karl etwas verbrochen hatte oder nicht, ob er gerecht beurteilt worden war oder nicht, wenn man ihn nur gerade entwischen ließ, in Schande oder in Ehren. Und so verhielt sich gerade Therese, die doch in ihren eigenen Angelegenheiten so peinlich war und ein nicht ganz eindeutiges Wort der Oberköchin wochenlang in ihren Gedanken drehte und untersuchte. Mit Absicht fragte er: „Wirst Du meinen Koffer gleich packen und wegschicken?" Er mußte gegen seinen Willen vor Staunen den Kopf schütteln, so schnell fand sich Therese in die Frage hinein und die Überzeugung, daß in dem Koffer Dinge waren, die man vor allen Leuten geheim halten mußte, ließ sie gar nicht nach Karl hinsehn, gar nicht ihm die Hand reichen, sondern nur flüstern: „Natürlich, Karl, gleich, gleich werde ich den Koffer packen." Und schon war sie davongelaufen.

Nun ließ sich aber Giacomo nicht mehr halten und aufgeregt durch das lange Warten rief er laut: „Roßmann, der Mann wälzt

sich unten im Gang und will sich nicht wegschaffen lassen. Sie wollten ihn ins Krankenhaus bringen lassen, aber er wehrt sich und behauptet, Du würdest niemals dulden, daß er ins Krankenhaus kommt. Man solle ein Automobil nehmen und ihn nachhause schicken, Du werdest das Automobil bezahlen. Willst Du?"
„Der Mann hat Vertrauen zu Dir", sagte der Oberkellner. Karl zuckte mit den Schultern und zählte Giacomo sein Geld in die Hand: „Mehr habe ich nicht", sagte er dann.
„Ich soll Dich auch fragen, ob Du mitfahren willst", fragte noch Giacomo mit dem Gelde klimpernd.
„Er wird nicht mitfahren", sagte die Oberköchin.
„Also Roßmann", sagte der Oberkellner schnell und wartete gar nicht bis Giacomo draußen war, „Du bist auf der Stelle entlassen."
Der Oberportier nickte mehrere Male, als wären es seine eigenen Worte, die der Oberkellner nur nachspreche.
„Die Gründe Deiner Entlassung kann ich gar nicht laut aussprechen, denn sonst müßte ich Dich einsperren lassen."
Der Oberportier sah auffallend streng zur Oberköchin hinüber, denn er hatte wohl erkannt, daß sie die Ursache dieser allzu milden Behandlung war.
„Jetzt geh zu Bess, zieh Dich um, übergieb Bess Deine Livree[1], und verlasse sofort, aber sofort das Haus."
Die Oberköchin schloß die Augen, sie wollte damit Karl beruhigen. Während er sich zum Abschied verbeugte, sah er flüchtig, wie der Oberkellner die Hand der Oberköchin wie im Geheimen umfaßte und mit ihr spielte. Der Oberportier begleitete Karl mit schweren Schritten bis zur Tür, die er ihn nicht schließen ließ, sondern selbst noch offen hielt, um Karl nachschreien zu können: „In einer Viertelminute will ich Dich beim Haupttor an mir vorübergehen sehn, merk Dir das."
Karl beeilte sich wie er nur konnte, um nur beim Haupttor eine Belästigung zu vermeiden, aber es gieng alles viel langsamer, als er wollte. Zuerst war Bess nicht gleich zu finden und jetzt in der Frühstückszeit war alles voll Menschen, dann zeigte sich, daß ein Junge sich Karls alte Hosen ausgeborgt hatte und Karl mußte die

[1] mit Litzen o.Ä. besetzte uniformartige Kleidung für Diener

Kleiderständer bei fast allen Betten absuchen, ehe er diese Hosen fand, so daß wohl fünf Minuten vergangen waren, ehe Karl zum Haupttor kam. Gerade vor ihm gieng eine Dame mitten zwischen vier Herren. Sie giengen alle auf ein großes Automobil zu, das sie erwartete und dessen Schlag bereits ein Lakai[1] geöffnet hielt während er den freien linken Arm seitwärts wagrecht und steif ausstreckte, was höchst feierlich aussah. Aber Karl hatte umsonst gehofft, hinter dieser vornehmen Gesellschaft unbemerkt hinauszukommen. Schon faßte ihn der Oberportier bei der Hand und zog ihn zwischen zwei Herren hindurch, die er um Verzeihung bat, zu sich hin. „Das soll eine Viertelminute gewesen sein", sagte er und sah Karl von der Seite an, als beobachte er eine schlecht gehende Uhr. „Komm einmal her", sagte er dann und führte ihn in die große Portiersloge, die Karl zwar schon längst einmal anzusehen Lust gehabt hatte, in die er aber jetzt von dem Portier geschoben nur mit Mißtrauen eintrat. Er war schon in der Tür, als er sich umwendete und den Versuch machte, den Oberportier wegzuschieben und wegzukommen. „Nein, nein, hier geht man hinein", sagte der Oberportier und drehte Karl um. „Ich bin doch schon entlassen", sagte Karl und meinte damit, daß ihm im Hotel niemand mehr etwas zu befehlen habe. „Solange ich Dich halte bist Du nicht entlassen", sagte der Portier, was allerdings auch richtig war.

Karl fand schließlich auch keine Ursache, warum er sich gegen den Portier wehren sollte. Was konnte ihm denn auch im Grunde noch geschehn? Überdies bestanden die Wände der Portiersloge ausschließlich aus ungeheueren Glasscheiben, durch die man die Menge der im Vestibul[2] gegeneinanderströmenden Menschen deutlich sah, als wäre man mitten unter ihnen. Ja es schien in der ganzen Portierloge keinen Winkel zu geben, in dem man sich vor den Augen der Leute verbergen konnte. So eilig es dort draußen die Leute zu haben schienen, denn mit ausgestrecktem Arm, mit gesenktem Kopf, mit spähenden Augen, mit hochgehaltenen Gepäckstücken suchten sie ihren Weg, so versäumte doch kaum ei-

---

1 Diener

2 Vestibül: Vorhalle

ner einen Blick in die Portiersloge zu werfen, denn hinter deren Scheiben waren immer Ankündigungen und Nachrichten ausgehängt, die sowohl für die Gäste als für das Hotelpersonal Wichtigkeit hatten. Außerdem aber bestand noch ein unmittelbarer Verkehr der Portiersloge mit dem Vestibul, denn an zwei großen Schiebefenstern saßen zwei Unterportiere und waren unaufhörlich damit beschäftigt Auskünfte in den verschiedensten Angelegenheiten zu erteilen. Das waren geradezu überbürdete Leute und Karl hätte behaupten wollen, daß der Oberportier, wie er ihn kannte, sich in seiner Laufbahn um diese Posten herumgewunden hatte. Diese zwei Auskunftserteiler hatten – von außen konnte man sich das nicht richtig vorstellen – in der Öffnung des Fensters immer zumindest zehn fragende Gesichter vor sich. Unter diesen zehn Fragern die immerfort wechselten war oft ein Durcheinander von Sprachen, als sei jeder einzelne von einem andern Lande abgesendet. Immer fragten einige gleichzeitig, immer redeten außerdem einzelne untereinander. Die meisten wollten etwas aus der Portiersloge holen oder etwas dort abgeben, so sah man immer auch ungeduldig fuchtelnde Hände aus dem Gedränge ragen. Einmal hatte einer ein Begehren wegen irgendeiner Zeitung, die sich unversehens von der Höhe aus entfaltete und für einen Augenblick alle Gesichter verhüllte. Allem diesen mußten nun die zwei Unterportiere standhalten. Bloßes Reden hätte für ihre Aufgabe nicht genügt, sie plapperten, besonders der eine, ein düsterer Mann mit einem das ganze Gesicht umgebenden dunklen Bart, gab die Auskünfte ohne die geringste Unterbrechung. Er sah weder auf die Tischplatte, wo er fortwährend Handreichungen auszuführen hatte, noch auf das Gesicht dieses oder jenes Fragers, sondern ausschließlich starr vor sich, offenbar um seine Kräfte zu sparen und zu sammeln. Übrigens störte wohl sein Bart ein wenig die Verständlichkeit seiner Rede und Karl konnte in dem Weilchen, während dessen er bei ihm stehen blieb, sehr wenig von dem Gesagten auffassen, wenn es auch möglicherweise trotz des englischen Beiklanges gerade fremde Sprachen waren, die er gebrauchen mußte. Außerdem beirrte es daß sich eine Auskunft so knapp an die andere anschloß und in sie übergieng, so daß oft noch ein Frager mit gespanntem Gesicht zuhorchte, da er glaubte, es gehe noch um seine Sache, um erst nach einem Weilchen zu merken, daß er schon erledigt war. Gewöhnen mußte man sich auch daran, daß der Unterportier niemals bat, eine Frage zu wiederholen, selbst wenn sie im Ganzen verständlich und nur ein wenig undeutlich gestellt war, ein kaum merkliches Kopfschütteln verriet dann, daß er nicht die Absicht habe, diese Frage zu beantworten und es war Sache des Fragestellers, seinen eigenen Fehler zu erkennen und die Frage besser zu formulieren. Besonders damit verbrachten manche Leute sehr lange Zeit vor dem Schalter. Zur Unterstützung der Unterportiere war jedem ein Laufbursche beigegeben, der im gestreckten Lauf von einem Bücherregal und aus verschiedenen Kästen alles beizubringen hatte was der Unterportier gerade benötigte. Das waren die bestbezahlten wenn auch anstrengendsten Posten, die es im Hotel für ganz junge Leute gab, in gewissem Sinne waren sie auch noch ärger daran als die Unterportiere, denn diese hatten bloß nachzudenken und zu reden, während diese jungen Leute gleichzeitig nachdenken und laufen mußten. Brachten sie einmal etwas unrichtiges herbei, so konnte sich natürlich der Unterportier in der Eile nicht damit aufhalten, ihnen lange Belehrungen zu geben, er warf vielmehr einfach das, was sie ihm auf den Tisch legten, mit einem Ruck vom Tisch herunter. Sehr interessant war die Ablösung der Unterportiere, die gerade kurz nach dem Eintritt Karls stattfand. Eine solche Ablösung mußte natürlich wenigstens während des Tages öfters stattfinden, denn es gab wohl kaum einen Menschen, der es länger als eine Stunde hinter dem Schalter ausgehalten hätte. Zur Ablösungszeit ertönte nun eine Glocke und gleichzeitig traten aus einer Seitentüre die zwei Unterportiere, die jetzt an die Reihe kommen sollten, jeder von seinem Laufjungen gefolgt. Sie stellten sich vorläufig untätig beim Schalter auf und betrachteten ein Weilchen die Leute draußen, um festzustellen, in welchem Stadium sich gerade die augenblickliche Fragebeantwortung befand. Schien ihnen der Augenblick passend, um einzugreifen, klopften sie dem abzulösenden Unterportier auf die Schulter, der, trotzdem er sich bisher um nichts, was hinter seinem Rücken vorgieng, gekümmert hatte, sofort verstand und seinen Platz freimachte. Das ganze gieng so rasch, daß es oft die Leute draußen überraschte und sie aus Schrecken über das so plötzlich vor ihnen auftauchende neue Gesicht fast zurückwichen. Die abgelösten zwei Männer streckten sich und begossen dann über zwei bereitstehenden Waschbecken ihre heißen Köpfe, die abgelösten Laufjungen durften sich aber noch nicht strecken, sondern hatten noch ein Weilchen damit zu tun, die während ihrer Dienststunden auf den Boden geworfenen Gegenstände aufzuheben und an ihren Platz zu legen.

Alles dieses hatte Karl mit der angespanntesten Aufmerksamkeit in wenigen Augenblicken in sich aufgenommen und mit leichten Kopfschmerzen folgte er still dem Oberportier der ihn weiterführte. Offenbar hatte auch der Oberportier den großen Eindruck beobachtet, den diese Art der Auskunftserteilung auf Karl gemacht hatte, und er riß plötzlich an Karls Hand und sagte: „Siehst Du, so wird hier gearbeitet.“ Karl hatte ja allerdings hier im Hotel nicht gefaulenzt, aber von solcher Arbeit hatte er doch keine Ahnung gehabt, und fast völlig daran vergessend, daß der Oberportier sein großer Feind war, sah er zu ihm auf und nickte stumm und anerkennend mit dem Kopf. Das schien dem Oberportier aber wieder eine Überschätzung der Unterportiere und vielleicht eine Unhöflichkeit gegenüber seiner Person zu sein, denn, als hätte er Karl zum Narren gehalten, rief er ohne Besorgnis, daß man ihn hören könnte: „Natürlich ist dieses hier die dümmste Arbeit im ganzen Hotel; wenn man eine Stunde zugehört hat, kennt man so ziemlich alle Fragen die gestellt werden und den Rest braucht man ja nicht zu beantworten. Wenn Du nicht frech und ungezogen gewesen wärest, wenn Du nicht gelogen, gelumpt, gesoffen und gestohlen hättest, hätte ich Dich vielleicht bei so einem Fenster anstellen können, denn dazu kann ich ausschließlich nur vernagelte Köpfe brauchen.“ Karl überhörte gänzlich die Beschimpfung soweit sie ihn betraf, so sehr war er darüber empört, daß die ehrliche und schwere Arbeit der Unterportiere, statt anerkannt zu werden, verhöhnt wurde, und überdies verhöhnt von einem Mann, der, wenn er es gewagt hätte sich einmal zu einem solchen Schalter zu setzen, gewiß nach paar Minuten unter dem Gelächter aller Frager hätte abziehn müssen. „Lassen Sie mich“, sagte Karl, seine Neugierde inbetreff der Portierloge war bis zum Übermaß gestillt, „ich will mit Ihnen nichts mehr zu tun haben.“ „Das genügt nicht, um fortzukommen“, sagte der Oberportier, drückte Karls Arme, daß dieser sie gar nicht rühren konnte und trug ihn förmlich an das andere Ende der Portiersloge. Sahen die Leute draußen diese Gewalttätigkeit des Oberportiers nicht? Oder wenn sie sie sahen, wie faßten sie sie denn auf, daß keiner sich darüber aufhielt, daß niemand wenigstens an die Scheibe klopfte, um dem Oberportier zu zeigen, daß er beobachtet werde und nicht nach seinem Gutdünken mit Karl verfahren dürfe.

Aber bald hatte Karl auch keine Hoffnung mehr vom Vestibul aus Hilfe zu bekommen, denn der Oberportier griff an eine Schnur und über den Scheiben der halben Portiersloge zogen sich im Fluge bis in die letzte Höhe schwarze Vorhänge zusammen. Auch in diesem Teil der Portierloge waren ja Menschen, aber alle in voller Arbeit und ohne Ohr und Auge für alles, was nicht mit ihrer Arbeit zusammenhieng. Außerdem waren sie ganz vom Oberportier abhängig, und hätten statt Karl zu helfen, lieber geholfen alles zu verbergen, was auch dem Oberportier einfallen sollte zu tun. Da waren z. B. sechs Unterportiere bei sechs Telephonen. Die Anordnung war wie man gleich bemerkte, so getroffen, daß immer einer bloß Gespräche aufnahm, während sein Nachbar, nach den vom ersten empfangenen Notizen die Aufträge telephonisch weiterleitete. Es waren dies jene neuesten Telephone, für die keine Telephonzellen nötig waren, denn das Glockenläuten war nicht lauter als ein Zirpen, man konnte in das Telephon mit Flüstern hineinsprechen und doch kamen die Worte dank besonderer elektrischer Verstärkungen mit Donnerstimme an ihrem Ziele an. Deshalb hörte man die drei Sprecher an ihren Telephonen kaum und hätte glauben können, sie beobachteten murmelnd irgend einen Vorgang in der Telephonmuschel, während die drei andern wie betäubt von dem auf sie herandringenden, für die Umgebung im übrigen unhörbaren Lärm die Köpfe auf das Papier sinken ließen, das zu beschreiben ihre Aufgabe war. Wieder stand auch hier neben jedem der drei Sprecher ein Junge zur Hilfeleistung; diese drei Jungen taten nichts anderes als abwechselnd den Kopf horchend zu ihrem Herrn strecken und dann eilig als würden sie gestochen in riesigen gelben Büchern – die umschlagenden Blättermassen überrauschten bei weitem jedes Geräusch der Telephone – die Telephonnummern herauszusuchen. Karl konnte sich tatsächlich nicht enthalten, alles das genau zu verfolgen, trotzdem der Oberportier, der sich gesetzt hatte, ihn in einer Art Umklammerung vor sich hinhielt. „Es ist meine Pflicht", sagte der Oberportier und schüttelte Karl, als wolle er nur erreichen, daß dieser ihm sein Gesicht zuwende, „das was der Oberkellner aus welchen Gründen immer versäumt hat, im Namen der Hoteldirektion wenigstens ein wenig nachzuholen. So tritt hier immer jeder für den andern ein. Ohne das wäre ein so großer Betrieb undenkbar. Du willst vielleicht sagen, daß ich nicht Dein unmittelbarer Vorgesetzter bin, nun desto schöner ist es von mir, daß ich mich dieser sonst verlassenen Sache annehme. Im übrigen bin ich in gewissem Sinne als Oberportier über alle gesetzt, denn mir unterstehn doch alle Tore des Hotels, also dieses Haupttor, die drei Mittel- und die zehn Nebentore, von den unzähligen Türchen und türlosen Ausgängen gar nicht zu reden. Natürlich haben mir alle in Betracht kommenden Bedienungsmannschaften unbedingt zu gehorchen. Gegenüber diesen großen Ehren habe ich natürlich anderseits vor der Hoteldirektion die Verpflichtung niemanden herauszulassen, der nur im geringsten verdächtig ist. Gerade Du aber kommst mir, weil es mir so beliebt sogar stark verdächtig vor." Und vor Freude darüber hob er die Hände und ließ sie wieder stark zurückschlagen, daß es klatschte und wehtat. „Es ist möglich", fügte er hinzu und unterhielt sich dabei königlich, „daß Du bei einem andern Ausgang unbemerkt herausgekommen wärest, denn Du standst mir natürlich nicht dafür, besondere Anweisungen Deinetwegen ergehen zu lassen. Aber da Du nun einmal hier bist, will ich Dich genießen. Im übrigen habe ich nicht daran gezweifelt, daß Du das Rendezvous, das wir uns beim Haupttor gegeben hatten auch einhalten wirst, denn das ist eine Regel, daß der Freche und Unfolgsame gerade dort und dann mit seinen Lastern aufhört, wo es ihm schadet. Du wirst das an Dir selbst gewiß noch oft beobachten können."

„Glauben Sie nicht", sagte Karl und atmete den eigentümlich dumpfen Geruch ein, der vom Oberportier ausgieng und den er erst hier, wo er so lange in seiner nächsten Nähe stand, bemerkte,

„glauben Sie nicht“, sagte er, „daß ich vollständig in Ihrer Gewalt bin, ich kann ja schreien.“ „Und ich kann Dir den Mund stopfen“, sagte der Oberportier ebenso ruhig und schnell, wie er es wohl nötigenfalls auszuführen gedachte. „Und meinst Du denn wirklich, wenn man Deinetwegen hereinkommen sollte, es würde sich jemand finden der Dir Recht geben würde, mir dem Oberportier gegenüber. Du siehst also wohl den Unsinn Deiner Hoffnungen ein. Weißt Du, wie Du noch in der Uniform warst, da hast Du ja tatsächlich noch etwas beachtenswert ausgesehn, aber in diesem Anzug, der tatsächlich nur in Europa möglich ist.“ Und er zerrte an den verschiedensten Stellen des Anzugs, der jetzt allerdings, trotzdem er vor fünf Monaten noch fast neu gewesen war, abgenützt, faltig, vor allem aber fleckig war, was hauptsächlich auf die Rücksichtslosigkeit der Liftjungen zurückzuführen war, die jeden Tag, um den Saalboden dem allgemeinen Befehl gemäß, glatt und staubfrei zu erhalten, aus Faulheit keine eigentliche Reinigung vornahmen, sondern mit irgendeinem Öl den Boden sprengten und damit gleichzeitig alle Kleider auf den Kleiderständern schändlich bespritzten. Nun konnte man seine Kleider aufheben, wo man wollte, immer fand sich einer, der gerade seine Kleider nicht bei der Hand hatte, dagegen die versteckten fremden Kleider mit Leichtigkeit fand und sich ausborgte. Und womöglich war dieser eine gerade derjenige, der an diesem Tage die Saalreinigung vorzunehmen hatte und der dann die Kleider nicht nur mit dem Öl bespritzte, sondern vollständig von oben bis unten begoß. Nur Renell hatte seine kostbaren Kleider an irgendeinem geheimen Orte versteckt, von wo sie kaum jemals einer hervorgezogen hatte, zumal ja auch niemand vielleicht aus Bosheit oder Geiz fremde Kleider sich ausborgte, sondern aus bloßer Eile und Nachlässigkeit dort nahm, wo er sie fand. Aber selbst auf Renells Kleid war mitten auf dem Rücken ein kreisrunder rötlicher Ölfleck und in der Stadt hätte ein Kenner an diesem Fleck selbst in diesem eleganten jungen Mann den Liftjungen feststellen können.

Und Karl sagte sich bei diesen Erinnerungen daß er auch als Liftjunge genug gelitten hatte und daß doch alles vergebens gewesen war, denn nun war dieser Liftjungendienst nicht wie er gehofft hatte, eine Vorstufe zu besserer Anstellung gewesen, vielmehr war er jetzt noch tiefer herabgedrückt worden und sogar sehr nahe an das Gefängnis geraten. Überdies wurde er jetzt noch vom Oberportier festgehalten der wohl darüber nachdachte, wie er Karl noch weiter beschämen könne. Und völlig daran vergessend, daß der Oberportier durchaus nicht der Mann war, der sich vielleicht überzeugen ließ, rief Karl, während er sich mit der gerade freien Hand mehrmals gegen die Stirn schlug: „Und wenn ich Sie wirklich nicht gegrüßt haben sollte, wie kann denn ein erwachsener Mensch wegen eines unterlassenen Grußes so rachsüchtig werden!“

„Ich bin nicht rachsüchtig“, sagte der Oberportier, „ich will nur Deine Taschen durchsuchen. Ich bin zwar überzeugt daß ich nichts finden werde, denn Du wirst wohl so vorsichtig gewesen sein und Deinen Freund alles allmählich, jeden Tag etwas, haben wegschleppen lassen. Aber durchsucht worden mußt Du sein.“ Und schon griff er in eine von Karls Rocktaschen mit solcher Gewalt, daß die seitlichen Nähte platzten. „Da ist also schon nichts“, sagte er und überklaubte in seiner Hand den Inhalt dieser Tasche, einen Reklamkalender des Hotels, ein Blatt mit einer Aufgabe aus kaufmännischer Korrespondenz, einige Rock- und Hosenknöpfe, die Visitkarte der Oberköchin, einen Polierstift für die Nägel, den ihm einmal ein Gast beim Kofferpacken zugeworfen hatte, einen alten Taschenspiegel, den ihm Rennel zum Dank für vielleicht zehn Vertretungen im Dienste geschenkt hatte und noch paar Kleinigkeiten. „Das ist also nichts“, wiederholte der Oberportier und warf alles unter die Bank, als sei es selbstverständlich, daß das Eigentum Karls, soweit es nicht gestohlen war, unter die Bank gehöre. „Jetzt ist aber genug“, sagte sich Karl – sein Gesicht mußte glühend rot sein – und als der Oberportier durch die Gier unvorsichtig gemacht, in Karls zweiter Tasche herumgrub, fuhr Karl mit einem Ruck aus den Ärmeln heraus, stieß im ersten noch unbeherrschten Sprung einen Unterportier ziemlich stark gegen seinen Apparat, lief durch die schwüle Luft eigentlich langsamer als er beabsichtigt hatte zur Tür, war aber glücklich draußen, ehe der Oberportier in seinem schweren Mantel sich auch nur hatte erheben können. Die Organisation des Wachdienstes mußte doch nicht so mustergültig sein, es läutete zwar auf einigen Seiten, aber Gott weiß zu welchen Zwecken, Hotelangestellte giengen zwar im Torgang in solcher Anzahl kreuz und quer, daß man fast daran denken konnte, sie wollten in unauffälliger Weise den Ausgang unmöglich machen, denn viel sonstigen Sinn konnte man in diesem Hin- und Hergehn nicht erkennen – jedenfalls kam Karl bald ins Freie, mußte aber noch das Hoteltrottoir entlang gehn, denn zur Straße konnte man nicht gelangen, da eine ununterbrochene Reihe von Automobilen stockend sich am Haupttor vorbeibewegte. Diese Automobile waren, um nur so bald als möglich zu ihrer Herrschaft zu kommen, geradezu ineinandergefahren, jedes wurde vom nachfolgenden vorwärtsgeschoben. Fußgänger, die es besonders eilig hatten auf die Straße zu gelangen, stiegen zwar hie und da durch die einzelnen Automobile hindurch, als sei dort ein öffentlicher Durchgang und es war ihnen ganz gleichgültig, ob im Automobil nur der Chauffeur und die Dienerschaft saß oder auch die vornehmsten Leute. Ein solches Benehmen schien aber Karl doch übertrieben und man mußte sich wohl in den Verhältnissen schon auskennen, um das zu wagen, wie leicht konnte er an ein Automobil geraten, dessen Insassen das übelnahmen, ihn hinunterwarfen und einen Skandal veranlaßten und nichts hatte er als ein entlaufener, verdächtiger Hotelangestellter in Hemdärmeln mehr zu fürchten. Schließlich konnte ja die Reihe der Automobile nicht in Ewigkeit so fortgehn und er war auch, solange er sich ans Hotel hielt, eigentlich am unverdächtigsten. Tatsächlich gelangte Karl endlich an eine Stelle wo die Automobilreihe zwar nicht aufhörte, aber zur Straße hin abbog und lockerer wurde. Gerade wollte er in den Verkehr der Straße schlüpfen, in dem wohl noch viel verdächtiger aussehende Leute als er war, frei herumliefen, da hörte er in der Nähe seinen Namen rufen. Er wandte sich um und sah wie zwei ihm wohlbekannte Liftjungen aus einer niedrigen kleinen Türöffnung, die wie der Eingang einer Gruft aussah, mit äußerster Anstrengung eine Bahre herauszogen, auf der wie Karl nun erkannte, wahrhaftig Robinson lag, Kopf, Gesicht und Arme mannigfaltig umbunden. Es war häßlich anzusehn, wie er die Arme an die Augen führte, um mit dem Verbande die Tränen abzuwischen, die er vor Schmerzen oder vor sonstigem Leid oder gar vor Freude über das Wiedersehen mit Karl vergoß. „Roßmann", rief er vorwurfsvoll, „warum läßt Du mich denn solange warten. Schon eine Stunde verbringe ich damit, mich zu wehren, damit ich nicht früher wegtransportiert werde ehe Du kommst. Diese Kerle" – und er gab dem einen Liftjungen ein Kopfstück, als sei er durch die Verbände vor Schlägen geschützt – „sind ja wahre Teufel. Ach Roßmann der Besuch bei Dir ist mir teuer zu stehn gekommen." „Was hat man Dir denn gemacht?" sagte Karl und trat an die Bahre heran, welche die Liftjungen um sich auszuruhn lachend niederstellten. „Du fragst noch", seufzte Robinson, „und siehst wie ich ausschaue. Bedenke! Ich bin ja höchstwahrscheinlich für mein ganzes Leben zum Krüppel geschlagen. Ich habe fürchterliche Schmerzen von hier bis hier" – und er zeigte zuerst auf den Kopf und dann auf die Zehen –. „Ich möchte Dir wünschen, daß Du gesehen hättest wie ich aus der Nase geblutet habe. Meine Weste ist ganz verdorben, die habe ich überhaupt dort gelassen, meine Hosen sind zerfetzt, ich bin in Unterhosen" – und er lüftete die Decke ein wenig und lud Karl ein unter sie zu schauen. „Was wird nur aus mir werden! Ich werde zumindest einige Monate liegen müssen und das will ich Dir gleich sagen, ich habe niemanden andern als Dich der mich pflegen könnte, Delamarche ist ja viel zu ungeduldig. Roßmann, Roßmannchen!" Und Robinson streckte die Hand nach dem ein wenig zurücktretenden Karl aus, um ihn durch Streicheln für sich zu gewinnen. „Warum habe ich Dich nur besuchen müssen!" wiederholte er mehrere Male, um Karl die Mitschuld nicht vergessen zu lassen, die dieser an seinem Unglück hatte. Nun erkannte zwar Karl sofort, daß das Klagen Robinsons nicht von seinen Wunden, sondern von dem ungeheueren Katzenjammer stammte, in dem er sich befand, da er in schwerer Trunkenheit kaum eingeschlafen, gleich geweckt und zu seiner Überraschung blutig geboxt worden war und sich in der wachen Welt gar nicht mehr zurechtfinden konnte. Die Bedeutungslosigkeit der Wunden war schon an den unförmlichen aus alten Fetzen bestehenden Verbänden zu sehn, mit denen ihn die Liftjungen offenbar zum Spaß ganz und gar umwickelt hatten. Und auch die zwei Liftjungen an den Enden der Bahre prusteten vor Lachen von Zeit zu Zeit. Nun war aber hier nicht der Ort Robinson zur Besinnung zu bringen, denn stürmend eilten hier die Passanten ohne sich um die Gruppe an der Bahre zu kümmern vorbei, öfters sprangen Leute mit richtigem Turnerschwung über Robinson hinweg, der mit Karls Geld bezahlte Chauffeur rief „Vorwärts, vorwärts", die Liftjungen hoben mit letzter Kraft die Bahre auf, Robinson erfaßte Karls Hand und sagte schmeichelnd „Nun komm, so komm doch", war nicht Karl in dem Aufzug in dem er sich befand im Dunkel des Automobils noch am besten aufgehoben? und so setzte er sich neben Robinson, der den Kopf an ihn lehnte, die zurückbleibenden Liftjungen schüttelten ihm, als ihrem gewesenen Kollegen durch das Coupeefenster[1] herzlich die Hand und das Automobil drehte sich mit scharfer Wendung zur Straße hin, es schien als müsse unbedingt ein Unglück geschehn, aber gleich nahm der alles umfassende Verkehr auch die schnurgerade Fahrt dieses Automobils ruhig in sich auf.

1 Coupee: (veraltet für) Wagenabteil

Es mußte wohl eine entlegene Vorstadtstraße sein, in der das Automobil haltmachte, denn ringsum herrschte Stille, am Trottoirrand hockten Kinder und spielten, ein Mann mit einer Menge alter Kleider über den Schultern rief beobachtend zu den Fenstern der Häuser empor, in seiner Müdigkeit fühlte sich Karl unbehaglich als er aus dem Automobil auf den Asphalt trat, den die Vormittagssonne warm und hell beschien. „Wohnst Du wirklich hier?" rief er ins Automobil hinein. Robinson der während der ganzen Fahrt friedlich geschlafen hatte brummte irgendeine undeutliche Bejahung und schien darauf zu warten, daß Karl ihn hinaustragen werde. „Dann habe ich hier also nichts mehr zu tun. Leb wohl", sagte Karl und machte sich daran, die ein wenig sich senkende Straße abwärts zu gehn. „Aber Karl, was fällt Dir denn ein?" rief Robinson und stand schon vor lauter Sorge ziemlich aufrecht, nur mit noch etwas unruhigen Knien, im Wagen. „Ich muß doch gehn", sagte Karl, der der raschen Gesundung Robinsons zugesehn hatte. „In Hemdärmeln?" fragte dieser. „Ich werde mir schon noch einen Rock verdienen", antwortete Karl, nickte Robinson zuversichtlich zu, grüßte mit erhobener Hand und wäre nun wirklich fortgegangen, wenn nicht der Chauffeur gerufen hätte: „Noch einen kleinen Augenblick Geduld mein Herr." Es zeigte sich unangenehmer Weise, daß der Chauffeur noch Ansprüche auf eine nachträgliche Bezahlung stellte, denn die Wartezeit vor dem Hotel war noch nicht bezahlt. „Nun ja", rief aus dem Automobil Robinson in Bestätigung der Richtigkeit dieser Forderung, „ich habe ja dort so lange auf Dich warten müssen. Etwas mußt Du ihm noch geben." „Ja freilich", sagte der Chauffeur. „Ja wenn ich nur noch etwas hätte", sagte Karl und griff in die Hosentaschen, trotzdem er wußte daß es nutzlos war. „Ich kann mich nur an Sie halten", sagte der Chauffeur und stellte sich breitbeinig auf, „von dem kranken Mann dort kann ich nichts verlangen." Vom Tor her näherte sich ein junger Bursch mit zerfressener Nase und hörte aus einer Entfernung von paar Schritten zu. Gerade machte durch die Straße ein Polizeimann die Runde, faßte mit gesenktem Gesicht den hemdärmligen Menschen ins Auge und blieb stehn. Robinson, der den Polizeimann auch bemerkt hatte, machte die Dummheit, aus dem andern Fenster ihm zuzurufen: „Es ist nichts, es ist nichts“, als ob man einen Polizeimann wie eine Fliege verscheuchen könnte. Die Kinder, welche den Polizeimann beobachtet hatten, wurden nun durch sein Stillstehn auch auf Karl und den Chauffeur aufmerksam und liefen im Trab herbei. Im Tor gegenüber stand eine alte Frau und sah starr herüber.

„Roßmann“, rief da eine Stimme aus der Höhe. Es war Delamarche, der das vom Balkon des letzten Stockwerks rief. Er selbst war nur schon recht undeutlich gegen den weißlich blauen Himmel zu sehn, hatte offenbar einen Schlafrock an und beobachtete mit einem Operngucker die Straße. Neben ihm war ein roter Sonnenschirm aufgespannt unter dem eine Frau zu sitzen schien. „Halloh“, rief er mit größter Anstrengung um sich verständlich zu machen, „ist Robinson auch da?“ „Ja“, antwortete Karl, von einem zweiten viel lautern „Ja“ Robinsons aus dem Wagen kräftig unterstützt. „Halloh“, rief es zurück, „ich komme gleich.“ Robinson beugte sich aus dem Wagen. „Das ist ein Mann“, sagte er und dieses Lob Delamarches war an Karl gerichtet, an den Chauffeur, an den Polizeimann und an jeden, der es hören wollte. Oben auf dem Balkon, den man aus Zerstreutheit noch ansah, trotzdem ihn Delamarche schon verlassen hatte, erhob sich nun unter dem Sonnenschirm tatsächlich eine starke Frau in rotem Kleid, nahm den Operngucker von der Brüstung und sah durch ihn auf die Leute hinunter, die nur allmählich die Blicke von ihr wendeten. Karl sah in Erwartung des Delamarche in das Haustor und weiterhin in den Hof, den eine fast ununterbrochene Reihe von Geschäftsdienern durchquerte, von denen jeder eine kleine, aber offenbar sehr schwere Kiste auf der Achsel trug. Der Chauffeur war zu seinem Wagen getreten und putzte um die Zeit auszunützen, mit einem Fetzen die Wagenlaternen. Robinson befühlte seine Gliedmaßen, schien erstaunt über die geringen Schmerzen zu sein, die er trotz größter Aufmerksamkeit fühlen konnte und begann vorsichtig mit tief geneigtem Gesicht einen der dicken Verbände am Bein zu lösen. Der Polizeimann hielt sein schwarzes

Stöckchen quer vor sich und wartete still mit der großen Geduld, die Polizeileute haben müssen, ob sie im gewöhnlichen Dienst oder auf der Lauer sind. Der Bursche mit der zerfressenen Nase setzte sich auf einen Torstein und streckte die Beine von sich. Die Kinder näherten sich Karl allmählich mit kleinen Schritten, denn dieser schien ihnen, trotzdem er sie nicht beachtete, wegen seiner blauen Hemdärmel der wichtigste von allen zu sein.

An der Länge der Zeit, die bis zur Ankunft Delamarches vergieng, konnte man die große Höhe dieses Hauses ermessen. Und Delamarche kam sogar sehr eilig mit nur flüchtig zugezogenem Schlafrock. „Also da seid Ihr!" rief er, erfreut und streng zugleich. Bei seinen großen Schritten enthüllte sich stets für einen Augenblick seine färbige Unterkleidung. Karl begriff nicht ganz, warum Delamarche hier in der Stadt, in der riesigen Mietskaserne, auf der offenen Straße so bequem angezogen herumgieng, als sei er in seiner Privatvilla. Ebenso wie Robinson hatte auch Delamarche sich sehr verändert. Sein dunkles, glatt rasiertes, peinlich reines, von roh ausgearbeiteten Muskeln gebildetes Gesicht sah stolz und respekteinflößend aus. Der grelle Schein seiner jetzt immer etwas zusammengezogenen Augen überraschte. Sein violetter Schlafrock war zwar alt, fleckig und für ihn zu groß, aber aus diesem häßlichen Kleidungsstück bauschte sich oben eine mächtige dunkle Kravatte aus schwerer Seide. „Nun?" fragte er alle insgesammt. Der Polizeimann trat ein wenig näher und lehnte sich an den Motorkasten des Automobils. Karl gab eine kleine Erklärung. „Robinson ist ein wenig marod[1], aber wenn er sich Mühe gibt, wird er schon die Treppen hinaufgehn können; der Chauffeur hier will noch eine Nachzahlung zum Fahrtgeld, das ich schon bezahlt habe. Und jetzt gehe ich. Guten Tag." „Du gehst nicht", sagte Delamarche. „Ich habe es ihm auch schon gesagt", meldete sich Robinson aus dem Wagen. „Ich gehe doch", sagte Karl und machte ein paar Schritte. Aber Delamarche war schon hinter ihm und schob ihn mit Gewalt zurück. „Ich sage, Du bleibst", rief er. „Aber laßt mich doch", sagte Karl und machte sich bereit, wenn es nötig sein sollte, mit den Fäusten sich die Freiheit

[1] (österr.) leicht krank

zu verschaffen, so wenig Aussicht auf Erfolg gegenüber einem Mann wie Delamarche auch war. Aber da stand doch der Polizeimann, da war der Chauffeur, hie und da giengen Arbeitergruppen durch die sonst freilich ruhige Straße, würde man es denn dulden daß ihm von Delamarche ein Unrecht geschehe? In einem Zimmer hätte er mit ihm nicht allein sein wollen, aber hier? Delamarche zahlte jetzt ruhig dem Chauffeur, der unter vielen Verbeugungen den unverdient großen Betrag einsteckte und aus Dankbarkeit zu Robinson gieng und mit diesem offenbar darüber sprach, wie er am besten herausbefördert werden könnte. Karl sah sich unbeobachtet, vielleicht duldete Delamarche ein stillschweigendes Fortgehn leichter, wenn Streit vermieden werden konnte, war es natürlich am besten und so gieng Karl einfach in die Fahrbahn hinein um möglichst rasch wegzukommen. Die Kinder strömten zu Delamarche um ihn auf Karls Flucht aufmerksam zu machen, aber er mußte selbst gar nicht eingreifen, denn der Polizeimann sagte mit vorgestrecktem Stabe „halt!“

„Wie heißt Du“, fragte er, schob den Stab unter den Arm und zog langsam ein Buch hervor. Karl sah ihn jetzt zum ersten Mal genauer an, es war ein kräftiger Mann, hatte aber schon fast ganz weißes Haar. „Karl Roßmann“, sagte er. „Roßmann“, wiederholte der Polizeimann, zweifellos nur, weil er ein ruhiger und gründlicher Mensch war, aber Karl, der hier eigentlich zum ersten Mal mit amerikanischen Behörden zu tun bekam, sah schon in dieser Wiederholung das Aussprechen eines gewissen Verdachtes. Und tatsächlich konnte seine Sache nicht gut stehn, denn selbst Robinson, der doch so sehr mit seinen eigenen Sorgen beschäftigt war, bat aus dem Wagen heraus mit stummen lebhaften Handbewegungen den Delamarche, er möge Karl doch helfen. Aber Delamarche wehrte ihn mit hastigem Kopfschütteln ab und sah untätig zu, die Hände in seinen übergroßen Taschen. Der Bursche auf dem Türstein erklärte einer Frau, die jetzt erst aus dem Tore trat, den ganzen Sachverhalt von allem Anfang an. Die Kinder standen in einem Halbkreis hinter Karl und sahen still zum Polizeimann hinauf.

„Zeig Deine Ausweispapiere“, sagte der Polizeimann. Das war wohl nur eine formelle Frage, denn wenn man keinen Rock hat, wird man auch nicht viel Ausweispapiere bei sich haben. Karl schwieg deshalb auch, um lieber auf die nächste Frage ausführlich zu antworten und so den Mangel der Ausweispapiere möglichst zu vertuschen. Aber die nächste Frage war: „Du hast also keine Ausweispapiere?“ und Karl mußte nun antworten „Bei mir nicht.“ „Das ist aber schlimm“, sagte der Polizeimann, sah nachdenklich im Kreise umher und klopfte mit zwei Fingern auf den Deckel seines Buches. „Hast Du irgend einen Verdienst?“ fragte der Polizeimann schließlich. „Ich war Liftjunge“, sagte Karl. „Du warst Liftjunge, bist es also nicht mehr und wovon lebst Du denn jetzt?“ „Jetzt werde ich mir eine neue Arbeit suchen.“ „Ja bist Du denn jetzt entlassen worden?“ „Ja vor einer Stunde.“ „Plötzlich?“ „Ja“, sagte Karl und hob wie zur Entschuldigung die Hand. Die ganze Geschichte konnte er hier nicht erzählen und wenn es auch möglich gewesen wäre, so schien es doch ganz aussichtslos ein drohendes Unrecht durch Erzählung eines erlittenen Unrechtes abzuwehren. Und wenn er sein Recht nicht von der Güte der Oberköchin und von der Einsicht des Oberkellners erhalten hatte, von der Gesellschaft hier auf der Straße hatte er es gewiß nicht zu erwarten. „Und ohne Rock bist Du entlassen worden?“ fragte der Polizeimann. „Nun ja“, sagte Karl, also auch in Amerika gehörte es zur Art der Behörden, das was sie sahen noch eigens zu fragen. (Wie hatte sein Vater bei der Beschaffung des Reisepasses über die nutzlose Fragerei der Behörden sich ärgern müssen.) Karl hatte große Lust, wegzulaufen, sich irgendwo zu verstecken und keine Fragen mehr anhören zu müssen. Und nun stellte gar der Polizeimann jene Frage, vor der sich Karl am meisten gefürchtet und in deren unruhiger Voraussicht er sich bisher wahrscheinlich unvorsichtiger benommen hatte, als es sonst geschehen wäre: „In welchem Hotel warst Du denn angestellt?“ Er senkte den Kopf und antwortete nicht, auf diese Frage wollte er unbedingt nicht antworten. Es durfte nicht geschehn, daß er von einem Polizeimann escortiert wieder ins Hotel occidental zurückkäme, daß dort Verhöre stattfanden, zu denen seine Freunde und Feinde beigezogen würden, daß die Oberköchin ihre schon sehr schwach gewordene gute Meinung über Karl gänzlich aufgab, da sie ihn, den sie in der Pension Brenner vermutete, von einem Polizeimann aufgegriffen, in Hemdärmeln, ohne ihre Visitkarte zurückgekehrt fand, während der Oberkellner vielleicht nur voll Verständnis nicken, der Oberportier dagegen von der Hand Gottes sprechen würde, die den Lumpen endlich gefunden habe.

„Er war im Hotel occidental angestellt“, sagte Delamarche und trat an die Seite des Polizeimanns. „Nein“, rief Karl und stampfte mit dem Fuße auf, „es ist nicht wahr.“ Delamarche sah ihn mit spöttisch zugespitztem Munde an, als könne er noch ganz andere Dinge verraten. Unter die Kinder brachte die unerwartete Aufregung Karls große Bewegung und sie zogen zu Delamarche hin, um lieber von dort aus Karl genau anzusehn. Robinson hatte den Kopf völlig aus dem Wagen gesteckt und verhielt sich vor Spannung ganz ruhig; hie und da ein Augenzwinkern war seine einzige Bewegung. Der Bursche im Tor schlug in die Hände vor Vergnügen, die Frau neben ihm gab ihm einen Stoß mit dem Elbogen, damit er ruhig sei. Die Gepäckträger hatten gerade Frühstückspause und erschienen sämtlich mit großen Töpfen schwarzen Kaffees, in dem sie mit Stangenbroden herumrührten. Einige setzten sich auf den Trottoirrand, alle schlürften den Kaffee sehr laut.

„Sie kennen wohl den Jungen“, fragte der Polizeimann den Delamarche. „Besser als mir lieb ist“, sagte dieser. „Ich habe ihm zu seiner Zeit viel Gutes getan, er aber hat sich dafür sehr schlecht bedankt, was Sie wohl, selbst nach dem ganz kurzen Verhör das Sie mit ihm angestellt haben, leicht begreifen werden.“ „Ja“, sagte der Polizeimann, „es scheint ein verstockter Junge zu sein.“ „Das ist er“, sagte Delamarche, „aber es ist das noch nicht seine schlechteste Eigenschaft.“ „So?“ sagte der Polizeimann. „Ja“, sagte Delamarche, der nun im Reden war und dabei mit den Händen in den Taschen seinen ganzen Mantel in schwingende Bewegung brachte, „das ist ein feiner Hecht. Ich und mein Freund dort im Wagen, wir haben ihn zufällig im Elend aufgegriffen, er hatte damals keine Ahnung von amerikanischen Verhältnissen, er kam gerade aus Europa, wo man ihn auch nicht hatte brauchen können, nun wir schleppten ihn mit uns, ließen ihn mit uns leben, erklärten ihm alles, wollten ihm einen Posten verschaffen, dachten trotz aller Anzeichen, die dagegen sprachen, noch einen brauchbaren Menschen aus ihm zu machen, da verschwand er einmal in der Nacht, war einfach weg und das unter Begleitumständen, die ich lieber verschweigen will. War es so oder nicht?“ fragte Delamarche schließlich und zupfte Karl am Hemdärmel. „Zurück ihr Kinder“, rief der Polizeimann, denn diese hatten sich soweit vorgedrängt, daß Delamarche fast über eines gestolpert wäre. Inzwischen waren auch die Gepäckträger, die bisher die Interessantheit dieses Verhörs unterschätzt hatten, aufmerksam geworden und hatten sich in dichtem Ring hinter Karl versammelt, der nun auch nicht einen Schritt hätte zurücktreten können und überdies unaufhörlich in den Ohren das Durcheinander der Stimmen dieser Gepäckträger hatte, die in einem gänzlich unverständlichen vielleicht mit slavischen Worten untermischten Englisch mehr polterten als redeten.

„Danke für die Auskunft“, sagte der Polizeimann und salutierte vor Delamarche. „Jedenfalls werde ich ihn mitnehmen und dem Hotel occidental zurückgeben lassen.“ Aber Delamarche sagte: „Dürfte ich die Bitte stellen, mir den Jungen vorläufig zu überlassen, ich hätte einiges mit ihm in Ordnung zu bringen. Ich verpflichte mich, ihn dann selbst ins Hotel zurückzuführen.“ „Das kann ich nicht tun“, sagte der Polizeimann. Delamarche sagte: „Hier ist meine Visitkarte“ und reichte ihm ein Kärtchen. Der Polizeimann sah es anerkennend an, sagte aber verbindlich lächelnd: „Nein es ist vergeblich.“

So sehr sich Karl bisher vor Delamarche gehütet hatte, jetzt sah er in ihm die einzig mögliche Rettung. Es war zwar verdächtig, wie sich dieser beim Polizeimann um Karl bewarb, aber jedenfalls würde sich Delamarche leichter als der Polizeimann bewegen lassen, ihn nicht ins Hotel zurückzuführen. Und selbst wenn Karl an der Hand des Delamarche ins Hotel zurückkam, so war es viel weniger schlimm, als wenn es in Begleitung des Polizeimannes geschah. Vorläufig aber durfte natürlich Karl nicht zu erkennen geben, daß er tatsächlich zu Delamarche wollte, sonst war alles verdorben. Und unruhig sah er auf die Hand des Polizeimanns, die sich jeden Augenblick erheben konnte, um ihn zu fassen.

„Ich müßte doch wenigstens erfahren, warum er plötzlich entlassen worden ist“, sagte schließlich der Polizeimann, während Delamarche mit verdrießlichem Gesicht beiseite sah und die Visitkarte zwischen den Fingerspitzen zerdrückte. „Aber er ist doch gar nicht entlassen“, rief Robinson zu allgemeiner Überraschung und beugte sich auf den Chauffeur gestützt möglichst weit aus dem Wagen. „Im Gegenteil, er hat ja dort einen guten Posten. Im Schlafsaal ist er der oberste und kann hineinführen, wen er will. Nur ist er riesig beschäftigt und wenn man etwas von ihm haben will, muß man lange warten. Immerfort steckt er beim Oberkellner, bei der Oberköchin und ist Vertrauensperson. Entlassen ist er auf keinen Fall. Ich weiß nicht, warum er das gesagt hat. Wie kann er denn entlassen sein? Ich habe mich im Hotel schwer verletzt und da hat er den Auftrag bekommen, mich nachhause zu schaffen und weil er gerade ohne Rock war, ist er eben ohne Rock mitgefahren. Ich konnte nicht noch warten, bis er den Rock holt.“ „Nun also“, sagte Delamarche mit ausgebreiteten Armen, in einem Ton als werfe er dem Polizeimann Mangel an Menschenkenntnis vor und diese seine zwei Worte schienen in die Unbestimmtheit der Aussage Robinsons eine widerspruchslose Klarheit zu bringen.

„Ist das aber auch wahr?“ fragte der Polizeimann schon schwächer. „Und wenn es wahr ist, warum gibt der Junge vor entlassen zu sein?“ „Du sollst antworten“, sagte Delamarche. Karl sah den Polizeimann an, der hier zwischen fremden nur auf sich selbst bedachten Leuten Ordnung schaffen sollte und etwas von seinen allgemeinen Sorgen gieng auch auf Karl über. Er wollte nicht lügen und hielt die Hände fest verschlungen auf dem Rücken.

Im Tore erschien ein Aufseher und klatschte in die Hände zum Zeichen, daß die Gepäckträger wieder an ihre Arbeit gehen sollten. Sie schütteten den Bodensatz aus ihren Kaffeetöpfen und zogen verstummend mit schwankenden Schritten ins Haus. „So kommen wir zu keinem Ende“, sagte der Polizeimann und wollte Karl am Arm fassen. Karl wich noch unwillkürlich ein wenig zurück, fühlte den freien Raum, der sich ihm infolge des Abmarsches der Gepäckträger eröffnet hatte, wandte sich um und setzte sich unter einigen großen Anfangssprüngen in Lauf. Die Kinder brachen in einen einzigen Schrei aus und liefen mit ausgestreckten Ärmchen paar Schritte mit. „Haltet ihn!“ rief der Polizeimann die lange, fast leere Gasse hinab und lief unter gleichmäßigem

Ausstoßen dieses Rufes in geräuschlosem große Kraft und Übung verratendem Lauf hinter Karl her. Es war ein Glück für Karl, daß die Verfolgung in einem Arbeiterviertel stattfand. Die Arbeiter halten es nicht mit den Behörden. Karl lief mitten in der Fahrbahn, weil er dort die wenigsten Hindernisse hatte, und sah nun hie und da auf dem Trottoirrand Arbeiter stehen bleiben und ihn ruhig beobachten, während der Polizeimann ihnen sein „Haltet ihn!“ zurief und in seinem Lauf, er hielt sich kluger Weise auf dem glatten Trottoir, unaufhörlich den Stab gegen Karl hin ausstreckte. Karl hatte wenig Hoffnung und verlor sie fast ganz, als der Polizeimann nun, da sie sich Quergassen näherten, die gewiß auch Polizeipatrouillen enthielten, geradezu betäubende Pfiffe ausstieß. Karls Vorteil war lediglich seine leichte Kleidung, er flog oder besser stürzte die sich immer mehr senkende Straße herab, nur machte er zerstreut infolge seiner Verschlafenheit oft zu hohe, zeitraubende und nutzlose Sprünge. Außerdem aber hatte der Polizeimann sein Ziel ohne nachdenken zu müssen, immer vor Augen, für Karl dagegen war der Lauf doch eigentlich Nebensache, er mußte nachdenken, unter verschiedenen Möglichkeiten auswählen, immer neu sich entschließen. Sein etwas verzweifelter Plan war vorläufig die Quergassen zu vermeiden, da man nicht wissen konnte was in ihnen steckte, vielleicht würde er da geradeweg in eine Wachstube hineinlaufen; er wollte sich solange es nur gieng an diese weithin übersichtliche Straße halten, die erst tief unten in eine Brücke auslief, die kaum begonnen in Wasser- und Sonnendunst verschwand. Gerade wollte er sich nach diesem Entschluß zu schnellerem Lauf zusammennehmen, um die erste Quergasse besonders eilig zu passieren, da sah er nicht allzuweit vor sich einen Polizeimann lauernd an die dunkle Mauer eines im Schatten liegenden Hauses gedrückt, bereit im richtigen Augenblick auf Karl loszuspringen. Jetzt blieb keine Hilfe, als die Quergasse und als er gar aus dieser Gasse ganz harmlos beim Namen gerufen wurde – es schien ihm zwar zuerst eine Täuschung zu sein, denn ein Sausen hatte er schon die ganze Zeit lang in den Ohren, zögerte er nicht mehr länger und bog, um die Polizeileute möglichst zu überraschen, auf einem Fuß sich schwenkend rechtwinklig in diese Gasse ein.

Kaum war er zwei Sprünge weit gekommen – daran, daß man seinen Namen gerufen hatte hatte er schon wieder vergessen, nun pfiff auch der zweite Polizeimann, man merkte seine unverbrauchte Kraft, ferne Passanten in dieser Quergasse schienen eine raschere Gangart anzunehmen – da griff aus einer kleinen Haustüre eine Hand nach Karl und zog ihn mit den Worten „Still sein" in einen dunklen Flur. Es war Delamarche, ganz außer Athem, mit erhitzten Wangen, seine Haare klebten ihm rings um den Kopf. Den Schlafrock trug er unter dem Arm und war nur mit Hemd und Unterhose bekleidet. Die Türe, welche nicht das eigentliche Haustor war, sondern nur einen unscheinbaren Nebeneingang bildete, hatte er gleich geschlossen und versperrt. „Einen Augenblick", sagte er dann, lehnte sich mit hochgehaltenem Kopf an die Wand und atmete schwer. Karl lag fast in seinem Arm und drückte halb besinnungslos das Gesicht an seine Brust. „Da laufen die Herren", sagte Delamarche und streckte den Finger aufhorchend gegen die Tür. Wirklich liefen jetzt die zwei Polizeileute vorbei, ihr Laufen klang in der leeren Gasse, wie wenn Stahl gegen Stein geschlagen wird. „Du bist aber ordentlich hergenommen", sagte Delamarche zu Karl, der noch immer an seinem Athem würgte und kein Wort herausbringen konnte. Delamarche setzte ihn vorsichtig auf den Boden, kniete neben ihm nieder, strich ihm mehrmals über die Stirn und beobachtete ihn. „Jetzt geht es schon", sagte endlich Karl und stand mühsam auf. „Dann also los", sagte Delamarche, der seinen Schlafrock wieder angezogen hatte und schob Karl, der noch vor Schwäche den Kopf gesenkt hielt, vor sich her. Von Zeit zu Zeit schüttelte er Karl, um ihn frischer zu machen. „Du willst müde sein?" sagte er. „Du konntest doch im Freien laufen wie ein Pferd, ich aber mußte hier durch die verfluchten Gänge und Höfe schleichen. Glücklicher Weise bin ich aber auch ein Läufer." Vor Stolz gab er Karl einen weit ausgeholten Schlag auf den Rücken. „Von Zeit zu Zeit ist ein solches Wettrennen mit der Polizei eine gute Übung." „Ich war schon müde, wie ich zu laufen anfieng", sagte Karl. „Für schlechtes Laufen gibt es keine Entschuldigung", sagte Delamarche. „Wenn ich nicht wäre, hätten sie Dich schon längst gefaßt." „Ich glaube auch", sagte Karl.

„Ich bin Ihnen sehr verpflichtet." „Kein Zweifel", sagte Delamarche.

Sie giengen durch einen langen schmalen Flurgang, der mit dunklen glatten Steinen gepflastert war. Hie und da öffnete sich rechts oder links ein Treppenaufgang oder man erhielt einen Durchblick in einen andern größern Flur. Erwachsene waren kaum zu sehn, nur Kinder spielten auf den leeren Treppen. An einem Geländer stand ein kleines Mädchen und weinte, daß ihr vor Tränen das ganze Gesicht glänzte. Kaum hatte sie Delamarche bemerkt als sie mit offenem Mund nach Luft schnappend die Treppe hinauflief und sich erst hoch oben beruhigte, als sie nach häufigem Umdrehn sich überzeugt hatte, daß ihr niemand folge oder folgen wolle. „Die habe ich vor einem Augenblick niedergerannt", sagte Delamarche lachend und drohte ihr mit der Faust, worauf sie schreiend weiter hinauflief.

Auch die Höfe, durch die sie kamen, waren fast gänzlich verlassen. Nur hie und da schob ein Geschäftsdiener einen zweirädrigen Karren vor sich her, eine Frau füllte an der Pumpe eine Kanne mit Wasser, ein Briefträger durchquerte mit ruhigen Schritten den ganzen Hof, ein alter Mann mit weißem Schnauzbart saß mit übergeschlagenen Beinen vor einer Glastür und rauchte eine Pfeife, vor einem Speditionsgeschäft wurden Kisten abgeladen, die unbeschäftigten Pferde drehten gleichmütig die Köpfe, ein Mann in einem Arbeitsmantel überwachte mit einem Papier in der Hand die ganze Arbeit, in einem Bureau war das Fenster geöffnet und ein Angestellter, der an seinem Schreibpult saß, hatte sich von ihm abgewendet und sah nachdenklich hinaus, wo gerade Karl und Delamarche vorübergiengen.

„Eine ruhigere Gegend kann man sich gar nicht wünschen", sagte Delamarche. „Am Abend ist paar Stunden lang großer Lärm, aber während des Tages geht es hier musterhaft zu." Karl nickte, ihm schien die Ruhe zu groß zu sein. „Ich könnte gar nicht anderswo wohnen", sagte Delamarche, „denn Brunelda verträgt absolut keinen Lärm. Kennst Du Brunelda? Nun Du wirst sie ja sehn. Jedenfalls empfehle ich Dir, Dich möglichst still aufzuführen."

Als sie zu der Treppe kamen, die zur Wohnung des Delamarche führte, war das Automobil bereits weggefahren und der Bursche mit der zerfressenen Nase meldete, ohne über Karls Wiedererscheinen irgendwie zu staunen, er habe Robinson die Treppe hinaufgetragen. Delamarche nickte ihm bloß zu, als sei er sein Diener, der eine selbstverständliche Pflicht erfüllt habe und zog Karl, der ein wenig zögerte und auf die sonnige Straße sah, mit sich die Treppe hinauf. „Wir sind gleich oben", sagte Delamarche einigemale während des Treppensteigens, aber seine Voraussage wollte sich nicht erfüllen, immer wieder setzte sich an eine Treppe eine neue in nur unmerklich veränderter Richtung an. Einmal blieb Karl sogar stehn, nicht eigentlich vor Müdigkeit, aber vor Wehrlosigkeit gegenüber dieser Treppenlänge. „Die Wohnung liegt ja sehr hoch", sagte Delamarche, als sie weitergiengen, „aber auch das hat seine Vorteile. Man geht sehr selten aus, den ganzen Tag ist man im Schlafrock, wir haben es sehr gemütlich. Natürlich kommen in diese Höhe auch keine Besuche herauf." „Woher sollten denn die Besuche kommen", dachte Karl.

Endlich erschien auf einem Treppenabsatz Robinson vor einer geschlossenen Wohnungstür und nun waren sie angelangt; die Treppe war noch nicht einmal zu Ende sondern führte im Halbdunkel weiter, ohne daß irgendetwas auf ihren baldigen Abschluß hinzudeuten schien. „Ich habe es mir ja gedacht", sagte Robinson leise, als bedrückten ihn noch Schmerzen, „Delamarche bringt ihn! Roßmann, was wärest Du ohne Delamarche!" Robinson stand in Unterkleidung da und suchte sich nur so weit als es möglich war in die kleine Bettdecke einzuwickeln, die man ihm aus dem Hotel occidental mitgegeben hatte, es war nicht einzusehn, warum er nicht in die Wohnung gieng statt hier vor möglicherweise vorüberkommenden Leuten sich lächerlich zu machen. „Schläft sie?" fragte Delamarche. „Ich glaube nicht", sagte Robinson, „aber ich habe doch lieber gewartet, bis Du kommst." „Zuerst müssen wir schauen ob sie schläft", sagte Delamarche und beugte sich zum Schlüsselloch. Nachdem er lange unter verschiedenartigen Kopfdrehungen hindurchgeschaut hatte, erhob er sich und sagte: „Man sieht sie nicht genau, das Rouleau[1] ist heruntergelassen. Sie sitzt auf dem Kanapee, vielleicht schläft sie." „Ist sie

---

1 Rollo

denn krank?“ fragte Karl, denn Delamarche stand da, als bitte er um Rat. Nun aber fragte er in scharfem Tone zurück: „Krank?“ „Er kennt sie ja nicht“, sagte Robinson entschuldigend.
Ein paar Türen weiter waren zwei Frauen auf den Korridor getreten, sie wischten die Hände an ihren Schürzen rein, sahen auf Delamarche und Robinson und schienen sich über sie zu unterhalten. Aus einer Tür sprang noch ein ganz junges Mädchen mit glänzendem blondem Haar und schmiegte sich zwischen die zwei Frauen, indem es sich in ihre Arme einhängte.
„Das sind widerliche Weiber“, sagte Delamarche leise, aber offenbar nur aus Rücksicht auf die schlafende Brunelda, „nächstens werde ich sie bei der Polizei anzeigen und werde für Jahre Ruhe von ihnen haben. Schau nicht hin“, zischte er dann Karl an, der nichts Böses daran gefunden hatte, die Frauen anzuschaun, wenn man nun schon einmal auf dem Gang auf das Erwachen Brunelldas warten mußte. Und ärgerlich schüttelte er den Kopf, als habe er von Delamarche keine Ermahnungen anzunehmen, und wollte, um dies noch deutlicher zu zeigen, auf die Frauen zugehn, da hielt ihn aber Robinson mit den Worten „Roßmann, hüte Dich“ am Ärmel zurück und Delamarche, schon durch Karl gereizt, wurde über ein lautes Auflachen des Mädchens so wütend, daß er mit großem Anlauf Arme und Beine werfend auf die Frauen zueilte, die jede in ihre Tür wie weggeweht verschwanden. „So muß ich hier öfters die Gänge reinigen“, sagte Delamarche, als er mit langsamen Schritten zurückkehrte; da erinnerte er sich an Karls Widerstand und sagte: „Von Dir aber erwarte ich ein ganz anderes Benehmen, sonst könntest Du mit mir schlechte Erfahrungen machen.“
Da rief aus dem Zimmer eine fragende Stimme in sanftem müdem Tonfall: „Delamarche?“ „Ja“, antwortete Delamarche und sah freundlich die Tür an, „können wir eintreten?“ „O ja“, hieß es und Delamarche öffnete, nachdem er noch die zwei hinter ihm Wartenden mit einem Blick gestreift hatte, langsam die Tür.
Man trat in vollständiges Dunkel ein. Der Vorhang der Balkontüre – ein Fenster war nicht vorhanden – war bis zum Boden herabgelassen und wenig durchscheinend, außerdem aber trug die Überfüllung des Zimmers mit Möbeln und herumhängenden

Kleidern viel zur Verdunkelung des Zimmers bei. Die Luft war dumpf und man roch geradezu den Staub, der sich hier in Winkeln, die offenbar für jede Hand unzugänglich waren angesammelt hatte. Das erste was Karl beim Eintritt bemerkte, waren drei Kästen, die knapp hintereinander aufgestellt waren.

Auf dem Kanapee lag die Frau, die früher vom Balkon heruntergeschaut hatte. Ihr rotes Kleid hatte sich unten ein wenig verzogen und hieng in einem großen Zipfel bis auf den Boden, man sah ihre Beine fast bis zu den Knien, sie trug dicke weiße Wollstrümpfe, Schuhe hatte sie keine. „Das ist eine Hitze, Delamarche“, sagte sie, wendete das Gesicht von der Wand, hielt ihre Hand lässig in Schwebe gegen Delamarche hin, der sie ergriff und küßte. Karl sah nur ihr Doppelkinn an, das bei der Wendung des Kopfes auch mitrollte. „Soll ich den Vorhang vielleicht hinaufziehn lassen?“ fragte Delamarche. „Nur das nicht“, sagte sie mit geschlossenen Augen und wie verzweifelt, „dann wird es ja noch ärger.“ Karl war zum Fußende des Kanapees getreten um die Frau genauer anzusehn, er wunderte sich über ihre Klagen, denn die Hitze war gar nicht außerordentlich. „Warte, ich werde es Dir ein wenig bequemer machen“, sagte Delamarche ängstlich, öffnete oben am Hals paar Knöpfe und zog dort das Kleid auseinander, so daß der Hals und der Ansatz der Brust frei wurde und ein zarter gelblicher Spitzensaum des Hemdes erschien. „Wer ist das“, sagte die Frau plötzlich und zeigte mit dem Finger auf Karl, „warum starrt er mich so an?“ „Du fängst bald an Dich nützlich zu machen“, sagte Delamarche und schob Karl beiseite während er die Frau mit den Worten beruhigte: „Es ist nur der Junge, den ich zu Deiner Bedienung mitgebracht habe.“ „Aber ich will doch niemanden haben“, rief sie, „warum bringst Du mir fremde Leute in die Wohnung.“ „Aber die ganze Zeit wünschst Du Dir doch eine Bedienung“, sagte Delamarche und kniete nieder; auf dem Kanapee war trotz seiner großen Breite neben Brunelda nicht der geringste Platz. „Ach Delamarche“, sagte sie, „Du verstehst mich nicht und verstehst mich nicht.“ „Dann versteh ich Dich also wirklich nicht“, sagte Delamarche und nahm ihr Gesicht zwischen beide Hände. „Aber es ist ja nichts geschehn, wenn Du willst geht er augenblicklich fort.“ „Wenn er schon einmal hier ist, soll er bleiben", sagte sie nun wieder und Karl war ihr in seiner Müdigkeit für diese vielleicht gar nicht freundlich gemeinten Worte so dankbar, daß er immer in undeutlichen Gedanken an diese endlose Treppe, die er nun vielleicht gleich wieder hätte abwärtssteigen müssen, über den auf seiner Decke friedlich schlafenden Robinson hinwegtrat und trotz alles ärgerlichen Händefuchtelns des Delamarche sagte: „Ich danke Ihnen jedenfalls dafür, daß Sie mich ein wenig noch hier lassen wollen. Ich habe wohl schon vierundzwanzig Stunden nicht geschlafen, dabei genug gearbeitet und verschiedene Aufregungen gehabt. Ich bin schrecklich müde. Ich weiß gar nicht recht, wo ich bin. Wenn ich aber ein paar Stunden geschlafen habe können Sie mich ohne jede sonstige Rücksichtnahme fortschicken und ich werde gerne gehn." „Du kannst überhaupt hier bleiben", sagte die Frau und fügte ironisch hinzu: „Platz haben wir ja in Überfluß, wie Du siehst." „Du mußt also fortgehn", sagte Delamarche, „wir können Dich nicht brauchen." „Nein, er soll bleiben", sagte die Frau nun wieder im Ernste. Und Delamarche sagte zu Karl wie in Ausführung dieses Wunsches: „Also leg Dich schon irgendwo hin." „Er kann sich auf die Vorhänge legen, aber er muß sich die Stiefel ausziehn, damit er nichts zerreißt." Delamarche zeigte Karl den Platz, den sie meinte. Zwischen der Türe und den drei Schränken war ein großer Haufen von verschiedenartigsten Fenstervorhängen hingeworfen. Wenn man alle regelmäßig zusammengefaltet, die schweren zu unterst, und weiter hinauf die leichtern gelegt und schließlich die verschiedenen in den Haufen gesteckten Bretter und Holzringe herausgezogen hätte, so wäre es ein erträgliches Lager geworden, so war es nur eine schaukelnde und gleitende Masse, auf die sich aber Karl trotzdem augenblicklich legte, denn zu besondern Schlafvorbereitungen war er zu müde und mußte sich auch mit Rücksicht auf seine Gastgeber hüten, viel Umstände zu machen.

Er war schon fast im eigentlichen Schlafe, da hörte er einen lauten Schrei, erhob sich und sah die Brunelda aufrecht auf dem Kanapee sitzen, die Arme weit ausbreiten und Delamarche, der vor ihr kniete, umschlingen. Karl, dem der Anblick peinlich war, lehnte sich wieder zurück und versenkte sich in die Vorhänge zur

Fortsetzung des Schlafes. Daß er hier auch nicht zwei Tage aushalten würde, schien ihm klar zu sein, desto nötiger aber war es sich zuerst gründlich auszuschlafen, um sich dann bei völligem Verstande schnell und richtig entschließen zu können.

Aber Brunelda hatte schon Karls vor Müdigkeit groß aufgerissene Augen, die sie schon einmal erschreckt hatten, bemerkt und rief: „Delamarche, ich halte es vor Hitze nicht aus, ich brenne, ich muß mich ausziehn, ich muß baden, schick die zwei aus dem Zimmer, wohin Du willst, auf den Gang, auf den Balkon, nur daß ich sie nicht mehr sehe. Man ist in seiner eigenen Wohnung und immerfort gestört. Wenn ich mit Dir allein wäre, Delamarche. Ach Gott, sie sind noch immer da! Wie dieser unverschämte Robinson sich da in Gegenwart einer Dame in seiner Unterkleidung streckt. Und wie dieser fremde Junge, der mich vor einem Augenblick ganz wild angeschaut hat, sich wieder gelegt hat um mich zu täuschen. Nur weg mit ihnen, Delamarche, sie sind mir eine Last, sie liegen mir auf der Brust, wenn ich jetzt umkomme, ist es ihretwegen."

„Sofort sind sie draußen, zieh Dich nur schon aus", sagte Delamarche, gieng zu Robinson hin und schüttelte ihn mit dem Fuß, den er ihm auf die Brust setzte. Gleichzeitig rief er Karl zu: „Roßmann, aufstehn! Ihr müßt beide auf den Balkon! Und wehe Euch wenn Ihr früher hereinkommt, ehe man Euch ruft! Und jetzt flink, Robinson" – dabei schüttelte er Robinson stärker – „und Du Roßmann, gib Acht, daß ich nicht auch über Dich komme" – dabei klatschte er laut zweimal in die Hände. „Wie lang das dauert!" rief Brunelda auf dem Kanapee, sie hatte beim Sitzen die Beine weit auseinandergestellt, um ihrem übermäßig dicken Körper mehr Raum zu verschaffen, nur mit größter Anstrengung, unter vielem Schnaufen und häufigem Ausruhn, konnte sie sich soweit bücken um ihre Strümpfe am obersten Ende zu fassen und ein wenig herunterzuziehn, gänzlich ausziehn konnte sie sie nicht, das mußte Delamarche besorgen auf den sie nun ungeduldig wartete.

Ganz stumpf vor Müdigkeit war Karl von dem Haufen heruntergekrochen und gieng langsam zur Balkontüre, ein Stück Vorhangstoffes hatte sich ihm um den Fuß gewickelt und er schleppte es gleichgültig mit. In seiner Zerstreutheit sagte er sogar, als er an Brunelda vorübergieng: „Ich wünsche gute Nacht“ und wanderte dann an Delamarche vorbei, der den Vorhang der Balkontüre ein wenig beiseite zog auf den Balkon hinaus. Gleich hinter Karl kam Robinson wohl nicht minder schläfrig, denn er summte vor sich hin: „Immerfort maltraitiert man einen! Wenn Brunelda nicht mitkommt, gehe ich nicht auf den Balkon.“ Aber trotz dieser Versicherung gieng er ohne jeden Widerstand heraus, wo er sich, da Karl schon in den Lehnstuhl gesunken war, sofort auf den Steinboden legte.

Als Karl erwachte war es schon Abend, die Sterne standen schon am Himmel, hinter den hohen Häusern der gegenüberliegenden Straßenseite stieg der Schein des Mondes empor. Erst nach einigem Umherschauen in der unbekannten Gegend, einigem Aufatmen in der kühlen erfrischenden Luft wurde sich Karl dessen bewußt wo er war. Wie unvorsichtig war er gewesen, alle Ratschläge der Oberköchin, alle Warnungen Thereses, alle eigenen Befürchtungen hatte er vernachlässigt, saß hier ruhig auf dem Balkon des Delamarche und hatte hier gar den halben Tag verschlafen, als sei nicht hier hinter dem Vorhang Delamarche, sein großer Feind. Auf dem Boden wand sich der faule Robinson und zog Karl am Fuße, er schien ihn auch auf diese Weise geweckt zu haben, denn er sagte: „Du hast einen Schlaf Roßmann! Das ist die sorglose Jugend. Wie lange willst Du denn noch schlafen. Ich hätte Dich ja noch schlafen lassen, aber erstens ist es mir da auf dem Boden zu langweilig und zweitens habe ich einen großen Hunger. Ich bitte Dich steh ein wenig auf, ich habe da unten im Sessel drin etwas zum Essen aufgehoben, ich möchte es gern herausziehn. Du bekommst dann auch etwas.“ Und Karl, der aufstand, sah nun zu, wie Robinson, ohne aufzustehn, sich auf den Bauch herüberwälzte und mit ausgestreckten Händen unter dem Sessel eine versilberte Schale hervorzog, wie sie etwa zum Aufbewahren von Visitkarten dient. Auf dieser Schale lag aber eine halbe ganz schwarze Wurst, einige dünne Cigaretten, eine geöffnete aber noch gut gefüllte und von Öl überfließende Sardinenbüchse und eine Menge meist zerdrückter und zu einem Ballen gewordener Bonbons. Dann erschien noch ein großes Stück Brot und eine Art

Parfümflasche, die aber etwas anderes als Parfum zu enthalten schien, denn Robinson zeigte mit besonderer Genugtuung auf sie und schnalzte zu Karl hinauf. „Siehst Du Roßmann“, sagte Robinson, während er Sardine nach Sardine herunterschlang und hie und da die Hände vom Öl an einem Wolltuch reinigte, das offenbar Brunelda auf dem Balkon vergessen hatte. „Siehst Du Roßmann, so muß man sich sein Essen aufheben, wenn man nicht verhungern will. Du, ich bin ganz bei Seite geschoben. Und wenn man immerfort als Hund behandelt wird denkt man schließlich man ists wirklich. Gut, daß Du da bist, Roßmann, ich kann wenigstens mit jemandem reden. Im Haus spricht ja niemand mit mir. Wir sind verhaßt. Und alles wegen der Brunelda. Sie ist ja natürlich ein prächtiges Weib. Du –“ und er winkte Karl zu sich herab um ihm zuzuflüstern – „ich habe sie einmal nackt gesehn. Oh!“ – und in der Erinnerung an diese Freude fieng er an, Karls Beine zu drücken und zu schlagen, bis Karl ausrief: „Robinson Du bist ja verrückt“, seine Hände packte und zurückstieß.
„Du bist eben noch ein Kind, Roßmann“, sagte Robinson, zog einen Dolch, den er an einer Halsschnur trug, unter dem Hemd hervor, nahm die Dolchkappe ab und zerschnitt die harte Wurst. „Du mußt noch viel zulernen. Bist aber bei uns an der richtigen Quelle. Setz Dich doch. Willst Du nicht auch etwas essen. Nun vielleicht bekommst Du Appetit, wenn Du mir zuschaust. Trinken willst Du auch nicht? Du willst aber rein gar nichts. Und gesprächig bist Du gerade auch nicht besonders. Aber es ist ganz gleichgültig, mit wem man auf dem Balkon ist, wenn nur überhaupt jemand da ist. Ich bin nämlich sehr oft auf dem Balkon. Das macht der Brunelda solchen Spaß. Es muß ihr nur etwas einfallen, einmal ist ihr kalt, einmal heiß, einmal will sie schlafen, einmal will sie sich kämmen, einmal will sie das Mieder öffnen, einmal will sie es anziehn und da werde ich immer auf den Balkon geschickt. Manchmal tut sie wirklich das was sie sagt, aber meistens liegt sie nur so wie früher auf dem Kanapee und rührt sich nicht. Früher habe ich öfters den Vorhang so ein wenig weggezogen und durchgeschaut, aber seitdem einmal Delamarche bei einer solchen Gelegenheit – ich weiß genau daß er es nicht wollte, sondern es nur auf Bruneldas Bitte tat – mir mit der Peitsche einige Male ins Ge-

sicht geschlagen hat – siehst Du den Striemen? – wage ich nicht mehr durchzuschauen. Und so liege ich dann hier auf dem Balkon und habe kein Vergnügen außer dem Essen. Vorgestern als ich da abend so allein gelegen bin, damals war ich noch in meinen eleganten Kleidern die ich leider in Deinem Hotel verloren habe – diese Hunde! reißen einem die teuern Kleider vom Leib! – als ich also da so allein gelegen bin und durch das Geländer heruntergeschaut habe, war mir alles so traurig und ich habe zu heulen angefangen. Da ist zufällig ohne daß ich es gleich bemerkt habe, die Brunelda zu mir herausgekommen in dem roten Kleid – das paßt ihr doch von allen am besten –, hat mir ein wenig zugeschaut und hat endlich gesagt: ‚Robinsonerl, warum weinst Du?‘ Dann hat sie ihr Kleid gehoben und mir mit dem Saum die Augen abgewischt. Wer weiß, was sie noch getan hätte, wenn da nicht Delamarche nach ihr gerufen hätte und sie nicht sofort wieder ins Zimmer hätte hineingehn müssen. Natürlich habe ich gedacht, jetzt sei die Reihe an mir und habe durch den Vorhang gefragt ob ich schon ins Zimmer darf. Und was meinst Du, hat die Brunelda gesagt? ‚Nein!‘ hat sie gesagt und ‚was fällt Dir ein?‘ hat sie gesagt.“

„Warum bleibst Du denn hier, wenn man Dich so behandelt?“ fragte Karl.

„Verzeih, Roßmann, Du fragst nicht sehr gescheit“, antwortete Robinson. „Du wirst schon auch noch hier bleiben und wenn man Dich noch ärger behandelt. Übrigens behandelt man mich gar nicht so arg.“

„Nein“, sagte Karl, „ich gehe bestimmt weg und womöglich noch heute abend. Ich bleibe nicht bei Euch.“

„Wie willst Du denn z. B. das anstellen, heute abend wegzugehn?“ fragte Robinson, der das Weiche aus dem Brot herausgeschnitten hatte und sorgfältig in dem Öl der Sardinenbüchse tränkte. „Wie willst Du weggehn, wenn Du nicht einmal ins Zimmer hineingehn darfst.“

„Warum dürfen wir denn nicht hineingehn?“

„Nun solange es nicht geläutet hat dürfen wir nicht hineingehn“, sagte Robinson, der mit möglichst weit geöffnetem Mund das fette Brot verspeiste, während er mit einer Hand das vom Brot herabtropfende Öl auffieng, um von Zeit zu Zeit das noch übrige

Brot in diese als Reservoir dienende hohle Hand zu tauchen. „Es ist hier alles strenger geworden. Zuerst war da nur ein dünner Vorhang, man hat zwar nicht durchgesehn, aber am Abend hat man doch die Schatten erkannt. Das war der Brunelda unangenehm und da habe ich einen ihrer Teatermäntel zu einem Vorhang umarbeiten und statt des alten Vorhanges hier aufhängen müssen. Jetzt sieht man gar nichts mehr. Dann habe ich früher immer fragen dürfen, ob ich schon hineingehn darf und man hat mir je nach den Umständen geantwortet ‚ja' oder ‚nein', aber dann habe ich das wahrscheinlich zu sehr ausgenützt und zu oft gefragt, Brunelda konnte das nicht ertragen – sie ist trotz ihrer Dicke sehr schwach veranlagt, Kopfschmerzen hat sie oft und Gicht in den Beinen fast immer – und so wurde bestimmt, daß ich nicht mehr fragen darf, sondern daß, wenn ich hineingehn kann, auf die Tischglocke gedrückt wird. Das gibt ein solches Läuten, daß es mich selbst aus dem Schlaf weckt – ich habe einmal eine Katze zu meiner Unterhaltung hier gehabt, die ist vor Schrekken über dieses Läuten weggelaufen und nicht mehr zurückgekommen. Also geläutet hat es heute noch nicht – wenn es nämlich läutet dann darf ich nicht nur, sondern muß hineingehn – und wenn es einmal so lange nicht läutet, dann kann es noch sehr lange dauern."

„Ja", sagte Karl, „aber was für Dich gilt, muß doch noch nicht für mich gelten. Überhaupt gilt so etwas nur für den, der es sich gefallen läßt."

„Aber", rief Robinson, „warum sollte denn das nicht auch für Dich gelten? Selbstverständlich gilt es auch für Dich. Warte hier nur ruhig mit mir, bis es läutet. Dann kannst Du ja versuchen, ob Du wegkommst."

„Warum gehst Du denn eigentlich nicht fort von hier? Nur deshalb weil Delamarche Dein Freund ist oder besser war? Ist denn das ein Leben? Wäre es da nicht in Butterford besser, wohin Ihr zuerst wolltet? Oder gar in Kalifornien wo Du Freunde hast."

„Ja", sagte Robinson, „das konnte niemand voraussehn." Und ehe er weitererzählte, sagte er noch: „auf Dein Wohl, lieber Roßmann" und nahm einen langen Zug aus der Parfumflasche. „Wir waren ja damals wie Du uns so gemein hast sitzen lassen, sehr schlecht daran. Arbeit konnten wir an den ersten Tagen keine bekommen, Delamarche übrigens wollte keine Arbeit, er hätte sie schon bekommen, sondern schickte nur immer mich auf Suche und ich habe kein Glück. Er hat sich nur so herumgetrieben, aber es war schon fast Abend, da hatte er nur ein Damenportemonnaie mitgebracht, es war zwar sehr schön, aus Perlen, jetzt hat er es der Brunelda geschenkt, aber es war fast nichts darin. Dann sagte er wir sollten in die Wohnungen betteln gehn, bei dieser Gelegenheit kann man natürlich manches Brauchbare finden, wir sind also betteln gegangen und ich habe, damit es besser aussieht, vor den Wohnungstüren gesungen. Und wie schon Delamarche immer Glück hat, sind wir nur vor der zweiten Wohnung gestanden, einer sehr reichen Wohnung im Parterre, und haben an der Tür der Köchin und dem Diener etwas vorgesungen, da kommt die Dame, der diese Wohnung gehört, eben Brunelda die Treppe hinauf. Sie war vielleicht zu stark geschnürt und konnte die paar Stufen gar nicht heraufkommen. Aber wie schön sie ausgesehn hat, Roßmann! Sie hat ein ganz weißes Kleid und einen roten Sonnenschirm gehabt. Zum Ablecken war sie. Zum Austrinken war sie. Ach Gott, ach Gott war sie schön. So ein Frauenzimmer! Nein sag mir nur wie kann es so ein Frauenzimmer geben? Natürlich ist das Mädchen und der Diener gleich ihr entgegengelaufen und haben sie fast hinaufgetragen. Wir sind rechts und links von der Tür gestanden und haben salutiert, das macht man hier so. Sie ist ein wenig stehn geblieben, weil sie noch immer nicht genug Atem hatte und nun weiß ich nicht, wie das eigentlich geschehen ist, ich war durch das Hungern nicht ganz bei Verstand und sie war eben in der Nähe noch schöner und riesig breit und infolge eines besondern Mieders, ich kann es Dir dann im Kasten zeigen, überall so fest – kurz, ich habe sie ein bißchen hinten angerührt, aber ganz leicht weißt Du, nur so angerührt. Natürlich kann man das nicht dulden, daß ein Bettler eine reiche Dame anrührt. Es war ja fast keine Berührung, aber schließlich war es eben doch eine Berührung. Wer weiß, wie schlimm das ausgefallen wäre, wenn mir nicht Delamarche sofort eine Ohrfeige gegeben hätte und zwar eine solche Ohrfeige, daß ich sofort meine beiden Hände für die Wange brauchte."

„Was Ihr getrieben habt“, sagte Karl, von der Geschichte ganz gefangen genommen und setzte sich auf den Boden. „Das war also Brunelda?“

„Nun ja“, sagte Robinson, „das war Brunelda.“

„Sagtest Du nicht einmal, daß sie eine Sängerin ist?“ fragte Karl.

„Freilich ist sie eine Sängerin und eine große Sängerin“, antwortete Robinson, der eine große Bonbonmasse auf der Zunge wälzte und hie und da ein Stück, das aus dem Mund gedrängt wurde mit den Fingern wieder zurückdrückte. „Aber das wußten wir natürlich damals noch nicht, wir sahen nur daß es eine reiche und sehr feine Dame war. Sie tat, als wäre nichts geschehn und vielleicht hatte sie auch nichts gespürt, denn ich hatte sie tatsächlich nur mit den Fingerspitzen angetippt. Aber immerfort hat sie den Delamarche angesehn, der ihr wieder – wie er das schon trifft – gerade in die Augen zurückgeschaut hat. Darauf hat sie zu ihm gesagt: ‚Komm mal auf ein Weilchen herein‘ und hat mit dem Sonnenschirm in die Wohnung gezeigt, wohin Delamarche ihr vorangehn solle. Dann sind sie beide hineingegangen und die Dienerschaft hat hinter ihnen die Türe zugemacht. Mich haben sie draußen vergessen und da habe ich gedacht es wird nicht gar so lange dauern und habe mich auf die Treppe gesetzt, um Delamarche zu erwarten. Aber statt des Delamarche ist der Diener herausgekommen und hat mir eine ganze Schüssel Suppe herausgebracht, ‚eine Aufmerksamkeit des Delamarche!‘ sagte ich mir. Der Diener blieb noch während ich aß ein Weilchen bei mir stehn und erzählte mir Einiges über Brunelda und da habe ich gesehn, was für eine Bedeutung der Besuch bei Brunelda für uns haben konnte. Denn Brunelda war eine geschiedene Frau, hatte ein großes Vermögen und war vollständig selbstständig. Ihr früherer Mann ein Cacaofabrikant liebte sie zwar noch immer, aber sie wollte von ihm nicht das geringste hören. Er kam sehr oft in die Wohnung, immer sehr elegant wie zu einer Hochzeit angezogen – das ist Wort für Wort wahr, ich kenne ihn selbst – aber der Diener wagte trotz der größten Bestechung nicht Brunelda zu fragen, ob sie ihn empfangen wollte, denn er hatte einigemal schon gefragt, und immer hatte ihm Brunelda das was sie gerade bei der Hand hatte ins Gesicht geworfen. Einmal sogar ihre große gefüll-

te Wärmeflasche und mit der hatte sie ihm einen Vorderzahn ausgeschlagen. Ja, Roßmann da schaust Du!“
„Woher kennst Du den Mann?“ fragte Karl.
„Er kommt manchmal auch herauf“, sagte Robinson.
„Herauf?“ Karl schlug vor Staunen leicht mit der Hand auf den Boden.
„Du kannst ruhig staunen“, fuhr Robinson fort, „selbst ich habe gestaunt, wie mir das der Diener damals erzählt hat. Denk nur, wenn Brunelda nicht zuhause war, hat sich der Mann von dem Diener in ihre Zimmer führen lassen und immer eine Kleinigkeit als Andenken mitgenommen und immer etwas sehr Teueres und Feines für Brunelda zurückgelassen und dem Diener streng verboten zu sagen von wem es ist. Aber einmal als er etwas – wie der Diener sagte und ich glaub es – geradezu Unbezahlbares aus Porzellan mitgebracht hatte, muß Brunelda es irgendwie erkannt haben, hat es sofort auf den Boden geworfen, ist darauf herumgetreten, hat es angespuckt und noch einiges andere damit gemacht, so daß es der Diener vor Ekel kaum heraustragen konnte.“
„Was hat ihr denn der Mann getan?“ fragte Karl.
„Das weiß ich eigentlich nicht“, sagte Robinson. „Ich glaube aber, nichts besonderes, wenigstens weiß er es selbst nicht. Ich habe ja schon manchmal mit ihm darüber gesprochen. Er erwartet mich täglich dort an der Straßenecke, wenn ich komme, so muß ich ihm Neuigkeiten erzählen, kann ich nicht kommen, wartet er eine halbe Stunde und geht dann wieder weg. Es war für mich ein guter Nebenverdienst, denn er bezahlt die Nachrichten sehr vornehm, aber seit Delamarche davon erfahren hat, muß ich ihm alles abliefern und so geh ich seltener hin.“
„Aber was will der Mann haben?“ fragte Karl, „was will er denn nur haben? Er hört doch, sie will ihn nicht.“
„Ja“, seufzte Robinson, zündete sich eine Cigarette an und blies unter großen Armschwenkungen den Rauch in die Höhe. Dann schien er sich anders zu entschließen und sagte: „Was kümmert das mich? Ich weiß nur, er möchte viel Geld dafür geben, wenn er so hier auf dem Balkon liegen dürfte, wie wir.“
Karl stand auf, lehnte sich ans Geländer und sah auf die Straße hinunter. Der Mond war schon sichtbar, in die Tiefe der Gasse

drang sein Licht aber noch nicht. Die am Tag so leere Gasse war besonders vor den Haustoren gedrängt voll Menschen, alle waren in langsamer schwerfälliger Bewegung, die Hemdärmel der Männer, die hellen Kleider der Frauen hoben sich schwach vom Dunkel ab, alle waren ohne Kopfbedeckung. Die vielen Balkone ringsherum waren nun insgesamt besetzt, dort saßen beim Licht einer Glühlampe die Familien je nach der Größe des Balkons um einen kleinen Tisch herum oder bloß auf Sesseln in einer Reihe oder sie steckten wenigstens die Köpfe aus dem Zimmer hervor. Die Männer saßen breitbeinig da, die Füße zwischen den Geländerstangen hinausgestreckt und lasen Zeitungen, die fast bis auf den Boden reichten, oder spielten Karten, scheinbar stumm aber unter starken Schlägen auf die Tische, die Frauen hatten den Schooß voll Näharbeit und erübrigten nur hie und da einen kurzen Blick für ihre Umgebung oder für die Straße, eine blonde schwache Frau auf dem benachbarten Balkon gähnte immerfort, verdrehte dabei die Augen und hob immer vor den Mund ein Wäschestück, das sie gerade flickte, selbst auf den kleinsten Balkonen verstanden es die Kinder einander zu jagen, was den Eltern sehr lästig fiel. Im Innern vieler Zimmer waren Grammophone aufgestellt und bliesen Gesang oder Orchestralmusik hervor, man kümmerte sich nicht besonders um diese Musik, nur hie und da gab der Familienvater einen Wink und irgendjemand eilte ins Zimmer hinein, um eine neue Platte einzulegen. An manchen Fenstern sah man vollständig bewegungslose Liebespaare, an einem Fenster Karl gegenüber stand ein solches Paar aufrecht, der junge Mann hatte seinen Arm um das Mädchen gelegt und drückte mit der Hand ihre Brust.

„Kennst Du jemanden von den Leuten hier nebenan?“ fragte Karl Robinson, der nun auch aufgestanden war und weil es ihn fröstelte außer der Bettdecke auch noch die Decke Bruneldas um sich gewickelt hielt.

„Fast niemanden. Das ist ja eben das Schlimme an meiner Stellung“, sagte Robinson und zog Karl näher zu sich, um ihm ins Ohr flüstern zu können, „sonst hätte ich mich augenblicklich nicht gerade zu beklagen. Die Brunelda hat ja wegen des Delamarche alles was sie hatte verkauft und ist mit allen ihren Reichtümern hierher in diese Vorstadtwohnung gezogen, damit sie sich ihm ganz widmen kann und damit sie niemand stört, übrigens war das auch der Wunsch des Delamarche."

„Und die Dienerschaft hat sie entlassen?" fragte Karl.

„Ganz richtig", sagte Robinson. „Wo sollte man auch die Dienerschaft hier unterbringen? Diese Diener sind ja sehr anspruchsvolle Herren. Einmal hat Delamarche bei der Brunelda einen solchen Diener einfach mit Ohrfeigen aus dem Zimmer getrieben, da ist eine nach der andern geflogen, bis der Mann draußen war. Natürlich haben die andern Diener sich mit ihm vereinigt und vor der Tür Lärm gemacht, da ist Delamarche herausgekommen (ich war damals nicht Diener, sondern Hausfreund, aber doch war ich mit den Dienern beisammen) und hat gefragt: ‚Was wollt ihr?' Der älteste Diener, ein gewisser Isidor, hat daraufhin gesagt: ‚Sie haben mit uns nichts zu reden, unsere Herrin ist die gnädige Frau.' Wie Du wahrscheinlich merkst haben sie Brunelda sehr verehrt. Aber Brunelda ist ohne sich um sie zu kümmern, zu Delamarche gelaufen, sie war damals doch noch nicht so schwer wie jetzt, hat ihn vor allen umarmt, geküßt und ‚liebster Delamarche' genannt. ‚Und schick doch schon diese Affen weg', hat sie endlich gesagt. Affen – das sollten die Diener sein, stell Dir die Gesichter vor, die sie da machten. Dann hat die Brunelda die Hand des Delamarche zu ihrer Geldtasche hingezogen die sie am Gürtel trug, Delamarche hat hineingegriffen und also angefangen die Diener auszuzahlen, die Brunelda hat sich nur dadurch an der Auszahlung beteiligt, daß sie mit der offenen Geldtasche im Gürtel dabei gestanden ist. Delamarche mußte oft hineingreifen, denn er verteilte das Geld, ohne zu zählen und ohne die Forderungen zu prüfen. Schließlich sagte er: Da Ihr also mit mir nicht reden wollt, sage ich Euch nur im Namen Bruneldas ‚Packt Euch, aber sofort.' So sind sie entlassen worden, es gab dann noch einige Processe, Delamarche mußte sogar einmal zum Gericht, aber davon weiß ich nichts genaueres. Nur gleich nach dem Abschied der Diener hat Delamarche zur Brunelda gesagt: ‚Jetzt hast Du also keine Dienerschaft?' Sie hat gesagt: ‚Aber da ist ja Robinson.' Daraufhin hat Delamarche gesagt und hat mir dabei einen Schlag auf die Achsel gegeben: ‚Also gut, Du wirst unser Diener sein.‘ Und Brunelda hat mir dann auf die Wange geklopft, wenn sich die Gelegenheit findet, Roßmann, laß Dir auch einmal von ihr auf die Wangen klopfen, Du wirst staunen, wie schön das ist.“

„Du bist also der Diener des Delamarche geworden?“ sagte Karl zusammenfassend.

Robinson hörte das Bedauern aus der Frage heraus und antwortete: „Ich bin Diener, aber das bemerken nur wenige Leute. Du siehst, Du selbst wußtest es nicht, trotzdem Du doch schon ein Weilchen bei uns bist. Du hast ja gesehn, wie ich in der Nacht bei Euch im Hotel angezogen war. Das Feinste vom Feinen hatte ich an, gehn Diener so angezogen? Nur ist eben die Sache die, daß ich nicht oft weggehn darf, ich muß immer bei der Hand sein, in der Wirtschaft ist eben immer etwas zu tun. Eine Person ist eben zu wenig für die viele Arbeit. Wie Du vielleicht bemerkt hast, haben wir sehr viele Sachen im Zimmer herumstehn, was wir eben bei dem großen Auszug nicht verkaufen konnten, haben wir mitgenommen. Natürlich hätte man es wegschenken können, aber Brunelda schenkt nichts weg. Denk Dir nur, welche Arbeit es gegeben hat, diese Sachen die Treppe heraufzutragen.“

„Robinson, Du hast das alles heraufgetragen?“ rief Karl.

„Wer denn sonst?“ sagte Robinson. „Es war noch ein Hilfsarbeiter da, ein faules Luder, ich habe die meiste Arbeit allein machen müssen. Brunelda ist unten beim Wagen gestanden, Delamarche hat oben angeordnet, wohin die Sachen zu legen sind, und ich bin immerfort hin und hergelaufen. Es hat zwei Tage gedauert, sehr lange, nicht wahr? aber Du weißt ja gar nicht wie viel Sachen hier im Zimmer sind, alle Kästen sind voll und hinter den Kästen ist alles vollgestopft bis zur Decke hinauf. Wenn man ein paar Leute für den Transport aufgenommen hätte, wäre ja alles bald fertig gewesen, aber Brunelda wollte es niemandem außer mir anvertrauen. Das war ja sehr schön, aber ich habe damals meine Gesundheit für mein ganzes Leben verdorben und was habe ich denn sonst gehabt, als meine Gesundheit. Wenn ich mich nur ein wenig anstrenge sticht es mich hier und hier und hier. Glaubst Du, diese Jungen im Hotel, diese Grasfrösche – was sind sie denn sonst? – hätten mich jemals besiegen können, wenn ich gesund wäre. Aber was mir auch fehlen sollte, dem Delamarche und der

Brunelda sage ich kein Wort, ich werde arbeiten, solange es gehn wird und bis es nicht mehr gehn wird, werde ich mich hinlegen und sterben und dann erst, zu spät, werden sie sehn, daß ich krank gewesen bin und trotzdem immerfort und immerfort weitergearbeitet und mich in ihren Diensten zu Tode gearbeitet habe. Ach Roßmann", sagte er schließlich und trocknete die Augen an Karls Hemdärmel. Nach einem Weilchen sagte er: „Ist Dir denn nicht kalt, Du stehst da so im Hemd."

„Geh Robinson", sagte Karl, „immerfort weinst Du. Ich glaube nicht, daß Du so krank bist. Du siehst ganz gesund aus, aber weil Du immerfort da auf dem Balkon liegst, hast Du Dir so verschiedenes ausgedacht. Du hast vielleicht manchmal einen Stich in der Brust, das habe ich auch, das hat jeder. Wenn alle Menschen wegen jeder Kleinigkeit so weinen wollten, wie Du, müßten da die Leute auf allen Balkonen weinen."

„Ich weiß es besser", sagte Robinson und wischte nun die Augen mit dem Zipfel seiner Decke. „Der Student der nebenan bei der Vermieterin wohnt die auch für uns kochte, hat mir letzthin als ich das Eßgeschirr zurückbrachte gesagt: ‚Hören Sie einmal Robinson, sind Sie nicht krank?' Mir ist verboten mit den Leuten zu reden und so habe ich nur das Geschirr hingelegt und wollte weggehn. Da ist er zu mir gegangen und hat gesagt: ‚Hören Sie Mann, treiben Sie die Sache nicht zum Äußersten, Sie sind krank.' ‚Ja also ich bitte, was soll ich denn machen', habe ich gefragt. ‚Das ist Ihre Sache', hat er gesagt und hat sich umgedreht. Die andern dort bei Tisch haben gelacht, wir haben ja hier überall Feinde und so bin ich lieber weggegangen."

„Also Leuten, die Dich zum Narren halten, glaubst Du, und Leuten, die es mit Dir gut meinen, glaubst Du nicht."

„Aber ich muß doch wissen, wie mir ist", fuhr Robinson auf, kehrte aber gleich wieder zum Weinen zurück.

„Du weißt eben nicht, was Dir fehlt, Du solltest irgend eine ordentliche Arbeit für Dich suchen, statt hier den Diener des Delamarche zu machen. Denn soweit ich nach Deinen Erzählungen und nach dem, was ich selbst gesehen habe, urteilen kann, ist das hier kein Dienst, sondern eine Sklaverei. Das kann kein Mensch ertragen, das glaube ich Dir. Du aber denkst, weil Du der

Freund des Delamarche bist, darfst Du ihn nicht verlassen. Das ist falsch, wenn er nicht einsieht, was für ein elendes Leben Du führst, so hast Du ihm gegenüber nicht die geringsten Verpflichtungen mehr."

„Du glaubst also wirklich, Roßmann, daß ich mich wieder erholen werde, wenn ich das Dienen hier aufgebe."

„Gewiß", sagte Karl.

„Gewiß?" fragte nochmals Robinson.

„Ganz gewiß", sagte Karl lächelnd.

„Dann könnte ich ja gleich anfangen, mich zu erholen", sagte Robinson und sah Karl an.

„Wieso denn?" fragte dieser.

„Nun weil Du doch meine Arbeit hier übernehmen sollst", antwortete Robinson.

„Wer hat Dir denn das gesagt?" fragte Karl.

„Das ist doch ein alter Plan. Davon wird ja schon seit einigen Tagen gesprochen. Es hat damit angefangen, daß Brunelda mich ausgezankt hat, weil ich die Wohnung nicht genug sauber halte. Natürlich habe ich versprochen, daß ich alles gleich in Ordnung bringen werde. Nun ist das aber sehr schwer. Ich kann z. B. in meinem Zustand nicht überall hinkriechen, um den Staub wegzuwischen, man kann sich schon in der Mitte des Zimmers nicht rühren, wie erst dort zwischen den Möbeln und den Vorräten. Und wenn man alles genau reinigen will, muß man doch auch die Möbel von ihrem Platz wegschieben und das soll ich allein machen? Außerdem müßte das alles ganz leise geschehn, weil doch Brunelda, die ja das Zimmer kaum verläßt nicht gestört werden darf. Ich habe also zwar versprochen, daß ich alles rein machen werde, aber rein gemacht habe ich es tatsächlich nicht. Als Brunelda das bemerkt hat, hat sie zu Delamarche gesagt, daß das nicht so weiter geht und daß man noch eine Hilfskraft wird aufnehmen müssen. ‚Ich will nicht, Delamarche', hat sie gesagt, ‚daß Du mir einmal Vorwürfe machst, ich hätte die Wirtschaft nicht gut geführt. Selbst kann ich mich nicht anstrengen, das siehst Du doch ein und Robinson genügt nicht, am Anfang war er so frisch und hat sich überall umgesehn, aber jetzt ist er immerfort müde und sitzt meist in einem Winkel. Aber ein Zimmer mit soviel

Gegenständen wie das unsrige, hält sich nicht selbst in Ordnung.‘ Daraufhin hat Delamarche nachgedacht, was sich da tun ließe, denn eine beliebige Person kann man natürlich nicht in einen solchen Haushalt aufnehmen, auch zur Probe nicht, denn man paßt uns ja von allen Seiten auf. Weil ich aber Dein guter Freund bin und von Renell gehört habe, wie Du Dich im Hotel plagen mußt, habe ich Dich in Vorschlag gebracht. Delamarche war gleich einverstanden, trotzdem Du damals gegen ihn Dich so keck benommen hast, und ich habe mich natürlich sehr gefreut, daß ich Dir so nützlich sein konnte. Für Dich ist nämlich diese Stellung wie geschaffen, Du bist jung, stark und geschickt, während ich nichts mehr wert bin. Nur will ich Dir sagen, daß Du noch keineswegs aufgenommen bist, wenn Du Brunelda nicht gefällst, können wir Dich nicht brauchen. Also strenge Dich nur an, daß Du ihr angenehm bist, für das übrige werde ich schon sorgen.“

„Und was wirst Du machen, wenn ich hier Diener sein werde?“ fragte Karl, er fühlte sich so frei, der erste Schrecken, den ihm die Mitteilungen Robinsons verursacht hatten war vorüber. Delamarche hatte also keine schlimmern Absichten mit ihm, als ihn zum Diener zu machen, – hätte er schlimmere Absichten gehabt, dann hätte sie der plapperhafte Robinson gewiß verraten – wenn es aber so stand, dann getraute sich Karl noch heute Nacht den Abschied durchzuführen. Man kann niemanden zwingen einen Posten anzunehmen. Und während Karl früher genug Sorgen gehabt hatte, ob er nach seiner Entlassung aus dem Hotel genügend bald, um vor Hunger geschützt zu sein, einen passenden und womöglich nicht unansehnlichern Posten bekommen werde, schien ihm jetzt im Vergleich zu dem ihm hier zugedachten Posten, der ihm widerlich war, jeder andere Posten gut genug und selbst die stellungslose Not hätte er diesem Posten vorgezogen. Robinson das aber begreiflich zu machen, versuchte er gar nicht, besonders da Robinson jetzt in jedem Urteil durch die Hoffnung völlig befangen war, von Karl entlastet zu werden.

„Ich werde also“, sagte Robinson und begleitete die Rede mit behaglichen Handbewegungen – die Elbogen hatte er auf das Geländer aufgestützt – „zunächst Dir alles erklären und die Vorräte zeigen. Du bist gebildet und hast sicher eine schöne Schrift, Du könntest also gleich ein Verzeichnis aller der Sachen machen, die wir da haben. Das hat sich Brunelda schon längst gewünscht. Wenn morgen Vormittag schönes Wetter ist, werden wir Brunelda bitten, daß sie sich auf den Balkon setzt und inzwischen werden wir ruhig und ohne sie zu stören im Zimmer arbeiten können. Denn darauf, Roßmann, mußt Du vor allem Acht geben. Nur nicht Brunelda stören. Sie hört alles, wahrscheinlich hat sie als Sängerin so empfindliche Ohren. Du rollst z. B. das Faß mit Schnaps, das hinter den Kästen steht, heraus, es macht ja Lärm, weil es schwer ist und dort überall verschiedene Sachen herumliegen so daß man es nicht mit einemmal durchrollen kann. Brunelda liegt z. B. ruhig auf dem Kanapee und fängt Fliegen, die sie überhaupt sehr belästigen. Du glaubst also, sie kümmert sich um Dich nicht und rollst Dein Faß weiter. Sie liegt noch immer ruhig. Aber in einem Augenblick, wo Du es gar nicht erwartest und wo Du am wenigsten Lärm machst, setzt sie sich plötzlich aufrecht, schlägt mit beiden Händen auf das Kanapee, daß man sie vor Staub nicht sieht – seit wir hier sind habe ich das Kanapee nicht ausgeklopft, ich kann ja nicht, sie liegt doch immerfort darauf – und fängt schrecklich zu schreien an, wie ein Mann, und schreit so stundenlang. Das Singen haben ihr die Nachbarn verboten, das Schreien aber kann ihr niemand verbieten, sie muß schreien, übrigens geschieht es ja jetzt nur selten, ich und Delamarche sind sehr vorsichtig geworden. Es hat ihr ja auch sehr geschadet. Einmal ist sie ohnmächtig geworden und ich habe – Delamarche war gerade weg – den Studenten von nebenan holen müssen, der hat sie aus einer großen Flasche mit einer Flüssigkeit bespritzt, es hat auch geholfen, aber diese Flüssigkeit hat einen unerträglichen Geruch gehabt, noch jetzt wenn man die Nase zum Kanapee hält, riecht man es. Der Student ist sicher unser Feind, wie alle hier, Du mußt Dich auch vor allen in acht nehmen und Dich mit keinem einlassen."

„Du Robinson", sagte Karl, „das ist aber ein schwerer Dienst. Da hast Du mich für einen schönen Posten empfohlen."

„Mach Dir keine Sorgen", sagte Robinson und schüttelte mit geschlossenen Augen den Kopf um alle möglichen Sorgen Karls abzuwehren, „der Posten hat auch Vorteile wie sie Dir kein anderer Posten bieten kann. Du bist immerfort in der Nähe einer Dame wie Brunelda ist, Du schläfst manchmal mit ihr im gleichen Zimmer, das bringt schon, wie Du Dir denken kannst, verschiedene Annehmlichkeiten mit sich. Du wirst reichlich bezahlt werden, Geld ist in Menge da, ich habe als Freund des Delamarche nichts bekommen, nur wenn ich ausgegangen bin, hat mir Brunelda immer etwas mitgegeben, aber Du wirst natürlich bezahlt werden, wie ein anderer Diener. Du bist ja auch nichts anderes. Das Wichtigste für Dich aber ist, daß ich Dir den Posten sehr erleichtern werde. Zunächst werde ich natürlich nichts machen, damit ich mich erhole, aber wie ich nur ein wenig erholt bin, kannst Du auf mich rechnen. Die eigentliche Bedienung Bruneldas behalte ich überhaupt für mich, also das Frisieren und Anziehn, soweit es nicht Delamarche besorgt. Du wirst Dich nur um das Aufräumen des Zimmers, um Besorgungen und die schwereren häuslichen Arbeiten zu kümmern haben."

„Nein Robinson", sagte Karl, „das alles verlockt mich nicht."

„Mach keine Dummheiten Roßmann", sagte Robinson ganz nahe an Karls Gesicht, „verscherze Dir nicht diese schöne Gelegenheit. Wo bekommst Du denn gleich einen Posten? Wer kennt Dich? Wen kennst Du? Wir, zwei Männer, die schon viel erlebt haben und große Erfahrung besitzen, sind wochenlang herumgelaufen, ohne Arbeit zu bekommen. Es ist nicht leicht, es ist sogar verzweifelt schwer."

Karl nickte und wunderte sich, wie vernünftig Robinson auch sprechen konnte. Für ihn hatten diese Ratschläge allerdings keine Geltung, er durfte hier nicht bleiben, in der großen Stadt würde sich wohl ein Plätzchen noch für ihn finden, die ganze Nacht über, das wußte er, waren alle Gasthäuser überfüllt, man brauchte Bedienung für die Gäste, darin hatte er nun schon Übung, er würde sich schon rasch und unauffällig in irgend einen Betrieb einfügen. Gerade im gegenüberliegenden Hause war unten ein kleines Gasthaus untergebracht, aus dem eine rauschende Musik hervordrang. Der Haupteingang war nur mit einem großen gelben Vorhang verdeckt, der manchmal von einem Luftzug bewegt mächtig in die Gasse hinaus flatterte. Sonst war es in der Gasse freilich viel stiller geworden. Die meisten Balkone waren finster, nur in der Ferne fand sich noch hier oder dort ein einzelnes Licht, aber kaum faßte man es für ein Weilchen ins Auge, erhoben sich dort die Leute, und während sie in die Wohnung zurückdrängten griff ein Mann an die Glühlampe und drehte, als letzter auf dem Balkon zurückbleibend nach einem kurzen Blick auf die Gasse das Licht aus.

„Nun beginnt ja schon die Nacht", sagte sich Karl, „bleibe ich noch länger hier, gehöre ich schon zu ihnen." Er drehte sich um, um den Vorhang vor der Wohnungstür wegzuziehn. „Was willst Du?" sagte Robinson und stellte sich zwischen Karl und den Vorhang. „Weg will ich", sagte Karl, „laß mich, laß mich!" „Du willst sie doch nicht stören", rief Robinson, „was fällt Dir denn nur ein." Und er legte Karl die Arme um den Hals, hieng sich mit seiner ganzen Last an ihn, umklammerte mit den Beinen Karls Beine und zog ihn so im Augenblick auf die Erde nieder. Aber Karl hatte unter den Liftjungen ein wenig raufen gelernt, und so stieß er Robinson die Faust unter das Kinn, aber schwach und voll Schonung. Der gab Karl noch rasch und ganz rücksichtslos mit dem Knie einen vollen Stoß in den Bauch, fing dann aber, beide Hände am Kinn, so laut zu heulen an, daß von dem benachbarten Balkon ein Mann unter wildem Händeklatschen „Ruhe" befahl. Karl lag noch ein wenig still, um den Schmerz, den ihm der Stoß Robinsons verursacht hatte, zu verwinden. Er wendete nur das Gesicht zum Vorhang hin, der ruhig und schwer vor dem offenbar dunklen Zimmer hieng. Es schien ja niemand mehr im Zimmer zu sein, vielleicht war Delamarche mit Brunelda ausgegangen und Karl hatte schon völlige Freiheit. Robinson, der sich wirklich wie ein Wächterhund benahm, war ja endgiltig abgeschüttelt.

Da ertönten aus der Ferne von der Gasse her stoßweise Trommeln und Trompeten. Einzelne Rufe vieler Leute sammelten sich bald zu einem allgemeinen Schreien. Karl drehte den Kopf und sah wie sich alle Balkone von neuem belebten. Langsam erhob er sich, er konnte sich nicht ganz aufrichten und mußte sich schwer gegen das Geländer drücken. Unten auf den Trottoiren marschierten junge Burschen mit großen Schritten, ausgestreckten Armen, die Mützen in der erhobenen Hand, die Gesichter zurückgewendet. Die Fahrbahn blieb noch frei. Einzelne schwenkten auf hohen Stangen Lampione, die von einem gelblichen Rauch umhüllt waren. Gerade traten die Trommler und Trompeter in breiten Reihen ans Licht und Karl staunte über ihre Menge, da hörte er hinter sich Stimmen, drehte sich um und sah den Delamarche den schweren Vorhang heben und dann aus dem Zimmerdunkel Brunelda treten, im roten Kleid, mit einem Spitzenüberwurf um die Schultern, einem dunklen Häubchen über dem wahrscheinlich unfrisierten und bloß aufgehäuften Haar dessen Enden hie und da hervorsahen. In der Hand hielt sie einen kleinen ausgespannten Fächer, bewegte ihn aber nicht sondern drückte ihn eng an sich.

Karl schob sich am Geländer entlang zur Seite um den beiden Platz zu machen. Gewiß würde ihn niemand zum Hierbleiben zwingen, und wenn es auch Delamarche versuchen sollte, Brunelda würde ihn auf seine Bitte sofort entlassen. Sie konnte ihn ja gar nicht leiden, seine Augen erschreckten sie. Aber als er einen Schritt zur Tür hin machte, hatte sie es doch bemerkt und sagte: „Wohin denn Kleiner?“ Karl stockte vor den strengen Blicken des Delamarche und Brunelda zog ihn zu sich. „Willst Du Dir denn nicht den Aufzug unten ansehn?“ sagte sie und schob ihn vor sich an das Geländer. „Weißt Du, um was es sich handelt?“ hörte sie Karl hinter sich sagen und machte ohne Erfolg eine unwillkürliche Bewegung, um sich ihrem Druck zu entziehn. Traurig sah er auf die Gasse hinunter, als sei dort der Grund seiner Traurigkeit. Delamarche stand zuerst mit gekreuzten Armen hinter Brunelda, dann lief er ins Zimmer und brachte Brunelda den Operngucker. Unten war hinter den Musikanten der Hauptteil des Aufzuges erschienen. Auf den Schultern eines riesenhaften Mannes saß ein Herr, von dem man in dieser Höhe nichts anderes sah, als seine matt schimmernde Glatze, über der er seinen Zylinderhut ständig grüßend hoch erhoben hielt. Rings um ihn wurden offenbar Holztafeln getragen, die vom Balkon aus gesehen ganz weiß erschienen; die Anordnung war derartig getroffen, daß diese Plakate von allen Seiten sich förmlich an den Herrn anlehnten, der aus ihrer Mitte hoch hervorragte. Da alles im Gange war, lockerte sich diese Mauer von Plakaten immerfort und ordnete sich auch immerfort von neuem. Im weitern Umkreis war um den Herrn die ganze Breite der Gasse, wenn auch, soweit man im Dunkel schätzen konnte, auf eine unbedeutende Länge hin, von Anhängern des Herrn angefüllt, die sämtlich in die Hände klatschten und wahrscheinlich den Namen des Herrn, einen ganz kurzen, aber unverständlichen Namen, in einem getragenen Gesange verkündeten. Einzelne, die geschickt in der Menge verteilt waren, hatten Automobillaternen mit äußerst starkem Licht, das sie die Häuser auf beiden Seiten der Straße langsam auf- und abwärts führten. In Karls Höhe störte das Licht nicht mehr, aber auf den untern Balkonen sah man die Leute, die davon bestrichen wurden, eiligst die Hände an die Augen führen.

Delamarche erkundigte sich auf die Bitte Bruneldas bei den Leuten auf dem Nachbarbalkon, was die Veranstaltung zu bedeuten habe. Karl war ein wenig neugierig, ob und wie man ihm antworten würde. Und tatsächlich mußte Delamarche dreimal fragen, ohne eine Antwort zu bekommen. Er beugte sich schon gefährlich über das Geländer, Brunelda stampfte vor Ärger über die Nachbarn leicht auf, Karl fühlte ihr Knie. Endlich kam doch irgendeine Antwort, aber gleichzeitig fingen auf diesem Balkon, der gedrängt voll Menschen war, alle laut zu lachen an. Daraufhin schrie Delamarche etwas hinüber, so laut, daß, wenn nicht augenblicklich in der ganzen Gasse viel Lärm gewesen wäre, alles ringsherum erstaunt hätte aufhorchen müssen. Jedenfalls hatte es die Wirkung, daß das Lachen unnatürlich bald sich legte.

„Es wird morgen ein Richter in unserem Bezirk gewählt und der, den sie unten tragen, ist ein Kandidat", sagte Delamarche, vollkommen ruhig zu Brunelda zurückkehrend. „Nein!" rief er dann und klopfte liebkosend Brunelda auf den Rücken, „wir wissen schon gar nicht mehr, was in der Welt vorgeht."

„Delamarche", sagte Brunelda, auf das Benehmen der Nachbarn zurückkommend, „wie gern wollte ich übersiedeln, wenn es nicht so anstrengend wäre. Ich darf es mir aber leider nicht zutrauen."

Und unter großen Seufzern, unruhig und zerstreut, nestelte sie an Karls Hemd, der möglichst unauffällig immer wieder diese kleinen fetten Händchen wegzuschieben suchte, was ihm auch leicht gelang, denn Brunelda dachte nicht an ihn, sie war mit ganz anderen Gedanken beschäftigt.

Aber auch Karl vergaß bald Brunelda und duldete die Last ihrer Arme auf seinen Achseln, denn die Vorgänge auf der Straße nahmen ihn sehr in Anspruch. Auf Anordnung einer kleinen Gruppe gestikulierender Männer, die knapp vor dem Kandidaten marschierten und deren Unterhaltungen eine besondere Bedeutung haben mußten, denn von allen Seiten sah man lauschende Gesichter sich ihnen zuneigen, wurde unerwarteterweise vor dem Gasthaus Halt gemacht. Einer dieser maßgebenden Männer machte mit erhobener Hand ein Zeichen, das sowohl der Menge als auch dem Kandidaten galt. Die Menge verstummte und der Kandidat, der sich auf den Schultern seines Trägers mehrmals aufzustellen suchte und mehrmals in den Sitz zurückfiel, hielt eine kleine Rede, während welcher er seinen Zylinder in Windeseile hin- und herfahren ließ. Man sah das ganz deutlich, denn während seiner Rede waren alle Automobillaternen auf ihn gerichtet worden, so daß er in der Mitte eines hellen Sternes sich befand.

Nun erkannte man aber auch schon das Interesse, welches die ganze Straße an der Angelegenheit nahm. Auf den Balkonen, die von Parteigängern des Kandidaten besetzt waren, fiel man mit in das Singen seines Namens ein und ließ die weit über das Geländer vorgestreckten Hände maschinenmäßig klatschen. Auf den übrigen Balkonen, die sogar in der Mehrzahl waren, erhob sich ein starker Gegengesang, der allerdings keine einheitliche Wirkung hatte, da es sich um die Anhänger verschiedener Kandidaten handelte. Dagegen verbanden sich weiterhin alle Feinde des anwesenden Kandidaten zu einem allgemeinen Pfeifen und sogar Grammophone wurden vielfach wieder in Gang gesetzt. Zwischen den einzelnen Balkonen wurden politische Streitigkeiten mit einer durch die nächtliche Stunde verstärkten Erregung ausgetragen. Die meisten waren schon in Nachtkleidern und hatten nur Überröcke umgeworfen, die Frauen hüllten sich in große dunkle Tücher, die unbeachteten Kinder kletterten beängstigend auf den Einfassungen der Balkone umher und kamen in immer größerer Zahl aus den dunklen Zimmern, in denen sie schon geschlafen hatten, hervor. Hie und da wurden einzelne unkenntliche Gegenstände von besonders Erhitzten in der

Richtung ihrer Gegner geschleudert, manchmal gelangten sie an ihr Ziel, meist aber fielen sie auf die Straße herab, wo sie oft ein Wutgeheul hervorriefen. Wurde den führenden Männern unten der Lärm zu arg, so erhielten die Trommler und Trompeter den Auftrag, einzugreifen, und ihr schmetterndes, mit ganzer Kraft ausgeführtes, nicht endenwollendes Signal unterdrückte alle menschlichen Stimmen bis zu den Dächern der Häuser hinauf. Und immer, ganz plötzlich – man glaubte es kaum – hörten sie auf, worauf die hiefür offenbar eingeübte Menge auf der Straße in die für einen Augenblick eingetretene allgemeine Stille ihren Parteigesang emporbrüllte – man sah im Lichte der Automobillaternen den Mund jedes Einzelnen weit geöffnet – bis dann die inzwischen zur Besinnung gekommenen Gegner zehnmal so stark wie früher aus allen Balkonen und Fenstern hervorschrien und die Partei unten nach ihrem kurzen Sieg zu einem für diese Höhe wenigstens gänzlichen Verstummen brachten.

„Wie gefällt es dir, Kleiner?“ fragte Brunelda, die sich eng hinter Karl hin- und herdrehte, um mit dem Gucker möglichst alles zu übersehen. Karl antwortete nur durch Kopfnicken. Nebenbei bemerkte er, wie Robinson dem Delamarche eifrig verschiedene Mitteilungen offenbar über Karls Verhalten machte, denen aber Delamarche keine Bedeutung beizumessen schien, denn er suchte Robinson mit der Linken, mit der Rechten hatte er Brunelda umfaßt, immerfort beiseite zu schieben. „Willst du nicht durch den Gucker schauen?“ fragte Brunelda und klopfte auf Karls Brust, um zu zeigen, daß sie ihn meine.

„Ich sehe genug“, sagte Karl.

„Versuch es doch“, sagte sie, „du wirst besser sehen.“

„Ich habe gute Augen“, antwortete Karl, „ich sehe alles.“ Er empfand es nicht als Liebenswürdigkeit, sondern als Störung, als sie den Gucker seinen Augen näherte und tatsächlich sagte sie nun nichts als das eine Wort ‚du!‘ melodisch, aber drohend. Und schon hatte Karl den Gucker an seinen Augen und sah nun tatsächlich nichts.

„Ich sehe ja nichts“, sagte er und wollte den Gucker loswerden, aber den Gucker hielt sie fest und den auf ihrer Brust eingebetteten Kopf konnte er weder zurück noch seitwärts schieben.

„Jetzt siehst du aber schon“, sagte sie und drehte an der Schraube des Guckers.

„Nein, ich sehe noch immer nichts“, sagte Karl und dachte daran, daß er Robinson ohne seinen Willen nun tatsächlich entlastet habe, denn Bruneldas unerträgliche Launen wurden nun an ihm ausgelassen.

„Wann wirst du denn endlich sehen?“ sagte sie und drehte – Karl hatte nun sein ganzes Gesicht in ihrem schweren Atem – weiter an der Schraube. „Jetzt?“ fragte sie.

„Nein, nein, nein!“ rief Karl, trotzdem er nun tatsächlich, wenn auch nur sehr undeutlich, alles unterscheiden konnte. Aber gerade hatte Brunelda irgend etwas mit Delamarche zu tun, sie hielt den Gucker nur lose vor Karls Gesicht und Karl konnte, ohne daß sie es besonders beachtete, unter dem Gucker hinweg auf die Straße sehen. Später bestand sie auch nicht mehr auf ihrem Willen und benützte den Gucker für sich.

Aus dem Gasthaus unten war ein Kellner getreten und auf der Türschwelle hin und her eilend nahm er die Bestellungen der Führer entgegen. Man sah, wie er sich streckte, um das Innere des Lokals zu übersehen und möglichst viel Bedienung herbeizurufen. Während dieser offenbar einem großen Freitrinken dienenden Vorbereitungen ließ der Kandidat nicht vom Reden ab. Sein Träger, der riesige nur ihm dienende Mann, machte immer nach einigen Sätzen eine kleine Drehung, um die Rede allen Teilen der Menge zukommen zu lassen. Der Kandidat hielt sich meist ganz zusammengekrümmt und versuchte mit ruckweisen Bewegungen der einen freien Hand und des Zylinders in der andern seinen Worten möglichste Eindringlichkeit zu geben. Manchmal aber, in fast regelmäßigen Zwischenräumen durchfuhr es ihn, er erhob sich mit ausgebreiteten Armen, er redete nicht mehr eine Gruppe, sondern die Gesamtheit an, er sprach zu den Bewohnern der Häuser bis zu den höchsten Stockwerken hinauf, und doch war es vollkommen klar, daß ihn schon in den untersten Stockwerken niemand hören konnte, ja daß ihm auch, wenn die Möglichkeit gewesen wäre, niemand hätte zuhören wollen, denn jedes Fenster und jeder Balkon war doch zumindest von einem schreienden Redner besetzt. Inzwischen brachten einige

Kellner aus dem Gasthaus ein mit gefüllten leuchtenden Gläsern besetztes Brett, im Umfang eines Billards, hervor. Die Führer organisierten die Verteilung, die in Form eines Vorbeimarsches an der Gasthaustür erfolgte. Aber trotzdem die Gläser auf dem Brett immer wieder nachgefüllt wurden, genügten sie für die Menge nicht, und zwei Reihen von Schankburschen mußten rechts und links vom Brett durchschlüpfen und die Menge weiterhin versorgen. Der Kandidat hatte natürlich mit Reden aufgehört und benützte die Pause, um sich neu zu kräftigen. Abseits von der Menge und dem grellen Licht trug ihn sein Träger langsam hin und her und nur einige seiner nächsten Anhänger begleiteten ihn dort und sprachen zu ihm hinauf.

„Sieh mal den Kleinen", sagte Brunelda, „er vergißt vor lauter Schauen, wo er ist." Und sie überraschte Karl und drehte mit beiden Händen sein Gesicht sich zu, so daß sie ihm in die Augen sah. Es dauerte aber nur einen Augenblick, denn Karl schüttelte gleich ihre Hände ab, und ärgerlich darüber, daß man ihn nicht ein Weilchen lang in Ruhe ließ und gleichzeitig voll Lust auf die Straße zu gehen und alles von der Nähe anzusehen, suchte er sich nun mit aller Kraft vom Druck Bruneldas zu befreien und sagte: „Bitte, lassen Sie mich weg."

„Du wirst bei uns bleiben", sagte Delamarche, ohne den Blick von der Straße zu wenden, und streckte nur eine Hand aus, um Karl am Weggehen zu verhindern.

„Laß nur", sagte Brunelda und wehrte die Hand des Delamarche ab, „er bleibt ja schon." Und sie drückte Karl noch fester ans Geländer, er hätte mit ihr raufen müssen, um sich von ihr zu befreien. Und wenn ihm das auch gelungen wäre, was hätte er damit erreicht. Links von ihm stand Delamarche, rechts hatte sich nun Robinson aufgestellt, er war in einer regelrechten Gefangenschaft.

„Sei froh, daß man dich nicht hinauswirft", sagte Robinson und beklopfte Karl mit der Hand, die er unter Bruneldas Arm durchgezogen hatte.

„Hinauswirft?" sagte Delamarche. „Einen entlaufenen Dieb wirft man nicht hinaus, den übergibt man der Polizei. Und das kann ihm gleich morgen früh geschehen, wenn er nicht ganz ruhig ist."

Von diesem Augenblick an hatte Karl an dem Schauspiel unten keine Freude mehr. Nur gezwungen, weil er Bruneldas wegen sich nicht aufrichten konnte, beugte er sich ein wenig über das Geländer. Voll eigener Sorgen, mit zerstreuten Blicken sah er die Leute unten an, die in Gruppen von etwa zwanzig Mann vor die Gasthaustüre traten, die Gläser ergriffen, sich umdrehten und diese Gläser in der Richtung gegen den jetzt mit sich beschäftigten Kandidaten schwenkten, einen Parteigruß ausriefen, die Gläser leerten und sie, jedenfalls dröhnend, in dieser Höhe aber unhörbar, auf das Brett wieder niedersetzten, um einer neuen vor Ungeduld lärmenden Gruppe Platz zu machen. Über Auftrag der Führer war die Kapelle, die bisher im Gasthaus gespielt hatte, auf die Gasse getreten, ihre großen Blasinstrumente strahlten aus der dunklen Menge, aber ihr Spiel verging fast im allgemeinen Lärm. Die Straße war nun wenigstens auf der Seite, wo sich das Gasthaus befand, weithin mit Menschen angefüllt. Von oben, von wo Karl am Morgen im Automobil gekommen war, strömten sie herab, von unten, von der Brücke her liefen sie herauf, und selbst die Leute in den Häusern hatten der Verlockung nicht widerstehen können, in diese Angelegenheit mit eigenen Händen einzugreifen, auf den Balkonen und in den Fenstern waren fast nur Frauen und Kinder zurückgeblieben, während die Männer unten aus den Haustoren drängten. Nun aber hatte die Musik und die Bewirtung den Zweck erreicht, die Versammlung war genügend groß, ein von zwei Automobillaternen flankierter Führer winkte der Musik ab, stieß einen starken Pfiff aus und nun sah man den ein wenig abgeirrten Träger mit dem Kandidaten durch einen von Anhängern gebahnten Weg eiligst herbeikommen.

Kaum war er bei der Gasthaustüre, begann der Kandidat im Schein der nun im engen Kreis um ihn gehaltenen Automobillaternen seine neue Rede. Aber nun war alles viel schwieriger als früher, der Träger hatte nicht die geringste Bewegungsfreiheit mehr, das Gedränge war zu groß. Die nächsten Anhänger, die früher mit allen möglichen Mitteln die Wirkung der Reden des Kandidaten zu verstärken versucht hatten, hatten nun Mühe, sich in seiner Nähe zu erhalten, wohl zwanzig hielten sich mit aller Anstrengung am Träger fest. Aber selbst dieser starke Mann konnte keinen Schritt nach seinem Willen mehr machen, an eine Einflußnahme auf die Menge durch bestimmte Wendungen oder durch passendes Vorrücken oder Zurückweichen war nicht mehr zu denken. Die Menge flutete ohne Plan, einer lag am andern, keiner stand mehr aufrecht, die Gegner schienen sich durch neues Publikum sehr vermehrt zu haben, der Träger hatte sich lange in der Nähe der Gasthaustüre gehalten, nun aber ließ er sich scheinbar ohne Widerstand die Gasse auf und abwärts treiben, der Kandidat redete immerfort, aber es war nicht mehr ganz klar, ob er sein Programm auseinanderlegte oder um Hilfe rief, wenn nicht alles täuschte, hatte sich auch ein Gegenkandidat eingefunden, oder gar mehrere, denn hie und da sah man in irgendeinem plötzlich aufflammenden Licht einen von der Menge emporgehobenen Mann mit bleichem Gesicht und geballten Fäusten eine von vielstimmigen Rufen begrüßte Rede halten.

„Was geschieht denn da?“ fragte Karl und wandte sich in atemloser Verwirrung an seine Wächter.

„Wie es den Kleinen aufregt“, sagte Brunelda zu Delamarche und faßte Karl am Kinn, um seinen Kopf an sich zu ziehen. Aber das hatte Karl nicht wollen und er schüttelte sich, durch die Vorgänge auf der Straße förmlich rücksichtsloser gemacht, so stark, daß Brunelda ihn nicht nur losließ, sondern zurückwich und ihn gänzlich freigab. „Jetzt hast du genug gesehen“, sagte sie, offenbar durch Karls Benehmen böse gemacht, „geh ins Zimmer, bette auf und bereite alles für die Nacht vor.“ Sie streckte die Hand nach dem Zimmer aus. Das war ja die Richtung, die Karl schon seit einigen Stunden nehmen wollte, er widersprach mit keinem Wort. Da hörte man von der Gasse her das Krachen von vielem zersplitternden Glas. Karl konnte sich nicht bezwingen und sprang noch rasch zum Geländer, um flüchtig noch einmal hinunterzuschauen. Ein Anschlag der Gegner und vielleicht ein entscheidender war geglückt, die Automobillaternen der Anhänger, die mit ihrem starken Licht wenigstens die Hauptvorgänge vor der gesamten Öffentlichkeit geschehen ließen und dadurch alles in gewissen Grenzen gehalten hatten, waren sämtlich und gleichzeitig zerschmettert worden, den Kandidaten und seinen Träger umfing nun die gemeinsame unsichere Beleuchtung, die in ihrer plötzlichen Ausbreitung wie völlige Finsternis wirkte. Auch nicht beiläufig hätte man jetzt angeben können, wo sich der Kandidat befand, und das Täuschende des Dunkels wurde noch vermehrt durch einen gerade einsetzenden, breiten, einheitlichen Gesang, der von unten, von der Brücke her sich näherte.

„Habe ich dir nicht gesagt, was du jetzt zu tun hast", sagte Brunelda, „beeile dich. Ich bin müde", fügte sie hinzu und streckte dann die Arme in die Höhe, so daß sich ihre Brust noch viel mehr wölbte als gewöhnlich. Delamarche, der sie noch immer umfaßt hielt, zog sie mit sich in eine Ecke des Balkons. Robinson ging ihnen nach, um die Überbleibsel seines Essens, die noch dort lagen, beiseite zu schieben.

Diese günstige Gelegenheit mußte Karl ausnützen, jetzt war keine Zeit hinunterzuschauen, von den Vorgängen auf der Straße würde er unten noch genug sehen und mehr als von hier oben. In zwei Sprüngen eilte er durch das rötlich beleuchtete Zimmer, aber die Tür war verschlossen und der Schlüssel abgezogen. Der mußte jetzt gefunden werden, aber wer wollte in dieser Unordnung einen Schlüssel finden und gar in der kurzen kostbaren Zeit, die Karl zur Verfügung stand. Jetzt hätte er schon eigentlich auf der Treppe sein, hätte laufen und laufen sollen. Und nun suchte er den Schlüssel! Suchte ihn in allen zugänglichen Schubladen, stöberte auf dem Tisch herum, wo verschiedenes Eßgeschirr, Servietten und irgendeine angefangene Stickerei herumlagen, wurde durch einen Lehnstuhl angelockt, auf dem ein ganz verfitzter Haufen alter Kleidungsstücke sich befand, in denen der Schlüssel sich möglicherweise befinden aber niemals aufgefunden werden konnte, und warf sich schließlich auf das tatsächlich übelriechende Kanapee, um in allen Ecken und Falten nach dem Schlüssel zu tasten. Dann ließ er vom Suchen ab und stockte in der Mitte des Zimmers. Gewiß hatte Brunelda den Schlüssel an ihrem Gürtel befestigt, sagte er sich, dort hingen ja so viele Sachen, alles Suchen war umsonst.

Und blindlings ergriff Karl zwei Messer und bohrte sie zwischen die Türflügel, eines oben, eines unten, um zwei voneinander entfernte Angriffspunkte zu erhalten. Kaum hatte er an den Messern gezogen, brachen natürlich die Klingen entzwei. Er hatte nichts anderes wollen, die Stümpfe, die er nun fester einbohren konnte, würden desto besser halten. Und nun zog er mit aller Kraft, die Arme weit ausgebreitet, die Beine weit auseinandergestemmt, stöhnend und dabei genau auf die Tür aufpassend. Sie würde nicht auf die Dauer widerstehen können, das erkannte er mit Freuden aus dem deutlich hörbaren Sichlockern der Riegel, je langsamer es aber ging, desto richtiger war es, aufspringen durfte ja das Schloß gar nicht, sonst würde man ja auf dem Balkon aufmerksam werden, das Schloß mußte sich vielmehr ganz langsam von einander lösen und darauf arbeitete Karl mit größter Vorsicht hin, die Augen immer mehr dem Schlosse nähernd.

„Seht einmal“, hörte er da die Stimme des Delamarche. Alle drei standen im Zimmer, der Vorhang war hinter ihnen schon zugezogen, Karl mußte ihr Kommen überhört haben, die Hände sanken ihm bei dem Anblick von den Messern herab. Aber er hatte gar nicht Zeit, irgendein Wort zur Erklärung oder Entschuldigung zu sagen, denn in einem weit über die augenblickliche Gelegenheit hinausgehenden Wutanfall sprang Delamarche – sein gelöstes Schlafrockseil beschrieb eine große Figur in der Luft – auf Karl los. Karl wich noch im letzten Augenblick dem Angriff aus, er hätte die Messer aus der Tür ziehen und zur Verteidigung benützen können, aber das tat er nicht, dagegen griff er sich bückend und aufspringend nach dem breiten Schlafrockkragen des Delamarche, schlug ihn in die Höhe, zog ihn dann noch weiter hinauf – der Schlafrock war ja für Delamarche viel zu groß – und hielt nun glücklich den Delamarche beim Kopf, der allzusehr überrascht, zuerst blind mit den Händen fuchtelte und erst nach einem Weilchen, aber noch nicht mit ganzer Wirkung mit den Fäusten auf Karls Rücken schlug, der sich, um sein Gesicht zu schützen, an die Brust des Delamarche geworfen hatte. Die Faustschläge ertrug Karl, wenn er sich auch vor Schmerzen wand und wenn auch die Schläge immer stärker wurden, aber wie hätte er das nicht ertragen sollen, vor sich sah er ja den Sieg. Die Hände am Kopf des Delamarche, die Daumen wohl gerade über seinen Augen führte er ihn vor sich her gegen das ärgste Möbeldurcheinander hin und versuchte überdies mit den Fußspitzen das Schlafrockseil um die Füße des Delamarche zu schlingen und ihn auch so zu Fall zu bringen.

Da er sich aber ganz und gar mit Delamarche beschäftigen mußte, zumal er dessen Widerstand immer mehr wachsen fühlte und immer sehniger dieser feindliche Körper sich ihm entgegenstemmte, vergaß er tatsächlich, daß er nicht mit Delamarche allein war. Aber nur allzubald wurde er daran erinnert, denn plötzlich versagten seine Füße, die Robinson, der sich hinter ihm auf den Boden geworfen hatte, schreiend auseinanderpreßte. Seufzend ließ Karl von Delamarche ab, der noch einen Schritt zurückwich. Brunelda stand mit weit auseinandergestellten Beinen und gebeugten Knien in aller ihrer Breite in der Zimmermitte und verfolgte die Vorgänge mit leuchtenden Augen. Als beteilige sie sich tatsächlich an dem Kampf, atmete sie tief, visierte mit den Augen und ließ ihre Fäuste langsam vorrücken. Delamarche schlug seinen Kragen nieder, hatte nun wieder freien Blick und nun gab es natürlich keinen Kampf mehr, sondern bloß eine Bestrafung. Er faßte Karl vorn beim Hemd, hob ihn fast vom Boden und schleuderte ihn, vor Verachtung sah er ihn gar nicht an, so gewaltig gegen einen ein paar Schritte entfernten Schrank, daß Karl im ersten Augenblick meinte, die stechenden Schmerzen im Rücken und am Kopf, die ihm das Aufschlagen am Kasten verursachte, stammten unmittelbar von der Hand des Delamarche. „Du Halunke“, hörte er den Delamarche in dem Dunkel, das vor seinen zitternden Augen entstand, noch laut ausrufen. Und in der ersten Erschöpfung, in der er vor dem Kasten zusammensank, klangen ihm die Worte „Warte nur“ noch schwach in den Ohren nach.

Als er zur Besinnung kam, war es um ihn ganz finster, es mochte noch spät in der Nacht sein, vom Balkon her drang unter dem Vorhang ein leichter Schimmer des Mondlichts in das Zimmer. Man hörte die ruhigen Atemzüge der drei Schläfer, die bei weitem lautesten stammten von Brunelda, sie schnaufte im Schlaf, wie sie es bisweilen beim Reden tat; es war aber nicht leicht festzustellen, in welcher Richtung die einzelnen Schläfer sich befanden, das ganze Zimmer war von dem Rauschen ihres Atems voll. Erst nachdem er seine Umgebung ein wenig geprüft hatte, dachte Karl an sich und da erschrak er sehr, denn wenn er sich auch ganz krumm und steif von Schmerzen fühlte, so hatte er doch nicht daran gedacht, daß er eine schwere blutige Verletzung erlitten haben könnte. Nun aber hatte er eine Last auf dem Kopf und das ganze Gesicht, der Hals, die Brust unter dem Hemd waren feucht wie von Blut. Er mußte ans Licht, um seinen Zustand genau festzustellen, vielleicht hatte man ihn zum Krüppel geschlagen, dann würde ihn Delamarche wohl gerne entlassen, aber was sollte er dann anfangen, dann gab es wirklich keine Aussichten mehr für ihn. Der Bursche mit der zerfressenen Nase im Torweg fiel ihm ein und er legte einen Augenblick lang das Gesicht in seine Hände.

Unwillkürlich wendete er sich dann der Tür zu und tastete sich auf allen Vieren hin. Bald erfühlte er mit den Fingerspitzen einen Stiefel und weiterhin ein Bein. Das war Robinson, wer schlief sonst in Stiefeln? Man hatte ihm befohlen, sich quer vor die Tür zu legen, um Karl an der Flucht zu hindern. Aber kannte man denn Karls Zustand nicht? Vorläufig wollte er gar nicht entfliehen, er wollte nur ans Licht kommen. Konnte er also nicht zur Tür hinaus, so mußte er auf den Balkon.

Den Eßtisch fand er an einer offenbar ganz anderen Stelle wie am Abend, das Kanapee, dem sich Karl natürlich sehr vorsichtig näherte, war überraschenderweise leer, dagegen stieß er in der Zimmermitte auf hochgeschichtete, wenn auch stark gepreßte Kleider, Decken, Vorhänge, Polster und Teppiche. Zuerst dachte er, es sei nur ein kleiner Haufen, ähnlich dem, den er am Abend auf dem Sofa gefunden hatte und der etwa auf die Erde gerollt war, aber zu seinem Staunen bemerkte er beim Weiterkriechen, daß da eine ganze Wagenladung solcher Sachen lag, die man wahrscheinlich für die Nacht aus den Kästen herausgenommen hatte, wo sie während des Tages aufbewahrt wurden. Er umkroch den Haufen und erkannte bald, daß das Ganze eine Art Bettlager darstellte, auf dem hoch oben, wie er sich durch vorsichtigstes Tasten überzeugte, Delamarche und Brunelda ruhten.

Jetzt wußte er also, wo alle schliefen und beeilte sich nun auf den Balkon zu kommen. Es war eine ganz andere Welt, in der er sich nun, außerhalb des Vorhangs, schnell erhob. In der frischen Nachtluft, im vollen Schein des Mondes ging er einigemal auf dem Balkon auf und ab. Er sah auf die Straße, sie war ganz still, aus dem Gasthaus klang noch die Musik, aber nur gedämpft hervor, vor der Tür kehrte ein Mann das Trottoir, in der Gasse, in der am Abend innerhalb des wüsten allgemeinen Lärms das Schreien eines Wahlkandidaten von tausend anderen Stimmen nicht hatte unterschieden werden können, hörte man nun deutlich das Kratzen des Besens auf dem Pflaster.

Das Rücken eines Tisches auf dem Nachbarbalkon machte Karl aufmerksam, dort saß ja jemand und studierte. Es war ein junger Mann mit einem kleinen Spitzbart, an dem er beim Lesen, das er mit raschen Lippenbewegungen begleitete, ständig drehte. Er saß, das Gesicht Karl zugewendet, an einem kleinen mit Büchern bedeckten Tisch, die Glühlampe hatte er von der Mauer abgenommen, zwischen zwei große Bücher geklemmt und war nun von ihrem grellen Licht ganz überleuchtet.

„Guten Abend", sagte Karl, da er bemerkt zu haben glaubte, daß der junge Mann zu ihm herübergeschaut hätte.

Aber das mußte wohl ein Irrtum gewesen sein, denn der junge Mann schien ihn überhaupt noch nicht bemerkt zu haben, legte die Hand über die Augen, um das Licht abzublenden und festzustellen, wer da plötzlich grüßte, und hob dann, da er noch immer nichts sah, die Glühlampe hoch, um mit ihr auch den Nachbarbalkon ein wenig zu beleuchten.

„Guten Abend", sagte dann auch er, blickte einen Augenblick lang scharf herüber und fügte dann hinzu: „und was weiter?"

„Ich störe Sie?" fragte Karl.

„Gewiß, gewiß", sagte der Mann und brachte die Glühlampe wieder an ihren früheren Ort.

Mit diesen Worten war allerdings jede Anknüpfung abgelehnt, aber Karl verließ trotzdem die Balkonecke, in der er dem Manne am nächsten war, nicht. Stumm sah er zu, wie der Mann in seinem Buche las, die Blätter wendete, hie und da in einem andern Buche, das er immer mit Blitzesschnelle ergriff, irgend etwas nachschlug und öfters Notizen in ein Heft eintrug, wobei er immer überraschend tief das Gesicht zu dem Hefte senkte.

Ob dieser Mann vielleicht ein Student war? Es sah ganz so aus, als ob er studierte. Nicht viel anders – jetzt war es schon lange her – war Karl zu Hause am Tisch der Eltern gesessen und hatte seine Aufgaben geschrieben, während der Vater die Zeitung las oder Bucheintragungen und Korrespondenzen für einen Verein erledigte und die Mutter mit einer Näharbeit beschäftigt war und hoch den Faden aus dem Stoffe zog. Um den Vater nicht zu belästigen, hatte Karl nur das Heft und das Schreibzeug auf den Tisch gelegt, während er die nötigen Bücher rechts und links von sich auf Sesseln angeordnet hatte. Wie still war es dort gewesen! Wie selten waren fremde Leute in jenes Zimmer gekommen! Schon als kleines Kind hatte Karl immer gerne zugesehen, wenn die Mutter gegen Abend die Wohnungstür mit dem Schlüssel absperrte. Sie hatte keine Ahnung davon, daß es jetzt mit Karl soweit gekommen war, daß er fremde Türen mit Messern aufzubrechen suchte.

Und welchen Zweck hatte sein ganzes Studium gehabt! Er hatte ja alles vergessen; wenn es darauf angekommen wäre, hier sein Studium fortzusetzen, es wäre ihm sehr schwer geworden. Er erinnerte sich daran, daß er zu Hause einmal einen Monat lang krank gewesen war – welche Mühe hatte es ihn damals gekostet, sich nachher wieder in dem unterbrochenen Lernen zurechtzufinden. Und nun hatte er außer dem Lehrbuch der englischen Handelskorrespondenz schon so lange kein Buch gelesen.

„Sie, junger Mann“, hörte sich Karl plötzlich angesprochen, „könnten Sie sich nicht anderswo aufstellen? Ihr Herüberstarren stört mich schrecklich. Um zwei Uhr in der Nacht kann man doch schließlich verlangen, auf dem Balkon ungestört arbeiten zu können. Wollen Sie denn etwas von mir?“

„Sie studieren?“ fragte Karl.

„Ja, ja“, sagte der Mann und benutzte dieses für das Lernen verlorene Weilchen, um unter seinen Büchern eine neue Ordnung einzurichten.

„Dann will ich Sie nicht stören“, sagte Karl, „ich gehe überhaupt schon ins Zimmer zurück. Gute Nacht.“

Der Mann gab nicht einmal eine Antwort, mit einem plötzlichen Entschlusse hatte er sich nach Beseitigung dieser Störung wieder ans Studieren gemacht und stützte die Stirn schwer in die rechte Hand.

Da erinnerte sich Karl knapp vor dem Vorhang daran, warum er eigentlich herausgekommen war, er wußte ja noch gar nicht, wie es mit ihm stand. Was lastete nur so auf seinem Kopf? Er griff hinauf und staunte, da war keine blutige Verletzung, wie er im [redacted] des Zimmers gefürchtet hatte, es war nur ein noch im[redacted]uchter turbanartiger Verband. Er war, nach den noch hie und da hängenden Spitzenüberresten zu schließen, aus einem alten Wäschestück Bruneldas gerissen und Robinson hatte ihn wohl flüchtig Karl um den Kopf gewickelt. Nur hatte er vergessen, ihn auszuwinden, und so war während Karls Bewußtlosigkeit das viele Wasser das Gesicht herab und unter das Hemd geronnen und hatte Karl einen solchen Schrecken eingejagt.

„Sie sind wohl noch immer da?“ fragte der Mann und blinzelte herüber.

„Jetzt gehe ich aber schon wirklich“, sagte Karl, „ich wollte hier nur etwas anschauen, im Zimmer ist es ganz finster.“

„Wer sind Sie denn?“ sagte der Mann, legte den Federhalter in das vor ihm geöffnete Buch und trat an das Geländer. „Wie heißen Sie? Wie kommen Sie zu den Leuten? Sind Sie schon lange hier? Was wollen Sie denn anschauen? Drehen Sie doch Ihre Glühlampe dort auf, damit man Sie sehen kann.“

Karl tat dies, zog aber, ehe er antwortete, noch den Vorhang der Tür fester zu, damit man im Innern nichts merken konnte. „Verzeihen Sie“, sagte er dann im Flüsterton, „daß ich so leise rede. Wenn mich die drinnen hören, habe ich wieder einen Krawall.“

„Wieder?“ fragte der Mann.

„Ja“, sagte Karl, „ich habe ja erst abend einen großen Streit mit ihnen gehabt. Ich muß da noch eine fürchterliche Beule haben.“ Und er tastete hinten seinen Kopf ab.

„Was war denn das für ein Streit?“ fragte der Mann und fügte, da Karl nicht gleich antwortete, hinzu: „Mir können Sie ruhig alles anvertrauen, was Sie gegen diese Herrschaften auf dem Herzen haben. Ich hasse sie nämlich alle drei und ganz besonders Ihre Madame. Es sollte mich übrigens wundern, wenn man Sie nicht schon gegen mich gehetzt hätte. Ich heiße Josef Mendel und bin Student.“

„Ja“, sagte Karl, „erzählt hat man mir schon von Ihnen, aber nichts Schlimmes. Sie haben wohl einmal Frau Brunelda behandelt, nicht wahr?“

„Das stimmt“, sagte der Student und lachte, „riecht das Kanapee noch danach?“

„O ja“, sagte Karl.

„Das freut mich aber“, sagte der Student und fuhr mit de[redacted] durchs Haar. „Und warum macht man Ihnen Beulen?“

„Es war ein Streit“, sagte Karl im Nachdenken darüber, wie er es dem Studenten erklären sollte. Dann aber unterbrach er sich und sagte: „Störe ich Sie denn nicht?“

„Erstens“, sagte der Student, „haben Sie mich schon gestört und ich bin leider so nervös, daß ich lange Zeit brauche, um mich wieder hineinzufinden. Seit Sie da Ihre Spaziergänge auf dem Balkon angefangen haben, komme ich mit dem Studieren nicht vorwärts. Zweitens aber mache ich um drei Uhr immer eine Pause. Erzählen Sie also nur ruhig. Es interessiert mich auch.“

„Es ist ganz einfach“, sagte Karl, „Delamarche will, daß ich bei ihm Diener werde. Aber ich will nicht. Ich wäre am liebsten noch gleich abends weggegangen. Er wollte mich nicht lassen, hat die Tür abgesperrt, ich wollte sie aufbrechen und dann kam es zu der Rauferei. Ich bin unglücklich, daß ich noch hier bin.“

„Haben Sie denn eine andere Stellung?“ fragte der Student.

„Nein“, sagte Karl, „aber daran liegt mir nichts, wenn ich nur von hier fort wäre.“

„Hören Sie einmal“, sagte der Student, „daran liegt Ihnen nichts?“ Und beide schwiegen ein Weilchen.

„Warum wollen Sie denn bei den Leuten nicht bleiben?“ fragte dann der Student.

~~Set~~ Karl lässt sich einreden, dass seine Situation noch schlechter sein könnte ↓ traut sich nicht Schicksal zu veränd.

„Delamarche ist ein schlechter Mensch“, sagte Karl, „ich kenne ihn schon von früher her. Ich marschierte einmal einen Tag lang mit ihm und war froh, als ich nicht mehr bei ihm war. Und jetzt soll ich Diener bei ihm werden?“

„Wenn alle Diener bei der Auswahl ihrer Herrschaften so heikel sein wollten wie Sie!“ sagte der Student und schien zu lächeln. „Sehen Sie, ich bin während des Tages Verkäufer, niedrigster Verkäufer, eher schon Laufbursche im Warenhaus von Montly. Dieser Montly ist zweifellos ein Schurke, aber das läßt mich ganz ruhig, wütend bin ich nur, daß ich so elend bezahlt werde. Nehmen Sie sich also an mir ein Beispiel.“

„Wie?“ sagte Karl, „Sie sind bei Tag Verkäufer und in der Nacht studieren Sie?“

„Ja“, sagte der Student, „es geht nicht anders. Ich habe schon alles mögliche versucht, aber diese Lebensweise ist noch die beste. Vor Jahren war ich nur Student, bei Tag und Nacht wissen Sie, nur bin ich dabei fast verhungert, habe in einer schmutzigen alten Höhle geschlafen und wagte mich in meinem damaligen Anzug nicht in die Hörsäle. Aber das ist vorüber.“

„Aber wann schlafen Sie?“ fragte Karl und sah den Studenten verwundert an.

„Ja, schlafen!“ sagte der Student, „schlafen werde ich, wenn ich mit meinem Studium fertig bin. Vorläufig trinke ich schwarzen Kaffee.“ Und er wandte sich um, zog unter seinem Studiertisch eine große Flasche hervor, goß aus ihr schwarzen Kaffee in ein Täßchen und schüttete ihn in sich hinein, so wie man Medizinen eilig schluckt, um möglichst wenig von ihrem Geschmack zu spüren. „Eine feine Sache, der schwarze Kaffee“, sagte der Student, „schade, daß Sie so weit sind, daß ich Ihnen nicht ein wenig hinüberreichen kann.“

„Mir schmeckt schwarzer Kaffee nicht“, sagte Karl.

„Mir auch nicht“, sagte der Student und lachte. „Aber was wollte ich ohne ihn anfangen. Ohne den schwarzen Kaffee würde mich Montly keinen Augenblick behalten. Ich sage immer Montly, trotzdem der natürlich keine Ahnung hat, daß ich auf der Welt bin. Ganz genau weiß ich nicht, wie ich mich im Geschäft benehmen würde, wenn ich nicht dort im Pult eine gleich große Flasche wie diese immer vorbereitet hätte, denn ich habe noch nie gewagt, mit dem Kaffeetrinken auszusetzen, aber vertrauen Sie nur, ich würde bald hinter dem Pulte liegen und schlafen. Leider ahnt man das, sie nennen mich dort den schwarzen Kaffee, was ein blödsinniger Witz ist und mir gewiß in meinem Vorwärtskommen schon geschadet hat.“

„Und wann werden Sie mit Ihrem Studium fertig werden?“ fragte Karl.

„Es geht langsam“, sagte der Student mit gesenktem Kopf. Er verließ das Geländer und setzte sich wieder an den Tisch; die Ellbogen auf das offene Buch aufgestützt, mit den Händen durch seine Haare fahrend sagte er dann: „Es kann noch ein bis zwei Jahre dauern.“

„Ich wollte auch studieren“, sagte Karl, als gebe ihm dieser Umstand ein Anrecht auf ein noch größeres Vertrauen, als es der jetzt verstummende Student ihm gegenüber schon bewiesen hatte.

„So“, sagte der Student und es war nicht ganz klar, ob er in seinem Buche schon wieder las oder nur zerstreut hineinstarrte, „seien Sie froh, daß Sie das Studium aufgegeben haben. Ich selbst studiere schon seit Jahren eigentlich nur aus Konsequenz. Befriedigung habe ich wenig davon und Zukunftsaussichten noch weniger. Was für Aussichten wollte ich denn haben! Amerika ist voll von Schwindeldoktoren.“

„Ich wollte Ingenieur werden“, sagte Karl noch eilig zu dem scheinbar schon gänzlich unaufmerksamen Studenten hinüber.

„Und jetzt sollen Sie Diener bei diesen Leuten werden“, sagte der Student und sah flüchtig auf, „das schmerzt Sie natürlich.“

Diese Schlußfolgerung des Studenten war allerdings ein Mißverständnis, aber vielleicht konnte es Karl beim Studenten nutzen. Er fragte deshalb: „Könnte ich nicht vielleicht auch eine Stelle im Warenhaus bekommen?“

Diese Frage riß den Studenten völlig von seinem Buche los; der Gedanke, daß er Karl bei seiner Postenbewerbung behilflich sein könnte, kam ihm gar nicht. „Versuchen Sie es“, sagte er, „oder versuchen Sie es lieber nicht. Daß ich meinen Posten bei Montly bekommen habe, ist der bisher größte Erfolg meines Lebens gewesen. Wenn ich zwischen dem Studium und meinem Posten zu wählen hätte, würde ich natürlich den Posten wählen. Meine Anstrengung geht nur darauf hin, die Notwendigkeit einer solchen Wahl nicht eintreten zu lassen.“

„So schwer ist es, dort einen Posten zu bekommen“, sagte Karl mehr für sich.

„Ach was denken Sie denn“, sagte der Student, „es ist leichter, hier Bezirksrichter zu werden als Türöffner bei Montly.“

Karl schwieg. Dieser Student, der doch so viel erfahrener war als er, der den Delamarche aus irgendwelchen Karl noch unbekannten Gründen haßte, der dagegen Karl gewiß nichts Schlechtes wünschte, fand für Karl kein Wort der Aufmunterung, den Delamarche zu verlassen. Und dabei kannte er noch gar nicht die

Gefahr, die Karl von der Polizei drohte und vor der er nur bei Delamarche halbwegs geschützt war.

„Sie haben doch am Abend die Demonstration unten gesehen? Nicht wahr? Wenn man die Verhältnisse nicht kennen würde, sollte man doch denken, dieser Kandidat, er heißt Lobter, werde doch irgendwelche Aussichten haben oder er komme doch wenigstens in Betracht, nicht?“

„Ich verstehe von Politik nichts“, sagte Karl.

„Das ist ein Fehler“, sagte der Student. „Aber abgesehen davon haben Sie doch Augen und Ohren. Der Mann hat doch zweifellos Freunde und Feinde gehabt, das kann Ihnen doch nicht entgangen sein. Und nun bedenken Sie, der Mann hat meiner Meinung nach nicht die geringsten Aussichten, gewählt zu werden. Ich weiß zufällig alles über ihn, es wohnt da bei uns einer, der ihn kennt. Er ist kein unfähiger Mensch und seinen politischen Ansichten und seiner politischen Vergangenheit nach wäre gerade er der passende Richter für den Bezirk. Aber kein Mensch denkt daran, daß er gewählt werden könnte, er wird so prachtvoll durchfallen, als man durchfallen kann, er wird für die Wahlkampagne seine paar Dollars hinausgeworfen haben, das wird alles sein.“

Karl und der Student sahen einander ein Weilchen schweigend an. Der Student nickte lächelnd und drückte mit einer Hand die müden Augen.

„Nun, werden Sie noch nicht schlafen gehen?“ fragte er dann, „ich muß ja auch wieder studieren. Sehen Sie, wieviel ich noch durchzuarbeiten habe.“ Und er blätterte ein halbes Buch rasch durch, um Karl einen Begriff von der Arbeit zu geben, die noch auf ihn wartete.

„Dann also gute Nacht“, sagte Karl und verbeugte sich.

„Kommen Sie doch einmal zu uns herüber“, sagte der Student, der schon wieder an seinem Tisch saß, „natürlich nur wenn Sie Lust haben. Sie werden hier immer große Gesellschaft finden. Von neun bis zehn Uhr abends habe ich auch für Sie Zeit.“

„Sie raten mir also, bei Delamarche zu bleiben?“ fragte Karl.

„Unbedingt“, sagte der Student und senkte schon den Kopf zu seinen Büchern. Es schien, als hätte gar nicht er das Wort gesagt;

wie von einer Stimme gesprochen, die tiefer war als jene des Studenten, klang es noch in Karls Ohren nach. Langsam ging er zum Vorhang, warf noch einen Blick auf den Studenten, der jetzt ganz unbeweglich, von der großen Finsternis umgeben, in seinem Lichtschein saß, und schlüpfte ins Zimmer. Die vereinten Atemzüge der drei Schläfer empfingen ihn. Er suchte die Wand entlang das Kanapee, und als er es gefunden hatte, streckte er sich ruhig auf ihm aus, als sei es sein gewohntes Lager. Da ihm der Student, der den Delamarche und die hiesigen Verhältnisse genau kannte und überdies ein gebildeter Mann war, geraten hatte, hier zu bleiben, hatte er vorläufig keine Bedenken. So hohe Ziele wie der Student hatte er nicht, wer weiß, ob es ihm sogar zu Hause gelungen wäre, das Studium zu Ende zu führen, und wenn es zu Hause kaum möglich schien, so konnte niemand verlangen, daß er es hier im fremden Lande tue. Die Hoffnung aber, einen Posten zu finden, in dem er etwas leisten und für seine Leistungen anerkannt werden könnte, war gewiß größer, wenn er vorläufig die Dienerstelle bei Delamarche annahm und aus dieser Sicherheit heraus die günstige Gelegenheit abwartete. Es schienen sich ja in dieser Straße viele Büros mittleren und unteren Ranges zu befinden, die vielleicht im Falle des Bedarfes bei der Auswahl ihres Personals nicht gar zu wählerisch waren. Er wollte ja gern, wenn es sein mußte, Geschäftsdiener werden, aber schließlich war es ja gar nicht ausgeschlossen, daß er auch für reine Büroarbeit aufgenommen werden konnte und einstmals als Bürobeamter an seinem Schreibtisch sitzen und ohne Sorgen ein Weilchen lang aus dem offenen Fenster schauen würde wie jener Beamte, den er heute früh beim Durchmarsch durch die Höfe gesehen hatte. Beruhigend fiel ihm ein, als er die Augen schloß, daß er doch jung war und daß Delamarche ihn doch einmal freigeben würde; dieser Haushalt sah ja wirklich nicht danach aus, als sei er für die Ewigkeit gemacht. Wenn aber Karl einmal einen solchen Posten in einem Büro hätte, dann wollte er sich mit nichts anderem beschäftigen als mit seinen Büroarbeiten und nicht die Kräfte zersplittern wie der Student. Wenn es nötig sein sollte, wollte er auch die Nacht fürs Büro verwenden, was man ja im Beginn bei seiner geringen kaufmännischen Vorbildung sowieso von ihm verlangen würde. Er wollte nur an das Interesse des Geschäftes denken, dem er zu dienen hätte, und allen Arbeiten sich unterziehen, selbst solchen, die andere Bürobeamte als ihrer nicht würdig zurückweisen würden. Die guten Vorsätze drängten sich in seinem Kopf, als stehe sein künftiger Chef vor dem Kanapee und lese sie von seinem Gesicht ab.

In solchen Gedanken schlief Karl ein und nur im ersten Halbschlaf störte ihn noch ein gewaltiges Seufzen Bruneldas, die scheinbar von schweren Träumen geplagt sich auf ihrem Lager wälzte.

„Auf! Auf!“ rief Robinson, kaum daß Karl früh die Augen öffnete. Der Türvorhang war noch nicht weggezogen, aber man merkte an dem durch die Lücken einfallenden gleichmäßigen Sonnenlicht, wie spät am Vormittag es schon war. Robinson lief eilfertig mit besorgten Blicken hin und her, bald trug er ein Handtuch, bald einen Wasserkübel, bald Wäsche- und Kleidungsstücke und immer wenn er an Karl vorüberkam, suchte er ihn durch Kopfnikken zum Aufstehn aufzumuntern und zeigte durch Hochheben dessen was er gerade in der Hand hielt, wie er sich heute noch zum letzten mal für Karl plage, der natürlich am ersten Morgen von den Einzelheiten des Dienstes nichts verstehen konnte.

Aber bald sah Karl, wen Robinson eigentlich bediente. In einem durch zwei Kästen vom übrigen Zimmer abgetrennten Raum, den Karl bisher noch nicht gesehen hatte, fand eine große Waschung statt. Man sah den Kopf Bruneldas, den freien Hals – das Haar war gerade ins Gesicht geschlagen – und den Ansatz ihres Nackens über den Kasten ragen und die hie und da gehobene Hand des Delamarche hielt einen weit herumspritzenden Badeschwamm, mit dem Brunelda gewaschen und gerieben wurde. Man hörte die kurzen Befehle des Delamarche die er dem Robinson erteilte, der nicht durch den jetzt verstellten eigentlichen Zugang des Raumes die Dinge reichte, sondern auf eine kleine Lükke zwischen einem Kasten und einer spanischen Wand angewiesen war, wobei er überdies bei jeder Handreichung den Arm weit ausstrecken und das Gesicht abgewendet halten mußte. „Das Handtuch! Das Handtuch“, rief Delamarche. Und kaum erschrak Robinson, der gerade unter dem Tisch etwas anderes suchte, über diesen Auftrag und zog den Kopf unter dem Tisch hervor, hieß es schon: „Wo bleibt das Wasser, zum Teufel“, und über dem Kasten erschien hochgereckt das wütende Gesicht des Delamarche. Alles was man sonst nach Karls Meinung zum Waschen und Anziehn nur einmal brauchte, wurde hier in jeder möglichen Reihenfolge viele Male verlangt und gebracht. Auf einem kleinen elektrischen Ofen stand immer ein Kübel mit Wasser zum Wärmen und immer wieder trug Robinson die schwere Last zwischen den weit auseinandergestellten Beinen zum Waschraum hin. Bei der Fülle seiner Arbeit war es zu verstehn, wenn er sich nicht immer genau an die Befehle hielt und einmal, als wieder ein Handtuch verlangt wurde einfach ein Hemd von der großen Schlafstätte in der Zimmermitte nahm und in einem großen Knäuel über die Kästen hinüberwarf.

Aber auch Delamarche hatte schwere Arbeit und war vielleicht nur deshalb gegen Robinson so gereizt – in seiner Gereiztheit übersah er Karl glattwegs – weil er selbst Brunelda nicht zufrieden stellen konnte. „Ach“, schrie sie auf und selbst der sonst unbeteiligte Karl zuckte zusammen, „wie Du mir weh tust! Geh weg! Ich wasch mich lieber selbst, statt so zu leiden! Jetzt kann ich schon wieder den Arm nicht heben. Mir ist ganz übel wie Du mich drückst. Auf dem Rücken muß ich lauter blaue Flecke haben. Natürlich, Du wirst es mir nicht sagen. Warte, ich werde mich von Robinson anschauen lassen oder von unserem Kleinen. Nein, ich tu es ja nicht, aber sei nur ein wenig zarter. Nimm Rücksicht, Delamarche, aber das kann ich jeden Morgen wiederholen, Du nimmst und nimmst keine Rücksicht. Robinson“, rief sie dann plötzlich und schwenkte ein Spitzenhöschen über ihrem Kopf, „komm mir zur Hilfe, schau wie ich leide, diese Tortur nennt er Waschen, dieser Delamarche. Robinson, Robinson, wo bleibst Du, hast auch Du kein Herz?“ Karl machte schweigend dem Robinson ein Zeichen mit dem Finger, daß er doch hingehen möge, aber Robinson schüttelte mit gesenkten Augen überlegen den Kopf, er wußte es besser. „Was fällt Dir ein?“ sagte Robinson zu Karls Ohr gebeugt, „das ist nicht so gemeint. Nur einmal bin ich hingegangen und nicht wieder. Sie haben mich damals beide gepackt und in die Wanne getaucht, daß ich fast ertrunken wäre. Und tagelang hat mir die Brunelda vorgeworfen, daß ich schamlos bin und immer wieder hat sie gesagt: ‚Jetzt warst Du aber schon lange nicht im Bad bei mir‘ oder ‚wann wirst Du mich denn wieder im Bade anschauen kommen?‘ Erst bis ich ihr einigemal auf den Knien abgebeten habe, hat sie aufgehört. Das werde ich nicht vergessen.“ Und während Robinson das erzählte, rief Brunelda immer wieder: „Robinson! Robinson! Wo bleibt denn dieser Robinson!“

Trotzdem aber niemand ihr zur Hilfe kam und nicht einmal eine Antwort erfolgte – Robinson hatte sich zu Karl gesetzt und beide sahen schweigend zu den Kästen hin, über denen hie und da die Köpfe Bruneldas oder Delamarches erschienen – trotzdem hörte Brunelda nicht auf laut über Delamarche Klage zu führen. „Aber Delamarche“, rief sie, „jetzt spüre ich ja wieder gar nicht, daß Du mich wäschst. Wo hast Du den Schwamm? Also greif doch zu! Wenn ich mich nur bücken, wenn ich mich nur bewegen könnte! Ich wollte Dir schon zeigen, wie man wäscht. Wo sind die Mädchenzeiten, als ich dort drüben auf dem Gut der Eltern jeden Morgen im Kolorado[1] schwamm, die beweglichste von allen meinen Freundinnen. Und jetzt! Wann wirst Du denn lernen mich zu waschen, Delamarche, Du schwenkst den Schwamm herum, strengst Dich an und ich spür nichts. Wenn ich sagte, daß Du mich nicht wund drücken sollst, so meinte ich doch nicht, daß ich da stehen und mich erkälten will. Daß ich aus der Wanne spring und weglaufe so wie ich bin.“

Aber dann führte sie diese Drohung nicht aus – was sie ja auch an und für sich gar nicht imstande gewesen wäre – Delamarche schien sie aus Furcht sie könnte sich erkälten, erfaßt und in die Wanne gedrückt zu haben, denn mächtig klatschte es ins Wasser. „Das kannst Du Delamarche“, sagte Brunelda ein wenig leiser, „schmeicheln und immer wieder schmeicheln, wenn Du etwas schlecht gemacht hast.“ Dann war es ein Weilchen still. „Jetzt küßt er sie“, sagte Robinson und hob die Augenbrauen.

„Was kommt jetzt für eine Arbeit?“ fragte Karl. Da er sich nun einmal entschlossen hatte, hier zu bleiben, wollte er auch gleich seinen Dienst versehn. Er ließ Robinson, der nicht antwortete allein auf dem Kanapee und begann das große von der Last der Schläfer während der langen Nacht noch immer zusammengepreßte Lager auseinanderzuwerfen, um dann jedes einzelne Stück dieser Masse ordentlich zusammenzulegen, was wohl schon seit Wochen nicht geschehen war.

„Schau nach, Delamarche“, sagte da Brunelda, „ich glaube, sie zerwerfen unser Bett. An alles muß man denken, niemals hat

[1] Colorado, größter Fluss im Südwesten der USA

man Ruhe. Du mußt gegen die zwei strenger sein, sie machen sonst, was sie wollen." „Das ist gewiß der Kleine mit seinem verdammten Diensteifer", rief Delamarche und wollte wahrscheinlich aus dem Waschraum hervorstürzen, Karl warf schon alles aus der Hand, aber glücklicherweise sagte Brunelda: „Nicht weggehn Delamarche, nicht weggehn. Ach, wie ist das Wasser heiß, man wird so müde. Bleib bei mir Delamarche." Erst jetzt merkte Karl eigentlich, wie der Wasserdampf hinter den Kästen unaufhörlich emporstieg.

Robinson legte erschrocken die Hand an die Wange, als habe Karl etwas Schlimmes angerichtet. „Alles in dem gleichen Zustand lassen, in dem es war", erklang die Stimme des Delamarche, „wißt Ihr denn nicht, daß Brunelda nach dem Bade immer noch eine Stunde ruht? Elende Mißwirtschaft! Wartet bis ich über Euch komme. Robinson, Du träumst wahrscheinlich schon wieder. Dich, Dich allein mache ich für alles verantwortlich was geschieht. Du hast den Jungen im Zaum zu halten, hier wird nicht nach seinem Kopf gewirtschaftet. Wenn man etwas will kann man nichts von Euch bekommen, wenn nichts zu tun ist, seid Ihr fleißig. Verkriecht Euch irgendwohin und wartet, bis man Euch braucht."

Aber gleich war alles vergessen, denn Brunelda flüsterte ganz müde, als werde sie von dem heißen Wasser überflutet: „Das Parfüm! Bringt das Parfüm!" „Das Parfüm!" schrie Delamarche. „Rührt Euch." Ja aber wo war das Parfum? Karl sah Robinson an, Robinson sah Karl an. Karl merkte, daß er hier alles allein in die Hand nehmen müsse, Robinson hatte keine Ahnung wo das Parfüm war, er legte sich einfach auf den Boden, fuhr immerfort mit beiden Armen unter dem Kanapee herum, beförderte aber nichts anderes als Knäuel von Staub und Frauenhaaren heraus. Karl eilte zuerst zum Waschtisch, der gleich bei der Türe stand, aber in seinen Schubladen fanden sich nur alte englische Romane, Zeitschriften und Noten vor und alles war so überfüllt, daß man die Schubladen nicht schließen konnte, wenn man sie einmal aufgemacht hatte. „Das Parfüm", seufzte unterdessen Brunelda. „Wie lange das dauert! Ob ich heute noch mein Parfum bekomme!" Bei dieser Ungeduld Bruneldas durfte natürlich Karl nirgends gründlich suchen, er mußte sich auf den oberflächlichen ersten Eindruck verlassen. Im Waschkasten war die Flasche nicht, auf dem Waschkasten standen überhaupt nur alte Fläschchen mit Medizinen und Salben, alles andere war jedenfalls schon in den Waschraum getragen worden. Vielleicht war die Flasche in der Schublade des Eßtisches. Auf dem Weg zum Eßtisch aber – Karl dachte nur an das Parfüm, sonst an nichts – stieß er heftig mit Robinson zusammen, der das Suchen unter dem Kanapee endlich aufgegeben hatte und in einer aufdämmernden Ahnung vom Standort des Parfüms wie blind Karl entgegenlief. Man hörte deutlich das Zusammenschlagen der Köpfe, Karl blieb stumm, Robinson hielt zwar im Lauf nicht ein, schrie aber um sich den Schmerz zu erleichtern, andauernd und übertrieben laut.

„Statt das Parfum zu suchen, kämpfen sie“, sagte Brunelda. „Ich werde krank von dieser Wirtschaft, Delamarche, und werde ganz gewiß in Deinen Armen sterben. Ich muß das Parfüm haben“, rief sie dann sich aufraffend, „ich muß es unbedingt haben. Ich gehe nicht früher aus der Wanne ehe man es mir bringt und müßte ich hier bis Abend bleiben.“ Und sie schlug mit der Faust ins Wasser, man hörte es aufspritzen.

Aber auch in der Schublade des Eßtisches war das Parfüm nicht, zwar waren dort ausschließlich Toilettengegenstände Bruneldas wie alte Puderquasten, Schminktöpfchen, Haarbürsten, Löckchen und viele verfitzte und zusammengeklebte Kleinigkeiten, aber das Parfum war dort nicht. Und auch Robinson, der noch immer schreiend in einer Ecke von etwa hundert dort aufgehäuften Schachteln und Kassetten, eine nach der andern öffnete und durchkramte, wobei immer die Hälfte des Inhalts, meist Nähzeug und Briefschaften, auf den Boden fiel und dort liegen blieb, konnte nichts finden, wie er zeitweise Karl durch Kopfschütteln und Achselzucken anzeigte.

Da sprang Delamarche in Unterkleidung aus dem Waschraum hervor, während man Brunelda krampfhaft weinen hörte. Karl und Robinson ließen vom Suchen ab und sahen den Delamarche an, der ganz und gar durchnäßt, auch vom Gesicht und von den Haaren rann ihm das Wasser, ausrief: „Jetzt also fangt gefälligst zu suchen an.“ „Hier!“ befahl er zuerst Karl zu suchen und dann

„dort!“ dem Robinson. Karl suchte wirklich und überprüfte auch noch die Plätze, zu denen Robinson schon kommandiert worden war, aber er fand ebensowenig das Parfum, wie Robinson, der eifriger, als er suchte, seitlich nach Delamarche ausschaute, der soweit der Raum reichte stampfend im Zimmer auf- und abgieng und gewiß am liebsten sowohl Karl wie Robinson durchgeprügelt hätte.

„Delamarche“, rief Brunelda, „komm mich doch wenigstens abtrocknen. Die zwei finden ja das Parfum doch nicht und bringen nur alles in Unordnung. Sie sollen sofort mit dem Suchen aufhören. Aber gleich! Und alles aus der Hand legen! Und nichts mehr anrühren! Sie möchten wohl aus der Wohnung einen Stall machen. Nimm sie beim Kragen Delamarche, wenn sie nicht aufhören! Aber sie arbeiten ja noch immer, gerade ist eine Schachtel gefallen. Sie sollen sie nicht mehr aufheben, alles liegen lassen und aus dem Zimmer heraus! Riegel hinter ihnen die Tür zu und komm zu mir. Ich liege ja schon viel zu lange im Wasser, die Beine habe ich schon ganz kalt.“

„Gleich Brunelda gleich“, rief Delamarche und eilte mit Karl und Robinson zur Tür. Ehe er sie aber entließ, gab er ihnen den Auftrag das Frühstück zu holen und womöglich von jemandem ein gutes Parfüm für Brunelda auszuborgen.

„Das ist eine Unordnung und ein Schmutz bei Euch“, sagte Karl draußen auf dem Gang, „gleich wie wir mit dem Frühstück zurückkommen, müssen wir zu ordnen anfangen.“

„Wenn ich nur nicht so leidend wäre“, sagte Robinson. „Und diese Behandlung!“ Gewiß kränkte sich Robinson darüber, daß Brunelda zwischen ihm, der sie doch schon monatelang bediente und Karl, der erst gestern eingetreten war, nicht den geringsten Unterschied machte. Aber er verdiente es nicht besser und Karl sagte: „Du mußt Dich ein wenig zusammennehmen.“ Um ihn aber nicht gänzlich seiner Verzweiflung zu überlassen, fügte er hinzu: „Es wird ja nur eine einmalige Arbeit sein. Ich werde Dir hinter den Kästen ein Lager machen, und wenn nur einmal alles ein wenig geordnet ist, wirst Du dort den ganzen Tag liegen können, Dich um gar nichts kümmern müssen und sehr bald gesund werden.“

„Jetzt siehst Du es also selbst ein wie es mit mir steht“, sagte Robinson und wandte das Gesicht von Karl ab, um mit sich und seinem Leid allein zu sein. „Aber werden sie mich denn jemals ruhig liegen lassen?“

„Wenn Du willst, werde ich darüber selbst mit Delamarche und Brunelda reden.“

„Nimmt denn Brunelda irgend eine Rücksicht?“ rief Robinson aus und stieß, ohne daß er Karl darauf vorbereitet hätte, mit der Faust eine Tür auf, zu der sie eben gekommen waren.

Sie traten in eine Küche ein, von deren Herd, der reparaturbedürftig schien, geradezu schwarze Wölkchen aufstiegen. Vor der Herdtüre kniete eine der Frauen, die Karl gestern auf dem Korridor gesehen hatte und legte mit den bloßen Händen große Kohlenstücke in das Feuer, das sie nach allen Richtungen hin prüfte. Dabei seufzte sie in ihrer für eine alte Frau unbequemen knieenden Stellung.

„Natürlich, da kommt auch noch diese Plage“, sagte sie beim Anblick Robinsons, erhob sich mühselig, die Hand auf der Kohlenkiste, und schloß die Herdtüre, deren Griff sie mit ihrer Schürze umwickelt hatte. „Jetzt um vier Uhr nachmittags“ – Karl staunte die Küchenuhr an – „müßt ihr noch frühstücken? Bande!“

„Setzt Euch“, sagte sie dann, „und wartet bis ich für Euch Zeit habe.“

Robinson zog Karl auf ein Bänkchen in der Nähe der Türe nieder und flüsterte ihm zu: „Wir müssen ihr folgen. Wir sind nämlich von ihr abhängig. Wir haben unser Zimmer von ihr gemietet und sie kann uns natürlich jeden Augenblick kündigen. Aber wir können doch nicht die Wohnung wechseln, wie sollen wir denn wieder alle die Sachen wegschaffen und vor allem ist doch Brunelda nicht transportabel.“

„Und hier auf dem Gang ist kein anderes Zimmer zu bekommen?“ fragte Karl.

„Es nimmt uns ja niemand auf“, antwortete Robinson, „im ganzen Haus nimmt uns niemand auf.“

So saßen sie still auf ihrem Bänkchen und warteten. Die Frau lief immerfort zwischen zwei Tischen, einem Waschbottich und dem Herd hin und her. Aus ihren Ausrufen erfuhr man, daß ihre Tochter unwohl war und sie deshalb alle Arbeit, nämlich die Bedienung und Verpflegung von dreißig Mietern allein besorgen mußte. Nun war noch überdies der Ofen schadhaft, das Essen wollte nicht fertig werden, in zwei riesigen Töpfen wurde eine dicke Suppe gekocht und wie oft die Frau auch sie mit Schöpflöffeln untersuchte und aus der Höhe herabfließen ließ, die Suppe wollte nicht gelingen, es mußte wohl das schlechte Feuer daran schuld sein und so setzte sie sich vor der Herdtüre fast auf den Boden und arbeitete mit dem Schürhaken in der glühenden Kohle herum. Der Rauch von dem die Küche erfüllt war, reizte sie zum Husten der sich manchmal so verstärkte, daß sie nach einem Stuhl griff und minutenlang nichts anderes tat als hustete. Öfters machte sie die Bemerkung, daß sie das Frühstück heute überhaupt nicht mehr liefern werde, weil sie dazu weder Zeit noch Lust habe. Da Karl und Robinson einerseits den Befehl hatten, das Frühstück zu holen, andererseits aber keine Möglichkeit es zu erzwingen, antworteten sie auf solche Bemerkungen nicht, sondern blieben still sitzen wie zuvor.

Ringsherum auf Sesseln und Fußbänkchen, auf und unter den Tischen, ja selbst auf der Erde in einen Winkel zusammengedrängt stand noch das ungewaschene Frühstücksgeschirr der Mieter. Da waren Kännchen in denen sich noch ein wenig Kaffee oder Milch vorfinden würde, auf manchen Tellerchen gab es noch Überbleibsel von Butter, aus einer umgefallenen großen Blechbüchse war Cakes weit herausgerollt. Es war schon möglich aus dem allen ein Frühstück zusammenzustellen, an dem Brunelda, wenn sie seinen Ursprung nicht erfuhr, nicht das geringste hätte aussetzen können. Als Karl das bedachte und ein Blick auf die Uhr ihm zeigte, daß sie nun schon eine halbe Stunde hier warteten und Brunelda vielleicht wütete und Delamarche gegen die Dienerschaft aufhetzte, rief gerade die Frau aus einem Husten heraus – während dessen sie Karl anstarrte –: „Ihr könnt hier schon sitzen, aber das Frühstück bekommt ihr nicht. Dagegen bekommt ihr in zwei Stunden das Nachtmahl.“

„Komm Robinson“, sagte Karl, „wir werden uns das Frühstück selbst zusammenstellen.“ „Wie?“ rief die Frau mit geneigtem Kopf. „Seien Sie doch bitte vernünftig“, sagte Karl, „warum wollen

Sie uns denn das Frühstück nicht geben? Nun warten wir schon eine halbe Stunde, das ist lang genug. Man bezahlt Ihnen doch alles und gewiß zahlen wir bessere Preise als alle andern. Daß wir so spät frühstücken ist gewiß für Sie lästig, aber wir sind Ihre Mieter, haben die Gewohnheit spät zu frühstücken und Sie müssen sich eben auch ein wenig für uns einrichten. Heute wird es Ihnen natürlich wegen der Krankheit Ihres Fräulein Tochter besonders schwer, aber dafür sind wir wieder bereit uns das Frühstück hier aus den Überbleibseln zusammenzustellen, wenn es nicht anders geht und Sie uns kein frisches Essen geben.“

Aber die Frau wollte sich mit niemanden in eine freundschaftliche Aussprache einlassen, für diese Mieter schienen ihr auch noch die Überbleibsel des allgemeinen Frühstücks zu gut; aber andererseits hatte sie die Zudringlichkeit der zwei Diener schon satt, packte deshalb eine Tasse[1] und stieß sie Robinson gegen den Leib, der erst nach einem Weilchen mit wehleidigem Gesicht begriff, daß er die Tasse halten sollte, um das Essen, das die Frau aussuchen wollte in Empfang zu nehmen. Sie belud nun die Tasse in größter Eile zwar mit einer Menge von Dingen, aber das Ganze sah eher wie ein Haufen schmutzigen Geschirrs, nicht wie ein eben zu servierendes Frühstück aus. Noch während die Frau sie hinausdrängte und sie gebückt als fürchteten sie Schimpfwörter oder Stöße zur Türe eilten, nahm Karl die Tasse Robinson aus den Händen, denn bei Robinson schien sie ihm nicht genug sicher.

Auf dem Gang setzte sich Karl, nachdem sie weit genug von der Tür der Vermieterin waren, mit der Tasse auf den Boden, um vor allem die Tasse zu reinigen, die zusammengehörigen Dinge zu sammeln, also die Milch zusammenzugießen, die verschiedenen Butterüberbleibsel auf einen Teller zu kratzen, dann alle Anzeichen des Gebrauches zu beseitigen, also die Messer und Löffel zu reinigen, die angebissenen Brötchen geradezuschneiden und so dem ganzen ein besseres Ansehen zu geben. Robinson hielt diese Arbeit für unnötig und behauptete, das Frühstück hätte schon oft noch viel ärger ausgesehn, aber Karl ließ sich durch ihn nicht

---

1 im Österreichischen gleichbedeutend mit Tablett

abhalten und war noch froh, daß sich Robinson mit seinen schmutzigen Fingern an der Arbeit nicht beteiligen wollte. Um ihn in Ruhe zu halten, hatte ihm Karl gleich, allerdings ein für alle mal, wie er ihm dabei sagte, einige Cakes und den dicken Bodensatz eines früher mit Chokolade gefüllten Töpfchens zugewiesen.

Als sie vor ihre Wohnung kamen und Robinson ohne weiters die Hand an die Klinke legte, hielt ihn Karl zurück, da es doch nicht sicher war, ob sie eintreten durften. „Aber ja“, sagte Robinson, „jetzt frisiert er sie ja nur.“ Und tatsächlich saß in dem noch immer ungelüfteten und verhängten Zimmer Brunelda mit weit auseinandergestellten Beinen im Lehnstuhl und Delamarche, der hinter ihr stand, kämmte mit tief herabgebeugtem Gesicht ihr kurzes wahrscheinlich sehr verfitztes Haar. Brunelda trug wieder ein ganz loses Kleid, diesmal aber von blaßrosa Farbe, es war vielleicht ein wenig kürzer als das gestrige, wenigstens sah man die weißen grob gestrickten Strümpfe fast bis zum Knie. Ungeduldig über die lange Dauer des Kämmens, fuhr Brunelda mit der dikken roten Zunge zwischen den Lippen hin und her, manchmal riß sie sich sogar mit dem Ausruf „Aber Delamarche!“ gänzlich von Delamarche los, der mit erhobenem Kamm ruhig wartete, bis sie den Kopf wieder zurücklegte.

„Es hat lange gedauert“, sagte Brunelda im allgemeinen und zu Karl insbesondere sagte sie: „Du mußt ein wenig flinker sein, wenn Du willst, daß man mit Dir zufrieden ist. An dem faulen und gefräßigen Robinson darfst Du Dir kein Beispiel nehmen. Ihr habt wohl schon inzwischen irgendwo gefrühstückt, ich sage Euch, nächstens dulde ich das nicht.“

Das war sehr ungerecht und Robinson schüttelte auch den Kopf und bewegte, allerdings lautlos, die Lippen, Karl jedoch sah ein, daß man auf die Herrschaft nur dadurch einwirken könne, daß man ihr zweifellose Arbeit zeige. Er zog daher ein niedriges japanisches Tischchen aus einem Winkel, überdeckte es mit einem Tuch und stellte die mitgebrachten Sachen auf. Wer den Ursprung des Frühstücks gesehen hatte, konnte mit dem Ganzen zufrieden sein, sonst aber war, wie sich Karl sagen mußte, manches daran auszusetzen.

Glücklicherweise hatte Brunelda Hunger. Wohlgefällig nickte sie Karl zu, während er alles vorbereitete und öfters hinderte sie ihn, indem sie vorzeitig mit ihrer weichen fetten womöglich gleich alles zerdrückenden Hand irgendeinen Bissen für sich hervorholte. „Er hat es gut gemacht“, sagte sie schmatzend und zog Delamarche, der den Kamm in ihrem Haar für die spätere Arbeit stecken ließ, neben sich auf einen Sessel nieder. Auch Delamarche wurde im Anblick des Essens freundlich, beide waren sehr hungrig, ihre Hände eilten kreuz und quer über das Tischchen. Karl erkannte, daß man hier um zu befriedigen nur immer möglichst viel bringen mußte und in Erinnerung daran, daß er in der Küche noch verschiedene brauchbare Eßware auf dem Boden liegen gelassen hatte, sagte er: „Zum erstenmal habe ich nicht gewußt, wie alles eingerichtet werden soll, nächstes Mal werde ich es besser machen.“ Aber noch während des Redens erinnerte er sich, zu wem er sprach, er war zusehr von der Sache selbst befangen gewesen. Brunelda nickte Delamarche befriedigt zu und reichte Karl zum Lohn eine Handvoll Keks.

Fragmente
(1) Ausreise Bruneldas

Eines Morgens schob Karl den Krankenwagen, in dem Brunelda saß, aus dem Haustor. Es war nicht mehr so früh, wie er gehofft hatte. Sie waren übereingekommen, die Auswanderung noch in der Nacht zu bewerkstelligen, um in den Gassen kein Aufsehen zu erregen, das bei Tag unvermeidlich gewesen wäre, so bescheiden auch Brunelda mit einem großen grauen Tuch sich bedecken wollte. Aber der Transport über die Treppe hatte zu lange gedauert, trotz der bereitwilligsten Mithilfe des Studenten, der viel schwächer als Karl war, wie sich bei dieser Gelegenheit herausstellte. Brunelda hielt sich sehr tapfer, seufzte kaum und suchte ihren Trägern die Arbeit auf alle Weise zu erleichtern. Aber es gieng doch nicht anders, als daß man sie auf jeder fünften Treppenstufe niedersetzte, um sich selbst und ihr die Zeit zum notwendigsten Ausruhen zu gönnen. Es war ein kühler Morgen, auf den Gängen wehte kalte Luft wie in Kellern, aber Karl und der Student waren ganz in Schweiß und mußten während der Ruhepausen jeder ein Zipfel von Bruneldas Tuch, das sie ihnen übrigens freundlich reichte, nehmen, um das Gesicht zu trocknen. So kam es, daß sie erst nach zwei Stunden unten anlangten, wo schon vom Abend her das Wägelchen stand. Das Hineinheben Bruneldas gab noch eine gewisse Arbeit, dann aber durfte man das Ganze für gelungen ansehn, denn das Schieben des Wagens mußte dank den hohen Rädern nicht schwer sein und es blieb nur die Befürchtung, daß der Wagen unter Brunelda aus den Fugen gehen würde. Diese Gefahr mußte man allerdings auf sich nehmen, man konnte nicht einen Ersatzwagen mitführen, zu dessen Bereitstellung und Führung der Student halb im Scherz sich angeboten hatte. Es erfolgte nun die Verabschiedung vom Studenten, die sogar sehr herzlich war. Alle Nichtübereinstimmung zwischen Brunelda und dem Studenten schien vergessen, er entschuldigte sich sogar wegen der alten Beleidigung Bruneldas die er sich bei ihrer Krankheit hatte zu schulden kommen lassen, aber Brunelda sagte, alles sei längst vergessen und mehr als gutgemacht. Schließlich bat sie den

Studenten, er möge zum Andenken an sie einen Dollar freundlichst annehmen, den sie mühselig aus ihren vielen Röcken hervorsuchte. Dieses Geschenk war bei Bruneldas bekanntem Geiz sehr bedeutungsvoll, der Student hatte auch wirklich große Freude davon und warf vor Freude die Münze hoch in die Luft. Dann allerdings mußte er sie auf dem Boden suchen und Karl mußte ihm helfen, schließlich fand sie auch Karl unter dem Wagen Bruneldas. Der Abschied zwischen dem Studenten und Karl war natürlich viel einfacher, sie reichten einander nur die Hand und sprachen die Überzeugung aus, daß sie einander wohl noch einmal sehen würden und daß dann wenigstens einer von ihnen – der Student behauptete es von Karl, Karl vom Studenten – etwas Rühmenswertes erreicht haben würde, was bisher leider nicht der Fall war. Dann faßte Karl mit gutem Mut den Griff des Wagens und schob ihn aus dem Tor. Der Student sah ihnen solange nach, als sie noch zu sehen waren und winkte mit einem Tuch. Karl nickte oft grüßend zurück, auch Brunelda hätte sich gerne umgewendet, aber solche Bewegungen waren für sie zu anstrengend. Um ihr doch noch einen letzten Abschied zu ermöglichen, führte Karl am Ende der Straße den Wagen in einem Kreis herum, so daß auch Brunelda den Studenten sehen konnte, der diese Gelegenheit ausnützte, um mit dem Tuch besonders eifrig zu winken.

Dann aber sagte Karl, jetzt dürften sie sich keinen Aufenthalt mehr gönnen, der Weg sei lang und sie seien viel später ausgefahren, als es beabsichtigt war. Tatsächlich sah man schon hie und da Fuhrwerke und, wenn auch sehr vereinzelt Leute, die zur Arbeit giengen. Karl hatte mit seiner Bemerkung nichts weiter sagen wollen, als was er wirklich gesagt hatte, Brunelda aber faßte es in ihrem Zartgefühl anders auf und bedeckte sich ganz und gar mit ihrem grauen Tuch. Karl wendete nichts dagegen ein; der mit einem grauen Tuch bedeckte Handwagen war zwar sehr auffällig, aber unvergleichlich weniger auffällig als die unbedeckte Brunelda gewesen wäre. Er fuhr sehr vorsichtig; ehe er um eine Ecke bog, beobachtete er die nächste Straße, ließ sogar wenn es nötig schien, den Wagen stehn und gieng allein paar Schritte voraus, sah er irgend eine vielleicht unangenehme Begegnung voraus, so wartete er, bis sie sich vermeiden ließ oder wählte sogar den Weg durch eine ganz andere Straße. Selbst dann kam er, da er alle möglichen Wege vorher genau studiert hatte, niemals in die Gefahr einen bedeutenden Umweg zu machen. Allerdings erschienen Hindernisse, die zwar zu befürchten gewesen waren, sich aber im einzelnen nicht hatten vorhersehn lassen. So trat plötzlich in einer Straße, die leicht ansteigend, weit zu überblicken und erfreulicherweise vollständig leer war, ein Vorteil, den Karl durch besondere Eile auszunützen suchte, aus dem dunklen Winkel eines Haustors ein Polizeimann und fragte Karl, was er denn in dem so sorgfältig verdeckten Wagen führe. So streng er aber Karl angesehen hatte, so mußte er doch lächeln, als er die Decke lüftete und das erhitzte ängstliche Gesicht Bruneldas erblickte. „Wie?" sagte er. „Ich dachte Du hättest hier zehn Kartoffelsäcke und jetzt ist es ein einziges Frauenzimmer? Wohin fahrt Ihr denn? Wer seid Ihr?" Brunelda wagte gar nicht den Polizeimann anzusehn, sondern blickte nur immer auf Karl mit dem deutlichen Zweifel, daß selbst er sie nicht werde erretten können. Karl hatte aber schon genug Erfahrungen mit Policisten, ihm schien das ganze nicht sehr gefährlich. „Zeigen Sie doch Fräulein", sagte er, „das Schriftstück, das Sie bekommen haben." „Ach ja", sagte Brunelda und begann in einer so hoffnungslosen Weise zu suchen, daß sie wirklich verdächtig erscheinen mußte. „Das Fräulein", sagte der Polizeimann mit zweifelloser Ironie, „wird das Schriftstück nicht finden." „Oja", sagte Karl ruhig, „sie hat es bestimmt, sie hat es nur verlegt." Er begann nun selbst zu suchen und zog es tatsächlich hinter Bruneldas Rücken hervor. Der Polizeimann sah es nur flüchtig an. „Das ist es also", sagte der Polizeimann lächelnd, „so ein Fräulein ist das Fräulein? Und Sie, Kleiner, besorgen die Vermittlung und den Transport? Wissen Sie wirklich keine bessere Beschäftigung zu finden?" Karl zuckte bloß die Achseln, das waren wieder die bekannten Einmischungen der Polizei. „Na, glückliche Reise", sagte der Polizeimann, als er keine Antwort bekam. In den Worten des Polizeimanns lag wahrscheinlich Verachtung, dafür fuhr auch Karl ohne Gruß weiter, Verachtung der Polizei war besser als ihre Aufmerksamkeit.

Kurz darauf hatte er eine womöglich noch unangenehmere Begegnung. Es machte sich nämlich an ihn ein Mann heran, der einen Wagen mit großen Milchkannen vor sich herschob und äußerst gern erfahren hätte, was unter dem grauen Tuch auf Karls Wagen lag. Es war nicht anzunehmen, daß er den gleichen Weg wie Karl hatte, dennoch aber blieb er ihm zur Seite, so überraschende Wendungen Karl auch machte. Zuerst begnügte er sich mit Ausrufen, wie z. B. „Du mußt eine schwere Last haben" oder „Du hast schlecht aufgeladen, oben wird etwas herausfallen." Später aber fragte er geradezu: „Was hast Du denn unter dem Tuch?" Karl sagte: „Was kümmert's Dich?" Aber da das den Mann noch neugieriger machte, sagte Karl schließlich: „Es sind Äpfel." „So viel Äpfel", sagte der Mann staunend und hörte nicht auf, diesen Ausruf zu wiederholen. „Das ist ja eine ganze Ernte", sagte er dann. „Nun ja", sagte Karl. Aber sei es daß er Karl nicht glaubte, sei es daß er ihn ärgern wollte, er gieng noch weiter, begann – alles während der Fahrt – die Hand wie zum Scherz nach dem Tuch auszustrecken und wagte es endlich sogar an dem Tuch zu zupfen. Was mußte Brunelda leiden! Aus Rücksicht auf sie wollte sich Karl in keinen Streit mit dem Mann einlassen und fuhr in das nächste offene Tor ein, als sei dies sein Ziel gewesen. „Hier bin ich zuhause", sagte er, „Dank für die Begleitung." Der Mann blieb erstaunt vor dem Tor stehn und sah Karl nach, der ruhig darangieng wenn es sein mußte den ganzen ersten Hof zu durchqueren. Der Mann konnte nicht mehr zweifeln, aber um seiner Bosheit ein letztes Mal zu genügen, ließ er seinen Wagen stehn, lief Karl auf den Fußspitzen nach und riß so stark an dem Tuch, daß er Bruneldas Gesicht fast entblößt hätte. „Damit Deine Äpfel Luft bekommen", sagte er und lief zurück. Auch das nahm Karl noch hin, da es ihn endgültig von dem Mann befreite. Er führte dann den Wagen in einen Hofwinkel, wo einige große leere Kisten standen in deren Schutz er unter dem Tuch Brunelda einige beruhigende Worte sagen wollte. Aber er mußte lange auf sie einreden, denn sie war ganz in Tränen und flehte ihn allen Ernstes an, hier hinter den Kisten den ganzen Tag zu bleiben und erst in der Nacht weiterzufahren. Vielleicht hätte er allein sie gar nicht davon überzeugen können, wie verfehlt das gewesen wäre, als aber jemand am andern Ende des Kistenhaufens eine leere Kiste unter ungeheuerem im leeren Hof wiederhallenden Lärm zu Boden warf, erschrak sie so, daß sie ohne ein Wort mehr zu wagen, das Tuch über sich zog und wahrscheinlich glückselig war, als Karl kurz entschlossen sofort zu fahren begann.

Die Straßen wurden jetzt zwar immer belebter, aber die Aufmerksamkeit, die der Wagen erregte, war nicht so groß wie Karl befürchtet hatte. Vielleicht wäre es überhaupt klüger gewesen, eine andere Zeit für den Transport zu wählen. Wenn eine solche Fahrt wieder nötig werden sollte, wollte sich Karl getrauen sie in der Mittagstunde auszuführen. Ohne schwerer belästigt worden zu sein, bog er endlich in die schmale dunkle Gasse ein, in der das Unternehmen Nr. 25 sich befand. Vor der Tür stand der schielende Verwalter mit der Uhr in der Hand. „Bist Du immer so unpünktlich?" fragte er. „Es gab verschiedene Hindernisse", sagte Karl. „Die gibt es bekanntlich immer", sagte der Verwalter. „Hier im Haus gelten sie aber nicht. Merk Dir das!" Auf solche Reden hörte Karl kaum mehr hin, jeder nützte seine Macht aus und beschimpfte den Niedrigen. War man einmal daran gewöhnt, klang es nicht anders als das regelmäßige Uhrenschlagen. Wohl aber erschreckte ihn, als er jetzt den Wagen in den Flur schob, der Schmutz, der hier herrschte und den er allerdings erwartet hatte. Es war, wenn man näher zusah, kein faßbarer Schmutz. Der Steinboden des Flurs war fast rein gekehrt, die Malerei der Wände nicht alt, die künstlichen Palmen nur wenig verstaubt, und doch war alles fettig und abstoßend, es war, als wäre von allem ein schlechter Gebrauch gemacht worden und als wäre keine Reinlichkeit mehr imstande, das wieder gut zu machen. Karl dachte gern, wenn er irgendwohin kam, darüber nach, was hier verbessert werden könne und welche Freude es sein müßte, sofort einzugreifen, ohne Rücksicht auf die vielleicht endlose Arbeit die es verursachen würde. Hier aber wußte er nicht, was zu tun wäre. Langsam nahm er das Tuch von Brunelda ab. „Willkommen Fräulein", sagte der Verwalter geziert, es war kein Zweifel, daß Brunelda einen guten Eindruck auf ihn machte. Sobald Brunelda dies merkte, verstand sie das, wie Karl befriedigt sah, gleich auszunützen. Alle Angst der letzten Stunden verschwand. Sie

(2)

Karl sah an einer Straßenecke ein Plakat mit folgender Aufschrift: „Auf dem Rennplatz in Clayton wird heute von sechs Uhr früh bis Mitternacht Personal für das Teater in Oklahama aufgenommen! Das große Teater von Oklahama ruft Euch! Es ruft nur heute, nur einmal! Wer jetzt die Gelegenheit versäumt, versäumt sie für immer! Wer an seine Zukunft denkt, gehört zu uns! Jeder ist willkommen! Wer Künstler werden will melde sich! Wir sind das Teater, das jeden brauchen kann, jeden an seinem Ort! Wer sich für uns entschieden hat, den beglückwünschen wir gleich hier! Aber beeilt Euch, damit Ihr bis Mitternacht vorgelassen werdet! Um zwölf wird alles geschlossen und nicht mehr geöffnet! Verflucht sei wer uns nicht glaubt! Auf nach Clayton!"

Es standen zwar viele Leute vor dem Plakat, aber es schien nicht viel Beifall zu finden. Es gab soviel Plakate, Plakaten glaubte niemand mehr. Und dieses Plakat war noch unwahrscheinlicher als Plakate sonst zu sein pflegen. Vor allem aber hatte es einen großen Fehler, es stand kein Wort von der Bezahlung darin. Wäre sie auch nur ein wenig erwähnenswert gewesen, das Plakat hätte sie gewiß genannt; es hätte das Verlockendste nicht vergessen. Künstlerwerden wollte niemand, wohl aber wollte jeder für seine Arbeit bezahlt werden.

Für Karl stand aber doch in dem Plakat eine große Verlockung. „Jeder war willkommen", hieß es. Jeder, also auch Karl. Alles was er bisher getan hatte, war vergessen, niemand wollte ihm daraus einen Vorwurf machen. Er durfte sich zu einer Arbeit melden, die keine Schande war, zu der man vielmehr öffentlich einladen konnte! Und ebenso öffentlich wurde das Versprechen gegeben, daß man auch ihn annehmen würde. Er verlangte nichts besseres, er wollte endlich den Anfang einer anständigen Laufbahn finden und hier zeigte er sich vielleicht. Mochte alles Großsprecherische, was auf dem Plakate stand, eine Lüge sein, mochte das große Teater von Oklahama ein kleiner Wandercirkus sein, es wollte Leute aufnehmen, das war genügend. Karl las das Plakat nicht zum zweitenmale, suchte aber noch einmal den Satz: „Jeder ist willkommen" hervor.

Zuerst dachte er daran zufuß nach Clayton zu gehn, aber das wären drei Stunden angestrengten Marsches gewesen, und er wäre dann möglicherweise gerade zurechtgekommen, um zu erfahren, daß man schon alle verfügbaren Stellen besetzt hätte. Nach dem Plakat war allerdings die Zahl der Aufzunehmenden unbegrenzt, aber so waren immer alle derartigen Stellenangebote abgefaßt. Karl sah ein, daß er entweder auf die Stelle verzichten oder fahren mußte. Er überrechnete sein Geld, es hätte ohne diese Fahrt für acht Tage gereicht, er schob die kleinen Münzen auf der flachen Hand hin und her. Ein Herr der ihn beobachtet hatte, klopfte ihm auf die Schulter und sagte: „Viel Glück zur Fahrt nach Clayton." Karl nickte stumm und rechnete weiter. Aber er entschloß sich bald, teilte das für die Fahrt notwendige Geld ab und lief zur Untergrundbahn.

Als er in Clayton ausstieg, hörte er gleich den Lärm vieler Trompeten. Es war ein wirrer Lärm, die Trompeten waren nicht gegeneinander abgestimmt, es wurde rücksichtslos geblasen. Aber das störte Karl nicht, es bestätigte ihm vielmehr daß das Teater von Oklahama ein großes Unternehmen war. Aber als er aus dem Stationsgebäude trat und die ganze Anlage vor sich überblickte, sah er, daß alles noch größer war, als er nur irgendwie hatte denken können, und er begriff nicht wie ein Unternehmen nur zu dem Zweck um Personal zu erhalten derartige Aufwendungen machen konnte. Vor dem Eingang zum Rennplatz war ein langes niedriges Podium aufgebaut, auf dem hunderte Frauen als Engel gekleidet in weißen Tüchern mit großen Flügeln am Rücken auf langen goldglänzenden Trompeten bliesen. Sie waren aber nicht unmittelbar auf dem Podium, sondern jede stand auf einem Postament, das aber nicht zu sehen war, denn die langen wehenden Tücher der Engelkleidung hüllten es vollständig ein. Da nun die Postamente sehr hoch, wohl bis zwei Meter hoch waren, sahen die Gestalten der Frauen riesenhaft aus, nur ihre kleinen Köpfe störten ein wenig den Eindruck der Größe, auch ihr gelöstes Haar hieng zu kurz und fast lächerlich zwischen den großen Flügeln und an den Seiten hinab. Damit keine Einförmigkeit entstehe, hatte man Postamente in der verschiedensten Größe verwendet, es gab ganz niedrige Frauen, nicht weit über Lebensgröße, aber neben ihnen schwangen sich andere Frauen in solche Höhe hinauf, daß man sie beim leichtesten Windstoß in Gefahr glaubte. Und nun bliesen alle diese Frauen.

Es gab nicht viele Zuhörer. Klein im Vergleich zu den großen Gestalten giengen etwa zehn Burschen vor dem Podium hin und her und blickten zu den Frauen hinauf. Sie zeigten einander diese oder jene, sie schienen aber nicht die Absicht zu haben einzutreten und sich aufnehmen zu lassen. Nur ein einziger älterer Mann war zu sehn, er stand ein wenig abseits. Er hatte gleich auch seine Frau und ein Kind im Kinderwagen mitgebracht. Die Frau hielt mit der einen Hand den Wagen, mit der andern stützte sie sich auf die Schulter des Mannes. Sie bewunderten zwar das Schauspiel, aber man erkannte doch, daß sie enttäuscht waren. Sie hatten wohl auch erwartet eine Arbeitsgelegenheit zu finden, dieses Trompetenblasen aber beirrte sie.

Karl war in der gleichen Lage. Er trat in die Nähe des Mannes, hörte ein wenig den Trompeten zu und sagte dann: „Hier ist doch die Aufnahmestelle für das Teater von Oklahama?“ „Ich glaubte es auch“, sagte der Mann, „aber wir warten hier schon seit einer Stunde und hören nichts als die Trompeten. Nirgends ist ein Plakat zu sehn, nirgends ein Ausrufer, nirgends jemand, der Auskunft geben könnte.“ Karl sagte: „Vielleicht wartet man, bis mehr Leute zusammenkommen. Es sind wirklich noch sehr wenig hier.“ „Möglich“, sagte der Mann und sie schwiegen wieder. Es war auch schwer im Lärm der Trompeten etwas zu verstehn. Aber dann flüsterte die Frau etwas ihrem Manne zu, er nickte und sie rief gleich Karl an: „Könnten Sie nicht in die Rennbahn hinübergehn und fragen wo die Aufnahme stattfindet.“ „Ja“, sagte Karl, „aber ich müßte über das Podium gehn, zwischen den Engeln durch.“ „Ist das so schwierig?“ fragte die Frau. Für Karl erschien ihr der Weg leicht, ihren Mann aber wollte sie nicht ausschicken. „Nun ja“, sagte Karl, „ich werde gehn.“ „Sie sind sehr gefällig“, sagte die Frau und sie wie auch ihr Mann drückten Karl die Hand. Die Burschen liefen zusammen, um aus der Nähe zu sehn wie Karl auf das Podium stieg. Es war als bliesen die Frauen stärker, um den ersten Stellensuchenden zu begrüßen. Diejenigen aber, an deren Postament Karl gerade vorübergieng, gaben sogar die

Trompeten vom Munde und beugten sich zur Seite um seinen Weg zu verfolgen. Karl sah auf dem andern Ende des Podiums einen unruhig auf und abgehenden Mann, der offenbar nur auf Leute wartete, um ihnen alle Auskunft zu geben, die man nur wünschen konnte. Karl wollte schon auf ihn zugehn, da hörte er über sich seinen Namen rufen: „Karl", rief ein Engel. Karl sah auf und fieng vor freudiger Überraschung zu lachen an; es war Fanny. „Fanny", rief er und grüßte mit der Hand hinauf. „Komm doch her", rief Fanny, „Du wirst doch nicht an mir vorüberlaufen." Und sie schlug die Tücher auseinander so daß das Postament und eine schmale Treppe die hinaufführte, frei gelegt wurde. „Ist es erlaubt, hinaufzugehn?" fragte Karl. „Wer will es uns verbieten, daß wir einander die Hand drücken", rief Fanny und blickte sich erzürnt um, ob nicht etwa schon jemand mit dem Verbote käme. Karl lief aber schon die Treppe hinauf. „Langsamer", rief Fanny, „das Postament und wir beide stürzen um." Aber es geschah nichts, Karl kam glücklich bis zur letzten Stufe. „Sieh nur", sagte Fanny nachdem sie einander begrüßt hatten, „sieh nur was für eine Arbeit ich bekommen habe." „Es ist ja schön", sagte Karl und sah sich um. Alle Frauen in der Nähe hatten schon Karl bemerkt und kicherten. „Du bist fast die höchste", sagte Karl und streckte die Hand aus, um die Höhe der andern abzumessen. „Ich habe Dich gleich gesehn", sagte Fanny, „als Du aus der Station kamst, aber ich bin leider hier in der letzten Reihe, man sieht mich nicht und rufen konnte ich auch nicht. Ich habe zwar besonders laut geblasen, aber Du hast mich nicht erkannt." „Ihr blast ja alle schlecht", sagte Karl. „Laß mich einmal blasen." „Aber gewiß", sagte Fanny und reichte ihm die Trompete, „aber verdirb den Chor nicht, sonst entläßt man mich." Karl fieng zu blasen an, er hatte gedacht, es sei eine grob gearbeitete Trompete, nur zum Lärmmachen bestimmt, aber nun zeigte sich daß es ein Instrument war, das fast jede Feinheit ausführen konnte. Waren alle Instrumente von gleicher Beschaffenheit, so wurde ein großer Mißbrauch mit ihnen getrieben. Karl blies, ohne sich vom Lärm der andern stören zu lassen, mit voller Brust ein Lied das er irgendwo in einer Kneipe einmal gehört hatte. Er war froh, eine alte Freundin getroffen zu haben, hier vor allen bevorzugt die Trompete blasen zu dürfen und möglicherweise bald eine gute Stellung bekommen zu können. Viele Frauen hörten zu blasen auf und hörten zu; als er plötzlich abbrach, war kaum die Hälfte der Trompeten in Tätigkeit, erst allmählich kam wieder der vollständige Lärm zustande. „Du bist ein Künstler“, sagte Fanny als Karl ihr die Trompete wieder reichte. „Laß Dich als Trompeter aufnehmen.“ „Werden denn auch Männer aufgenommen?“ fragte Karl. „Ja“, sagte Fanny, „wir blasen zwei Stunden. Dann werden wir von Männern, die als Teufel angezogen sind, abgelöst. Die Hälfte bläst, die Hälfte trommelt. Es ist sehr schön, wie überhaupt die ganze Ausstattung sehr kostbar ist. Ist nicht auch unser Kleid sehr schön? Und die Flügel?“ Sie sah an sich hinab. „Glaubst Du“, fragte Karl, „daß auch ich noch eine Stelle bekommen werde?“ „Ganz bestimmt“, sagte Fanny, „es ist ja das größte Teater der Welt. Wie gut es sich trifft, daß wir wieder beisammen sein werden. Allerdings kommt es darauf an, was für eine Stelle Du bekommst. Es wäre nämlich auch möglich, daß wir, auch wenn wir beide hier angestellt sind uns doch gar nicht sehn.“ „Ist denn das Ganze wirklich so groß?“ fragte Karl. „Es ist das größte Teater der Welt“, sagte Fanny nochmals, „ich habe es allerdings selbst noch nicht gesehn, aber manche meiner Kolleginnen, die schon in Oklahama waren, sagen, es sei fast grenzenlos.“ „Es melden sich aber wenig Leute“, sagte Karl und zeigte hinunter auf die Burschen und die kleine Familie. „Das ist wahr“, sagte Fanny. „Bedenke aber, daß wir in allen Städten Leute aufnehmen, daß unsere Werbetruppe immerfort reist und daß es noch viele solche Truppen gibt.“ „Ist denn das Teater noch nicht eröffnet?“ fragte Karl. „Oja“, sagte Fanny, „es ist ein altes Teater, aber es wird immerfort vergrößert.“ „Ich wundere mich“, sagte Karl, „daß sich nicht mehr Leute dazu drängen.“ „Ja“, sagte Fanny, „es ist merkwürdig.“ „Vielleicht“, sagte Karl, „schreckt dieser Aufwand an Engeln und Teufeln mehr ab, als er anzieht.“ „Wie Du das herausfinden kannst“, sagte Fanny. „Es ist aber möglich. Sag es unserem Führer, vielleicht kannst Du ihm dadurch nützen.“ „Wo ist er?“ fragte Karl. „In der Rennbahn“, sagte Fanny, „auf der Schiedsrichtertribüne.“ „Auch das wundert mich“, sagte Karl, „warum geschieht denn die Aufnahme auf der Rennbahn?“ „Ja“, sagte Fanny, „wir machen überall die größten Vorbereitungen für den größten Andrang. Auf der Rennbahn ist eben viel Platz. Und in allen Ständen, wo sonst die Wetten abgeschlossen werden, sind die Aufnahmskanzleien eingerichtet. Es sollen zweihundert verschiedene Kanzleien sein.“ „Aber“, rief Karl, „hat denn das Teater von Oklahama so große Einkünfte, um derartige Werbetruppen erhalten zu können?“ „Was kümmert uns denn das“, sagte Fanny, „aber nun, Karl, geh, damit Du nichts versäumst, ich muß auch wieder blasen. Versuche auf jeden Fall einen Posten bei dieser Truppe zu bekommen und komm gleich zu mir es melden. Denke daran, daß ich in großer Unruhe auf die Nachricht warte.“ Sie drückte ihm die Hand, ermahnte ihn zur Vorsicht beim Hinabsteigen, setzte wieder die Trompete an die Lippen, blies aber nicht früher, ehe sie Karl unten auf dem Boden in Sicherheit sah. Karl legte wieder die Tücher über die Treppe so wie sie früher gewesen waren, Fanny dankte durch Kopfnicken, und Karl gieng, das eben Gehörte nach verschiedenen Richtungen hin überlegend auf den Mann zu, der schon Karl oben bei Fanny gesehen und sich dem Postament genähert hatte, um ihn zu erwarten.

„Sie wollen bei uns eintreten?“ fragte der Mann. „Ich bin der Personalchef dieser Truppe und heiße Sie willkommen.“ Er war ständig wie aus Höflichkeit ein wenig vorgebeugt, tänzelte, trotzdem er sich nicht von der Stelle rührte und spielte mit seiner Uhrkette. „Ich danke“, sagte Karl, „ich habe das Plakat Ihrer Gesellschaft gelesen und melde mich wie es dort verlangt wird.“ „Sehr richtig“, sagte der Mann anerkennend, „leider verhält sich hier nicht jeder so richtig.“ Karl dachte daran, daß er jetzt den Mann darauf aufmerksam machen könnte, daß möglicherweise die Lockmittel der Werbetruppe gerade wegen ihrer Großartigkeit versagten. Aber er sagte es nicht, denn dieser Mann war gar nicht der Führer der Truppe und außerdem wäre es wenig empfehlend gewesen, wenn er der noch gar nicht aufgenommen war, gleich Verbesserungsvorschläge gemacht hätte. Darum sagte er nur: „Es wartet draußen noch einer, der sich auch anmelden will und der mich nur vorausgeschickt hat. Darf ich ihn jetzt holen?“ „Natürlich“, sagte der Mann, „je mehr kommen, desto besser.“ „Er hat auch eine Frau bei sich und ein kleines Kind im Kinderwagen. Sollen die auch kommen?“ „Natürlich“, sagte der Mann und schien über Karls Zweifel zu lächeln. „Wir können alle brauchen.“ „Ich bin gleich wieder zurück“, sagte Karl und lief wieder zurück an den Rand des Podiums. Er winkte dem Ehepaar zu und rief daß alle kommen dürften. Er half den Kinderwagen auf das Podium heben und sie giengen nun gemeinsam. Die Burschen die das sahen, berieten sich miteinander, stiegen dann langsam, bis zum letzten Augenblick noch zögernd, die Hände in den Taschen auf das Podium hinauf und folgten schließlich Karl und der Familie. Eben kamen aus dem Stationsgebäude der Untergrundbahn neue Passagiere hervor, die angesichts des Podiums mit den Engeln staunend die Arme erhoben. Immerhin schien es als ob die Bewerbung um Stellen nun doch lebhafter werden solle. Karl war sehr froh so früh, vielleicht als erster gekommen zu sein, das Ehepaar war ängstlich und stellte verschiedene Fragen darüber, ob große Anforderungen gestellt würden. Karl sagte, er wisse noch nichts Bestimmtes, er hätte aber wirklich den Eindruck erhalten, daß jeder ohne Ausnahme genommen würde. Er glaube, man dürfe getrost sein.

Der Personalchef kam ihnen schon entgegen, war sehr zufrieden, daß soviele kamen, rieb sich die Hände, grüßte jeden einzelnen durch eine kleine Verbeugung und stellte sie alle in eine Reihe. Karl war der erste, dann kam das Ehepaar und dann erst die andern. Als sie sich alle aufgestellt hatten, die Burschen drängten sich zuerst durcheinander und es dauerte ein Weilchen ehe bei ihnen Ruhe eintrat, sagte der Personalchef, während die Trompeten verstummten: „Im Namen des Teaters von Oklahama begrüße ich Sie. Sie sind früh gekommen (es war aber schon bald mittag) das Gedränge ist noch nicht groß, die Formalitäten Ihrer Aufnahme werden daher bald erledigt sein. Sie haben natürlich alle Ihre Legitimationspapiere bei sich.“ Die Burschen holten gleich irgendwelche Papiere aus den Taschen und schwenkten sie gegen den Personalchef hin, der Ehemann stieß seine Frau an, die unter dem Federbett des Kinderwagens ein ganzes Bündel Papiere hervorzog, Karl allerdings hatte keine. Sollte das ein Hindernis für seine Aufnahme werden? Es war nicht unwahrscheinlich. Immerhin wußte Karl aus Erfahrung, daß sich derartige Vorschriften wenn man nur ein wenig entschlossen ist, leicht umgehen lassen. Der Personalchef überblickte die Reihe, vergewisserte sich daß alle Papiere hatten und da auch Karl die Hand, allerdings die leere Hand erhob, nahm er an, auch bei ihm sei alles in Ordnung. „Es ist gut“, sagte dann der Personalchef und winkte den Burschen ab, die ihre Papiere gleich untersucht haben wollten, „die Papiere werden jetzt in den Aufnahmskanzleien überprüft werden. Wie Sie schon aus unserm Plakat gesehn haben, können wir jeden brauchen. Wir müssen aber natürlich wissen, was für einen Beruf er bisher ausgeübt hat, damit wir ihn an den richtigen Ort stellen können, wo er seine Kenntnisse verwerten kann.“ „Es ist ja ein Teater“, dachte Karl zweifelnd und hörte sehr aufmerksam zu. „Wir haben daher“, fuhr der Personalchef fort, „in den Buchmacherbuden Aufnahmskanzleien eingerichtet, je eine Kanzlei für eine Berufsgruppe. Jeder von Ihnen wird mir also jetzt seinen Beruf angeben, die Familie gehört im allgemeinen zur Aufnahmskanzlei des Mannes, ich werde Sie dann zu den Kanzleien führen, wo zuerst Ihre Papiere und dann Ihre Kenntnisse von Fachmännern überprüft werden sollen – es wird nur eine ganz kurze Prüfung sein, niemand muß sich fürchten. Dort werden Sie dann auch gleich aufgenommen werden und die weitern Weisungen erhalten. Fangen wir also an. Hier die erste Kanzlei ist wie schon die Aufschrift sagt, für Ingenieure bestimmt. Ist vielleicht ein Ingenieur unter Ihnen?“ Karl meldete sich. Er glaubte, gerade weil er keine Papiere hatte, müsse er bestrebt sein alle Formalitäten möglichst rasch durchzujagen, eine kleine Berechtigung sich zu melden hatte er auch, denn er hatte ja Ingenieur werden wollen. Aber als die Burschen sahen, daß sich Karl meldete, wurden sie neidisch und meldeten sich auch, alle meldeten sich. Der Personalchef streckte sich in die Höhe und sagte zu den Burschen: „Sie sind Ingenieure?“ Da senkten sie alle langsam die Hände, Karl dagegen bestand auf seiner ersten Meldung. Der Personalchef sah ihn zwar ungläubig an, denn Karl schien ihm zu kläglich angezogen und auch zu jung, um Ingenieur sein zu können, aber er sagte doch nichts weiter, vielleicht aus Dankbarkeit, weil Karl ihm, wenigstens seiner Meinung nach, die Bewerber hereingeführt hatte. Er zeigte bloß einladend nach der Kanzlei

und Karl gieng hin, während sich der Personalchef den andern zuwendete.
In der Kanzlei für Ingenieure saßen an den zwei Seiten eines rechtwinkligen Pultes zwei Herren und verglichen zwei große Verzeichnisse, die vor ihnen lagen. Der eine las vor, der andere strich in seinem Verzeichnis die vorgelesenen Namen an. Als Karl grüßend vor sie hintrat, legten sie sofort die Verzeichnisse fort und nahmen andere große Bücher vor, die sie aufschlugen. Der eine, offenbar nur ein Schreiber, sagte: „Ich bitte um Ihre Legitimationspapiere." „Ich habe sie leider nicht bei mir", sagte Karl. „Er hat sie nicht bei sich", sagte der Schreiber zu dem andern Herrn und schrieb die Antwort gleich in sein Buch ein. „Sie sind Ingenieur?" fragte dann der andere, der der Leiter der Kanzlei zu sein schien. „Ich bin es noch nicht", sagte Karl schnell, „aber –" „Genug", sagte der Herr noch viel schneller, „dann gehören Sie nicht zu uns. Ich bitte die Aufschrift zu beachten." Karl biß die Zähne zusammen, der Herr mußte es bemerkt haben, denn er sagte: „Es ist kein Grund zur Unruhe. Wir können alle brauchen." Und er winkte einem der Diener, die beschäftigungslos zwischen den Barrieren herumgiengen: „Führen Sie diesen Herrn zu der Kanzlei für Leute mit technischen Kenntnissen." Der Diener faßte den Befehl wörtlich auf und faßte Karl bei der Hand. Sie giengen zwischen vielen Buden durch, in einer sah Karl schon einen der Burschen der bereits aufgenommen war und den Herren dort dankend die Hand drückte. In der Kanzlei, in die Karl jetzt gebracht wurde, war, wie Karl vorausgesehen hatte, der Vorgang ähnlich wie in der ersten Kanzlei. Nur schickte man ihn von hier, da man hörte, daß er eine Mittelschule besucht hatte, in die Kanzlei für gewesene Mittelschüler. Als Karl dort aber sagte, er hätte eine europäische Mittelschule besucht, erklärte man sich auch dort für unzuständig und ließ ihn in die Kanzlei für europäische Mittelschüler führen. Es war eine Bude am äußersten Rand, nicht nur kleiner sondern sogar niedriger als alle andern. Der Diener, der ihn hierher gebracht hatte, war wütend über die lange Führung und die vielen Abweisungen, an denen seiner Meinung nach Karl allein die Schuld tragen mußte. Er wartete nicht mehr die Fragen ab, sondern lief gleich fort. Diese Kanzlei war wohl auch

die letzte Zuflucht. Als Karl den Kanzleileiter erblickte, erschrak er fast über die Ähnlichkeit, die dieser mit einem Professor hatte, der wahrscheinlich noch jetzt an der Realschule zuhause unterrichtete. Die Ähnlichkeit bestand allerdings, wie sich gleich herausstellte nur in Einzelheiten, aber die auf der breiten Nase ruhende Brille, der blonde wie ein Schaustück gepflegte Vollbart, der sanft gebeugte Rücken und die immer unerwartet hervorbrechende laute Stimme hielten Karl noch einige Zeit in Staunen. Glücklicherweise mußte er auch nicht sehr aufmerken, denn es gieng hier einfacher zu als in den andern Kanzleien. Es wurde zwar auch hier eingetragen, daß seine Legitimationspapiere fehlten und der Kanzleileiter nannte es eine unbegreifliche Nachlässigkeit, aber der Schreiber, der hier die Oberhand hatte, gieng schnell darüber hinweg und erklärte nach einigen kurzen Fragen des Leiters, während sich dieser gerade zu einer größern Frage anschickte, Karl für aufgenommen. Der Leiter wandte sich mit offenem Mund gegen den Schreiber, dieser aber machte eine abschließende Handbewegung, sagte: „Aufgenommen“ und trug auch gleich die Entscheidung ins Buch ein. Offenbar war der Schreiber der Meinung, ein europäischer Mittelschüler zu sein, sei schon etwas so schmähliches daß man es jedem, der es von sich behaupte, ohne weiteres glauben könne. Karl für seinen Teil hatte nichts dagegen einzuwenden, er gieng zu ihm hin und wollte ihm danken. Es gab aber noch eine kleine Verzögerung, als man ihn jetzt nach seinem Namen fragte. Er antwortete nicht gleich, er hatte eine Scheu, seinen wirklichen Namen zu nennen und aufschreiben zu lassen. Bis er hier auch nur die kleinste Stelle erhalten und zur Zufriedenheit ausfüllen würde, dann mochte man seinen Namen erfahren, jetzt aber nicht, allzulang hatte er ihn verschwiegen, als daß er ihn jetzt hätte verraten sollen. Er nannte daher, da ihm im Augenblick kein anderer Name einfiel, nur den Rufnamen aus seinen letzten Stellungen: „Negro“. „Negro?“ fragte der Leiter, drehte den Kopf und machte eine Grimasse, als hätte Karl jetzt den Höhepunkt der Unglaubwürdigkeit erreicht. Auch der Schreiber sah Karl eine Weile prüfend an, dann aber wiederholte er „Negro“ und schrieb den Namen ein. „Sie haben doch nicht Negro aufgeschrieben“, fuhr ihn der Leiter an. „Ja, Negro“, sagte der Schreiber ruhig und machte eine Handbewegung, als habe nun der Leiter das Weitere zu veranlassen. Der Leiter bezwang sich auch, stand auf und sagte: „Sie sind also für das Teater von Oklahama –". Aber weiter kam er nicht, er konnte nichts gegen sein Gewissen tun, setzte sich und sagte: „Er heißt nicht Negro." Der Schreiber zog die Augenbrauen in die Höhe, stand nun selbst auf und sagte: „Dann teile also ich Ihnen mit, daß Sie für das Teater in Oklahama aufgenommen sind und daß man Sie jetzt unserm Führer vorstellen wird." Wieder wurde ein Diener gerufen, der Karl zur Schiedsrichtertribüne führte.

Unten an der Treppe sah Karl den Kinderwagen und gerade kam auch das Ehepaar herunter, die Frau mit dem Kind auf dem Arm. „Sind Sie aufgenommen?" fragte der Mann, er war viel lebhafter als früher, auch die Frau sah ihm lachend über die Schulter. Als Karl antwortete, eben sei er aufgenommen worden und gehe zur Vorstellung, sagte der Mann: „Dann gratuliere ich. Auch wir sind aufgenommen worden, es scheint ein gutes Unternehmen zu sein, allerdings kann man sich nicht gleich in alles einfinden, so ist es aber überall." Sie sagten einander noch „Auf Wiedersehn" und Karl stieg zur Tribüne hinauf. Er gieng langsam, denn der kleine Raum oben schien von Leuten überfüllt zu sein und er wollte sich nicht eindrängen. Er blieb sogar stehn und überblickte das große Rennfeld das auf allen Seiten bis an ferne Wälder reichte. Ihn erfaßte Lust einmal ein Pferderennen zu sehn, er hatte in Amerika noch keine Gelegenheit dazu gefunden. In Europa war er einmal als kleines Kind zu einem Rennen mitgenommen worden, konnte sich aber an nichts anderes erinnern als daß er von der Mutter zwischen vielen Menschen die nicht auseinanderweichen wollten, durchgezogen worden war. Er hatte also eigentlich überhaupt noch kein Rennen gesehn. Hinter ihm fieng eine Maschinerie zu schnarren an, er drehte sich um und sah auf dem Apparat, auf dem beim Rennen die Namen der Sieger veröffentlicht werden, jetzt folgende Aufschrift in die Höhe ziehn: „Kaufmann Kalla mit Frau und Kind". Hier wurden also die Namen der Aufgenommenen den Kanzleien mitgeteilt.

Gerade liefen einige Herren lebhaft miteinander sprechend, Bleistifte und Notizblätter in den Händen die Treppe herunter, Karl drückte sich ans Geländer um sie vorbeizulassen und stieg, da nun oben Platz geworden war hinauf. In einer Ecke der mit Holzgeländern versehenen Platform – das ganze sah wie das flache Dach eines schmalen Turmes aus – saß, die Arme entlang der Holzgeländer ausgestreckt, ein Herr, dem ein breites weißes Seidenband mit der Aufschrift: Führer der 10ten Werbetruppe des Teaters von Oklahama quer über die Brust gieng. Neben ihm stand auf einem Tischchen ein gewiß auch bei den Rennen verwendeter telephonischer Apparat, durch den der Führer offenbar alle notwendigen Angaben über die einzelnen Bewerber noch vor der Vorstellung erfuhr, denn er stellte an Karl zunächst gar keine Fragen, sondern sagte zu einem Herrn, der mit gekreuzten Beinen, die Hand am Kinn neben ihm lehnte: „Negro, ein europäischer Mittelschüler." Und als sei damit der sich tief verneigende Karl für ihn erledigt sah er die Treppe hinunter, ob nicht wieder jemand käme. Aber da niemand kam, hörte er manchmal dem Gespräch, das der andere Herr mit Karl führte zu, blickte aber meistens über das Rennfeld hin und klopfte mit den Fingern auf das Geländer. Diese zarten und doch kräftigen, langen und schnell bewegten Finger lenkten zeitweilig Karls Aufmerksamkeit auf sich trotzdem ihn der andere Herr genug in Anspruch nahm.

„Sie sind stellungslos gewesen?" fragte dieser Herr zunächst. Diese Frage sowie fast alle andern Fragen, die er stellte, waren sehr einfach, ganz unverfänglich und die Antworten wurden überdies nicht durch Zwischenfragen nachgeprüft, trotzdem aber wußte ihnen der Herr durch die Art wie er sie mit großen Augen aussprach, wie er ihre Wirkung mit vorgebeugtem Oberkörper beobachtete, wie er die Antworten mit auf die Brust gesenktem Kopfe aufnahm und hie und da laut wiederholte, eine besondere Bedeutung zu geben, die man zwar nicht verstand, deren Ahnung aber vorsichtig und befangen machte. Es kam öfters vor, daß es Karl drängte die gegebene Antwort zu widerrufen und durch eine andere, die vielleicht mehr Beifall finden würde, zu ersetzen, aber er hielt sich doch immer noch zurück, denn er wußte, einen wie schlechten Eindruck ein derartiges Schwanken machen mußte und wie überdies die Wirkung der Antworten eine meist unberechenbare war. Überdies aber schien ja seine Aufnahme schon entschieden zu sein, dieses Bewußtsein gab ihm Rückhalt.

Die Frage ob er stellungslos gewesen sei, beantwortete er mit einem einfachen „Ja". „Wo waren Sie zuletzt angestellt?" fragte dann der Herr. Karl wollte schon antworten, da hob der Herr den Zeigefinger und sagte noch einmal: „Zuletzt!" Karl hatte auch schon die erste Frage richtig verstanden, unwillkürlich schüttelte er die letzte Bemerkung als beirrend mit dem Kopfe ab und antwortete: „In einem Bureau." Das war noch die Wahrheit, würde aber der Herr eine nähere Auskunft über die Art des Bureaus verlangen, so mußte er lügen. Aber das tat der Herr nicht, sondern stellte die überaus leicht ganz wahrheitsgemäß zu beantwortende Frage: „Waren Sie dort zufrieden?" „Nein", rief Karl ihm fast in die Rede fallend. Bei einem Seitenblick bemerkte Karl, daß der Führer ein wenig lächelte, Karl bereute die unbedachte Art seiner letzten Antwort, aber es war zu verlockend gewesen, das Nein hinauszuschrein, denn während seiner ganzen letzten Dienstzeit hatte er nur den großen Wunsch gehabt, irgendein fremder Dienstgeber möge einmal eintreten und diese Frage an ihn richten. Seine Antwort konnte aber noch einen andern Nachteil bringen, denn der Herr konnte nun fragen, warum er nicht zufrieden gewesen sei. Statt dessen fragte er jedoch: „Zu was für einem Posten fühlen Sie sich geeignet?" Diese Frage enthielt möglicherweise wirklich eine Falle, denn wozu wurde sie gestellt, da Karl doch schon als Schauspieler aufgenommen war; trotzdem er das aber erkannte, konnte er sich dennoch nicht zu der Erklärung überwinden, er fühle sich für den Schauspielerberuf besonders geeignet. Er wich daher der Frage aus und sagte auf die Gefahr hin trotzig zu erscheinen: „Ich habe das Plakat in der Stadt gelesen und da dort stand, daß man jeden brauchen kann, habe ich mich gemeldet." „Das wissen wir", sagte der Herr, schwieg und zeigte dadurch daß er auf seiner frühern Frage beharre. „Ich bin als Schauspieler aufgenommen", sagte Karl zögernd, um den Herren die Schwierigkeit, in die ihn die letzte Frage gebracht hatte, begreiflich zu machen. „Das ist richtig", sagte der Herr und verstummte wieder. „Nun", sagte Karl und die ganze Hoffnung einen Posten gefunden zu haben, kam ins Wanken, „ich weiß nicht, ob ich zum Teaterspielen geeignet bin. Ich will mich aber anstrengen und alle Aufträge auszuführen suchen." Der Herr wandte sich dem Leiter zu, beide nickten, Karl schien richtig geantwortet zu haben, er faßte wieder Mut und erwartete aufgerichtet die nächste Frage. Die lautete: „Was wollten Sie denn ursprünglich studieren?" Um die Frage genau zu bestimmen – an der genauen Bestimmung lag dem Herrn immer sehr viel – fügte er hinzu: „In Europa, meine ich." Hiebei nahm er die Hand vom Kinn und machte eine schwache Bewegung, als wolle er damit gleichzeitig andeuten wie ferne Europa und wie bedeutungslos die dort einmal gefaßten Pläne seien. Karl sagte: „Ich wollte Ingenieur werden." Diese Antwort widerstrebte ihm zwar, es war lächerlich im vollen Bewußtsein seiner bisherigen Laufbahn in Amerika die alte Erinnerung, daß er einmal habe Ingenieur werden wollen, hier wieder aufzufrischen – wäre er es denn selbst in Europa jemals geworden? – aber er wußte gerade keine andere Antwort und sagte deshalb diese. Aber der Herr nahm es ernst, wie er alles ernst nahm. „Nun Ingenieur", sagte er, „können Sie wohl nicht gleich werden, vielleicht würde es Ihnen aber vorläufig entsprechen, irgendwelche niedrige technische Arbeiten auszuführen." „Gewiß", sagte Karl, er war sehr zufrieden, er wurde zwar, wenn er das Angebot annahm, aus dem Schauspielerstand unter die technischen Arbeiter geschoben, aber er glaubte tatsächlich sich bei dieser Arbeit besser bewähren zu können. Übrigens, dies wiederholte er sich immer wieder, es kam nicht so sehr auf die Art der Arbeit an, als vielmehr darauf sich überhaupt irgendwo dauernd festzuhalten. „Sind Sie denn kräftig genug für schwerere Arbeit?" fragte der Herr. „Oja", sagte Karl. Hierauf ließ der Herr Karl näher zu sich herankommen und befühlte seinen Arm. „Es ist ein kräftiger Junge", sagte er dann, indem er Karl am Arm zum Führer hinzog. Der Führer nickte lächelnd, reichte ohne sich übrigens aus seiner Ruhelage aufzurichten Karl die Hand und sagte: „Dann sind wir also fertig. In Oklahama wird alles noch überprüft werden. Machen Sie unserer Werbetruppe Ehre!" Karl verbeugte sich zum Abschied, er wollte sich dann auch von dem andern Herren verabschieden, dieser aber spazierte schon, als sei er mit seiner Arbeit vollständig fertig, das Gesicht in die

Höhe gerichtet auf der Platform auf und ab. Während Karl hinunterstieg wurde zur Seite der Treppe auf der Anzeigetafel die Aufschrift hochgezogen: „Negro, technischer Arbeiter". Da alles hier seinen ordentlichen Gang nahm, hätte es Karl nicht mehr so sehr bedauert, wenn auf der Tafel sein wirklicher Name zu lesen gewesen wäre. Es war alles sogar überaus sorgfältig eingerichtet, denn am Fuß der Treppe wurde Karl schon von einem Diener erwartet, der ihm eine Binde um den Arm festmachte. Als Karl dann den Arm hob, um zu sehn was auf der Binde stand, war dort der ganz richtige Aufdruck „technischer Arbeiter".

Wohin Karl nun aber geführt werden mochte, zuerst wollte er doch Fanny melden wie glücklich alles abgelaufen war. Aber zu seinem Bedauern erfuhr er vom Diener, daß die Engel ebenso wie auch die Teufel bereits nach dem nächsten Bestimmungsort der Werbetruppe abgereist seien, um dort die Ankunft der Truppe für den nächsten Tag bekanntzumachen. „Schade", sagte Karl, es war die erste Enttäuschung, die er in diesem Unternehmen erlebte, „ich hatte eine Bekannte unter den Engeln." „Sie werden sie in Oklahama wiedersehn", sagte der Diener, „nun aber kommen Sie, Sie sind der letzte." Er führte Karl an der hintern Seite des Podiums entlang, auf dem früher die Engel gestanden waren, jetzt waren dort nur noch die leeren Postamente. Karls Annahme aber, daß ohne die Musik der Engel mehr Stellensuchende kommen würden, erwies sich nicht als richtig, denn vor dem Podium standen jetzt überhaupt keine Erwachsenen mehr, nur paar Kinder kämpften um eine lange weiße Feder, die wahrscheinlich aus einem Engelsflügel gefallen war. Ein Junge hielt sie in die Höhe, während die andern Kinder mit einer Hand seinen Kopf niederdrücken wollten und mit der andern nach der Feder langten.

Karl zeigte auf die Kinder, der Diener aber sagte ohne hinzusehn: „Kommen Sie rascher, es hat sehr lange gedauert, ehe Sie aufgenommen wurden. Man hatte wohl Zweifel?" „Ich weiß nicht", sagte Karl erstaunt, er glaubte es aber nicht. Immer, selbst bei den klarsten Verhältnissen fand sich doch irgendjemand der seinem Mitmenschen Sorgen machen wollte. Aber vor dem freundlichen Anblick der großen Zuschauertribüne, zu der sie jetzt kamen, vergaß Karl bald an die Bemerkung des Dieners. Auf dieser Tribüne war nämlich eine ganze lange Bank mit einem weißen Tuch gedeckt, alle Aufgenommenen saßen mit dem Rücken zur Rennbahn auf der nächsttieferen Bank und wurden bewirtet. Alle waren fröhlich und aufgeregt, gerade als sich Karl unbemerkt als letzter auf die Bank setzte, standen viele mit erhobenen Gläsern auf und einer hielt einen Trinkspruch auf den Führer der zehnten Werbetruppe, den er den „Vater der Stellungsuchenden" nannte. Jemand machte darauf aufmerksam, daß man ihn auch von hier aus sehen könne und tatsächlich war die Schiedsrichtertribüne mit den zwei Herren in nicht allzugroßer Entfernung sichtbar. Nun schwenkten alle ihre Gläser in dieser Richtung, auch Karl faßte das vor ihm stehende Glas, aber so laut man auch rief und so sehr man sich bemerkbar zu machen suchte, auf der Schiedsrichtertribüne deutete nichts darauf hin, daß man die Ovation bemerkte oder wenigstens bemerken wolle. Der Führer lehnte in der Ecke wie früher und der andere Herr stand neben ihm, die Hand am Kinn.

Ein wenig enttäuscht setzte man sich wieder, hie und da drehte sich noch einer nach der Schiedsrichtertribüne um, aber bald beschäftigte man sich nur mit dem reichlichen Essen, großes Geflügel, wie es Karl noch nie gesehen hatte, mit vielen Gabeln in dem knusprig gebratenen Fleisch, wurde herumgetragen, Wein wurde immer wieder von den Dienern eingeschenkt – man merkte es kaum, man war über seinen Teller gebückt und in den Becher fiel der Strahl des roten Weines – und wer sich an der allgemeinen Unterhaltung nicht beteiligen wollte, konnte Bilder von Ansichten des Teaters von Oklahama besichtigen, die an einem Ende der Tafel aufgestapelt waren und von Hand zu Hand gehen sollten. Doch kümmerte man sich nicht viel um die Bilder und so geschah es daß bei Karl, der der Letzte war nur ein Bild ankam. Nach diesem Bild zu schließen mußten aber alle sehr sehenswert sein. Dieses Bild stellte die Loge des Präsidenten der Vereinigten Staaten dar. Beim ersten Anblick konnte man denken, es sei nicht eine Loge, sondern die Bühne, so weit geschwungen ragte die Brüstung in den freien Raum. Diese Brüstung war ganz aus Gold in allen ihren Teilen. Zwischen den wie mit der feinsten Scheere ausgeschnittenen Säulchen waren nebeneinander Medaillons früherer Präsidenten angebracht, einer hatte eine auffallend gerade Nase, aufgeworfene Lippen und unter gewölbten Lidern starr gesenkte Augen. Rings um die Loge, von den Seiten und von der Höhe kamen Strahlen von Licht; weißes und doch mildes Licht enthüllte förmlich den Vordergrund der Loge, während ihre Tiefe hinter rotem, unter vielen Tönungen sich faltendem Sammt der an der ganzen Umrandung niederfiel und durch Schnüre gelenkt wurde, als eine dunkle rötlich schimmernde Leere erschien. Man konnte sich in dieser Loge kaum Menschen vorstellen, so selbstherrlich sah alles aus. Karl vergaß das Essen nicht, sah aber doch oft die Abbildung an, die er neben seinen Teller gelegt hatte. Schließlich hätte er doch noch sehr gern wenigstens eines der übrigen Bilder angesehn, selbst holen wollte er es sich aber nicht, denn ein Diener hatte die Hand auf den Bildern liegen und die Reihenfolge mußte wohl gewahrt werden, er suchte also nur die Tafel zu überblicken und festzustellen, ob sich nicht doch noch ein Bild nähere. Da bemerkte er staunend – zuerst glaubte er es gar nicht – unter den am tiefsten zum Essen gebeugten Gesichtern ein gut bekanntes – Giacomo. Gleich lief er zu ihm hin. „Giacomo", rief er. Dieser, schüchtern wie immer wenn er überrascht wurde, erhob sich vom Essen, drehte sich in dem schmalen Raum zwischen den Bänken, wischte mit der Hand den Mund, war dann aber sehr froh Karl zu sehn, bat ihn sich neben ihn zu setzen oder bot sich an zu Karls Platz hinüberzukommen, sie wollten einander alles erzählen und immer beisammen bleiben. Karl wollte die andern nicht stören, jeder sollte deshalb vorläufig seinen Platz behalten, das Essen werde bald zuende sein und dann wollten sie natürlich immer zu einander halten. Aber Karl blieb doch noch bei Giacomo, nur um ihn anzusehn. Was für Erinnerungen an vergangene Zeiten! Wo war die Oberköchin? Was machte Therese? Giacomo selbst hatte sich in seinem Äußern fast gar nicht verändert, die Voraussage der Oberköchin, daß er in einem halben Jahr ein knochiger Amerikaner werden müsse, war nicht eingetroffen, er war zart wie früher, die Wangen eingefallen wie früher, augenblicklich allerdings waren sie gerundet, denn er hatte im Mund einen übergroßen Bissen Fleisch, aus dem er die überflüssigen Knochen langsam herauszog, um sie dann auf den

Teller zu werfen. Wie Karl an seiner Armbinde ablesen konnte, war auch Giacomo nicht als Schauspieler sondern als Liftjunge aufgenommen, das Teater von Oklahama schien wirklich jeden brauchen zu können.

In den Anblick Giacomos verloren, blieb aber Karl allzulange von seinem Platze fort, eben wollte er zurückkehren, da kam der Personalchef, stellte sich auf eine der höher gelegenen Bänke, klatschte in die Hände und hielt eine kleine Ansprache, während die meisten aufstanden und die Sitzengebliebenen die sich nicht vom Essen trennen konnten, durch Stöße der andern schließlich auch zum Aufstehn gezwungen wurden. „Ich will hoffen", sagte er, Karl war inzwischen schon auf den Fußspitzen zu seinem Platz zurückgelaufen, „daß Sie mit unserm Empfangsessen zufrieden waren. Im allgemeinen lobt man das Essen unserer Werbetruppe. Leider muß ich die Tafel bereits aufheben, denn der Zug, der Sie nach Oklahama bringen soll, fährt in fünf Minuten. Es ist zwar eine lange Reise, Sie werden aber sehn, daß für Sie gut gesorgt ist. Hier stelle ich Ihnen den Herrn vor, der Ihren Transport führen wird und dem Sie Gehorsam schulden." Ein magerer kleiner Herr erkletterte die Bank auf welcher der Personalchef stand, nahm sich kaum Zeit eine flüchtige Verbeugung zu machen, sondern begann sofort mit ausgestreckten nervösen Händen zu zeigen, wie sich alle sammeln, ordnen und in Bewegung setzen sollten. Aber zunächst folgte man ihm nicht, denn derjenige aus der Gesellschaft der schon früher eine Rede gehalten hatte, schlug mit der Hand auf den Tisch und begann eine längere Dankrede, trotzdem – Karl wurde ganz unruhig – eben gesagt worden war, daß der Zug bald abfahre. Aber der Redner achtete nicht einmal darauf, daß auch der Personalchef nicht zuhörte sondern dem Transportleiter verschiedene Anweisungen gab, er legte seine Rede groß an, zählte alle Gerichte auf, die aufgetragen worden waren, gab über jedes sein Urteil ab und schloß dann zusammenfassend mit dem Ausruf: „Geehrte Herren, so gewinnt man uns." Alle außer den Angesprochenen lachten, aber es war doch mehr Wahrheit als Scherz.

Diese Rede büßte man überdies damit, daß jetzt der Weg zur Bahn im Laufschritt gemacht werden mußte. Das war aber auch nicht sehr schwer, denn – Karl bemerkte es erst jetzt – niemand trug ein Gepäckstück – das einzige Gepäckstück war eigentlich der Kinderwagen, der jetzt an der Spitze der Truppe vom Vater gelenkt wie haltlos auf und nieder sprang. Was für besitzlose verdächtige Leute waren hier zusammengekommen und wurden doch so gut empfangen und behütet! Und dem Transportleiter mußten sie geradezu ans Herz gelegt sein. Bald faßte er selbst mit einer Hand die Lenkstange des Kinderwagens und erhob die andere um die Truppe aufzumuntern, bald war er hinter der letzten Reihe, die er antrieb, bald lief er an den Seiten entlang, faßte einzelne langsamere aus der Mitte ins Auge und suchte ihnen mit schwingenden Armen darzustellen, wie sie laufen müßten.

Als sie auf dem Bahnhof ankamen, stand der Zug schon bereit. Die Leute auf dem Bahnhof zeigten einander die Truppe, man hörte Ausrufe wie „Alle diese gehören zum Teater von Oklahama“, das Teater schien viel bekannter zu sein, als Karl angenommen hatte, allerdings hatte er sich um Teaterdinge niemals gekümmert. Ein ganzer Waggon war eigens für die Truppe bestimmt, der Transportleiter drängte zum Einsteigen mehr als der Schaffner. Er sah zuerst in jede einzelne Abteilung, ordnete hie und da etwas und erst dann stieg er selbst ein. Karl hatte zufällig einen Fensterplatz bekommen und Giacomo neben sich gezogen. So saßen sie aneinandergedrängt und freuten sich im Grunde beide auf die Fahrt, so sorgenlos hatten sie in Amerika noch keine Reise gemacht. Als der Zug zu fahren begann winkten sie mit den Händen aus dem Fenster, während die Burschen ihnen gegenüber einander anstießen und es lächerlich fanden.

Karl geht verloren in einer globalisierten Welt
↳ Karl ist verschollen

Sie fuhren zwei Tage und zwei Nächte. Jetzt erst begriff Karl die Größe Amerikas. Unermüdlich sah er aus dem Fenster und Giacomo drängte sich solange mit heran, bis die Burschen gegenüber die sich viel mit Kartenspiel beschäftigten dessen überdrüssig wurden und ihm freiwillig den Fensterplatz einräumten. Karl dankte ihnen – Giacomos Englisch war nicht jedem verständlich – und sie wurden im Laufe der Zeit, wie es unter Coupeegenossen nicht anders sein kann, viel freundlicher, doch war auch ihre Freundlichkeit oft lästig, da sie z. B. immer wenn ihnen eine Karte auf den Boden fiel und sie den Boden nach ihr absuchten, Karl oder Giacomo mit aller Kraft ins Bein zwickten. Giacomo schrie dann, immer von neuem überrascht, und zog das Bein in die Höhe, Karl versuchte manchmal mit einem Fußtritt zu antworten, duldete aber im übrigen alles schweigend. Alles was sich in dem kleinen, selbst bei offenem Fenster von Rauch überfüllten Coupee ereignete vergieng vor dem was draußen zu sehen war.

Am ersten Tag fuhren sie durch ein hohes Gebirge. Bläulichschwarze Steinmassen giengen in spitzen Keilen bis an den Zug heran, man beugte sich aus dem Fenster und suchte vergebens ihre Gipfel, dunkle schmale zerrissene Täler öffneten sich, man beschrieb mit dem Finger die Richtung, in der sie sich verloren, breite Bergströme kamen eilend als große Wellen auf dem hügeligen Untergrund und in sich tausend kleine Schaumwellen treibend, sie stürzten sich unter die Brücken über die der Zug fuhr und sie waren so nah daß der Hauch ihrer Kühle das Gesicht erschauern machte.

Anhang

Franz Kafka zur Zeit der Promotion

1. Biografische Hintergründe

Wie die Kafka-Forschung in kaum noch zählbaren Publikationen nachgewiesen hat, spiegeln sich in den Werken Kafkas eigene Lebensereignisse wider – symbolisch so verdichtet und parabelhaft gestaltet, dass sie allgemeine, universelle Bedeutung gewinnen. Auch für das Verständnis des „Verschollenen" ist die Kenntnis biografischer Hintergründe überaus hilfreich. Durch sie wird es möglich, den Roman aus der Perspektive seiner Entstehungszeit zu lesen und neue Bedeutungsdimensionen im Kontext der individuellen Lebensumstände des Autors zu erschließen. Oliver Jahraus' Text fasst die wichtigsten Lebensstationen Kafkas zusammen und vermittelt einen ersten Eindruck von den Themen und Motiven, die auch Kafkas Schreiben bestimmen. Wie sein Leben, so ist auch sein Werk geprägt vom Zwiespalt zwischen Brotberuf und literarischer Berufung, von seiner halb sehnsüchtigen, halb ängstlichen Einstellung zu Frauen und – nicht zuletzt – vom Konflikt mit dem Vater. Erste Annäherungen an den Dichter und Menschen Kafka bieten auch die Erinnerung des Freundes Gustav Janouch und die hier abgedruckten Textpassagen aus Tagebüchern und Briefen, in denen Kafka seine Lebensthemen reflektierend umkreist. Abgeschlossen wird dieser Biografie-Teil durch Manfred Engels Zusammenfassung der Entstehungs- und Druckgeschichte des „Verschollenen".

Oliver Jahraus: Kafkas Leben

Franz Kafka wurde am 3. Juli 1883 als erstes Kind der Eheleute Hermann Kafka (1852–1931) und Julie Kafka, geborene Löwy (1856–1934), in Prag geboren. Die entscheidenden biografischen Daten sind schnell aufgelistet. Von 1889 bis 1893 besuchte Franz Kafka die „Deutsche Knabenschule" am Fleischmarkt, von 1893 bis 1901 das „Altstädter Deutsche Gymnasium". Das Gymnasium war im Kinsky-Palais untergebracht, in dem sich zu dieser Zeit auch die Wohnung der Kafkas befand. Am 13. Juni 1896 wurde seine Bar-Mizwa[1] gefeiert, die, vergleichbar der evangelischen Konfirmation,

[1] feierliche Einführung des jüdischen Jungen in die jüdische Glaubensgemeinschaft

Volljährigkeit in der Religionsgemeinschaft markiert. Hermann Kafka zeigte diese Feier offiziell als „Confirmation“ an, eine Tatsache, die den Grad der Assimilation[1] der jüdischen Familie Kafka an die deutsche Mittel- und Oberschicht zeigt. Von 1901 bis 1906 studierte Kafka an der deutschen Karl-Ferdinands-Universität in Prag Jura, nachdem er sich zunächst für Chemie und länger für Germanistik interessiert hatte. 1906 wurde er zum Doktor der Rechte promoviert[2] und begann das in der Ausbildung vorgeschriebene gerichtspraktische Jahr. Am 1. Oktober 1907 trat Kafka seine erste Anstellung als Versicherungsbeamter bei dem großen, noch heute tätigen, in Triest ansässigen Versicherungskonzern „Assicurazioni Generali“ an. Diese Anstellung war ein aufreibender – wie man heute sagen würde – *full time job,* den Kafka deshalb kaum ein Jahr später aufgab. Er trat in die halbstaatliche „Arbeiter-Unfall-Versicherungsanstalt für das Königreich Böhmen“ ein. Dort war seine Tätigkeit auf die Dienststunden von 8 bis 14 Uhr begrenzt, was Kafka mehr Zeit für das Schreiben ließ. Er sollte diese Stelle behalten, bis er aus Gesundheitsgründen zum 1. Juli 1922 vorzeitig pensioniert wurde.

Seine Aufgabe bestand darin, Versicherungsfälle, die in den Zuständigkeitsbereich dieser wie eine Behörde arbeitenden Institution fielen, zu bearbeiten, und später, mit mehr Kompetenz und Befugnis, auch Richtlinien für eine Unfallverhütung in Fabriken zu entwerfen, umzusetzen und ihre Einhaltung zu überprüfen. Kafka klagte immer wieder über die Arbeit, schilderte für ihn peinliche Situationen und behauptete, ständig überfordert zu werden. Dennoch machte er Karriere. Das lässt sich nicht zuletzt an den beamtenrechtlichen Rangbezeichnungen seiner jeweiligen Position ablesen. Als Kafka endgültig ausschied, bekleidete er immerhin den Rang eines Obersekretärs. Seine relativ hohe Stellung zeigt sich auch an den verantwortungsvollen Aufgaben, mit denen er selbstständig betraut wurde, und an der Wertschätzung, die seine Vorgesetzten ihm entgegenbrachten.

---

1 Angleichung, Anpassung
2 promovieren: die Doktorwürde erlangen

Um 1908 begann die eigentliche schriftstellerische Laufbahn Franz Kafkas. Unseld berichtet, dass Kafka sich bereits 1906 an einer literarischen Preisausschreibung – allerdings erfolglos – beteiligt habe. Dies sei jedoch nur ein „missglückter Auftakt“ gewesen. 1908 jedenfalls veröffentlichte er acht kleine Prosastücke in der Zeitschrift *Hyperion.* Ein Jahr später begann er Tagebuch zu schreiben. Das Jahr 1912 wurde zum Durchbruchsjahr für Kafka, dem Wagenbach entsprechend ein eigenes Kapitel in seiner Kafka-Biografie widmet und das nach Stachs Einschätzung in der Mitte der Jahre der Entscheidungen von 1910 bis 1915 liegt. Er veröffentlichte nicht nur sein erstes Buch *Betrachtung* im Ernst Rowohlt Verlag in Leipzig und schrieb nicht nur seine erste, ihn selbst zufriedenstellende Erzählung *Das Urteil,* sondern er lernte auch Felice Bauer kennen und begann die Korrespondenz mit ihr. Man sollte hierin nicht ein zeitliches Zusammentreffen entscheidender Lebensereignisse sehen, sondern die Verklammerung eines literarischen und biografischen Komplexes, der Kafkas Schreiben insgesamt charakterisiert. Am 1. Juli 1914 verlobte er sich zum ersten Mal mit Felice Bauer; die Verlobung wurde nur 12 Tage später wieder gelöst. 1916 näherten sich die beiden wieder stärker an und verlobten sich ein zweites Mal, doch Kafka löste die Verbindung, allerdings erst am 25. Dezember 1917, nachdem seine Lungenkrankheit in der Nacht vom 12. auf den 13. August mit einem Blutsturz offen ausgebrochen war.

Aufgrund seiner Erkrankung bekam Kafka immer wieder Erholungsurlaub oder Kuraufenthalte genehmigt. Ein Antrag auf Pensionierung wurde vom Arbeitgeber 1918 und später mehrfach abgelehnt. Die Gründe hierfür sind offensichtlich: Man wollte einen solch hervorragenden Mitarbeiter wie Kafka nicht gehen lassen und hoffte vielmehr auf seine Genesung. Selbst als die k. u. k. Monarchie[1] nach dem Ersten Weltkrieg 1918 zusammenbrach und die Anstalt in die Verantwortung des neuen tschechoslowakischen Staates überging, konnte Kafka seinen Arbeitsplatz behalten. Trotz ausufernder Fehlzeiten wurde er auch weiterhin befördert.

[1] kaiserliche und königliche Monarchie Österreich-Ungarn (1867–1918)

Kafka verließ erst 1914 die elterliche Wohnung und zog zunächst in die Wohnung seiner Schwester Valli, dann in die seiner Schwester Elli. Beide Wohnungen standen leer, da die Schwestern, nachdem ihre Ehemänner zum Kriegsdienst eingezogen worden waren, wieder zu den Eltern zurückgekehrt waren. Von da an standen Kafka immer wieder eigene Zimmer zur Verfügung: 1916 im Alchimistengässchen, 1917 im Schönborn-Palais und ab dem 12. September 1917 ein Zimmer außerhalb Prags in Zürau bei seiner Schwester Ottla.

In den letzten Jahren prägten drei Beziehungen Kafkas Biografie. Auf einem Genesungsurlaub in Schelesen lernte er Julie Wohryzek (1891–Todesdatum unbekannt) kennen, mit der er sich verlobte. Kafkas Vater war gegen eine eheliche Verbindung, weil er diese Beziehung für unstandesgemäß hielt. Er, der selbst „nach oben" geheiratet hatte, konnte es nicht akzeptieren, dass sein Sohn sich gesellschaftlich „nach unten" orientierte. Die Beziehung seines Sohnes zu Julie Wohryzek musste die endgültige Entfremdung von seinem Sohn nach sich gezogen haben. 1920 begann Kafkas Beziehung zu Milena Jesenská (1896–1944). Sie war, anders als Felice Bauer oder Julie Wohryzek, eine Intellektuelle. Die Bekanntschaft kam zustande, als Jesenská bei Kafka anfragte, ob sie den Text *Der Heizer* ins Tschechische übersetzen dürfe. Aus dieser Bekanntschaft ging abermals ein umfangreicher Briefwechsel hervor, der jedoch anders als derjenige mit Felice Bauer ausgerichtet ist. War es im früheren Briefwechsel oft um einen schriftstellerischen Selbstentwurf gegangen, so diente der Briefwechsel mit Jesenská zuletzt dazu, die eigene Situation bezüglich solcher Themen wie Schreiben, Familie, Krankheit von außen zu reflektieren. Kafka selbst scheint abgeklärter geworden zu sein und die Situation als zwangloser empfunden zu haben. Detlev Arens bringt es auf den Punkt, Kafka begreife Felice Bauer „als Teil des Zwangssystems, Milena steht außerhalb". Der Briefwechsel mit Jesenská gestaltete sich wesentlich offener, kritischer, aber auch intimer und zeigte weniger Vorbehalte. Doch auch die Beziehung zu Jesenská endete nach kurzer Zeit, weil weder sie noch er eine Perspektive für ein gemeinsames Leben sahen.

Gegen Ende seines Lebens schaffte es Kafka schließlich doch noch, wenigstens für kurze Zeit mit einer Frau zusammenzuleben.

1923 lernte er in Müritz bei einem Kuraufenthalt Dora Diamant (1898–1952) kennen. Beide zogen nach Berlin, wo sie innerhalb kurzer Zeit dreimal die Wohnung wechseln mussten. Im Laufe des Jahres 1924 verschlechterte sich der gesundheitliche Zustand Kafkas zusehends. Er kehrte nach Prag zurück, fuhr noch im April zur Kur, wurde dort nacheinander in verschiedene Krankenhäuser eingewiesen und starb am 3. Juni 1924 an Lungen- und Kehlkopftuberkulose.

Aus: Oliver Jahraus: Kafka. Leben, Schreiben, Machtapparate. Stuttgart 2006, S. 98–103

Gustav Janouch: Ein Gespräch mit Kafka

Im Mai 1921 schrieb ich ein Sonett, das Ludwig Winder in der Sonntagsbeilage der *Bohemia* veröffentlichte.
Kafka sagte bei dieser Gelegenheit: „Sie beschreiben den Dichter als einen wunderbar großen Menschen, dessen Füße sich auf der Erde befinden, während der Kopf in den Wolken schwindet. Das ist natürlich ein ganz gewöhnliches Bild im Vorstellungsrahmen der kleinbürgerlichen Konvention. Es ist eine Illusion verborgener Wünsche, die mit der Wirklichkeit nichts Gemeinsames hat. In Wirklichkeit ist der Dichter immer viel kleiner und schwächer als

Vater Kafkas Geschäftsemblem: die Dohle (kavka)

der gesellschaftliche Durchschnitt. Er empfindet darum die Schwere des Erdendaseins viel intensiver und stärker als die anderen Menschen. Sein Gesang ist für ihn persönlich nur ein Schreien. Die Kunst ist für den Künstler ein Leid, durch das er sich für ein neues Leid befreit. Er ist kein Riese, sondern nur ein mehr oder weniger bunter Vogel im Käfig seiner Existenz."

„Sie auch?", fragte ich.

„Ich bin ein ganz unmöglicher Vogel", sagte Franz Kafka. „Ich bin eine Dohle – eine kavka. Der Kohlenhändler im Teinhof hat eine. Haben Sie sie gesehen?"

„Ja, sie läuft vor dem Geschäft herum."

„Ja, meiner Verwandten geht es besser als mir. Es ist zwar wahr, sie hat die Flügel beschnitten. In meinem Falle war es aber überhaupt nicht notwendig, da meine Flügel verkümmert sind. Aus diesem Grunde gibt es für mich keine Höhen und Weiten. Verwirrt hüpfe ich zwischen den Menschen herum. Sie betrachten mich voller Misstrauen. Ich bin doch ein gefährlicher Vogel, ein Dieb, eine Dohle. Das ist aber nur Schein. In Wirklichkeit fehlt mir der Sinn für glänzende Dinge. Aus dem Grunde habe ich nicht einmal glänzende schwarze Federn. Ich bin grau wie Asche. Eine Dohle, die sich danach sehnt, zwischen den Steinen zu verschwinden. Aber das ist nur so ein Scherz, damit Sie nicht merken, wie schlecht es mir heute geht."

Aus: Gustav Janouch: Gespräche mit Kafka. Frankfurt a. M.: Fischer Verlag 1961, S. 19 f.

Kafka über das Schreiben

Mein Leben besteht und bestand im Grunde von jeher aus Versuchen zu schreiben und meist aus misslungenen. Schrieb ich aber nicht, dann lag ich auch schon auf dem Boden, wert hinausgekehrt zu werden. Nun waren meine Kräfte seit jeher jämmerlich klein und, wenn ich es auch nicht offen eingesehen habe, so ergab es sich doch von selbst, dass ich auf allen Seiten sparen, überall mir ein wenig entgehen lassen müsse, um für das, was mir mein Hauptzweck schien, eine zur Not ausreichende Kraft zu behalten. Wo ich es aber nicht selbst tat [...], sondern irgendwo über mich hinaus wollte, wurde ich von selbst zurückgedrängt, geschädigt,

beschämt, für immer geschwächt, aber gerade dieses, was mich für Augenblicke unglücklich machte, hat mir im Laufe der Zeit Vertrauen gegeben und ich fing zu glauben an, dass da irgendwo, wenn auch schwer aufzufinden, ein guter Stern sein müsse, unter dem man weiterleben könne. [...]
Und tatsächlich, so mager wie ich bin, und ich bin der magerste Mensch, den ich kenne (was etwas sagen will, da ich schon viel in Sanatorien herumgekommen bin) ebenso ist auch sonst nichts an mir, was man in Rücksicht auf das Schreiben Überflüssiges und Überflüssiges im guten Sinne nennen könnte. Gibt es also eine höhere Macht, die mich benützen will oder benützt, dann liege ich als ein zumindest deutlich ausgearbeitetes Instrument in ihrer Hand; wenn nicht, dann bin ich gar nichts und werde plötzlich in einer fürchterlichen Leere übrig bleiben.

Aus: Franz Kafka: Briefe an Felice; 1. November 1912. Herausgegeben von Erich Heller und Jürgen Born. Frankfurt a. M.: Fischer Verlag 2003, S. 65f.

„Maß und Ziel" setzt die menschliche Schwäche schon genug. Müsste ich mich nicht auf dem einzigen Fleck, wo ich stehen kann, mit allem einsetzen, was ich habe? Wenn ich das nicht täte, was für ein heilloser Narr wäre ich! Es ist möglich, dass mein Schreiben nichts ist, aber dann ist es auch ganz bestimmt und zweifellos, dass ich ganz und gar nichts bin. Schone ich mich also darin, dann schone ich mich, richtig gesehen, eigentlich nicht, sondern bringe mich um.

Aus: Franz Kafka: Briefe an Felice; 5. November 1912. Herausgegeben von Erich Heller und Jürgen Born. Frankfurt a. M.: Fischer Verlag 2003, S. 76

In mir kann ganz gut eine Konzentration auf das Schreiben hin erkannt werden. Als es in meinem Organismus klargeworden war, dass das Schreiben die ergiebigste Richtung meines Wesens sei, drängte sich alles hin und ließ alle Fähigkeiten leer stehn, die sich auf die Freuden des Geschlechtes, des Essens, des Trinkens, des philosophischen Nachdenkens, der Musik zuallererst, richteten. Ich magerte nach allen diesen Richtungen ab. Das war notwendig, weil meine Kräfte in ihrer Gesamtheit so gering waren, dass sie nur gesammelt dem Zweck des Schreibens halbwegs dienen konnten.

Ich habe diesen Zweck natürlich nicht selbstständig und bewusst gefunden, er fand sich selbst und wird jetzt nur noch durch das Bureau, aber hier von Grund aus, gehindert. Jedenfalls darf ich aber dem nicht nachweinen, dass ich keine Geliebte ertragen kann, dass ich von Liebe fast genauso viel wie von Musik verstehe und mit den oberflächlichsten angeflogenen Wirkungen mich begnügen muss, dass ich zum Silvester Schwarzwurzeln mit Spinat genachtmahlt und ein Viertel Ceres[1] dazu getrunken habe und dass ich Sonntag bei Maxens Vorlesung seiner philosophischen Arbeit nicht teilnehmen konnte; der Ausgleich alles dessen liegt klar zutage.

Aus: Franz Kafka: Tagebücher 1910–1923; Eintrag vom 3. Januar 1912. Herausgegeben von Max Brod. Frankfurt a. M.: Fischer Verlag 1983, S. 167 f.

Ich habe kein literarisches Interesse, sondern bestehe aus Literatur, ich bin nichts anderes und kann nichts anderes sein. Ich habe letzthin in einer „Geschichte des Teufelsglaubens" folgende Geschichte gelesen: „Ein Kleriker hatte eine so schöne süße Stimme, dass sie zu hören die größte Lust gewährte. Als ein Geistlicher diese Lieblichkeit eines Tages auch gehört hatte, sagte er: Das ist nicht die Stimme des Menschen, sondern des Teufels. In Gegenwart aller Bewunderer beschwor er den Dämon, der auch ausfuhr, worauf der Leichnam (denn hier war eben ein menschlicher Leib anstatt von der Seele, vom Teufel belebt gewesen) zusammensank und stank." Ähnlich, ganz ähnlich ist das Verhältnis zwischen mir und der Literatur, nur dass meine Literatur nicht so süß ist wie die Stimme jenes Mönches.

Aus: Franz Kafka: Briefe an Felice; 14. August 1913. Herausgegeben von Erich Heller und Jürgen Born. Frankfurt a. M.: Fischer Verlag 2003, S. 444

Liebste, es ist beim Schreiben wieder sehr spät geworden [...]. Leider, leider weckt mich nicht die Freundin, nur der Brief, den ich ihr schreiben will. Einmal schriebst Du, Du wolltest bei mir sitzen, während ich schreibe; denke nur, da könnte ich nicht schreiben

[1] ein Rotwein

(ich kann auch sonst nicht viel), aber da könnte ich gar nicht schreiben. Schreiben heißt ja sich öffnen bis zum Übermaß; die äußerste Offenherzigkeit und Hingabe, in der sich ein Mensch im menschlichen Verkehr schon zu verlieren glaubt und vor der er also, solange er bei Sinnen ist, immer zurückscheuen wird – denn leben will jeder, solange er lebt – diese Offenherzigkeit und Hingabe genügt zum Schreiben bei Weitem nicht. Was von dieser Oberfläche ins Schreiben hinübergenommen wird – wenn es nicht anders geht und die tiefern Quellen schweigen – ist nichts und fällt in dem Augenblick zusammen, in dem ein wahreres Gefühl diesen obern Boden zum Schwanken bringt. Deshalb kann man nicht genug allein sein, wenn man schreibt, deshalb kann es nicht genug still um einen sein, wenn man schreibt, die Nacht ist noch zu wenig Nacht. Deshalb kann nicht genug Zeit einem zur Verfügung stehn, denn die Wege sind lang, und man irrt leicht ab, man bekommt sogar manchmal Angst und hat schon ohne Zwang und Lockung Lust zurückzulaufen (eine später immer schwer bestrafte Lust), wie erst, wenn man unversehens einen Kuss vom liebsten Mund bekäme! Oft dachte ich schon daran, dass es die beste Lebensweise für mich wäre, mit Schreibzeug und einer Lampe im innersten Raume eines ausgedehnten, abgesperrten Kellers zu sein. Das Essen brächte man mir, stellte es immer weit von meinem Raum entfernt hinter der äußersten Tür des Kellers nieder. Der Weg um das Essen, im Schlafrock, durch alle Kellergewölbe hindurch wäre mein einziger Spaziergang. Dann kehrte ich zu meinem Tisch zurück, würde langsam und mit Bedacht essen und wieder gleich zu schreiben anfangen. Was ich dann schreiben würde! Aus welchen Tiefen ich

Franz Kafka mit Felice Bauer, kurz nach der zweiten Verlobung (1917)

es hervorreißen würde! Ohne Anstrengung! Denn äußerste Konzentration kennt keine Anstrengung. Nur, dass ich es vielleicht nicht lange treiben würde und beim ersten, vielleicht selbst in solchem Zustand nicht zu vermeidendem Misslingen in einen großartigen Wahnsinn ausbrechen müsste. *Was meinst Du, Liebste? Halte Dich vor dem Kellerbewohner nicht zurück!*

Aus: Franz Kafka: Briefe an Felice; 14./15.1.1913. Herausgegeben von Erich Heller und Jürgen Born. Frankfurt a. M.: Fischer Verlag 2003, S. 249 f.

Kafka über den Vater

Direkt erinnere ich mich nur an einen Vorfall aus den ersten Jahren. Du erinnerst Dich vielleicht auch daran. Ich winselte einmal in der Nacht immerfort um Wasser, gewiss nicht aus Durst, sondern wahrscheinlich teils um zu ärgern, teils um mich zu unterhalten. Nachdem einige starke Drohungen nicht geholfen hatten, nahmst Du mich aus dem Bett, trugst mich auf die Pawlatsche[1] und ließest mich dort allein vor der geschlossenen Tür ein Weilchen im Hemd stehn. Ich will nicht sagen, dass das unrichtig war, vielleicht war damals die Nachtruhe auf andere Weise wirklich nicht zu verschaffen, ich will aber damit Deine Erziehungsmittel und ihre Wirkung auf mich charakterisieren. Ich war damals nachher wohl schon folgsam, aber ich hatte einen inneren Schaden davon. Das für mich Selbstverständliche des sinnlosen Ums-Wasser-Bittens und das außerordentlich Schreckliche des Hinausgetragenwerdens konnte ich meiner Natur nach niemals in die richtige Verbindung bringen. Noch nach Jahren litt ich unter der quälenden Vorstellung, dass der riesige Mann, mein Vater, die letzte Instanz, fast ohne Grund kommen und mich in der Nacht aus dem Bett auf die Pawlatsche tragen konnte und dass ich also ein solches Nichts für ihn war.

Das war damals ein kleiner Anfang nur, aber dieses mich oft beherrschende Gefühl der Nichtigkeit (ein in anderer Hinsicht allerdings auch edles und fruchtbares Gefühl) stammt vielfach von Deinem Einfluss. Ich hätte ein wenig Aufmunterung, ein wenig Freundlichkeit, ein wenig Offenhalten meines Weges gebraucht, stattdessen

[1] offener Gang an der Hofseite eines Hauses

verstelltest Du mir ihn, in der guten Absicht freilich, dass ich einen anderen Weg gehen sollte. Aber dazu taugte ich nicht. Du muntertest mich zum Beispiel auf, wenn ich gut salutierte und marschierte, aber ich war kein künftiger Soldat, oder Du muntertest mich auf, wenn ich kräftig essen oder sogar Bier dazu trinken konnte, oder wenn ich unverstandene Lieder nachsingen oder Deine Lieblingsredensarten Dir nachplappern konnte, aber nichts davon gehörte zu meiner Zukunft. Und es ist bezeichnend, dass Du selbst heute mich nur dann eigentlich in etwas aufmunterst, wenn Du selbst in Mitleidenschaft gezogen bist, wenn es sich um Dein Selbstgefühl handelte, das ich verletze (zum Beispiel durch meine Heiratsabsicht) oder das in mir verletzt wird (wenn zum Beispiel Pepa[1] mich beschimpft). [...] Damals und damals überall hätte ich die Aufmunterung gebraucht. Ich war ja schon niedergedrückt durch Deine bloße Körperlichkeit. Ich erinnere mich zum Beispiel daran, wie wir uns öfters zusammen in einer Kabine auszogen. Ich mager, schwach, schmal, Du stark, groß, breit. Schon in der Kabine kam ich mir jämmerlich vor, und zwar nicht nur vor Dir, sondern vor der ganzen Welt, denn Du warst für mich das Maß aller Dinge. Traten wir dann aber aus der Kabine vor die Leute hinaus, ich an Deiner Hand, ein kleines Gerippe, unsicher, bloßfüßig auf den Planken, in Angst vor dem Wasser, unfähig Deine Schwimmbewegungen nachzumachen, die Du mir in guter Absicht, aber tatsächlich zu meiner tiefen Beschämung immerfort vormachtest, dann war ich sehr verzweifelt und alle meine schlimmen Erfahrungen auf allen Gebieten stimmten in solchen Augenblicken großartig zusammen. Am wohlsten war mir noch, wenn Du Dich manchmal zuerst auszogst und ich allein in der Kabine bleiben und die Schande des öffentlichen Auftretens so lange hinauszögern konnte, bis Du endlich nachschauen kamst und mich aus der Kabine triebst. Dankbar war ich Dir dafür, dass Du meine Not nicht zu bemerken schienest, auch war ich stolz auf den Körper meines Vaters. Übrigens besteht zwischen uns dieser Unterschied heute noch ähnlich.

Dem entsprach weiter Deine geistige Oberherrschaft. Du hattest Dich allein durch eigene Kraft so hoch hinaufgearbeitet, infolge-

---

[1] Kafkas Schwager Josef Pollak, Gatte von Kafkas Schwester Valli

dessen hattest Du unbeschränktes Vertrauen zu Deiner Meinung. [...] In Deinem Lehnstuhl regiertest Du die Welt. Deine Meinung war richtig, jede andere war verrückt, überspannt, meschugge[1], nicht normal. Dabei war Dein Selbstvertrauen so groß, dass Du gar nicht konsequent sein musstest und doch nicht aufhörtest recht zu haben. Es konnte auch vorkommen, dass Du in einer Sache gar keine Meinung hattest und infolgedessen alle Meinungen, die hinsichtlich der Sache überhaupt möglich waren, ohne Ausnahme falsch sein mussten. Du konntest zum Beispiel auf die Tschechen schimpfen, dann auf die Deutschen, dann auf die Juden, und zwar nicht nur in Auswahl, sondern in jeder Hinsicht, und schließlich blieb niemand mehr übrig außer Dir. Du bekamst für mich das Rätselhafte, das alle Tyrannen haben, deren Recht auf ihrer Person, nicht auf dem Denken begründet ist. Wenigstens schien es mir so.

Aus: Franz Kafka: Brief an den Vater. In: Ders.: Hochzeitsvorbereitungen auf dem Lande und andere Prosa aus dem Nachlass. Frankfurt a. M.: Fischer Verlag 1983, S. 119–162; hier: 122–124

Kafka über seine gescheiterten Heiratsversuche

Diese beiderseitige Schuldlosigkeit kann ich auch deshalb gut überblicken, weil sich ein ähnlicher Zusammenstoß zwischen uns unter ganz anderen Verhältnissen etwa zwanzig Jahre später wieder ereignet hat, als Tatsache grauenhaft, an und für sich allerdings viel unschädlicher, denn wo war da etwas an mir Sechsunddreißigjährigem, dem noch geschadet werden konnte.

Ich meine damit eine kleine Aussprache an einem der paar aufgeregten Tage nach Mitteilung meiner letzten Heiratsabsicht. Du sagtest zu mir etwa: „Sie hat wahrscheinlich irgendeine ausgesuchte Bluse angezogen, wie das die Prager Jüdinnen verstehn, und daraufhin hast Du Dich natürlich entschlossen, sie zu heiraten. Und zwar möglichst rasch, in einer Woche, morgen, heute. Ich begreife Dich nicht, Du bist doch ein erwachsener Mensch, bist in der Stadt, und weißt Dir keinen andern Rat als gleich eine Beliebige zu heiraten. Gibt es da keine andern Möglichkeiten? Wenn Du Dich

[1] (hebr.-jidd.) verrückt

davor fürchtest, werde ich selbst mit Dir hingehen.“ Du sprachst ausführlicher und deutlicher, aber ich kann mich an die Einzelheiten nicht mehr erinnern, vielleicht wurde mir auch ein wenig nebelhaft vor den Augen, fast interessierte mich mehr die Mutter, wie sie, zwar vollständig mit Dir einverstanden, immerhin etwas vom Tisch nahm und damit aus dem Zimmer ging.

Tiefer gedemütigt hast Du mich mit Worten wohl kaum und deutlicher mir Deine Verachtung nie gezeigt. Als Du vor zwanzig Jahren ähnlich zu mir gesprochen hattest, hätte man darin mit Deinen Augen sogar etwas Respekt für den frühreifen Stadtjungen sehen können, der Deiner Meinung nach schon so ohne Umwege ins Leben eingeführt werden konnte. Heute könnte diese Rücksicht die Verachtung nur noch steigern, denn der Junge, der damals einen Anlauf nahm, ist in ihm steckengeblieben und scheint Dir heute um keine Erfahrung reicher, sondern nur um zwanzig Jahre jämmerlicher. Meine Entscheidung für ein Mädchen bedeutete Dir gar nichts. Du hattest meine Entscheidungskraft (unbewusst) immer niedergehalten und glaubtest jetzt (unbewusst) zu wissen, was sie wert war. Von meinen Rettungsversuchen in anderen Richtungen wusstest Du nichts, daher konntest Du auch von den Gedankengängen, die mich zu diesem Heiratsversuch geführt hatten, nichts wissen, musstest sie zu erraten suchen und rietst entsprechend dem Gesamturteil, das Du über mich hattest, auf das Abscheulichste, Plumpste, Lächerlichste. Und zögertest keinen Augenblick, mir das auf ebensolche Weise zu sagen. Die Schande, die Du damit mir antatest, war Dir nichts im Vergleich zu der Schande, die ich Deiner Meinung nach Deinem Namen durch die Heirat machen würde. [...]

Warum also habe ich nicht geheiratet? Es gab einzelne Hindernisse wie überall, aber im Nehmen solcher Hindernisse besteht ja das Leben. Das wesentliche, vom einzelnen Fall leider unabhängige Hindernis war aber, dass ich offenbar geistig unfähig bin zu heiraten. Das äußert sich darin, dass ich von dem Augenblick an, in dem ich mich entschließe zu heiraten, nicht mehr schlafen kann, der Kopf glüht bei Tag und Nacht, es ist kein Leben mehr, ich schwanke verzweifelt herum. Es sind das nicht eigentlich Sorgen, die das verursachen, zwar laufen auch entsprechend meiner

Schwerblütigkeit und Pedanterie[1] unzählige Sorgen mit, aber sie sind nicht das Entscheidende, sie vollenden zwar wie Würmer die Arbeit am Leichnam, aber entscheidend getroffen bin ich von anderem. Es ist der allgemeine Druck der Angst, der Schwäche, der Selbstmissachtung.

Ich will es näher zu erklären versuchen: Hier beim Heiratsversuch trifft in meinen Beziehungen zu Dir zweierlei scheinbar Entgegengesetztes so stark wie nirgends sonst zusammen. Die Heirat ist gewiss die Bürgschaft für die schärfste Selbstbefreiung und Unabhängigkeit. Ich hätte eine Familie, das Höchste, was man meiner Meinung nach erreichen kann, also auch das Höchste, das Du erreicht hast, ich wäre Dir ebenbürtig, alle alte und ewig neue Schande und Tyrannei wäre bloß noch Geschichte. Das wäre allerdings märchenhaft, aber darin liegt eben schon das Fragwürdige. Es ist zu viel, so viel kann nicht erreicht werden. Es ist so, wie wenn einer gefangen wäre und er hätte nicht nur die Absicht zu fliehen, was vielleicht erreichbar wäre, sondern auch noch und zwar gleichzeitig die Absicht, das Gefängnis in ein Lustschloss für sich umzubauen. Wenn er aber flieht, kann er nicht umbauen, und wenn er umbaut, kann er nicht fliehen. Wenn ich in dem besonderen Unglücksverhältnis, in welchem ich zu Dir stehe, selbstständig werden will, muss ich etwas tun, was möglichst gar keine Beziehung zu Dir hat; das Heiraten ist zwar das Größte und gibt die ehrenvollste Selbstständigkeit, aber es ist auch gleichzeitig in engster Beziehung zu Dir. Hier hinauskommen zu wollen, hat deshalb etwas von Wahnsinn, und jeder Versuch wird fast damit gestraft.

Gerade diese enge Beziehung lockt mich ja teilweise auch zum Heiraten. Ich denke mir diese Ebenbürtigkeit, die dann zwischen uns entstehen würde und die Du verstehen könntest wie keine andere, eben deshalb so schön, weil ich dann ein freier, dankbarer, schuldloser, aufrechter Sohn sein, Du ein unbedrückter, untyrannischer, mitfühlender, zufriedener Vater sein könntest. Aber zu dem Zweck müsste eben alles Geschehene ungeschehen gemacht, das heißt wir selbst ausgestrichen werden.

---

[1] übertriebene Genauigkeit, Gewissenhaftigkeit

So wie wir aber sind, ist mir das Heiraten dadurch verschlossen, dass es gerade Dein eigenstes Gebiet ist. Manchmal stelle ich mir die Erdkarte ausgespannt und Dich quer über sie hin ausgestreckt vor. Und es ist mir dann, als kämen für mein Leben nur die Gegenden in Betracht, die Du entweder nicht bedeckst oder die nicht in Deiner Reichweite liegen. Und das sind entsprechend der Vorstellung, die ich von Deiner Größe habe, nicht viele und nicht sehr trostreiche Gegenden und besonders die Ehe ist nicht darunter.

Aus: Franz Kafka: Brief an den Vater. In: Ders.: Hochzeitsvorbereitungen auf dem Lande und andere Prosa aus dem Nachlass. Frankfurt a. M.: Fischer Verlag 1983, S. 119–162; hier: 155–158

Der Vater: Hermann Kafka (um 1883)

Die Mutter: Julie Kafka, geb. Löwy (um 1883)

Kafkas Schreiben als Selbstbehauptung gegen den Vater

Richtiger trafst Du mit Deiner Abneigung mein Schreiben und was, Dir unbekannt, damit zusammenhing. Hier war ich tatsächlich ein Stück selbstständig von Dir weggekommen, wenn es auch ein wenig an den Wurm erinnerte, der, hinten von einem Fuß niedergetreten, sich mit dem Vorderteil losreißt und zur Seite schleppt. Einigermaßen in Sicherheit war ich, es gab ein Aufatmen; die Abneigung, die Du natürlich auch gleich gegen mein Schreiben hattest, war mir hier ausnahmsweise willkommen. Meine Eitelkeit, mein Ehrgeiz litten zwar unter Deiner für uns berühmt gewordenen Begrüßung meiner Bücher: „Leg's auf den Nachttisch!" (meistens spieltest Du ja Karten, wenn ein Buch kam), aber im Grunde war mir dabei doch wohl, nicht nur aus aufbegehrender Bosheit, nicht nur aus Freude über eine neue Bestätigung meiner Auffassung unseres Verhältnisses, sondern ganz ursprünglich, weil jene Formel mir klang wie etwa: „Jetzt bist Du frei!" Natürlich war es eine Täuschung, ich war nicht oder allergünstigsten Falles noch nicht frei. Mein Schreiben handelte von Dir, ich klagte dort ja nur, was ich an

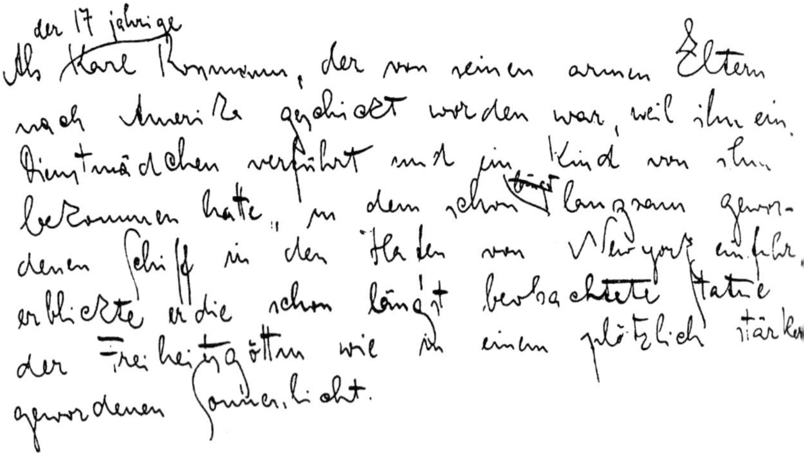
Als der 17 jährige Karl Rossmann, der von seinen armen Eltern nach Amerika geschickt worden war, weil ihn ein Dienstmädchen verführt und ein Kind von ihm bekommen hatte, in dem schon langsam gewordenen Schiff in den Hafen von Newyork einfuhr, erblickte er die schon längst beobachtete Statue der Freiheitsgöttin wie in einem plötzlich stärker gewordenen Sonnenlicht.

Handschrift des Romanbeginns

Deiner Brust nicht klagen konnte. Es war ein absichtlich in die Länge gezogener Abschied von Dir, nur dass er zwar von Dir erzwungen war, aber in der von mir bestimmten Richtung verlief. Aber wie wenig war das alles! Es ist ja überhaupt nur deshalb der Rede wert, weil es sich in meinem Leben ereignet hat, anderswo wäre es gar nicht zu merken, und dann noch deshalb, weil es mir in der Kindheit als Ahnung, später als Hoffnung, noch später oft als Verzweiflung mein Leben beherrschte und mir – wenn man will, doch wieder in Deiner Gestalt – meine paar kleinen Entscheidungen diktierte.

Aus: Franz Kafka: Brief an den Vater. In: Ders.: Hochzeitsvorbereitungen auf dem Lande und andere Prosa aus dem Nachlass. Frankfurt a. M.: Fischer Verlag 1983, S. 119–162; hier: 147 f.

Manfred Engel: Entstehungs- und Druckgeschichte des „Verschollenen"

Amerika als Romansujet[1] hat Kafka schon früh beschäftigt. Im Tagebuch berichtet er von einem Projekt, das vermutlich in die Jahre 1898/99 zu datieren ist:

Einmal hatte ich einen Roman vor, in dem zwei Brüder gegeneinander kämpften, von denen einer nach Amerika fuhr, während der andere in einem europäischen Gefängnis blieb (19.1.1911).

Nicht viel mehr als über diesen frühen Plan – in dem amerikanische Freiheit gegen das ‚europäische Gefängnis' zu stehen schien – wissen wir über die erste Arbeitsphase am *Verschollenen.* Sie fällt vermutlich in die Zeit zwischen Dezember 1911 und Juli 1912, wobei die Hauptphase zwischen März und Mai gelegen haben dürfte. In einem Brief vom 9./10. März 1913 schreibt Kafka rückblickend von „etwa 200 [Manuskriptseiten] einer gänzlich unbrauchbaren im vorigen Winter und Frühjahr geschriebenen Fassung der Geschichte" (An F. Bauer) – das entspräche vom Umfang her immerhin weit mehr als einem Drittel der Endfassung. Das Manuskript hat Kafka offensichtlich vernichtet; Spuren hat es nur in einigen Tagebucheinträgen und Briefen hinterlassen. Das ist umso bedauerlicher, als ein Vergleich der Fassungen wesentliche

[1] Sujet: Thema, Motiv, Gegenstand

Einsichten in die Unterschiede zwischen dem frühen und dem mittleren Werk hätte vermitteln können.

Denn die Arbeit an der zweiten, allein erhaltenen Fassung beginnt um den 25. September 1912, also unmittelbar nach der das mittlere Werk eröffnenden Niederschrift des *Urteil.* Diese löst eine intensive Schaffensphase aus: In das schon für das *Urteil* verwendete Tagebuchheft schreibt Kafka, offensichtlich in einem völligen Neubeginn seines Romanprojekts, den ersten Teil des ersten Kapitels „Der Heizer"; da das Heft nicht ausreicht, fährt er im zuletzt im Oktober 1911 benutzten Quartheft 2 fort, schließt das Kapitel ab und beginnt ein zweites. Dessen Fortsetzung und alle folgenden Kapitel werden dann in eigenen, nur für den Roman bestimmten Heften und Konvoluten notiert.

Die erste, stürmische Arbeitsphase reicht bis zum 12. November, als Kafka das 6. Kapitel „Der Fall Robinson" „mit Gewalt und deshalb roh und schlecht beendet" (an M. Brod, 13.11.1912). In einem Brief an Felice Bauer bilanziert Kafka:

Die Geschichte, die ich schreibe und die allerdings ins Endlose angelegt ist, heißt, um Ihnen einen vorläufigen Begriff zu geben „Der Verschollene" und handelt ausschließlich in den Vereinigten Staaten von Nordamerika. Vorläufig sind 5 Kapitel fertig, das 6te fast. Die einzelnen Kapitel heißen: I Der Heizer II Der Onkel III Ein Landhaus bei New York IV Der Marsch nach Ramses V Im Hotel occidental VI Der Fall Robinson. – Ich habe diese Titel genannt, als ob man sich etwas dabei vorstellen könnte, das geht natürlich nicht, aber ich will die Titel solange bei Ihnen aufheben, bis es möglich sein wird. Es ist die erste größere Arbeit, in der ich mich nach 15-Jähriger bis auf Augenblicke trostloser Plage seit 1 ½ Monaten geborgen fühle (11.11.1912).

Eine zweite Arbeitsphase, in der der Schreibverlauf sehr viel stockender voranschreitet, beginnt am 14. November 1912, wird dann aber gleich durch die Niederschrift der *Verwandlung* unterbrochen (17.11. bis 6.12.1912). Der zögerliche weitere Arbeitsfortschritt ist in den Briefen an Felice gut dokumentiert; es entstehen die beiden überschriftlosen Kapitel „Es musste wohl eine entlegene ..." und „‚Auf! Auf!' rief Robinson". Am 24. Januar 1913 bricht Kafka die Arbeit ab:

Mein Roman! Ich erklärte mich vorgestern Abend vollständig von ihm besiegt. Er läuft mir auseinander, ich kann ihn nicht mehr umfassen, ich schreibe wohl nichts, was ganz außer Zusammenhang mit mir wäre, es hat sich aber in der letzten Zeit doch allzusehr gelockert, Falschheiten erscheinen und wollen nicht verschwinden, die Sache kommt in größere Gefahr, wenn ich an ihr weiterarbeite, als wenn ich sie vorläufig lasse. [...] Kurz, ich höre gänzlich mit dem Schreiben auf und werde vorläufig nur eine Woche, tatsächlich vielleicht viel länger, nichts als ruhn (An F. Bauer, 26.1.1913).

Die Arbeitsunterbrechung sollte in der Tat „viel länger“ dauern. Kafka hält das Romanprojekt zunächst für endgültig gescheitert, nimmt allerdings, als er das Manuskript am 8. März 1913 überliest, das Anfangskapitel von diesem Verdikt[1] aus:

[Ich] las zuerst mit gleichgültigem Vertrauen, als wüsste ich aus der Erinnerung genau die Reihenfolge des Guten, Halbguten und Schlechten darin, wurde aber immer erstaunter und kam endlich zu der unwiderlegbaren Überzeugung, dass als Ganzes nur das erste Kapitel aus innerer Wahrheit herkommt, während alles andere, mit Ausnahme einzelner kleinerer und größerer Stellen natürlich, gleichsam in Erinnerung an ein großes aber durchaus abwesendes Gefühl hingeschrieben und daher zu verwerfen ist (An F. Bauer, 9./10.3.1913).

Diese Einschätzung führt dazu, dass Kafka eine Einzelpublikation des ersten Kapitels zu erwägen beginnt und eine Maschinenabschrift anfertigen lässt. Am 4. April schickt er dieses Typoskript[2] an seinen Verleger Kurt Wolff (der darum gebeten hatte). Im Begleitbrief heißt es:

Ob es selbständig veröffentlicht werden kann, weiß ich nicht; man sieht ihm zwar die 500 nächsten und vollständig misslungenen Seiten nicht gerade an, immerhin ist es wohl doch nicht genug abgeschlossen; es ist ein Fragment und wird es bleiben, diese Zukunft gibt dem Kapitel die meiste Abgeschlossenheit (4.4.1913).

„Für späterhin“ schlägt Kafka eine Sammelpublikation unter dem Titel „Die Söhne“ vor, die neben dem *Heizer* auch das *Urteil* und die *Verwandlung* umfassen soll.

---

[1] Verdammungsurteil

[2] maschinengeschriebenes Manuskript

Während diese Sammlung nie zustande kommt, erscheint *Der Heizer,* mit dem Untertitel „Fragment", bereits um den 24. Mai 1913 als Band 3 der Buchreihe *Der jüngste Tag.* Der Druck enthält ein Frontispitz,[1] das einen vom Lektor Franz Werfel ausgewählten Stahlstich William Henry Bartletts (1809–1854) mit dem Titel *View of the Ferry at Brooklyn, New York* von 1838 reproduziert – was bei Kafka sehr gemischte Empfindungen auslöst:

Als ich das Bild in meinem Buche sah, bin ich zuerst erschrocken, denn erstens widerlegte es mich, der ich doch das allermodernste New York dargestellt hatte, zweitens war es gegenüber der Geschichte im Vorteil, da es vor ihr wirkte und als Bild koncentrierter als Prosa, und drittens war es zu schön; wäre es nicht ein altes Bild, könnte es fast von Kubin sein. Jetzt aber habe ich mich schon längst damit abgefunden [...]. Ich fühle mein Buch durchaus um das Bild bereichert und schon wird Kraft und Schwäche zwischen Bild und Buch ausgetauscht (An K. Wolff, 25.5.1913).

Wie die anderen Bände der Reihe – die alle in einer Auflage von bis zu 10.000 Stück erschienen und 0.80 Mark kosteten – war auch *Der Heizer* recht erfolgreich: Das Büchlein wurde u. a. von Robert Musil und Oskar Walzel rezensiert; bereits im Herbst 1916 erschien eine zweite Auflage, im Frühjahr 1918 eine dritte.

Mit dieser Teilpublikation schien das Schicksal des Romans endgültig besiegelt, denn solche ‚Resteverwertung' betrieb Kafka eigentlich nur bei gescheiterten Projekten. Überraschenderweise nahm er die Arbeit aber 1914 noch einmal auf. In dieser dritten Arbeitsphase entstanden zwischen August und Oktober: der Schlusspassus von „‚Auf! Auf!' rief Robinson" (ab „Das war sehr ungerecht"), die Teile „Ausreise Bruneldas" und „Karl sah an einer Straßenecke" (möglicherweise im Rückgriff auf einen früheren Ansatz: Juni 1914 (?), sowie der kurze Kapitelanfang „Sie fuhren zwei Tage und zwei Nächte".

Besonders die (wohl im Oktober geschriebenen) Passagen zum „Teater von Oklahama" signalisieren einen Neuansatz im Schreibverfahren, da sie von der bisherigen, grosso modo[2] ‚realistischen'

---

[1] Verzierung eines Buchtitelblatts

[2] (lat.) im Großen und Ganzen

Amerika-Darstellung abweichen. Offensichtlich orientierte sich Kafka hier an neu entwickelten Textmodellen – vom 11. August 1914 bis zum 20. Januar 1915 schrieb er am *Process*, in der zweiten Augusthälfte am *Kaldabahn*-Fragment, vom 5. bis 18. Oktober an der *Strafkolonie* – und hoffte so, seinen Roman doch noch beenden zu können.

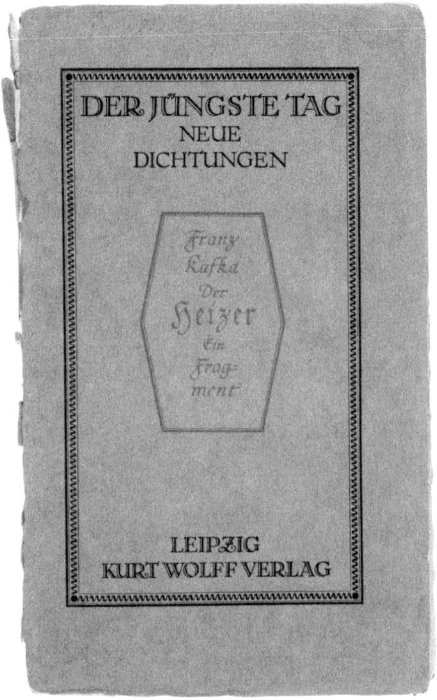

Erstausgabe

Wie wir wissen, hat sich diese Hoffnung nicht erfüllt. Eine letzte, vielleicht ja auch nur mittelbare Spur des Romanprojekts findet sich in einem Bruchstück im Tagebuchheft 11 aus dem Juli 1916, das sich allerdings nicht leicht in den uns bekannten Handlungsverlauf einordnen lässt.

Max Brod publizierte das Fragment 1927, bezeichnenderweise erst als letzten der drei Romane, unter dem Titel *Amerika* – Kafka habe, so führt er im Nachwort zur Erstausgabe aus, das im Manuskript titellose Werk „im Gespräch" gewöhnlich als „seinen ‚amerikanischen Roman'", bezeichnet. Der in den Briefen an Felice bezeugte Titel *Der Verschollene* wurde erst durch die *Kritische Ausgabe* wieder endgültig etabliert[1].

---

1 sich etablieren: einen sicheren Platz gewinnen

Wie bei all seinen Romanersteditionen war Brod auch bei *Amerika* darum bemüht, dem Fragment möglichst große Geschlossenheit zu verleihen. So fügte er für die letzten, im Manuskript überschriftlosen Teile Kapiteltitel ein – „Ein Asyl" („Es musste wohl eine entlegene ...") und „Das Naturtheater von Oklahoma" („Karl sah an einer Straßenecke", „Sie fuhren zwei Tage") – und grenzte die Partien „‚Auf! Auf!' rief Robinson" und „Ausreise Bruneldas" ganz aus. Diese wurden erst ab der zweiten Ausgabe als nachgestellter Anhang abgedruckt.

Aus: Manfred Engel: Entstehungs- und Druckgeschichte des „Verschollenen". In: Kafka-Handbuch. Leben – Werk – Wirkung. Hrsg. von Manfred Engel und Bernd Auerochs. Stuttgart: Metzler 2010, S. 175 f.
(Die zahlreichen Textbelege wurden hier aus Gründen der besseren Lesbarkeit weggelassen.)

Vom Verlag der Erstausgabe (1913) des „Heizers" beigefügte Titelabbildung, ein Stahlstich der „Brooklyn-Fähre" von 1883

2. Kafka und Amerika

Obwohl Kafka Amerika nur aus Reiseberichten, Zeitungsartikeln, Vorträgen und Gesprächen kannte, wollte er in seinem Roman, so erklärte er seinem Verleger Kurt Wolff, „das allermodernste New Jork“ schildern. Dabei war die Faszination für die USA im damaligen Europa weit verbreitet und hatte eine lange Tradition, wie Michael Müller in seinem Aufsatz betont. Nachdem Manfred Engels Text einen kurzen Überblick über Kafkas Quellen und Vorlagen für seinen Amerika-Roman vermittelt hat, sollen einige der wichtigsten dieser Quellen vorgestellt werden. So erfährt man im Text des Kafka-Biografen Peter-André Alt von Kafkas Cousins, die in die USA ausgewandert sind und ihre Spuren unverkennbar im „Verschollenen“ hinterlassen haben. Die wichtigste Quelle jedoch, aus der Kafka Information und Inspiration für sein Romanprojekt gewonnen hat, ist Arthur Holitschers Reisebericht „Amerika heute und morgen“, aus dem hier einige Auszüge ausgewählt sind. Die Bedeutung dieses damals überaus populären Buches unterstreichen die hier ebenfalls abgedruckte Rezension Kurt Tucholskys und Ingo Langenbachs Vergleich zwischen Kafkas und Holitschers Text. Ebenfalls aufschlussreich sind die Auszüge aus dem Amerika-Bericht František Soukups, dessen Vortrag Kafka nachweislich gehört hat,

Abbildung aus KAFKA von Mairowitz/Crumb © David Zane Mairowitz, Robert Crumb und Reprodukt, 2013

und Alfred Wirkners Ausführungen über den amerikanischen Präsidenten Woodrow Wilson, der im „Teater von Oklahama"-Fragment des Romans zu erkennen ist. Als eine Art Warnung und Mahnung kann der am Ende abgedruckte Text aufgefasst werden, in dem Oliver Jahraus erläutert, weshalb eine ausschließlich auf den Amerika-Stoff achtende Interpretation des „Verschollenen" zu einseitig ist und dessen Komplexität und Vielschichtigkeit nicht gerecht werden kann.

Michael Müller: Die Amerika-Faszination in Europa

Schon seit dem 15. Jahrhundert, seitdem er in ihrem Bewusstsein zu einer festen Größe wurde, hat der amerikanische Kontinent zahllosen Europäern als Projektionsfläche für ihre Wunschträume gedient. Vom Ende des 18. Jahrhunderts an waren es in erster Linie die USA, die zum Kristallisationspunkt europäischer Sehnsüchte der verschiedensten Art wurden: der Sehnsucht nach Gleichheit, nach wirtschaftlichem Wohlergehen und vor allem nach Freiheit, nach der Möglichkeit ungehinderter individueller Entfaltung. Über zwei Jahrhunderte hinweg haben Heerscharen von Auswanderern versucht, ihre Träume in dem gelobten Land Realität werden zu lassen, Menschen, die in ihrer Heimat politisch unterdrückt oder in ihrer Religionsausübung gehindert wurden oder die in Europa einfach keine Möglichkeit fanden, ihren Lebensunterhalt zu erwerben. Auf Jean-Jacques Rousseaus[1] Entdeckung hin, dass der unzivilisierte „Wilde" eine weit weniger anstrengende und wahrere Existenz führte als der in den verfestigten sozialen Strukturen gefangene, „gesellige" Mensch, wurden zudem viele europäische Intellektuelle von „Europamüdigkeit" überwältigt und von dem nostalgischen Verlangen nach einem einfachen Leben in den amerikanischen Urwäldern ergriffen. Sofern sie Künstler waren, glaubten sie durch den Kontakt mit der unberührten Natur neue Inspiration zu erhalten. Der Dichter Nikolaus Lenau verkündete 1832: „Ich brauche Amerika zu meiner Ausbildung. Dort will ich meine Fantasie in die Schule – die Urwälder – schicken". Das Urwüchsige und Ursprüngliche des Landes, das „Unzivilisierte", behielt seinen Reiz

[1] Jean-Jacques Rousseau (1712–1778), franz. Philosoph der Aufklärung, einer der wichtigsten Wegbereiter der Französischen Revolution

auch noch, als ein anderes Phänomen immer mehr Faszination auszuüben begann: die rasche und effiziente Art und Weise nämlich, in der der Kontinent für die Zivilisation erschlossen wurde. Ende des 19. Jahrhunderts waren die USA zu einer der größten Wirtschaftsmächte der Welt aufgestiegen. Ermöglicht worden war dies durch zahlreiche technische Innovationen, sodass Amerika zum Synonym für Erfindungsgeist und Fortschritt, überhaupt für ‚Modernität' wurde. Gleichzeitig blieb es in der Vorstellung der Europäer aber weiterhin das Land, in dem noch Abenteuer möglich waren, und diente vielen Romanen und Erzählungen als Handlungsraum. Die Tradition des deutschsprachigen Amerika-Romans wurde im 19. Jahrhundert durch Friedrich Gerstäcker begründet, dessen literarische Darstellungen – zu einem Teil jedenfalls – auf eigene Erlebnisse und seine Kenntnis der USA zurückgingen. Romane wie *Die Regulatoren in Arkansas* (18416) und *Die Flußpiraten des Mississippi* (1848) wurden begierig gelesen, nicht nur wegen ihres Unterhaltungswertes, sondern auch wegen ihres tatsächlichen oder vermuteten Informationsgehalts. 1833, vor Gerstäckers erster Publikation, hatte schon der böhmische Ordensbruder Karl Anton Postl, der 1823 vor der restaurativen[1] Politik Metternichs nach Amerika geflohen war, anonym *Der Legitime und die Republikaner,* eine „Geschichte aus dem letzten amerikanischen Kriege", vorgelegt. Diesem Werk ließ der Autor, der sich später Charles Sealsfield nannte, eine ganze Reihe amerikanischer „Geschichten" folgen, von denen vor allem *Das Cajütenbuch* (1841) große Popularität erlangte. Postl gebührt das Verdienst, dass er das Leben in den USA entromantisierte und bei aller Verehrung für die dort herrschenden demokratischen Prinzipien auch die negativen Aspekte schonungslos offenbarte.

Nicht alle Europamüden, die aus Notwendigkeit oder auch aus purer Abenteuerlust die Reise in das Land ihrer Träume antraten, fanden dort, was sie zu finden gehofft hatten. Lenau, der 1833 ausgewandert war, schrieb enttäuscht nach Hause, dass in Amerika alles entsetzlich matt und kraftlos sei: „Besonders haben die einge-

---

1 restaurativ: auf die Wiederherstellung der alten Ordnung, der früheren Verhältnisse gerichtet

wanderten Deutschen einen fatalen Eindruck auf mich gemacht. Wenn sie einige Jahre hier gewesen, hat sich alles Feuer, das sie aus der Heimat herübergebracht, auf den letzten Funken verloren." Lenau kehrte nach Europa zurück. Seine Lebensgeschichte diente Ferdinand Kürnberger 1855 als Vorlage für seinen Roman *Der Amerika-Müde*. Kürnberger prangerte vor allem die in den USA betriebene „Ausmünzung der menschlichen Existenz" an, die Auflösung aller humanistischen Ideale durch das erbarmungslose Streben nach Profit. Er trug zwar dazu bei, dass das weit verbreitete naive Bild vom Land der unbegrenzten Möglichkeiten Risse bekam, dem Mythos Amerika konnten aber solche realistischeren Darstellungen letzten Endes nichts anhaben. Zwischen 1880 und 1910 wanderten nicht weniger als 18 Millionen Menschen in die USA ein, von denen der größte Teil aus Süd- und Osteuropa kam: Italiener, Österreicher, Ungarn, Polen und russische Juden. Die große Auswanderungswelle ebbte erst ab, als die USA ihre Einwanderungsgesetze verschärften. [...]

Aus: Michael Müller: Nachwort. In: Franz Kafka: Der Verschollene. Roman. Stuttgart: Reclam 1997, S. 293–318; hier: S. 293–295

Ozeandampfer „Cincinnati", 1913

Manfred Engel: Kafkas Quellen und Vorlagen

Dass Kafkas Amerika ein „erlesenes“ sei, ist in der Forschung zum allgegenwärtigen Topos[1] avanciert[2]. Und natürlich stimmt es, dass ein Autor, der die USA nie selbst bereist hatte, bei einem solchen Projekt in besonderem Maße auf Sach- und Realieninformationen, auf Berichte über die amerikanische Lebenswelt und Mentalität angewiesen war. Dennoch ist Kafkas Amerika zuallererst ein imaginiertes, wie noch zu zeigen sein wird – und die Hoffnung, Kafkas Texte über Quellenstudien zu entschlüsseln, beim *Verschollenen* genauso vergebens wie bei allen anderen seiner Werke.

Die Forschung hat sich vor allem auf drei Quellen konzentriert:

(1) Die Novelle *Der kleine Ahasverus* des dänischen Schriftstellers Johannes Vilhelm Jensen (1873–1950), die im Juni 1909 in der *Neuen Rundschau* erschien. Erzählt wird von dem vierjährigen ostjüdischen Emigrantenkind Leo, das in New York beide Eltern verliert und mit seiner Schwester nach langer Wanderung durch die Stadt ein Kinderasyl erreicht.

(2) Ein Amerika-Reisebericht des tschechischen sozialdemokratischen Politikers František Soukup (1871–1940): Ob Kafka die gedruckte Fassung von 1912 kannte, ist ungewiss, auf jeden Fall aber besuchte er am 1. Juni 1912 Soukups Vortrag *Amerika a jeji úřednictvo* (Amerika und seine Beamtenschaft).

(3) Ein Amerika-Reisebericht des Schriftstellers Arthur Holitscher (1869–1941): Dieser erschien 1912 (mit zahlreichen Fotografien) unter dem Titel *Amerika heute und morgen. Reiseerlebnisse.* Vorabdrucke waren bereits von November 1911 bis Mai 1912 in der *Neuen Rundschau* veröffentlicht worden (ohne Abbildungen), ein kurzer Auszug im Fischer Almanach (Okt. 1912, mit Abbildungen; in Kafkas Bibliothek vorhanden). Kafka besaß die Buchausgabe in der 7. Auflage (1913), im Buch steht das Datum „8. V. 14“. Brod berichtet, Kafka habe immer wieder auf den Text hingewiesen und mehrfach daraus vorgelesen.

---

1 festes Schema, feststehendes Bild
2 aufgestiegen

Jensens Novelle mag Anregungen für Thereses Erzählung ihrer Familiengeschichte geliefert haben; außerdem nennt sich Karl bei der Aufnahmeprozedur für das ‚Teater' im Manuskript zunächst „Leo" (was Kafka dann systematisch zu „Negro" geändert hat.) Soukup und Holitscher verdankt Kafka sicherlich zahlreiche Hinweise auf Details aus der amerikanischen Lebenswelt. Sein Amerika-Bild ist aber wesentlich komplexer als das beider Autoren. Soukup und Holitscher schildern die USA aus sozialistischer Perspektive. In Soukups Bericht dominiert die Kapitalismuskritik; Holitschers Fazit fällt, trotz aller Vorbehalte, positiver aus:

Amerika ist das Schicksal und die Erfüllung des Menschengeschlechts. Amerikas Energie, die das absurde Wachstum einiger weniger Mächtigen verursacht hat, besinnt sich heutigentags schon und sucht sich die Bahn zu dem Rechte Aller. Die Weltordnung, unter der wir (in Europa) heute leben, wird dieser Sturmflut des siegreichen Menschheitsgewissens nicht standhalten können.

Doch selbst was die Realien angeht, würden auch beide Reiseberichte zusammengenommen nicht ausreichen, um das von Kafka imaginativ[1] verarbeitete Amerika-Wissen zu erklären. Dafür gab es sicher noch andere und weit diffusere[2] Quellen: Binder hat eindrucksvoll gezeigt, dass die USA in der deutschsprachigen (und besonders auch in der Prager) Presse der Vorkriegszeit ein hochaktuelles Thema war; die Zahl einschlägiger (oft mit Abbildungen versehener) Zeitungsberichte ist entsprechend groß. Außerdem konnte Kafka auch auf familiäres Wissen zurückgreifen; nicht weniger als drei Angehörige der Familie, Vettern Kafkas, waren um die Jahrhundertwende nach Amerika ausgewandert.

Ebenfalls nicht überschätzt werden sollte eine Spur, die Kafka selbst gelegt hat. Am 8. Oktober 1917 notiert er zu Charles Dickens Roman *David Copperfield* (1849/50), den er wahrscheinlich 1911 (wieder-?)gelesen hatte:

„Der Heizer" glatte Dickensnachahmung, noch mehr der geplante Roman. Koffergeschichte [auch David wird der Koffer entwendet], der Beglückende und Bezaubernde [James Steerforth als Vorbild für Mack],

---

1 auf Imagination beruhend, vorgestellt

2 diffus: unklar, verschwommen

Charles Dickens (1812–1870)

die niedrigen Arbeiten, die Geliebte auf dem Landgut [eine eher vage Parallele zwischen Davids Fahrt zu einem Landgut, wo er Dora kennenlernt, und Karls Begegnung mit Klara], die schmutzigen Häuser u. a., vor allem aber die Methode. Meine Absicht war, wie ich jetzt sehe, einen Dickens-Roman zu schreiben, nur bereichert um die schärferen Lichter, die ich der Zeit entnommen, und die mattern, die ich aus mir selbst aufgesteckt hätte. Dickens' Reichtum und bedenkenloses mächtiges Hinströmen, aber infolgedessen Stellen grauenhafter Kraftlosigkeit, wo er müde nur das bereits Erreichte durcheinanderrührt. Barbarisch der Eindruck des unsinnigen Ganzen, ein Barbarentum, das allerdings ich dank meiner Schwäche und belehrt durch mein Epigonentum[1] vermieden habe. Herzlosigkeit hinter der von Gefühl überströmenden Manier[2]. Diese Klötze roher Charakterisierung die künstlich bei jedem Menschen eingetrieben werden und ohne die Dickens nicht imstande wäre, seine Geschichte auch nur einmal flüchtig hinaufzuklettern. [Robert] Walsers Zusammenhang mit ihm in der verschwimmenden Anwendung von abstrakten Metaphern.

Von einer „glatten Dickensnachahmung" zu sprechen ist natürlich eine maßlose Übertreibung – es ist sehr zu bezweifeln, dass sich viele Leser des *Verschollenen* ausgerechnet an Dickens erinnert fühlen werden. Am ehesten träfe dies vielleicht noch auf die (für Kafka ungewöhnlich sentimental ausgefallene) Binnenerzählung Thereses zu. Was Kafka im Rückblick mit deutlich kritischem Unterton an seinem ersten Romanversuch zu beobachten glaubt, bezieht sich in der Tat weniger auf Einzelmotive als auf die „Methode": das vom Standpunkt der späteren Texte (und nur von dort aus) ung-

[1] Epigone: Nachahmer ohne Schöpferkraft
[2] Art und Weise

wöhnlich große Vertrauen auf standardisierte Plot[1]-Elemente und realistisches Detail. Doch auch wenn Züge von Entwicklungsroman und pikaresk[2]-naivem Erzählen im *Verschollenen* gelegentlich durchscheinen mögen, bleibt dieser Text ein genuin[3] Kafka'sches Werk.

Aus: Manfred Engel: Quellen und Vorlagen. In: Kafka-Handbuch. Leben – Werk – Wirkung. Hrsg. von Manfred Engel und Bernd Auerochs. Stuttgart: Metzler 2010, S. 177 f.

Peter-André Alt: Karl Roßmanns Brüder

Zu den Quellen, aus denen Kafka bei der Niederschrift des Romans schöpfen konnte, gehört nicht zuletzt der Familienmythos. Joseph Roths[4] spöttische Bemerkung über die „sagenhaften Vettern der Ostjuden", die mit auffallender Regelmäßigkeit ihr Glück in Amerika suchten, trifft auch auf die Kafkas zu. Mehrere Cousins der väterlichen Linie hatten um die Jahrhundertwende Europa verlassen und sich in den Vereinigten Staaten etabliert. Anzunehmen ist, dass Kafka über ihr Schicksal durch mündliche Berichte und Briefe informiert war. Emil Kafka, der zweitälteste Sohn der Leitmeritzer Verwandten Heinrich und Karoline Kafka, wanderte 1904 nach Amerika aus und ließ sich in Chicago nieder (sein Vater Heinrich, der jüngere Bruder Hermanns, war bereits 1886 gestorben). Erst am 9. Dezember 1914 hat Kafka ihn in Prag persönlich kennengelernt. Der Cousin berichtet von seinem amerikanischen Geschäftsleben, von den Zerstreuungen im Kino, von der Architektur Chicagos, wo er zunächst als Angestellter einer Kurzwarenfirma, später als Abteilungsleiter eines Versandhauses arbeitete. Das Unternehmen, dem er angehörte, zählte 10 000 Beschäftigte, die mit Hilfe modernster Vertriebsmethoden – gestützt auf Katalogwerbung – ungeheuren Tagesumsatz erwirtschafteten. Da Kafka über die Karriere des Cousins durch die in der Familie zirkulierenden

---

1 Handlung
2 pikaresk: schelmenhaft; hier: in der Art des Schelmenromans, der meist aus der Perspektive des Helden, des „Pikaro" (= fahrender Schelm), erzählt ist
3 rein, unverfälscht
4 österreichischer Schriftsteller (1894–1939)

Berichte informiert war, darf man annehmen, dass einzelne Motive seiner Amerika-Erfahrungen bereits zwei Jahre zuvor in den Roman eingingen. Der Autor ließ sich im Dezember 1914 nur bestätigen, was *Der Verschollene* schon schriftlich festgehalten hatte.

Eine andere Spur führt zu Otto Kafka, dem Sohn des ältesten Bruders von Hermann Kafka. 1897 war der knapp 18-Jährige vor seinen Eltern nach Paris geflohen und schließlich über Südfrankreich nach Buenos Aires gereist. Einige Jahre später zog es ihn nach Paraguay und in die Vereinigten Staaten. Im Dezember 1906 sah ihn Kafka offenbar für einige Tage in Prag, wie er in einem Brief an Max Brod berichtet. 1911, als *Der Verschollene* zu entstehen begann, hatte Otto sich bereits in New York niedergelassen, dort eine auch gesellschaftlich lohnende Ehe mit einer nicht unvermögenden Amerikanerin, der kapriziösen[1] Malerin Alice Stickney, geschlossen und eine leidlich prosperierende[2] Exportfirma gegründet. Aufgrund seines (freilich stets schwankenden) geschäftlichen Erfolgs konnte er es sich leisten, ein großes Anwesen am Rande New Yorks in direkter Nachbarschaft der Rockefeller-Villa zu erwerben. Als klassischer Selfmademan[3] dürfte er auch das Muster für Karl Roßmanns amerikanischen Onkel, den Senator Eduard Jakob, darstellen, der es mit Energie und Entschlossenheit zum erfolgreichen Besitzer einer gigantischen Firmenkette gebracht hat. Das bei New York gelegene Landhaus des Bankiers Pollunder wiederum, in das Karl gegen den Willen des Onkels eingeladen wird, beschreibt Kafka vermutlich aus der Erinnerung an Familiengespräche, in denen die sagenumwobene Villa des reichen Cousins ein Thema war.

Das familiäre Vorbild für den aus Prag gebürtigen Protagonisten Karl Roßmann entstammt der väterlichen Linie der Kafkas. Otto Kafka nahm im Sommer 1909 seinen vierzehn Jahre jüngeren Bruder Franz auf, der sich 16-jährig zur Auswanderung nach Amerika entschlossen hatte. Franz, der sich in den Staaten Frank nannte, absolvierte in New York eine Handelsschule, danach ein Elite-

1 kapriziös: eigenwillig, launenhaft
2 prosperierend: sich (wirtschaftlich) günstig entwickelnd
3 jemand, der aus eigener Kraft zu beruflichem Erfolg gelangt ist

Internat und trat später als Angestellter ins Unternehmen seines Bruders ein. Bedenkt man, dass auch Karl, wenngleich nicht freiwillig, als knapp 16-Jähriger nach Amerika gelangt, so dürfte die Altersparallele kaum zufällig sein. In einem anderen Punkt ist Robert Kafka, der aus Kolin stammende jüngere Bruder des Amerika-Abenteurers Otto, ein Vorbild für die Roßmann-Figur. Eine bei der Familie arbeitende Köchin hatte den vierzehnjährigen Robert, der später eine erfolgreiche Juristenlaufbahn absolvierte, 1895 angeblich verführt und sich von ihm schwängern lassen. Die Geschichte machte im Familienkreis rasch die Runde; Kafka kannte sie fraglos und griff für die Konstruktion der Romanfabel auf sie zurück. Nicht auszuschließen ist, dass *Der Verschollene* den Stoff jenes älteren Romanentwurfs nutzt, an dem Kafka, wie er sich im Januar 1911 erinnert, während seiner Pubertät arbeitete; auch hier ging es schließlich um eine fluchtartige Reise nach Amerika, freilich im Rahmen eines Bruderkonflikts nach dem Muster der Schiller'schen *Räuber.* Kafkas Spiel mit dem Familienmythos lässt sich auch an seinem Umgang mit den Namen ablesen. Robert Kafka und Karl Roßmann weisen vertauschte Initialen auf, deren untergründiger Zusammenhang unbezweifelbar ist. Der Fundus[1] des Romans bildet die Saga[2] von den Söhnen, die nach Amerika auswandern, weil sie erwachsen werden müssen.

Aus: Peter-André Alt: Franz Kafka. Der ewige Sohn. Eine Biographie. München: Beck 2005, S. 354–358

Auszüge aus Arthur Holitschers „Amerika heute und morgen"

Ankunft in Amerika

Und nun steigt auch schon, weit hinten hinter Long Islands Hügeln, ein fester, durchsichtiger Rauch in die Höhe, eine Nebelfestung mit Türmen und Zinnen, schmal und fest zur Seite von Staten Islands Berg, der jetzt hervorkommt, weil wir uns drehen: das ist die Südspitze von Manhattan, die Stadt der Wolkenkratzer.

---

[1] Grundstock, Bestand
[2] Erzählung

Der „Moltke“ der Hamburg-Amerika-Linie fährt an uns vorbei, hinaus, die italienische Flagge vorn gehisst, nach Genua – adieu! Eine kleine Insel gleitet näher, von Staten Island her, auf uns zu; sie ist wie eine kleine, kapriziös[1] ausgezackte grüne Decke, aufs Meer flach draufgelegt. Eine menschliche Gestalt von ungeheuren Proportionen, Sonne in den grünen Falten ihres Gewandes, hat Fuß gefasst auf ihr – dies ist *Liberty Island*, die Statue der *Freiheit*, die an der Pforte der Neuen Welt liegt: Freiheit, von Herzen Hurra, Hail Columbia! Hurra!! [...]

Ich fahre jetzt, wir fahren auf die Riesenstadt zu, das Erste, was man von Amerika zu sehen kriegt und das Ungeheuerlichste zugleich. Es wächst, wächst am Horizont, höher, schaut jetzt aus wie eine Hand, die sich schmal und langsam in die Höhe streckt, man weiß nicht zum Willkomm oder wie eine Drohung.

Wie eine Hand, wahrhaftig, kommt Manhattan aus dem Meer in die Höhe gestiegen, jeder Finger ist dreißig Stockwerk hoch und darüber.

Manhattans Skyline, 1910

Wir fahren jetzt langsam, langsam. Die Seeluft ist weg, vergessen, es ist schon sehr heiß, obzwar's noch seine guten Wege hat mit Hoboken[2].

[1] eigenwillig, launenhaft

[2] Stadt in New Jersey, direkt am Hudson River gegenüber von Manhattan gelegen

Bei einer Wendung des Schiffes sehe ich die Hand dort vorne sich spalten. Die mittleren Finger gehen auseinander, zwischen ihnen sieht man einen Strich, der mit Luft gefüllt ist – das ist Broadway, die große Straße der Stadt. Absonderlich, wie das dort ausschaut. Gar nicht wie Wirklichkeit, sondern wie eine dünne Kulisse mit nichts dahinter, wahrhaftig.
Viel deutlicher ist schon die Reklameinschrift rechts unten, in Brooklyn zu sehen. So etwas wie ein waagerechter Wolkenkratzer, knapp über der Hafenlinie, etliche Kilometer lang – ein Bitterwasser wird angepriesen!
Die Pyramiden Ägyptens versetzen einem einen ähnlichen Schlag ins Genick, wie die Wolkenkratzerstadt Manhattan von der Bai aus zum ersten Mal gesehen, sagte mir der Vornehme. Nun, ich mach mich auf den Schlag bereit. Ich wünschte, man würde die Bitterwasser-Reklame dort wegkratzen, auch sie hat etwas Monumentales, ich warte und bereite mich auf den Schlag vor. Ich habe die Pyramiden nicht gesehen, aber hier, was ich jetzt im Drauflosfahren auf die Insel Manhattan-Newyork empfinde, ist ein bizarres, gemischtes Empfinden von Unbehagen, Widerstreben, Staunen, ohne Befreiung des Gefühls vom Denken, alles eher als ein großes, unbedingtes aufatmendes: Ah!
Und die Manhattan-Spitze dreht sich weiter. Broadway ist weg und die Häuser sind jetzt gut zu sehen, große viereckige Ziegelsteine mit Poren, nein, besser gesagt, große aufrecht hingestellte hollän-

Freiheitsstatue

dische Waffeln, nein, riesige Siebe mit Löchern drin, das ist's: Siebe, mit ungeheuer vielen Löchern. Da stehen sie beieinander. Man kann sich nicht denken, dass da drinnen Menschen leben sollen, dass hinter jenen Löchern dort menschliche Wesen mit Augen, Nasen und Haaren auf dem Kopf ihr Leben verbringen. Oben sind an die Siebe winzige weiße wehende Rauchfähnchen angebunden, die Winzigkeit dieser Fähnchen macht den Anblick dieser Mordskasten vor uns noch unbehaglicher, jawohl. Ich drehe mich anders herum, lasse die Stadt dort hinten sich ruhig um ihre Achse drehen und besehe mir die Stadt der Schiffe hier unten, statt der Stadt des Steins. (S. 33–35)

Der Broadway um 1900

Hektik in amerikanischen Großstädten

Es ist deutlich zu spüren hier oben, wie der Turm, auf dem wir stehen, schwingt und schüttert unter uns. Das Felseneiland wiegt sich leise, die Erde dreht sich, Manhattan atmet. Wie von einem angestrengten Menschen, der unter seiner schweren Arbeit stöhnt, dringt hie und da der klagende Laut der Fähren herauf. Leise schwimmen die braunen Inseln rechts und links von Pier zu Pier, quer durch den Hudson, den East River, durch die innere Bai. Ein heiseres Husten kommt alle Augenblicke herauf, das sind die Automobile von dem Broadway her, hierzulande kläffen sie wie gereizte Köter. Dann ist ein Surren, ein Geschnurr da, wie von einem geschäftigen Webstuhl, das sind die Menschen, die dort unten leben. [...]

Dazu die Fahrt in den Elevatoren, wie die Lifte hierzulande heißen! Hinauf geht's ja noch – aber hinunter! Die Zahlen flitzen an den inneren Türen der Stockwerke in absteigender Richtung vorbei. Ungefähr bei Nummer 35 schießt einem der Magen mit einem Ruck inwendig zur Schädeldecke hinauf, hüpft dort ein bisschen, wie ein Kinderluftballon an dem Plafond[1], und bleibt dann stehen. Wie bei Nummer 7 der Elevator anfängt, etwas langsamer zu fahren, sinkt der Magen infolge des veränderten Tempos sachte, sachte auf seinen vorgeschriebenen Platz zurück, man hat selber wahrhaftig einen Lift im Leib, und wenn auf der Tür innen Nr. 1 erscheint, hüpft einem der Magen auf leiser Gummisohle drei-, viermal auf den Gedärmen herum, die das nicht vertragen und sich bäumen, und steht dann still. Es ist undenkbar, dass diese ewige, unerhörte Auf- und Nieder-Fahrerei auf die Dauer die Struktur des menschlichen Körpers, des fahrenden Menschen nicht verändern sollte. Das Herz, das Gehirn müssen sich verändern, der liebe Gott hat diesen Zustand des Hinauf- und Hinabfahrens im Tierreich nicht vorgesehen. Es wird zu den anderen Typen des amerikanischen Menschen ein neuer, der Wolkenkratzertypus hinzukommen, das wird der nationale Kretin[2] sein. (S. 52–55)

Einstweilen treibt mir diese nach der wilden Zwiebel *checagua* benannte Stadt[3] – sie wuchs in Mengen, wo jetzt die weltberühmten Warenhäuser, die weltberühmten Schlachtbänke, die weltberühmte Getreidebörse und die weltberühmten Bordellstraßen stehn – die Tränen in die Augen. Um neun Uhr früh werde ich, wie ich auf die Straße trete, in einen Wirbelsturm von Menschen hineingetrieben, dass mir Hören und Sehen vergeht. Die zappelnden Bewegungen, die die Menschen in Kinematographenaufnahmen[4] bekommen, das Dahinfegen der Filmautomobile sehe ich hier in Natur übertragen. (S. 271)

---

1 Decke eines Raumes
2 Dummkopf
3 Holitscher beschreibt in dieser Textpassage die Stadt Chicago.
4 Kinematograph: (früher) Apparat zur Aufnahme und Wiedergabe bewegter Bilder

Organisierte Arbeitsteilung

In der strengen Geschäftsperiode vom September bis Mai beschäftigen sie 9000–9500 Menschen, in der flaueren 7500. Jetzt, Ende November, wird ein Katalog vorbereitet, der die nach Weihnachten nachlassende Kauflust des Publikums aufstacheln soll. Sears Roebuck haben soeben, wie die Zeitungen melden, die größte Briefmarkenbestellung beim Staat gemacht, die eine Privatfirma jemals gemacht hat, fünf Millionen 5-Cent-Marken für diesen Katalog, der „flier“[1] genannt ist. Zweimal im Jahr, nach Weihnachten und Mitte Juli, werden solche „fliers“ versendet, einmal im Jahr der große Katalog, ein Kompendium[2] von allem, was man haben kann, mit Ausnahme von lebendem Vieh, frischem Gemüse und Obst. (Man kann bei S. R. ein ganzes Einfamilienhaus bestellen unter anderem. Man gibt die Maße an, die Zahl der Räume, ein Waggon bringt das ganze Blockhaus, bis zum letzten Nagel, es braucht bloß an Ort und Stelle zusammengesetzt zu werden.) In den großen Katalog sind Stoffmuster eingeklebt. Ich werde in den Saal geführt, in dem das ganze Jahr durch Maschinen Stoffe zu diesem Zweck zerschneiden – diese „cut samples“ kosten Sears Roebuck jährlich 100 000 Dollar.

Die Verteilung der Bureauräume, der Lagerräume, der „shutes“ d. h. Gefälle, polierten Rutschbahnen, über die die Waren kilometerweit zum Bahnhof im Erdgeschoss hinunterschießen, die Gruppierung der Arbeit ist das in seiner Zweckmäßigkeit Elementarste, das ich je gesehen habe.

Am Morgen um 9 kommen im Durchschnitt 35 000 Briefe mit Bestellungen an; die meisten enthalten „gemischte Bestellungen“, Bestellungen von 5–10 Gegenständen, in einem Gesamtwert von durchschnittlich 9 Dollar. (Ein Minimum gibt es nicht.) Da jede Ware ihren Katalogpreis hat und Sears Roebuck nicht mit Kredit arbeiten, sind den Bestellungen schon die eingezahlten Postanweisungen beigelegt. (Weniger Express-Co.-Anweisungen, weniger Schecke auf Banken.)

---

1 flier = Flyer, Prospekt

2 Abriss, Buch

Um 4 Uhr nachmittags sind diese Bestellungen bereits ausgeführt, und 50–60 Waggone schießen aus dem Bahnhof im Erdgeschoss, bis oben angefüllt mit den wohlverpackten Kisten und Paketen, nach allen Richtungen in das Land Amerika hinaus. [...]
Draußen aber, welche furchtbare Arbeitsteilung. Mädchen, die den ganzen Tag Hunderttausende von Briefmarken auf hunderttausend Katalogumschläge kleben. Die dünnen Bogen fliegen wie Flügel eines Ventilators unter ihren Fingern davon. Bei den Druckmaschinen, wo die Teile des Katalogs geheftet werden, hat ein Mensch mit Sinnen, Nerven und Gehirn sein Leben lang darauf zu achten, dass ein gelber Bogen über einen blauen komme und nicht unter ihn. Das Gefühl bäumt sich, wenn man an Tischen vorübergeht, vor denen menschliche Wesen nur darum sitzen, weil noch keine Maschine erfunden ist, die ihre Arbeit verrichtet. Dabei sind diese Wesen in ihrer Erniedrigung noch glücklicher, als sie es in dem Moment sein werden, da diese Maschine erfunden sein wird und sie ihr Brot verlieren. Wie weit weg ist der Mensch von den wundervollen Organisationen des Bienenstaates, des Termitenbaus, des Ameisenhügels gelangt! Vergegenwärtige dir den Abstand des primitiven, aber seinem Impulse folgenden Tieres zu dem denkenden, aber aus Not fremdem Befehl gehorchenden Menschenwesen. Bedenke, welche Summe von Aufschwung, Pfeilkraft der Seele zur Idee verkümmert, zerrieben wird durch die genialste Organisation, die das triumphierende Menschengehirn ausgedacht und in die Tat umgesetzt hat. Bedenke, dass diese Hörigmachung des Menschengeistes Tag für Tag vorwärtsschreitet, dass jeder Kopf, der mit der gottähnlichen Gewalt des Organisierens belehnt wurde von der Natur, an der Entgötterung des Menschengeschlechtes arbeitet, eben kraft der Gabe, die ihm geworden ist vor Hunderttausenden!
Was sind die Gräuel des Krieges gegen diese „Segnungen" der Friedenszeit, in der sich der Handel ausdehnen darf?
Lange gehe ich noch in der Stadt, mit dem Metallklang aus den Häusern von Sears Roebuck im Ohr herum. Über dem Blutgeruch und Leimdunst, über dem Kohlenstaub und dem Michigannebel schwebt dieser Metallklang wie Sphärenharmonie, trostlos und kalt wie diese ganze moderne Welt es ist, mit ihrer Zivilisation, grimmigsten Feindin des Menschengeschlechtes! (S. 294–297)

Getreidebörse

Oben auf der Galerie der Getreidebörse im Board of Trade-Building sitzt neben mir ein alter Herr mit weißem Knebelbart. Er hat seine braune gelbbehaarte Hand ausgestreckt und erklärt mir die Sehenswürdigkeiten dort unten. Nennt die Namen der heulenden Derwische[1], die um die „Grube" herumstehn, die berüchtigte Grube, „the pit", in die das goldene Korn der Welt hineinstürzt und aus der imaginäre Papierwerte zurückflattern auf den betrogenen Erdball. Es gibt noch drei andere Gruben in diesem Saal, die Maisgrube, die Hafergrube und die Speckgrube. Das wildeste Geheul und verzweifeltste Gedränge ist aber um die Weizengrube.

Auf einer hohen Kommandobrücke zwischen den Gruben der Weizen- und der Maismakler stehen die Inspektoren vor langen Papierbogen, Logbüchern der Börse. Zu ihnen schießen über dünne Stahldrähte blinkende Metallkapseln herüber von den hundert Telegrafenschaltern am Ende des Saales. Ein fortwährendes Knacken tönt von den Tafeln, die die Namen der Erntedistrikte Amerikas aufgeschrieben tragen, ins Stimmengetöse herüber. Auf der anderen Seite des Saales rieseln aus Hunderten von Papiersäckchen die Weizenproben in die Holzschalen nieder.

Die blitzenden Metallkapseln schießen hin und wieder, verknüpfen die Geschicke der Menschen, Menschen, die einander nicht kennen, fremde Geschicke ...

Ein Wutschrei steigt aus dem heulenden Zwinger, aus den drei hinunterführenden Stufen des vollgespuckten Schwimmbassins empor. Hunderte von Händen recken sich wie zum Schwur. Aus allen Ecken des Saales laufen Menschen, Arme und Beine wie im Veitstanz schlenkernd, an die Grube heran. Von der Kommandobrücke beugt der Inspektor ein Ohr hinunter. Darin schreibt er eine Ziffer auf den Bogen. Ein Blitz schießt von der Kommandobrücke zu den Telegrafenschaltern zurück. Hunderttausend Ticker ticken in der ganzen Welt eine und dieselbe Zahl, auf hunderttausend Köpfen sträuben sich die Haare, in hunderttausend Betten werden sich

---

1 Mitglieder eines islamischen religiösen Ordens, zu dessen Riten Musik und rhythmische Tänze gehören; hier bildhaft gebraucht

heut nacht schlaflose, erschöpfte Menschen wälzen bis zum Tagesgrauen. (S. 274 f.)

Die Ausgegrenzten

Was geschieht mit den Alten, Ausrangierten, Abgetanen, denen, die mit 40 noch nicht ihr Schäfchen auf dem Trocknen haben, ja es nicht mal zur Würde eines speedboss gebracht haben, mit den *Opfern?* Zum Glück stirbt der amerikanische Arbeiter jung. – Zu seinem Glück. – Zum Unglück Amerikas nimmt der Prozentsatz der Selbstmorde, der Geisteskrankheiten, der Verbrechen aus Not in Schauer erregendem Maße zu. – Irren-, Zuchthäuser schießen in die Höhe und können ihren Inhalt kaum fassen. In Industriestädten bin ich nach Sonnenuntergang angebettelt worden wie nur noch in Rom und Neapel. – Wer von der hoffnungslosesten Erniedrigung der menschlichen Kreatur ein Bild gewinnen will, mag in die Volkshotels in Kansas City, in South Clark Street in Chicago, ja, in die vielgerühmten Mills-Hotels auf der Newyorker Ostseite gehn, mag um 1 Uhr nachts die „bread-line", die Brotlinie vor den Toren einiger großer Speisehäuser, der Heilsarmee, der Brot- und Suppen-Missionen sich formen sehn, Häuservierecke lang, zweitausend, dreitausend kräftige Männer, die wortlos und geduldig warten, Hungernde, Arbeitslose, Bescheidene, Bettler, in der Nacht ... Er mag sich auch in den Wohltätigkeitsämtern der großen Städte nach den „Hinterbliebenen" der Vagabunden erkundigen, die sich mit ihrem letzten Wochenlohn in der Tasche auf Nimmerwiedersehn nach dem lockenden wilden Westen aufgemacht haben! (S. 286 f.)

Ellis Island

Den Kern des Eilands bildet eine große, mit einer Galerie versehene Halle im Mittelpunkt des Zentralgebäudes. Sie ist weiß getüncht; der einzige Farbenfleck in ihr ist das Sternenbanner, das von der Galeriebrüstung herunterhängt und dem Menschenkinde, das aus den Ärztehallen heraufkommend die Halle betritt, sogleich ins Auge springen soll.

Reihen von Bänken empfangen den Ankömmling, hohe eiserne Gitter umgeben diese Reihen. Kein Entkommen. Vor dem Ausgang der Reihen stehen Beamte hinter Pulten, jeder aus den Reihen muss sie passieren. Muss einem dieser Beamten, die alle Sprachen der Erde sprechen, Rede und Antwort stehen, ihm seine Papiere vorzeigen; dies ist seine erste Behörde. Wer sie glücklich passiert hat, marschiert rechts über eine Treppe hinunter, zur Fähre, die nach Manhattan fährt – er ist schon so gut wie Amerikaner.

Die aber eine gelbe Karte in die Hand gedrückt erhielten, gelangen links ins Fegefeuer, wenn nicht in die Hölle. Sie kommen wieder in Räume mit hohen Gittern um sie herum, in Hallen, endlose Gänge, Gitterkorridore, die mich augenblicklich an die Schleusen in den Chicagoer Schlachthäusern erinnern, durch die die Viehherden zur Schlachtbank gejagt werden. Keiner von diesen Korridoren führt nach Amerika. Viele führen ins Labyrinth des Wahnsinns, der Verzweiflung, des Selbstmords, viele an Amerika vorbei, ins alte Land zurück, in die bleierne, endgültige Hoffnungslosigkeit. In all diesen Gitterräumen wohnt das Unglück. Dies ist Ellis Eiland, die Insel der Pein, des Gerichtes, der missbrauchten Geduld, des

Ellis Island

Die Halle von Ellis Island um 1900

nackten Schicksals, des ungerechten Rächers, kein Blake[1] vermöchte den Racheengel zu zeichnen, zu singen, der über Ellis in einer Wolke von Angst, Wimmern, Folter und Gotteslästerung thront all diese Tage, die wir im freien Land verleben. [...]
Mit seiner gelben Karte wird „der Fall“ in eins der zahllosen Zimmer gebracht, die den Sammelnamen: „Detentions-Quarters“, Haft-Viertel, führen. Hier krampft sich dein Herz zusammen, Wanderer mit dem Pass, der dir dieses Viertel des Menschenjammers erschließt, für vier Wochen, durch die Gunst des Herrn der Insel. –
Hier ist der Raum der *Verlassenen*, deren Angehörige sich nicht gemeldet haben bei ihrer Ankunft in Amerika.
Wie ich an dem Gitter dieser Abteilung vorübergehe, stürzen fünf Weiber mit zerrauftem Haar und leergeweinten Augen aufs Gitter zu, rufen mich an, wollen in fünf mir unbekannten Sprachen von mir erfahren, ob ich den oder jenen kenne, in Scranton, in Brooklyn drüben oder gar in dem benachbarten Hoboken? (Diese Ortsna-

[1] Holitscher meint hier den englischen Dichter und Maler William Blake (1757–1827), dessen Werke, die häufig religiöse und apokalyptische Themen aufgreifen, in ihrer dunklen Tiefe bis heute nichts an ihrer Faszination verloren haben.

men allein verstehe ich.) Und ich muss mir, während ich kopfschüttelnd weitergehe, denken, dass diese Ärmsten dahier Damaskus, Odessa und Saloniki näher sind als dem zehn Minuten fernen Brooklyn und Hoboken!

Ist ihre geringe Barschaft auf Kost und Unterkunft in Ellis draufgegangen und kam keiner, sich ihrer anzunehmen, so werden sie, ohne Amerikas Boden berührt zu haben, in ihre Heimat zurückbefördert, und niemand frage danach, wie diese sie empfangen wird. Ein Weinen, Blöken, hier und da ein kurzes schrilles Gezeter, das rasch zusammensinkt, tönt aus diesem vergitterten Quartier heraus. Plötzlich wird's mäuschenstill dahinten. Ein Mann in blauer Uniform geht an mir vorbei, schließt mit einem Schlüsselbund rasselnd die Gittertür des Zwingers auf und tritt unter die mit einemmal wild gewordenen, vor Schmerz und Hoffnung wild gewordenen Tiere dort hinten ein. In seiner Hand hält er ein Päcklein Telegramme, Briefe, Postkarten.

Laut ruft er die Namen der Adressaten in das verzerrte, stoßende, herankollernde Gewühl hinein. Ein paar Gestalten stürzen auf den Bändiger los. Ein paar kurze, wilde Glücksschreie ertönen. Dann ist das Päckchen verteilt. Das stumpfe Gewinsel, Geblöke, das jammernde Gezeter hebt von Neuem an, verstärkt – während hier, draußen, wo ich stehe, die Glücklichen, in den Armen ihrer freudestrahlenden Angehörigen zur Fähre hinunterströmen, lachend und selig dem Land der Verheißung entgegen.

Weiter weg sind die kleinen Zimmer, in denen Menschen nach Kategorien von Fällen gesondert aufgehoben sind. Es sind ausnahmslos kahle, kalte, weißgetünchte Räume ohne jeden Schmuck, mit harten Pritschen, eisernen Bettstellen, Räume, in denen die Hoffnung erdrosselt niedersinkt beim ersten Anblick.

In einem dieser Zimmer kriege ich drei kleine Mädchen zu sehen, die den dritten Monat hier verleben. Ihr jüngstes Schwesterlein ist im November auf dem Schiff erkrankt und liegt im Lazarett. Wenn es genesen sein wird, werden die viere zusammen zu ihrer Familie, die das zweimalige Abholen nicht erschwingen kann, nach dem Westen, befördert werden. Eng sitzen sie beisammen, die kleinen Mädchen, wie schläfrige frierende Vögel. Das Älteste ist zwölf Jahre alt. Stumm blickt es uns an, wie wir hereinkommen. Es versteht.

Mit großen Augen blickt es uns an, ohne zu sprechen, zu fragen. Es hat diese Welt der Armut erkannt und durchschaut. Es ist geduldig, wissend geworden beizeiten. Es weiß: Dieses Erdenleben wird ja für sie doch nur eine Kette von Gefängnisräumen sein. Ruhig sitzt sie da, ihre dünnen Ärmchen um die beiden schläfrigen Schwesterchen geschlungen, und schweigt.

Ein furchtbares Zimmer nebenan beherbergt Prostituierte. Es sind, fast ohne Ausnahme, polnische und rumänische Jüdinnen. In ihren Papieren war etwas nicht in Ordnung. Unter einer zurechtgedrechselten Phrase zwinkerte der „Weiße Sklavenparagraph" verräterisch hervor. Mit diesen Elendsten wird kurzer Prozess gemacht.

Zudem sind sie fast durchweg krank. Unter den billigen, grellen Halsketten tragen sie die Narben ihres Schicksals.

Hier ist der Raum, in dem die Schwachsinnigen, die Krüppel, das Höllenbreughelvolk[1] der Missgeburten herumsitzt, herumschwadroniert, herumlungert. Hier der Raum der Angehörigen jener Unglücklichen, die die Ärzte unten bei der Untersuchung zurückgehalten haben. Ganze Familien sind hier versammelt, dieser fehlt der Ernährer, jener die Mutter. Sie werden mit den Kranken zurück müssen in die alte Heimat, ohne vom gelobten Land mehr gesehen zu haben als die absonderliche Silhouette Manhattans fern im Winternebel. (S. 325–329)

Aus: Arthur Holitscher: Amerika heute und morgen. Berlin 1913. [Nachdruck: Hamburg; tredition; Reihe: TREDITION CLASSICS]

Kurt Tucholsky: Rezension zu Arthur Holitschers „Amerika heute und morgen"

Arthur Holitscher, den Thomas Mann in einem wundervollen Prosastück zu einem sich selbst genügenden Ästheten namens Spinell verarbeitet hat, hat eine amerikanische Reise gemacht und darüber berichtet. (S. Fischer, Verlag.) Und wie hat er berichtet! – Spinell ist tot, es lebe Arthur Holitscher! –

---

[1] Pieter Breughel der Jüngere (1564–1638), ein belgischer Maler, genannt Höllenbreughel (da man ihm früher irrtümlich einige kleinformatige Höllenszenen zugeschrieben hatte, die aber heute dem Werk seines Bruders zugeordnet werden)

Kurt Tucholsky (1890–1935)

Was ist es mit diesem Amerika? – Lies hundert Bücher über der Deutschen Verwaltung, Sitten, Gebräuche, Wirtschaftsformen, höre Kollegs, sieh dir Fotografien an, und du wirst doch nicht, hast du deinen Wohnsitz anderswo, die Luft riechen, das spezifisch Deutsche erfassen.

Was wusste Holitscher, als er, der Fremde, das ungeheure Land Amerika aufsuchte. Und es kommt auch gar nicht darauf an, ob er in der subtilsten Frage, die es drüben gibt, der Rassenfrage, recht hat oder nicht, ob Ellis-Eiland, die Burg gegen die Einwandererströme, wirklich eine Notwendigkeit ist, ob die Kinderrepublik in Freeville eine Farce ist oder eine Wohltat, – darüber mag man in Spezialwerken nachlesen.

Aber dass endlich mal einer uns diesen Begriff ‚Amerika' auflöst in hundert kleine menschliche Einzelzüge – das ist es. Wie wir nun nach zwanzig, dreißig Bildern, Impressionen merken, wie drüben auch mit Wasser gekocht wird, wie sie dort arbeiten und fröhlich sind und zerwalkt werden und in ihrem rasenden Tempo nicht einhalten, bis – zu Ende. Wie alles so anders ist als bei uns. Und das ist das Gute an diesem Buch: dass Holitscher nicht in unserem Maßstabe misst, weil er weiß, dass Psychologie und Wirtschaftsform sich gegenseitig bedingen, weil er mit etwas völlig Neuem das völlig Neue, Andersgeartete misst.

Der Absatz ‚*Chicago*' war ja hier abgedruckt und zeigte schon die ganze Kunst, ohne ermüdende Einzelheiten den Kern zu geben, aber nicht mit der unverschämten Sicherheit des Zugereisten, sondern zweifelnd, vorsichtig, voll Skepsis.

Wie lebt alles, was er schrieb! Die Schulen, die großen Volksbildungsanstalten, die Sporthallen (die übrigens nie von Holitscher beweihräuchert werden, sondern immer als das betrachtet werden, was sie sind: als Tropfen auf den heißen Stein Kapitalismus).

Dieses Buch ist anders als alle anderen: J. V. Jensen war drüben und hat mit scharfen Augen gesehen und – nicht gesehen und hat mit seiner Stahlhand ein Amerika geformt, das es nicht gibt –, auch er hat begriffen, aber hinzugefügt (‚*Die neue Welt*'. Essays. S. Fischer, Verlag). Wolzogen war drüben und hat geschwätzig über Äußerlichkeiten berichtet – niemand, niemand fand diesen Ton.
New York, die Wolkenkratzer, und das Essen da und die Schutzleute und Wahltage in kleinen Nestern, Kanada, dies ungeheure Landreservoir, die Landstreicher . . .
Und all das untermischt mit fabelhaft geschickten Fotografien, Gegenüberstellungen, wie sie bei uns viel zu wenig gemacht werden; z. B. ‚*Arbeitswillig*' und ‚*Verbraucht*', und Gruppenaufnahmen: ‚*Solche Leute braucht der Westen*', Männer voll unheimlicher Kraft und Energie, die noch in den Überschüssen, in der maßlosen Korruption erkennen lassen, wie wertvoll die richtiggeleiteten Kräfte sein würden.
Lest dies Buch: so sieht es drüben aus. Lest dies Buch: so sieht einer die Welt.

Aus: Kurt Tucholsky: Amerika heute und morgen (Rezension). In: Ders.: Gesammelte Werke. Band 1. 1907–1918. Reinbek bei Hamburg: Rowohlt 1995, S. 47–49

Ingo Langenbach: Arthur Holitscher – eine Bildvorlage für Kafkas Amerika-Roman?

[...]
Der Romancier und Essayist Arthur Holitscher (1869–1941) zählt zu den großen und viel gelesenen Reiseschriftstellern des 20. Jahrhunderts, und seinem Amerika-Bericht kommt als Schreibvorlage für Kafka zweifellos die größte Bedeutung zu. In einem Gespräch mit dem Germanisten Klaus Hermsdorf stellt Max Brod deutlich heraus, „dass ‚Kafka die Reiseberichte von Holitscher über Amerika' kannte und sich ihm gegenüber wiederholt in großer Bewunderung über sie ausgesprochen hat". Offenbar hat dessen „Reihe von Bildern aus dem amerikanischen Leben" einen tiefen Eindruck bei Kafka hinterlassen. So notiert dieser am

11. September 1912 in seinem Tagebuch etwa einen Traum, der frappierende Ähnlichkeit mit Holitschers Darstellung der Freiheitsstatue hat.

Kafkas Amerika-Roman folgt einem traditionellen, durch Autoren wie Mark Twain oder Jack London vorgeprägten und später etwa durch Jack Kerouac und Tom Robbins modernisierten Erzählmuster: Dabei sieht sich sein Protagonist Karl Roßmann bis zuletzt unterwegs – *on the road* –, also stets auf der Suche nach individueller Freiheit und persönlichen Entfaltungsmöglichkeiten, die auch seinem nach New York ausgewanderten Onkel zum Erfolg verholfen haben. Schon hier zeigt sich Kafkas Annäherung an Holitschers Reiseerlebnisse, z. B. in der Darstellung der unendlich scheinenden Landstraßen, auf denen sich der siebzehnjährige Karl im vierten Kapitel des *Verschollenen* („Der Marsch nach Ramses") wiederfindet. Es scheint, als könne Roßmann kein Verständnis für die Realität des „drängenden Verkehrs" und die Schnelllebigkeit Amerikas aufbringen, wodurch seine Verdrängung aus der Gesellschaft und seine zunehmende soziale Desintegration angekündigt werden. Kafka macht damit deutlich, dass Karl Roßmann die amerikanischen Verhältnisse mit europäischen Maßstäben bewertet. Schließlich scheint dadurch sein „Wert" für die amerikanische Gesellschaft nicht gewährleistet, da eine Integration die Identifikation mit dem jeweiligen System voraussetzt.

Im Kapitel „Begegnung mit Indianern" seines Reiseberichtes zeigt Holitscher anhand zweier Indianerstämme die unterschiedlichen Sozialisationen in das System des „weißen Mannes". Dabei stellt er fest, dass die Indianer sich ihrer Umgebung angepasst haben, um auf der „sozialen Leiter" emporzusteigen. Dennoch werden sie von den „Weißen" als „slow people" bezeichnet, die von der Arbeitsdisziplin der Amerikaner förmlich überrollt werden und somit „zerschunden auf dem Wege hinter dem Amerikaner liegen" bleiben.

Roßmanns Versuch, in der Neuen Welt Fuß zu fassen, ist wenig erfolgversprechend, da er die Erwerbswelt anhand europäischer Maßstäbe bewertet. Seine erlernten und verinnerlichten Verhaltensmuster greifen in Amerika nicht. Dies zeigt Kafka in seinem Kapitel „Im Hotel occidental". Hier wird das Verhältnis zwischen

Liftjunge und Lift in parodistischer Übertreibung dargestellt: „Überhaupt war es ein einförmiger Dienst und wegen der zwölfstündigen Arbeitszeit, abwechselnd bei Tag und Nacht, so anstrengend, dass er […] überhaupt nicht auszuhalten war, wenn man nicht minutenweise im Stehen schlafen konnte." Aber auch in der Darstellung der sechs Unterportiere findet sich die Beschreibung des Arbeitslebens wieder: „[…] sechs Unterportiere bei sechs Telephonen. Die Anordnung war, wie man gleich bemerkte, so getroffen, dass immer einer bloß Gespräche aufnahm, während sein Nachbar, nach den vom ersten empfangenen Notizen die Aufträge telephonisch weiterleitete."

Eine Beobachtung Holitschers auf seiner Reise durch die Staaten diente als direkte Vorlage für eine Figur im *Verschollenen:*

„Der Kerl ist tätowiert, vom Adamsapfel bis an den Nabel hinunter. […] Auf dem linken Oberarm ist die französische Fahne, auf dem rechten ein fingerlanger Dolch, der nach oben steht mit der Spitze, tätowiert. Auf Brust und Bauch und um den Nabel herum das obszöne Bild eines nackten Frauenzimmers. Der Mensch hat auf seinem roten schrumpfigen Hals den pomadisierten[1] Kopf eines Jahrmarkt-Ringkämpfers sitzen […]."

Der tätowierte „Kerl", der hier skizziert wird, findet sich bei Kafka in der Gestalt des Vagabunden und Tagelöhners Delamarche wieder. Mehrmals wird auf seine Nationalität verwiesen: „Der da heißt Robinson und ist Irländer, ich heiße Delamarche, bin Franzose […]." An anderer Stelle heißt es: „[…] der Franzose nahm sie [eine Veroneser Salami; I.L.] zu sich, um sie mit seinem dolchartigen Messer zu behandeln […]." Die von Holitscher beschriebene Tätowierung wird bei Kafka materialisiert zu einer Waffe. Außerdem gibt es eine Reihe von unterschwelligen Parallelen. Holitscher weist auf das aggressive Äußere des „Kerls" hin, welches in seinen Tätowierungen kulminiert. So stellen zum Beispiel das Bild des „Ringkämpfers" oder das des „Frauenzimmers" bei Kafka Attribute dar, die Delamarche zugeschrieben werden.

[1] pomadisiert: mit Pomade, einer parfümierten salbenähnlichen Substanz zur Haarpflege, eingerieben

Bei seinem einzigen Kurzausflug in die Südstaaten, nach „Virginien“, fällt Holitscher die Diskriminierung von Schwarzen auf. So ist in jedem Zugabteil eine Tafel angebracht, welche die Sitzplatzverteilung von Schwarzen und Weißen regelt. Ebenfalls beschrieben wird, wie Schwarze im öffentlichen Leben diskriminiert werden. Sie werden lediglich als Liftjungen geduldet. Die wohl signifikanteste Übereinstimmung zwischen Holitschers und Kafkas Werk findet sich in der Szene, als Karl, um in das „große Teater von Oklahama“ [sic] aufgenommen zu werden, sich bei der zuständigen Behörde als „Negro“ vorstellt. Hierdurch definiert Kafka implizit Karls gesellschaftlichen Stand, der durch seine Anstellungen, vom Liftjungen im „Hotel occidental“ bis hin zur sklavenartigen Haltung durch Brunelda, Delamarche und Robinson im Kapitel „Der Fall Robinson“ charakterisiert wird. Auch zeigt der Terminus „Negro“, dass Karl sich als „Mischling“, d.h. weder als „Weißer“ noch als „Schwarzer“, empfindet und damit seine Desintegration verinnerlicht zu haben scheint.

Die interessantesten Anregungen, die Kafka bei Holitscher für seinen Amerika-Roman entnommen hat, sind wohl die der sozialen Modelle. Darunter fallen die Darstellungen der „Kinderrepublik in Freeville“ und „Chautauqua“, die sich auf die des „großen Teaters von Oklahama“ beziehen.

Auf seiner Reise kommt Holitscher nach Freeville, wo eine „Korrektionsanstalt für [...] junge verbrecherische Leute“ eingerichtet ist. Die Jugendlichen leben dort in Selbstverwaltung. Der Leitspruch von Freeville lautet: „Nichts ohne Arbeit.“ Hierin spiegelt sich die calvinistische[1] Erwerbsethik wider, die im modernen Nordamerika bis zur Pervertierung gelebt wurde und gelebt wird.

Das zweite Sozialmodell ist die Sommerschule in Chautauqua, wo sich „Americanos“ zusammenfinden, um Vorträge in einem großen Amphitheater, einer „Arena“, anzuhören, u.a. auch einen „Vortrag über moderne soziale Bewegungen in Europa“, was wiederum mit Sicherheit für Kafka interessant gewesen ist. „Rechts

[1] calvinistisch: den Calvinismus betreffend, eine evangelisch-reformierte Glaubenslehre, der eine sehr strenge und disziplinierte Arbeitsmoral zur Erreichung seelischen Heils zugrunde liegt

Die Brücke nach Brooklyn

und links auf dem Podium aufsteigend Chöre, Männer und Frauen, hell und weiß, nur die paar Menschen vorn auf dem Podium sind schwarz angezogen." Im *Verschollenen* heißt es in dem Fragment „Karl sah an einer Straßenecke": „Vor dem Eingang zum Rennplatz war ein langes niedriges Podium aufgebaut, auf dem hunderte Frauen als Engel gekleidet in weißen Tüchern mit großen Flügeln am Rücken auf langen goldglänzenden Trompeten bliesen." Auch die Bezeichnung „Rennbahn in Clayton" weist auf die Parallele hin. Wie Wolfgang Jahn treffend skizziert, vereint Holitscher im Begriff der Arena zugleich die Vorstellung des Theaters (siehe Schilderung des „Teaters von Oklahama" und des „Rennplatzes in Clayton"). Das Theater stellt dabei die Umkehrung des amerikanischen Systems dar, da es als Kontrast zur funktionalistischen und durchökonomisierten Arbeitsgesellschaft charakterisiert ist. Nachdem Karl die Disziplinargesellschaft Amerikas am eigenen Leib erfahren hat, kann er aber das Freiheitsprinzip von Clayton und „Oklahama" nicht mehr erkennen und durchschauen. Vielmehr scheint er die Normen der „Ausschöpfungsgesellschaft" verinnerlicht zu haben.

Faszination und Distanzierung kennzeichnen Kafkas Bild von Amerika als einer „Neuen Welt" zwischen individuellen Wünschen und Träumen sowie sozialen Reibungsflächen. Da Kafka die USA nie bereist hat, stellt Holitschers Werk seine Referenz[1] in Bezug auf fehlende Informationen und Bilder dar. Die deutlichen Parallelen und Übereinstimmungen zwischen Holitschers Reisebeschreibungen und Kafkas Imaginationen lassen den klaren Schluss zu, dass *Amerika – heute und morgen* eine Bildquelle für *Der Verschollene* gewesen ist.

Aus: Ingo Langenbach: Arthur Holitscher – eine Bildvorlage für Kafkas Amerika-Roman? In: Kritische Ausgabe. Zeitschrift für Germanistik & Literatur, 2004, Nr. 1, S. 74–76

Arthur Holitscher (1869–1941)

1 Beziehung

Auszüge aus František Soukups Amerika-Bericht

Auf dem Schiff

Das Schiff „Präsident Grant“, mit dem ich von Cuxhaven nach Amerika fuhr, gehört zu den kleineren Überseeschiffen. Auf dem Schiff befanden sich an die 2300 Menschen: 250 in der 1. Klasse, über 450 in der 2. Klasse, 500 in der 3. Klasse und an die 900 im Zwischendeck – die Übrigen gehörten zum Schiffspersonal. In den ersten drei Klassen gibt es Kajüten für 2–6 Personen, Abteile für Männer, Frauen und Familien. Hier gibt es auf verschiedenen Stockwerken riesige Speisesäle, einen davon für 180 Personen, Damensalons, Klubräume, Friseursalons, Badezimmer, eine Bibliothek, einen Lesesaal (hier gibt es täglich Konzerte). Auf dem Deck geht man spazieren, oder man treibt Sport.

[...]

Unter den 450 Passagieren der 2. Klasse befindet sich ein einziger Tscheche, dagegen wimmelt es in der 3. Klasse und im Zwischendeck nur so von Tschechen und Slowaken.

Trotz der strengen Verbote schaffe ich es, ins Zwischendeck zu gelangen. Ich bin außer mir vor Schrecken, Schmerz und Zorn. Das Bild, das sich mir bot, werde ich nicht vergessen. Hier ist ein Lager, in dem der Mensch als Ware zum Zwecke der Arbeit aus Europa nach Amerika exportiert wird. Neunhundert Körper auf engstem Raum, riesige Säle, ein Etagenbett neben dem anderen, auf jedem Bett eine Decke und ein Kissen mit ein wenig Seegras; und so schlafen hier die Aussiedler einer neben dem anderen. 120 Personen nebeneinander in einem Saal, oben und unten, wie Holz gestapelt.

Es gibt Säle für Männer, Frauen und sogar für Familien; aber überall Dreck, verbrauchte Luft, ein ewiger Lärm und ein heilloses Durcheinander. Die einen liegen im Bett, die Decke über den Kopf gezogen, die anderen singen, spielen Karten; Kinder weinen, Frauen versuchen sie zu beruhigen; hier und dort sitzt einer in der Ecke und betet zu seinem Gott, damit er ihn im Land der Rockefellers, Morgans und Carnegies nicht verlässt.

[...]
Ich ging hinauf aufs Deck. Vor Augen habe ich die ganze menschliche Ordnung auf unser Schiff projiziert, die ganze Pyramide der Gesellschaft. Oben die Parasiten der menschlichen Kultur und unten ihre Schöpfer – unbekannte und unzählig viele Kinder des Proletariats, für welche die Gesellschaft auf dem Schiff nur schmutziges Wasser, faule Kartoffeln und verdorbenen Fleischabfall übrig hat. (S. 91 f.)

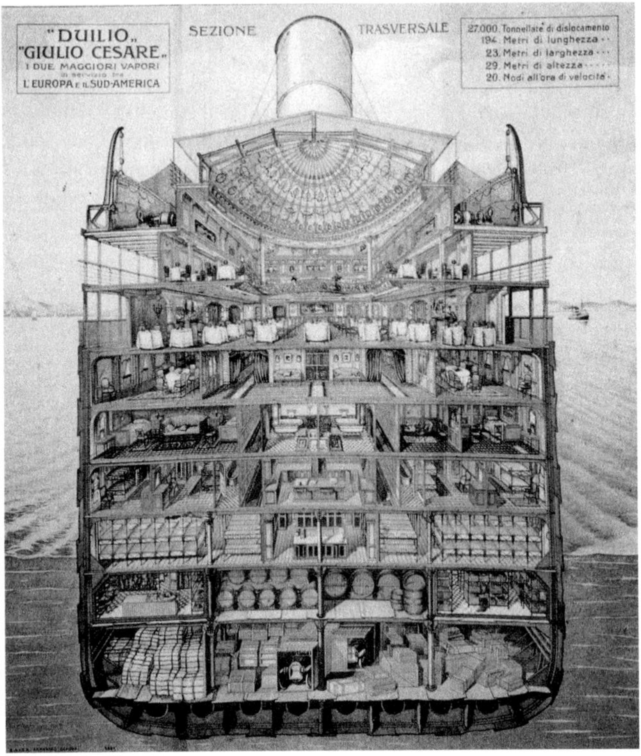

Querschnitt durch ein Auswandererschiff

Die Auswahl der Einwanderer

Auf dem Schiff herrscht ein buntes Treiben. Eine strenge Kontrolle der Passagiere wurde durchgeführt. Jeder musste im Saal vor einen Beamten der Einwanderungsbehörde treten und sich hier mehr oder weniger strengen Kontrollen unterziehen. Er muss eine genaue Adresse angeben, woher er kommt und wohin er fährt, was er in Amerika machen will; er muss angeben, wie viel Geld er mitführt, oder er muss vorzeigen, dass er mindestens 50 $ hat; einige müssen sogar eine ärztliche Untersuchung über sich ergehen lassen. Solange die ganze Angelegenheit nicht erledigt ist – und bei Hunderten von Reisenden dauert das einige Stunden –, darf keiner vom Schiff herunter. Amerika sucht sich heutzutage schon aus, wen es haben will, und es entscheidet unwiderruflich darüber, wen es verstoßen will. Das Durchsieben ist sehr oft unerhört brutal. Die 1. und 2. Klasse genießen noch gewisse Privilegien. Aber auch hier werden einige Leute so lange festgehalten, bis die Richtigkeit ihrer Angaben und das Reiseziel überprüft sind. Sonst dürfen jedoch die Reisenden der 1. und 2. Klasse noch am selben Nachmittag das Schiff verlassen. Schlimmer ergeht es den Reisenden der 3. Klasse und den „Zwischendeckern". Sie können erst am nächsten Tag gegen Abend an Land. Alle, bis auf die amerikanischen Bürger, werden immer auf eine kleine, flache Insel im Hafen vor New York transportiert. Es ist Ellis Island, die „Insel der menschlichen Tränen" in der Sprache der Einwanderer.

Wer von den Einwanderern würde nicht diesen Namen kennen: „Ellis Island"? Für etwa neunzig Prozent aller Aussiedler in die USA ist sie das Tor der Neuen Welt. Ellis Island ist heutzutage eine Insel des Schreckens und der Unmenschlichkeit. Hier werden die Einwanderer in besondere Verschläge hineingepresst und einer regelrechten Inquisition unterzogen. Jeder wird von Kopf bis Fuß ärztlich untersucht; die Verhältnisse eines jeden werden überprüft. Die Willkür, die hier herrscht, ist grenzenlos, und gegen die Entscheidung eines Arztes oder eines Beamten sind sie vollkommen machtlos. Kranke, alte und verkrüppelte Menschen, schwangere Frauen und andere werden unbarmherzig verstoßen. Ein geringfügiger Grund reicht, und sie sehen Amerika nie. Es ist nicht selten, dass ein Mann von seiner Frau und Kinder von ihren Eltern getrennt werden. Ich lese hier gerade in der Zeitung, dass ein kranker Vater mit seinem kranken Kind festgehalten und die Mutter mit drei Kindern nach Chicago geschickt worden ist. Es reicht aber auch schon ein Hinweis aus Europa an die Einwanderungsbehörde in New York, dass es sich z. B. um einen Anarchisten[1] handelt oder einer mit einer fremden Frau (nicht mit der eigenen) reist. Oder einem ist schon eine Stellung zugesprochen worden, doch der Beamte, der den Fall auf dem Schiff oder auf Ellis Island überprüft, hält einen fest. In einem solchen Fall kann man glücklich sein, auf Staatskosten so lange auf der Insel interniert sein zu dürfen, bis sich die Lage geklärt hat. Die hier Festgehaltenen werden für gewöhnlich nach Europa zurückgeschickt. Die Kosten trägt die Gesellschaft, die sie hergebracht hat. Wenn sie Geld für die 3. Klasse haben, sind sie gerettet. Sonst werden sie als Ware ins Zwischendeck geladen und kostenlos dorthin zurückgebracht, wo sie herkamen; nach Hamburg, Bremen, Rotterdam, Liverpool oder sonstwohin. Hier kümmert sich keiner um sie, von einer Entschädigung kann keine Rede sein. Die Missstände, Korruption[2] und Willkür, die hier sowohl bei den Ärzten als auch bei den Beamten herrschen, waren schon so zum Himmel schreiend, dass die amerikanische Regierung strenge Untersuchungen anberaumen musste. Mit welchem Ergebnis aber, das steht auf einem anderen Blatt. Die amerikanische Korruption ist beispiellos. (S. 92 f.)

New York

New York! Eine Stadt, die auf der Welt nicht ihresgleichen findet, die erste Metropole der Erde, das größte Wunder Amerikas, Babylon aller Völker der Erde, die Residenz der Millionäre, die Kuppel der himmelhohen, kapitalistischen Pyramide der modernen Zeit. Eine Stadt, in der man beginnt, an die vierte Dimension zu glauben. Eine Stadt der höchsten Brücken und Gebäude, der größten Parkanlagen, des größten Hafens und der größten Hotels, des

[1] Anarchist: Anhänger des Anarchismus, der Lehre, die eine Gesellschaft ohne Staatsgewalt und gesetzlichen Zwang propagiert

[2] Bestechung, allgemein moralischer Verfall

größten Luxus, der längsten Straßen und des größten Verkehrs – ein Superlativ Amerikas, das des 19. und 20. Jahrhunderts. [...] Ein Triumph der menschlichen Genialität.

[...]

Metropolitan Life Building

Dies ist New York! Ich gebe zu, dass ich in den ersten Augenblicken wie betäubt war. Man hat den Eindruck, als ob man plötzlich auf einem anderen Planeten aufwachte. Ich sah europäische Städte: Wien, Berlin, Paris, Kopenhagen, Amsterdam, Antwerpen, Hamburg, Brüssel – aber das ist gar nichts gegen den gewaltigen Eindruck, mit welchem man zuerst New York sieht. Es ist unbeschreiblich, man muss es sehen. Zum ersten Mal erblickt man hier vor sich die amerikanischen Wolkenkratzer. Man glaubt seinen Augen nicht. Gigantische Riesen, die nirgendwo in der Welt ihresgleichen finden. Gebäude von schwindelnden Höhen mit zwanzig, dreißig, vierzig und bald auch fünfzig Stockwerken; aber nicht nur ein paar, sondern ganze Reihen, ganze Straßen. Und sie wachsen hier mit einer atemberaubenden Geschwindigkeit. Bei uns in Prag wird das Repräsentantenhaus schon fast fünf Jahre gebaut. Hier wird ein Wolkenkratzer mit 25 Stockwerken in einem halben Jahr fertig, und er ist so hoch, dass das Repräsentantenhaus am Pulverturm in ihn 20–30mal hineinpassen würde. Das Metropolitan Life Building ist das größte Gebäude der Welt. Durch die Gefälligkeit der Direktion wurde ich von einem Angestellten durch das ganze Gebäude geführt. Es hat 48 Stockwerke über und 2 Stockwerke unter der Erde. Hier gibt es keine Treppen. Das Gebäude verfügt dafür über eine große Anzahl von Aufzügen. die von morgens bis abends mit hoher Geschwindigkeit von unten nach oben und wieder zurück rasen und so jede Minute für die Beförderung von Waren und Personen sorgen. Jeder kann kostenlos in den von innen verglasten Aufzug einsteigen. Im Gebäude befinden sich an die dreitausend verschiedene Privatbetriebe, unter anderem aber auch die Büros der Versicherungsgesellschaft. Diese beschäftigt hier in ihren Büros siebentausend Personen. Ich sah hier riesige Säle, in denen viertausend Frauen arbeiten; anderswo neunhundert Angestellte dieser Gesellschaft. Sie haben hier Kantinen, Bäder, eine Turnhalle, Garderoben, alles. Die Versicherung verfügt über ein großes Postamt. Ganze Kisten von Post werden hier täglich sortiert. Es wird einem schon richtig schwindelig, und mit Herzklopfen sieht man diese wunderbar durchdachte Organisation, für die es in Europa keine Entsprechung gibt; dabei ist das nur ein einziger Betrieb. Daneben gibt es noch tausend andere Büros: Ärzte, Anwälte, Bankiers, Industrie-, Geschäfts- und Verkehrsbetriebe, alles in einer bunten Mischung nebeneinander. Unten im Erdgeschoss sind riesige Aushängetafeln, auf denen in alphabetischer Reihenfolge die Firmen und entsprechenden Stockwerke vermerkt sind. Je höher, umso besser (und umso höhere Miete). Bessere Luft, bessere Aussicht. Der zeitliche Unterschied beträgt nur ein paar Sekunden, wenn man ins Büro im ersten oder im dreißigsten Stockwerk will. Umschlossen vom höchsten Luxus sitzt man in Plüschsesseln, rast im Aufzug empor, und ein eleganter Schwarzer hält dort, wo man will. (S. 92–94)

Ein amerikanisches Hotel

Ein amerikanisches Hotel der 1. Klasse, das ist eine Spezialität, die ihresgleichen sucht. Zwanzig bis dreißig Stockwerke, so luxuriös eingerichtet, dass einem das Prager Hotel „Beim Schwarzen Pferd“ oder „Sachsenhof“ als billige Spelunke vorkommt. In einem solchen Hotel gibt es alles, was die menschliche Bequemlichkeit und das Wohlleben erfordern, allerdings für horrende Preise. Ich sah das Hotel „Astoria“, vielleicht das größte der Welt. Das Hotel hat ein prunkvolles Theater, ein eigenes Postamt, eigene Ärzte und Hebammen, außerdem an die fünfzehnhundert verschiedene Appartements. Gärten in unserem Sinn gibt es hier nicht, weil die

Bodenpreise enorm hoch sind. Die Gärten sind auf dem Dach angelegt, und dort, wo bei uns die Spatzen pfeifen und die Schornsteinfeger klettern, sind in New York schöne Bäume, grüne Rasenflächen und Sommertheater.
Hier gibt es Einrichtungen, über die man im ersten Augenblick staunen muss. Der hiesige Gast braucht hier keinen Schritt zu tun, er ist sofort mit dem ganzen Hotel und der ganzen Welt verbunden.
Das Telefon wurde hier zum Gipfel seiner Vollkommenheit gebracht. Das Märchen „Tischlein, deck dich!" ist hier Wirklichkeit geworden. Man drückt im Zimmer auf einen Knopf, im gleichen Augenblick ist man verbunden, und man kann fast alles auf der Welt bestellen. Nach wenigen Minuten klingelt das Telefon, eine Wand öffnet sich, und ein automatischer Aufzug serviert auf einem wundervollen Tablett alles, was man bestellt hat. (S. 94)

Der Verkehr

Ich stehe unten am Eingang. Um mich herum herrscht ein reges Leben. Die Wellen der Menschen branden in faszinierender Art und Weise. Alle Wolkenkratzer in der Umgebung schließen ihre Büros, und aus ihnen strömen Unmengen von Menschen heraus. Im Nu bin ich in einem Meer von Köpfen eingeschlossen, jeder läuft, um noch die nächste Straßenbahn zu erreichen. Ich laufe mit diesen Strömen zur Brücke. Nirgendwo steht ein Kassierer, nirgendwo ein Polizist; als ob sie sich selbst organisieren würden. Mitten auf der Brücke bin ich stehen geblieben. Das wunderschöne Bild, das sich mir bot, werde ich bis zum Tode nicht vergessen. Ich stehe auf dem höchsten Punkt der höchsten Brücke der Welt, auf einer Brücke, über die 120 Millionen Menschen im Jahr gehen oder fahren. Eine Anzahl von Menschen, die der aus ganz Deutschland, Frankreich und Österreich zusammengenommen entspricht. Die menschliche Fantasie erreicht hier märchenhafte Dimensionen. Ich sehe um mich herum einen großen Verkehr. In meiner Kopfhöhe rasen Hochbahnen über die Brücke, eine hinter der anderen, jede hat sechs riesige Waggons, jeder Waggon mit 500 Menschen überfüllt. Ein Stockwerk tiefer saust die Straßenbahn über die Brü-

cke unmittelbar an mir vorbei – ich sehe hinunter, und unter der Brücke jagt ein Zug der städtischen Hochbahn den anderen und unter der Hochbahn wieder die Straßenbahn.
Unter der Erde rollt die unsichtbare U-Bahn; zu alledem sieht man ganz unten das Meer mit ganzen Flotten von Fährschiffen. Mit Bewunderung und Verblüffung schaue ich auf das märchenhafte Netz des modernen Verkehrs. Auf sechs Stockwerken verteilt rasen hier mit einer Blitzgeschwindigkeit Züge und Schiffe, die Millionen Menschen in sich tragen, die sie aus den Wolkenkratzern eingesaugt haben, um sie in großer Entfernung, an der Sechzigsten, Neunzigsten oder Hundertfünfzigsten Straße wieder zu entlassen, dort, wo New York wohnt und schläft. (S. 95)

Die amerikanische Eisenbahn

Die amerikanische Eisenbahn liegt ausnahmslos in privater Hand. Sechsundzwanzig Eisenbahngesellschaften herrschen über sie und dadurch über ganz Amerika – sie sind die Dirigenten der wirtschaftlichen Schicksale eines ganzen Kontinents. Diese Gesellschaften haben sich Amerika aufgeteilt wie die Monarchen in Europa. Jede hat ihr eigenes Gebiet, in dem sie uneingeschränkt herrschen kann oder mit einer anderen Gesellschaft im Wettkampf steht. Ihre Macht ist unvorstellbar. Ihre Tarifpolitik bringt Leben oder Tod. Überall dort, wo die Gesellschaft ihre Schienen legen lässt, wachsen die Städte, konzentriert sich die Industrie, schießen die Bodenpreise in die Höhe. Wo Eisenbahnstrecken stillgelegt werden, dort sterben die Städte, werden Fabriken geschlossen, verlassen die Menschen ihre Farmen. Die Eisenbahn ist die Ader, durch welche der Lebensstrom des amerikanischen Kapitalismus fließt und schießt; sie ist hier das A und O. In Amerika gibt es keine Straßen; dort, wo es schon welche gibt, dienen sie den Farmern nur als primitive Zufahrtswege zu den Scheunen – im Sommer Staub, im Herbst Morast. Wenn sich hier zwei Autos begegnen, muss das eine ins Feld fahren, um das entgegenkommende Fahrzeug vorbeifahren zu lassen. Der ganze Verkehr läuft über die Schienen, und so sind alle Fragen der Landwirtschaft, der Industrie und des Handels gleichzeitig die Fragen der Eisenbahn.

Ähnlich wie der wirtschaftliche Einfluss ist auch die Finanzkraft dieser amerikanischen Eisenbahnmonarchen unvorstellbar. Die Regierung der Vereinigten Staaten schenkte ihnen einen Landstreifen von unübersehbarer Größe. Die Gesamtfläche ist gewiss viel größer als die von Österreich-Ungarn. Ihre Grundstückspreise klettern in schwindelnde Höhen. Aus Millionen sind Milliarden geworden, und das Ende ist nicht abzusehen. Wenn Amerika versuchen sollte, den gesamten Eisenbahnbetrieb abzukaufen, würde der ganze Besitz der öffentlichen Hand nicht dazu ausreichen. Nur die Verstaatlichung der Eisenbahn wäre eine Lösung, denn von Abkaufen kann keine Rede sein; aber dann müssten im Kongress in Washington andere Menschen sitzen als die heutige korrupte republikanische und demokratische Millionärsbande. (S. 102)

Die dunkle Seite Amerikas

Ich sah das New York des Reichtums und der Schönheit und das New York des Schreckens, der Korruption und der Armut. Ich sah hier Menschen, die in Angst leben, in einem Park um den letzten Lumpen beraubt zu werden; Menschen, die neben den größten Palästen in der Stadtmitte auf steinernen Brunnenbecken liegen, einen Stein unter dem Kopf und mit einer Zeitung bedeckt, in der sie nach Anzeigen für Arbeitsstellen suchen, so verbringen sie die Nacht.

Ich traf einen arbeitslosen Tschechen. Verzweiflung ist ihm von den Augen abzulesen. Er ist ein halbes Jahr hier, spricht nur tschechisch und hat schon viel gesehen und gelernt: Er hat auf einer Farm und in einer Fabrik gearbeitet, als Tellerwäscher und Holzfäller; jedoch überall nur sehr kurze Zeit. Ohne lange Diskussionen wird man hier entlassen: „Ich brauche Sie nicht mehr, hier ist Ihr Geld." Wenn er zu Hause keine Familie hätte, würde er Selbstmord begehen. Er weinte wie ein kleines Kind. [...]

In Chicago wurden in den letzten zwei Jahren 700 Menschen ermordet. Das ist Rekord, den keine andere Stadt aufweisen kann. Die Statistik kann keine Aussage darüber geben, wie viele Menschen in dieser Zeit beraubt worden sind, da viele von ihnen keine Anzeige bei der Polizei erstatten, weil sie davon überzeugt sind, dass ihnen die Polizei nicht helfen kann. In Chicago kam es neulich vor, dass sogar ein Bandit einen Polizisten in der Dunkelheit überfiel, ihn mit dem Revolver bedrohte und beraubte ... Da sind schreckliche Anklagen gegen Amerika, das aus den Menschen mörderische Bestien macht und sie in den Schlund des Verbrechens und des Todes wirft!

Die Verhältnisse in der amerikanischen Prostitution sind noch grauenhafter. Jede große Stadt verfügt über einen sogenannten Distrikt der roten Lichter. Hier kam der Abschaum Amerikas zusammen. In Chicago sind es ganze Häuserblocks, ein Bordell neben dem anderen, in jedem sehr viele der verwilderten und zu allem willigen amerikanischen Prostituierten. Wehe dem Ausländer, der sich hierher wagen sollte! Es kommt nicht selten vor, dass hier ein Mensch betäubt, beraubt und hinausgeschmissen, ab und zu auch ermordet wird. In den amerikanischen Städten gibt es unzählige Winkel, in denen ein Mensch spurlos verschwindet, so als ob ein Stein ins Wasser fällt ... (S. 96–99)

Aus: Der Reisebericht des Dr. Soukoup – ein wichtiges Dokument für die Kafka-Forschung. Von Tomás-Karel Cerný. In: Alfred Wirkner: Kafka und die Außenwelt. Quellenstudium zum ‚Amerika'-Fragment. Stuttgart: Klett 1976, S. 91–104

Alfred Wirkner: Der amerikanische Präsident Woodrow Wilson

Verfolgt man in dem Romanfragment die Reihe der Anspielungen auf politische Verhältnisse in den Vereinigten Staaten weiter, so fällt im letzten Kapitel die Beschreibung der Loge des Präsidenten der Vereinigten Staaten im Theater von Oklahoma dadurch auf, dass hier zum ersten Mal vom amerikanischen Staatsoberhaupt die Rede ist. Wenn der derzeitige Präsident auch nicht mit abgebildet ist, so ist doch von seinen Vorgängern die Rede. Im Manuskript Kafkas lesen wir hierzu:

„Dieses Bild stellte die Loge des Präsidenten der Vereinigten Staaten dar. Beim ersten Anblick konnte man denken, es sei nicht eine Loge, sondern die Bühne, so weit geschwungen ragte die Brüstung in den freien Raum. Diese Brüstung war ganz aus Gold in allen ihren Teilen. Zwischen den wie mit der feinsten Schere ausgeschnittenen Säulchen waren nebeneinander Medaillons früherer Präsidenten angebracht,

[einzelne glaubte Karl zu erkennen] einer hatte eine auffallend gerade Nase, aufgeworfene Lippen und unter gewölbten Lidern starr gesenkte Augen. Rings um die Loge, von den Seiten und von der Höhe, kamen Strahlen von Licht; [...] weißes und doch mildes Licht enthüllte förmlich [...] den Vordergrund der Loge, während ihre Tiefe hinter [...] rotem, unter vielen Tönungen sich faltendem Samt, der [...] an der ganzen Umrandung niederfiel und durch Schnüre gelenkt wurde, als eine dunkle, rötlich schimmernde Leere erschien. Man konnte sich in dieser Loge kaum Menschen vorstellen, so selbstherrlich sah alles aus. Karl vergaß das Essen nicht, sah aber doch oft [...] die Abbildung an, die er neben seinen Teller gelegt hatte."

Die von Kafka anscheinend wieder gestrichene Formulierung „einzelne glaubte Karl zu erkennen" kann wohl so ausgelegt werden, dass hier der Leser darauf aufmerksam gemacht werden sollte, auch er könne sie, genau wie Karl, erkennen. Dieser Eindruck wird noch verstärkt, denn gleich darauf wird die Physiognomie eines der Präsidenten beschrieben.

Diese Form des Hinweises scheint Kafka dann aber zu eindringlich gewesen zu sein; sie wäre wohl auch stilistisch zu sehr aus der Reihe der sonst sehr viel subtileren Anspielungen herausgefallen. Darin, dass nur ein Präsident so genau beschrieben wird, bleibt aber dennoch die Absicht des Autors erkennbar, den Leser zur Identifizierung des Beschriebenen aufzufordern.

In der Geschichte der Vereinigten Staaten gab es bis zur Entstehung des amerikanischen Romans nur einen Präsidenten, auf den Kafkas Beschreibung zutrifft. Es ist der erst 1913 in seine erste Amtszeit eingeführte Woodrow Wilson.

W. S. Couch, ein Reporter, beschreibt Wilsons Aussehen so:

„*Woodrow Wilsons Gesicht ist schmal und eigenartig geometrisch. Man könnte es rechteckig nennen, weil die Linien so regelmäßig sind. Seine Stirn ist hoch und sein stahlgraues Haar tritt ein wenig davor zurück, was diesen Eindruck noch verstärkt. Sein Gesicht ist gepflegt, ein Gesicht, das in jedem Zug Adel und Familie verrät, aber schwerknochig ist. Die Backenknochen liegen etwas hoch, und der Unterkiefer ragt kühn vor. Der Mund ist klein, empfindsam, mit vollen Lippen, ein Mund, der für einen Mann fast schon zu schön geformt ist, und eine Frau könnte ihn um die geschwungenen Augenbrauen beneiden. [...]*

Der Blick seiner Augen, hinter seinem Pincenez[1] *sahen sie blaugrau aus, ist durchdringend. Wenn er spricht, verengen sie sich auf eine gewisse Art, was ihm ein ernstes, fast schon grimmiges Aussehen gibt.“*
Man vergleiche die Beschreibung Kafkas mit der hier beigefügten Fotografie Wilsons, die trotz technischer Unzulänglichkeiten die wesentlichen Züge seiner Physiognomie[2] erkennen lassen.
Kafka ging es an dieser Stelle seines Romans ganz zweifellos um eine politische Aussage. Deshalb ist es nur billig, sich zunächst mit den politischen Zielen Wilsons vertraut zu machen.
Der wesentliche Begriff in Wilsons Politik vor und während der Entstehungszeit des Kafkaschen Romans ist der der Freiheit. Er sieht das alte Ideal der Liberalen durch die geänderten Produktionsmethoden und die damit zusammenhängenden Veränderungen im Wirtschaftsleben bedroht.
„Wir befinden uns in einem Stadium der Neuorganisation der Gesellschaft. Unser Leben ist vollständig von der Vergangenheit gelöst. Das Leben Amerikas ist nicht das Leben, wie es vor zwanzig Jahren war, es ist nicht einmal das Leben, das es noch vor zehn Jahren war. Wir haben unsere ökonomischen Bedingungen geändert, vollständig, von oben bis unten. Die alten politischen Maximen[3] *passen nicht mehr für die Probleme von heute“,*
schreibt er in seinem Werk ‚The New Freedom‘, in dem er die wichtigsten Gedanken seiner Wahlreden zusammengestellt hat.
Für Wilson geht es nicht mehr wie früher darum, eine Entscheidung darüber zu fällen, wie die Regierungsgewalt im Staat zu verteilen ist, sondern um die Struktur der gesamten Gesellschaft, „deren ausführendes Organ die Regierung [...] ist“. Denn die Trusts[4] sind inzwischen so mächtig geworden und haben so an politischem Einfluss gewonnen, dass die Regierung nicht mehr als unparteiische Macht bezeichnet werden kann, die nur eingreift, wenn ein Bürger die Freiheit des anderen stört.

---

1 Kneifer, Zwicker
2 Gesichtsausdruck
3 Maxime: leitende Regel
4 Trust: Zusammenschluss mehrerer Unternehmen unter einer Dachgesellschaft zum Zwecke der Monopolisierung

„Eines der alarmierendsten Phänomene dieser Zeit, – oder besser, es wäre alarmierend, wenn die Nation nicht rechtzeitig aufgewacht wäre und ihre Entschlossenheit gezeigt hätte, es zu kontrollieren, – eines der augenfälligsten Zeichen dieser neuen sozialen Ära ist der Grad, in dem die Regierung mit der Geschäftswelt verbunden ist.“

Damit schneidet Wilson eines der Probleme an, die seinen Staat nicht mehr in der gewohnten Weise funktionieren lassen. Hinzu kommt ein anderer Gesichtspunkt: Durch die ständige Vergrößerung von Betrieben sind Konzerne entstanden, in denen der größte Teil der Bevölkerung als Angestellte oder Arbeiter beschäftigt ist. Dies verurteilt den Einzelnen zur Ohnmacht. Denn es wird unmöglich, dem Konzern unrechtmäßiges oder strafbares Verhalten nachzuweisen und die Schuldigen zu finden, weil diese sich leicht hinter der undurchschaubaren Machtverteilung innerhalb des Betriebes verstecken können. In der Rechtlosigkeit des Einzelnen gegenüber dem Konzern sieht Wilson darum auch einen Hauptgrund für die Entstehung der Arbeiterfrage, die, wie er sagt,

„aus der schlichten und einfachen Tatsache heraus existiert, dass der Arbeiter und der Unternehmer nicht mehr miteinander bekannte Partner sind, wie es in der Vergangenheit üblich war“.

Fortschritt kann nicht rückgängig gemacht werden. Die Verhältnisse müssen, wie Wilson ausführt, der neuen Situation in der Form angepasst werden, dass die Großkonzerne, die dabei sind, die Macht im Staat an sich zu reißen, unter wirksame staatliche Kontrolle kommen. [...]

Am vierten September 1912 spricht Wilson über die Situation der Immigranten. Dabei beschönigt er nicht, dass das Leben der Einwanderer meist völlig vom Leben der Eingesessenen isoliert verläuft. Er widerspricht damit deutlich der idealistischen Ideologie vom großen Schmelztiegel Amerika, wonach der Neueinwanderer in kürzester Zeit in das Gemeinwesen integriert würde. Vielmehr sieht er in der damals üblichen Praxis einen Mechanismus, der die Ausbeutung unerfahrener arbeitsloser Massen begünstigt, weil sie in ihrer Unerfahrenheit das Proletariat in den Hafenstädten und der gesamten Ostküste verstärken und damit den dort bereits herrschenden Konkurrenzdruck noch verschärfen und so das Ziel einer besseren Existenz, das sie nach Amerika geführt hat, doch nicht erreichen. Deshalb muss, nach Meinung Wilsons, der Transport der Einwanderer in andere Landesteile sichergestellt werden, in denen sie bessere Lebensbedingungen vorfinden.

Zwei Tage vorher wendet er sich in einer Rede gegen ein System, das einerseits allen Arbeitern aus den meisten Teilen der Welt erlaubt, ihre Arbeitskraft in den USA zu Markte zu tragen und sich gegenseitig im Kampf um einen Arbeitsplatz im Preis für diese Kraft zu unterbieten, während auf der anderen Seite die Lobby der Industrie die Gewinne durch die von ihr durchgesetzte protektionistische[1] Handelspolitik zu sichern versucht, es dort also am nötigen Konkurrenzdruck fehlt.

Im weiteren Verlauf seiner Wahlkampagne wird er, wie der Wortlaut einer Rede vom 20. September über die aufgegebenen Ideale Amerikas zeigt, noch deutlicher:

„Was wir zuerst haben müssen, ist eine freie Regierung – denn wir haben jetzt keine freie Regierung. Und wir wissen auch, warum wir keine freie Regierung haben. Die Regierung der Vereinigten Staaten ist nicht frei, weil sie, was die Wirtschaftspolitik des Volkes der Vereinigten Staaten angeht, auf den Rat einer kleinen Gruppe von Leuten hört, und solange sie Ratschläge von dieser kleinen Personengruppe annimmt, kann sie nicht der Nation als Ganzes dienen."

Die hier geschilderte Zerstörung der unabhängigen Regierungsgewalt in den USA ist für ihn die Voraussetzung dafür, dass die alten Ideale vom freien Individuum aufgegeben werden konnten. Er geht deshalb noch weiter und attackiert die Industrien und Konzerne, deren Geschäftspraktiken neuen Konkurrenten den Markt versperrten. Gleichzeitig sei der Arbeiter den Konzernen unterlegen, weil es keine überbetrieblichen Gewerkschaftsorganisationen gebe, während die Schlüsselindustrien in Trusts zusammengefasst seien und sich im Kampf gegen die Gewerkschaften gegenseitig unterstützten. Bemerkenswert scheint, dass Kafka wenige Tage nach dieser Rede mit seinem Roman beginnt, in dem, wie noch zu zeigen sein wird, das Ausgeliefertsein des Einzelnen gegenüber

[1] protektionistisch: den Protektionismus betreffend, also den Schutz der einheimischen Produktion gegen die Konkurrenz des Auslandes durch die Außenhandelspolitik, beispielsweise durch Schutzzölle

Woodrow Wilson (1856–1924)

der übermächtigen Industriewelt ein wesentliches Element der Gestaltung ausmacht.
Und während der Autor noch dabei ist, die ersten beiden Kapitel niederzuschreiben, charakterisiert Wilson die Lage des entfremdeten Industriearbeiters in einer Weise, die wie zur Erklärung der Verhältnisse in Kafkas Buch geschaffen ist. Seine Ausführungen lauten folgendermaßen:
„Sie haben noch nie die Gruppe von Männern gesehen, die die Industrie, in der sie angestellt sind, leitet. Und die haben Sie auch noch nicht gesehen. Was sie über Sie wissen, steht in Hauptbüchern, Geschäftsbüchern und Briefen, in der Geschäftskorrespondenz, in den Berichten der Aufsichtführenden. Sie sind sehr weit von ihnen weg. Und deshalb haben wir hier auch nicht über die Ungerechtigkeiten zu diskutieren, die uns Einzelne absichtlich zufügen, weil ich nicht glaube, dass es davon viele gibt, sondern über die Ungerechtigkeiten des Systems.“
Weitere Übereinstimmungen zeigen sich, wenn man den weiteren Fortgang der Arbeit Kafkas verfolgt. Nachdem Wilson am 6. November 1912 zum Präsidenten gewählt wurde, scheint mit der Beendigung des sechsten Kapitels am 12. November bei Kafka eine Denkpause einzusetzen, vielleicht sogar eine gewisse Resignation. Ein Resultat dieser längeren Arbeitsunterbrechung ist, dass am 4. April 1913, einen Monat nach der Amtseinführung Wilsons, das erste Kapitel, ‚Der Heizer‘, an Kurt Wolff zur Veröffentlichung abgesandt wird.
Anfang Juni 1914, zwischen dem 6. und 11. Juni, also zu der Zeit, als Wilson die ersten wichtigen Abstriche an seiner New-Freedom-

Politik machen muss, die am 5. Juni zur Annahme der Clayton Bill[1] führen, nimmt Kafka die ‚Amerika'-Problematik wieder auf und führt seinen Roman bis über das siebente Kapitel hinaus weiter. Am 1. November, gerade in den Tagen, als Wilsons Scheitern sich abzeichnet, bricht Kafka seinen Versuch wieder ab.

Aus: Alfred Wirkner: Kafka und die Außenwelt. Quellenstudium zum ‚Amerika'-Fragment. Stuttgart: Klett 1976, S. 41–46

Oliver Jahraus: Amerika: Ein Modell für Modernität

[...] Liest man *Die Verwandlung*[2] ausschließlich als Tier-Metamorphose, wird man ebenso einen zentralen Kernbereich des Textes verfehlen, als wenn man *Amerika*[3] ausschließlich in die Tradition anderer literarischer Thematisierungen Amerikas einordnet. Diese literarischen Verarbeitungen des Amerika-Stoffes konzentrieren sich nämlich normalerweise auf das Faszinosum[4] der zivilisatorischen und nicht zuletzt technischen Eroberung eines neuen Kontinents, den Gegensatz zwischen altem Europa und neuem Amerika, zwischen der Romantisierung im späteren 19. Jahrhundert und der Entromantisierung Amerikas vor allem unter einem kapitalismuskritischen Blick.

In diesem Sinne erleidet Karl Roßmann, der Held des Romans, ein durchaus typisches, wenn auch nicht exemplarisches Einwandererschicksal. Sein Lebensweg erinnert an die berühmte Vom-Tellerwäscher-zum-Millionär-Legende, jedoch mit umgedrehten Vorzeichen: Anstelle des sagenhaften Aufstiegs ist ein kontinuierlicher Abstieg zu beobachten, der allerdings eine derartig große Fallhöhe nicht hätte entwickeln können, wenn Karl zu Beginn seiner Zeit in Amerika nicht ebenso unerwartet wie hoch auf der sozialen Leiter aufgestiegen wäre. Aber auch diese Plötzlichkeit des sozialen Aufstiegs unterstreicht nur die Distanz zum Tellerwäscher-Mythos, weil auch Karl Roßmanns sozialer Aufstieg nicht durch eigene Leis-

---

1 Wilsons Regierungsprogramm

2 1912 entstandene Erzählung Kafkas, deren Protagonist Gregor Samsa sich in einen riesigen Käfer verwandelt

3 Titel, den Max Brod dem „Verschollenen"-Fragment bei der postumen Veröffentlichung gegeben hat

4 auf geheimnisvolle Weise Faszinierendes, Anziehendes

tung, wie es dem amerikanischen Mythos entsprechen würde, sondern ausschließlich durch förderliche familiäre Beziehungen zustande kommt. Er wird zunächst von seinem reichen Onkel, der zudem Senator ist und damit ökonomische und politische Macht besitzt, entdeckt und aufgenommen – bevor er von diesem Onkel ebenso plötzlich wieder verstoßen wird.

Würde man die literarische Existenz Karl Roßmanns einzig und allein auf dieses Schicksal beziehen, würde man den Roman ausschließlich realistisch lesen. Das bedeutet im Umkehrschluss, dass ein ausschließlicher Bezug auf die Tradition der Texte über Amerika all jene Aspekte vernachlässigen muss, die sich explizit nicht als realistische Schilderung Amerikas lesen lassen. Hierzu gehört etwa die wenig plausible Begründung dafür, warum Karl Roßmann überhaupt gezwungen war, nach Amerika auszuwandern (ein Dienstmädchen hatte ihn verführt und war schwanger geworden, seine Eltern hatten ihn daraufhin verstoßen), oder aber die Tatsache, dass auch sein Onkel ihn, nachdem er Karl in den *american way of life* eingeführt hatte, gleichermaßen verlässt, nur weil Karl einen Geschäftsfreund des Onkels besuchen will. Über die stoffliche Tradition allein wird man also die Bedeutungskomplexität des Romans kaum angemessen erfassen können. In anderer Hinsicht dagegen ist *Amerika* als Thema von Interesse, denn es ist nicht nur Handlungsort, wie realistisch die Beschreibungen sich auch immer geben, sondern stellt auch einen ideologischen Ort dar. Doch anders als in vielen anderen literarischen Amerika-Romanen wird Amerika in Kafkas Text nicht als Ort der Zivilisation oder gar des Kapitalismus, sondern viel mehr als Raum der Moderne und des Modernen schlechthin verstanden. In einem Brief an Kurt Wolff schreibt Kafka, dass er in seinem Text „das allermodernste New York dargestellt hatte". Auch in diesem Zusammenhang darf Modernität nicht im Sinne einer realistischen Darstellung verstanden werden.

Max Brod hat *Amerika* zusammen mit dem *Process*- und dem *Schloss*-Roman als „Trilogie der Einsamkeit" bezeichnet. Zwar würde auf der einen Seite ein „von Leben tobendes Amerika" geschildert, auf der anderen Seite seien aber dennoch die „drei Grundtatsachen" Kafkas, nämlich „Fremdheit", „Isoliertheit" und „Hilflosigkeit", vorherrschend und prägend und hätten im Text eine „gleichermaßen realistische und symbolische Darstellung" erfahren. Und genau diese Doppelung ist entscheidend: Die Modernität von Kafkas Amerika darf man nicht in jenen durchaus realistischen Passagen suchen, in denen Kafka modernes Leben, wie immer man dieses auch bestimmen mag, schildert. Ebenso problematisch ist es, im Zusammenhang mit dem Fragment von einer symbolischen Darstellung des modernen Amerika oder von Modernität überhaupt zu sprechen, weil die Frage, was denn nun eigentlich Symbole seien, nicht so leicht zu beantworten ist, diese Symbole aber umso leichter gegen realistischere Elemente ausgespielt werden können.

So sind vor allem jene Passagen beeindruckend, in denen Kafka Modernität als technische Modernität und insbesondere als medientechnische Moderne schildert, zum Beispiel die Verkettung des Waren- und Datenverkehrs im gigantischen Speditionsgeschäft von Karl Roßmanns Onkel Edward Jakob oder die Verkettung von Dienstleistungs- und Nachrichtenverkehr in der gigantischen Rezeption des Hotels Occidental. Aber gerade bei der Schilderung des modernen Umgangs mit Medien zeigt sich in auffälliger Weise, dass diese Schilderungen gerade nicht als realistische Darstellungen gelesen werden dürfen. Vielmehr müssen gerade diese großen Mediensysteme im Zusammenhang mit anderen, eher klassischen Medien zur Informationsverbreitung gesehen werden, auf die Karl ebenso angewiesen ist und denen er ebenso unterliegt: Ein Brief ist Grund dafür, dass er sozial aufsteigt (das Mädchen, das Karl verführt hatte, schreibt seinem Onkel), wiederum ein Brief gibt den Anstoß, dass er sozial deklassiert wird (sein Onkel verstößt Karl, weil er Herrn Pollunder und dessen Tochter Klara besucht); ein Telefonat leitet schließlich seine Entlassung im Hotel Occidental ein (der Oberkellner und die Oberköchin sprechen zunächst fernmündlich miteinander).

Bevor auf diese Verwendungsformen von Medien genauer eingegangen wird, kann man festhalten, dass dieser Medieneinsatz wiederum jeweils deutlich mit Machtstrukturen verknüpft ist. Die Modernität des Romans und das Moderne im Roman beruhen also nicht auf den realistischen und nicht auf den symbolischen Schilderungen, sondern scheinen in Situationen auf, in denen Machtstrukturen, die auf einem speziellen Medieneinsatz beruhen, Modellcharakter bekommen.

Aus: Oliver Jahraus: Kafka. Leben, Schreiben, Machtapparate. Stuttgart: Reclam 2006, S. 262–265

3. Karl Roßmanns Schicksal

Kafka hat seinen Roman „Der Verschollene" nicht abgeschlossen, er ist Fragment geblieben. Daher ist es nicht erstaunlich, dass unter den Kafka-Interpreten seit jeher eine heftige Diskussion – wenn nicht gar ein Streit – über das geplante Ende herrscht: Welches Schicksal hat Karl Roßmann? Wie geht seine Geschichte aus? Genährt wird dieser Streit durch zwei entgegengesetzte Aussagen von Kafka selbst, die hier einleitend abgedruckt sind: Deutet er gegenüber Max Brod einmal an, dass sein Protagonist schließlich gerettet und sogar „wie durch einen paradiesischen Zauber" seine Eltern wiedertreffen würde, so schreibt er in seinem Tagebuch, dass Karl letztlich „strafweise umgebracht" würde. Zwischen diesen beiden Polen von Happy End und Katastrophe bewegt sich auch die Kafka-Forschung, wie insbesondere die höchst unterschiedlichen und einander teils widersprechenden Deutungen des „Teaters von Oklahama", also des letzten Romanfragments, zeigen. Einige – aber bei weitem nicht alle – dieser Deutungen sind hier abgedruckt, um einen Eindruck von der Vielfalt möglicher literaturwissenschaftlicher Perspektiven zu vermitteln. So wurde dieses Theater bzw. das letzte Fragment unter anderem als Schlussutopie (Jürgen Pütz), als irrationale Parallelwelt (Wilhelm Emrich), als Allegorie für den Tod (Norbert Fürst), als Parodie einer neutestamentlichen Heilsversprechung (Wolfgang Jahn), als Gerichtsurteil (Oliver Jahraus), als Mobilmachung für den Ersten Weltkrieg (Thomas Anz) und als Auslöschung gesellschaftlich unerwünschter Personen (Horst Seferens) interpretiert. Abgeschlossen wird dieser Teil des Anhangs durch einen Text, in dem Thomas Anz in durchaus kritischer Weise das asymmetrische Verhältnis zwischen Kafkas recht schmalem Gesamtwerk und der kaum noch überschaubaren Sekundärliteratur beschreibt.

Brod über den Romanschluss

Kafka war sich bewusst und hob es gesprächsweise öfters hervor, dass dieser Roman hoffnungsfreudiger und „lichter" sei als alles, was er sonst geschrieben hat. [...]

Ganz unerwarteterweise unterbrach Kafka plötzlich die Arbeit an dem Roman. Er blieb unvollendet. Aus Gesprächen weiß ich, dass das vorliegende unvollendete Kapitel über das ‚Naturtheater in Oklahoma', ein Kapitel, dessen Einleitung Kafka besonders liebte und herzergreifend schön vorlas, das Schlusskapitel sein und versöhnlich ausklingen sollte. Mit rätselhaften Worten deutete Kafka lächelnd an, dass sein junger Held in diesem „fast grenzenlosen" Theater Beruf, Freiheit, Rückhalt, ja sogar die Heimat und die Eltern wie durch paradiesischen Zauber wiederfinden werde.

Max Brod (Zeichnung von Lucian Bernhard)

Aus: Max Brod: Nachwort zur ersten Ausgabe. In: Franz Kafka: Amerika. Roman. Frankfurt a. M.: Fischer Verlag 1983, S. 206

Kafka im Tagebuch über Karls Ende

Roßmann und K., der Schuldlose und der Schuldige, schließlich beide unterschiedslos strafweise umgebracht, der Schuldlose mit leichterer Hand, mehr zur Seite geschoben als niedergeschlagen.

Aus: Franz Kafka: Tagebücher 1910–1923; Eintrag vom 30. September 1915. Herausgegeben von Max Brod. Frankfurt a. M.: Fischer Verlag 1983, S. 351

Franz Kafka bei der Lesung des „Kübelreiters" (Künstlerische Darstellung von Friedrich Feigl)

Jürgen Pütz: Eine Schlussutopie

Im letzten Kapitel des „Verschollenen" beendet Kafka die negative Entwicklung seines Helden und führt ihn in eine Schlussutopie. Die Probleme Karl Roßmanns, der mit seinen Eingliederungsversuchen in die amerikanische Arbeitswelt immer wieder gescheitert ist, lösen sich auf utopische Weise auf. Er entdeckt an einer Straßenecke ein Plakat, das Arbeit für alle verspricht. „‚Jedermann ist willkommen'", heißt es hier, das Theater von Oklahoma nimmt jeden auf, es ist „‚fast grenzenlos'". Diese unerwartete Wendung ist vor dem Hintergrund der vergeblichen Integrationsbemühungen Karls zu sehen. Die Diskrepanz zwischen der bedingungslosen Aufnahme in das „Theater von Oklahoma" und den vorangegangen Abweisungen durch die Arbeitswelt bedingt den utopischen Charakter des „Naturtheaters".[1]

Das Schlaraffenland-Motiv ist ein weiteres Merkmal der Utopie. Die Arbeitssuchenden werden von der Werbetruppe zu einem Begrüßungsessen eingeladen.

„[...] aber bald beschäftigte man sich nur mit dem reichlichen Essen; großes Geflügel, wie es Karl noch nie gesehen hatte, mit vielen Gabeln in dem knusprig gebratenen Fleisch, wurde herumgetragen, Wein wurde immer wieder von den Dienern eingeschenkt – man merkte es kaum, man war über seinen Teller gebückt, und in den Becher fiel der Strahl des roten Weines [...]"

Doch der utopische Entwurf Kafkas bleibt nicht auf den materiellen Bereich beschränkt. Von größerer Bedeutung sind die Verbesserungen in der ideellen Sphäre. Die Arbeitssuchenden können über ihre individuelle Entwicklung insofern mitbestimmen, als ihnen die Wahl über ihren zukünftigen Beruf selbst überlassen wird. Dass es sich hierbei um eine utopische Wendung handelt, ist evident[2]. Menschen, denen es nicht gelungen ist, in Amerika eine Arbeits-

[1] Der Begriff „Naturtheater" steht an keiner Stelle in Kafkas Manuskript des „Verschollenen"; er stammt vom Herausgeber Max Brod, der diesen Begriff in der ergänzten Kapitelüberschrift „Das Naturtheater von Oklahoma" in der ersten Ausgabe des postum veröffentlichten Romans verwendet.

[2] offenkundig, klar

stelle zu finden, werden im „Naturtheater" gefragt, zu welchem „Posten" sie sich geeignet fühlen.

Man wird somit sagen können, dass Kafka in der Schlussutopie, aber nur hier, für Karl Roßmann eine Umgebung schafft, die die persönliche Entwicklung des Helden im Sinne des traditionellen Bildungsromans ermöglichen kann. Kafka hält die humanistische Forderung nach Selbstverwirklichung des einzelnen Menschen im „Verschollenen" aufrecht. Er muss jedoch erkennen, dass sie sich vor dem Hintergrund der gesellschaftlichen Bedingungen des frühen 20. Jahrhunderts und insbesondere vor dem Hintergrund seines Amerikaromans nur in der Utopie gestalten lässt.

Aber die Utopie macht die vorangegangenen Ereignisse nicht unvergessen. Einige der negativen Mechanismen der amerikanischen Arbeitswelt werden in das „Naturtheater" übernommen und satirisch behandelt, sodass man von einem Wechselverhältnis von Utopie und Satire im Schlusskapitel des „Verschollenen" sprechen kann. Kafka entwirft im „Naturtheater von Oklahoma" einen wünschenswerten Zustand und kritisiert gleichzeitig den herrschenden Missstand. [...]

Abbildung aus KAFKA von Mairowitz/Crumb © David Zane Mairowitz, Robert Crumb und Reprodukt, 2013

Die Werbetruppe des „Naturtheaters“ lockt zwar mit dem utopischen Angebot, Arbeit für jeden bereitzuhalten, sie vergewissert sich aber, ob die Arbeitskraft der Bewerber ihren Zwecken genügt.
„,Sind Sie denn kräftig genug für schwerere Arbeit?‘ fragte der Herr,
,O ja‘, sagte Karl.
Hierauf ließ der Herr Karl näher zu sich herankommen und befühlte seinen Arm.
,Er ist ein kräftiger Junge‘, sagte er dann [...].
,In Oklahoma wird alles noch überprüft werden.‘“
Die Qualifikation der Bewerber wird jedoch bereits vor der Fahrt nach Oklahoma einer gründlichen Prüfung unterzogen. Zu diesem Zweck hat sich jeder Bewerber in einer der zweihundert Aufnahmekanzleien zu melden. Da Karl sich für eine Kanzlei entscheidet, deren Anforderungen er nicht genügt, wird er mehrmals zurückgestuft. Von der Kanzlei für Ingenieure gelangt er über die Kanzlei für Bewerber mit technischen Kenntnissen und die Kanzlei für gewesene Mittelschüler schließlich zur Kanzlei für europaische Mittelschüler. Diese minutiöse Rückstufung des Helden und die enorme Anzahl der Aufnahmekanzleien können als Merkmale für den satirischen Charakter des „Naturtheaters“ gelten.
Die satirischen Elemente des Schlusskapitels dienen einerseits einer letzten Kritik an den amerikanischen Bedingungen, und sie relativieren andererseits die Utopie.

Aus: Jürgen Pütz: Kafkas „Verschollener“ – ein Bildungsroman? Die Sonderstellung von Kafkas Romanfragment *Der Verschollene* in der Tradition des Bildungsromans. Frankfurt a.M. Europäische Hochschulschriften: Reihe 1, Deutsche Sprache und Literatur; Bd. 690, 1983, S. 65–67

Wilhelm Emrich: Eine irrationale Parallelwelt

[...]
Dieses „Naturtheater“ von Oklahoma steht also außerhalb der im berechnenden Zweckdenken befangenen Arbeitswelt. Es steht aber auch außerhalb dessen, was man sich normalerweise unter einem Theater für oder von „Künstlern“ bzw. Schauspielern vorstellt. Denn alle werden nach den in ihnen wohnenden Fähigkeiten und Wünschen aufgenommen und gelten damit bereits als Schauspieler. „Zu welchem Posten fühlen Sie sich geeignet?“, wird Karl

Roßmann gefragt. „‚Ich bin als Schauspieler aufgenommen', sagte Karl zögernd, um dem Herrn die Schwierigkeit, in die ihn die letzte Frage gebracht hatte, begreiflich zu machen", „denn er wusste ja keineswegs, ob er „zum Theaterspielen geeignet" sei im üblichen Sinne, und fürchtet daher Schwierigkeiten. „‚Das ist richtig', sagte der Herr" und reiht ihn darauf als technischen Arbeiter ein, da Karl seinen ursprünglichen Wunsch, Ingenieur zu werden, angegeben hatte. Jeder ist also seinen Neigungen entsprechend schon als Schauspieler aufgenommen. Dieses „Naturtheater" ist ein wahres „Welttheater" im alten kosmischen Sinne der Barockzeit – wenn auch unter neuen Voraussetzungen. Es ist „ja das größte Theater der Welt [...], fast grenzenlos". Die Rolle, die jeder Einzelne hier spielt, ist die ihm durch seine „Natur" gleichsam angewachsene und ursprüngliche Lebensrolle. Und „Künstler werden" wollen, heißt nichts anderes, als diese Lebensrolle möglichst vollkommen und naturgemäß, nach der inneren Natur des Menschen, spielen.

So ist auch der Satz zu erklären: „Künstler werden wollte niemand." Niemand in der modernen Arbeitswelt will die in ihm angelegte Natur spielen, sondern denkt primär an Bezahlung und äußeres Fortkommen.

Daher melden sich zu diesem Theater auch nur die Fortgeworfenen der Gesellschaft, „besitzlose, verdächtige Leute" ohne Gepäck oder ein armer Mann mit seiner Frau und einem Baby im Kinderwagen, die gleichfalls als Schauspieler aufgenommen werden. Nur die aus der Gesellschaft Ausgegliederten besitzen überhaupt die Voraussetzungen zu einem solchen „Naturtheater", was jedoch keineswegs besagt, dass diese Menschen schon gut sind oder ihre Rolle vollkommen spielen können, ja auch nur wirklich den Wunsch hegen, Künstler zu werden. Denn sie haben noch keineswegs begriffen, was es eigentlich heißt, Künstler zu werden, was es mit diesem Theater auf sich hat; sie haben lediglich den Wunsch, irgendwo unterzukommen, da sie ohnehin keine Möglichkeit mehr sehen, in der normierten Gesellschaft einen Platz zu finden. Es sind daher auch keine Menschen, die „fromm gestorben" sind, wie ein Interpret meint. Im Gegenteil haben sie alle Unarten, ja Rohheiten lebender Wesen an sich, wie etwa die Burschen, die auf der

Fahrt nach Oklahoma Karl Roßmann und seinen Freund Giacomo „mit aller Kraft ins Bein zwickten". Es ist keine gute oder gar jenseitige Welt, die sich hier auftut, sondern eine sehr „natürliche" Welt mit allen Schwächen und Lastern, die im natürlichen Menschen wohnen. Zudem steckt in der „Natur" dieser Menschen noch sehr viel von den Barbareien, Rücksichtslosigkeiten und sadistischen Quälereien der Gesellschaft. Der Übergang aus der Arbeitswelt in dieses Naturtheater geschieht nicht abrupt, verwandelt nicht wie durch ein Wunder die Aufgenommenen. [...]

Aus: Wilhelm Emrich: Franz Kafka. Bonn: Athenäum Verlag 1958, S. 247 f.

Norbert Fürst: Der Tod

„Mit rätselhaften Worten deutete Kafka lächelnd an, dass sein junger Held in diesem ‚fast grenzenlosen' Theater Beruf, Freiheit, Rückhalt, ja sogar die Heimat und die Eltern wiederfinden werde." Mit diesen Worten Max Brods über den vermutlichen Abschluss des Romans „Amerika" ist zwar nicht der ganze Roman, aber doch mehr als das Schlusskapitel entschlüsselt. Es ist tragikomisch, wie nach solch autoritärer Erklärung, die fast keinen Ausweg zulässt als das richtige Verständnis, Brod und seine Anhänger mit der falschen Deutung fortfahren können, die dann die zwei weiteren Seiten des Nachworts füllt.

[...] Die „rätselhaften Worte" und das „Lächeln" deuten an, dass der „paradiesische Zauber" ironisch gemeint war. Dann muss man das ganze letzte, unvollendete Kapitel als Parodie lesen. Was wird parodiert? Wie sollten denn die spießerhaften Eltern Karls und „sogar die Heimat" nach Oklahoma kommen, wenn nicht durch „paradiesischen Zauber"? Und kann man sich so ausschließende Dinge wie „Beruf" und „Freiheit" woanders vereinigen als im imaginären „Paradies"? Oklahoma war der letzte Teil Amerikas, wo man Land für nichts bekommen konnte (1889). Das Totenland ist das einzige, wo der arme Karl Roßmann „Beruf, Freiheit, Rückhalt, Eltern, Heimat" findet. Und zur Aufnahme für Oklahoma (bedeutet „das schöne Land") fährt man mit der Untergrundbahn nach Clayton (= Lehmstadt, Stätte im Erdboden).

Damit sind viele Eigenheiten des letzten Kapitels erklärt, besonders auch, warum das Theater „nur heute, nur einmal ruft“, denn jeder stirbt nur einmal. „Um zwölf Uhr“, wenn die Lebenszeit vollendet ist, „wird alles geschlossen“. „Jeder ist willkommen“, aber von Bezahlung ist dort nicht mehr die Rede. Aber es ist kein allgemeines, sondern ein mit traditionell-konventionellen, und zwar mehr christlichen als jüdischen Zügen ausgestattetes Totenparadies, das parodiert wird. Schon in dem „Verflucht sei, wer uns nicht glaubt“ des unglaubwürdigen Reklameplakats klingt der dogmatische Ton an. Und der Umstand, dass nur wenige Leute sich dafür interessieren, passt nicht für das Sterben an sich, sondern für das Fromm-Sterben. Nun fängt das Parodieren an, zunächst beinahe kindlich-heiter: „Hunderte von Frauen, als Engel gekleidet, in weißen Tüchern mit großen Flügeln am Rücken, bliesen auf langen goldglänzenden Trompeten.“ Abwechselnd wird mit Engeln gelockt und mit Teufeln gedroht. „Wir blasen zwei Stunden lang. Dann werden wir von Männern, die als Teufel angezogen sind, abgelöst.“ Aber als K. von den jungen, vor ihm Verstorbenen neugierig begrüßt wird, mischt sich schon Kafka'sche Kritik in die Zauberposse. Wie im Schlossdorf[1], wie im „Prozess“, ist K. auch hier gleich mit „Verbesserungsvorschlägen“ bei der Hand: „Vielleicht schreckt dieser Aufwand an Engeln und Teufeln mehr ab, als er anzieht.“ Aber das macht alles nichts, schließlich kommt doch jeder hin, „es ist ja“, wie wiederholt gesagt wird, „das größte Theater der Welt“, es ist ja schließlich das große Hinter-Welttheater.

Bitter wird die Parodie erst, wenn es sich um Karls persönliche Aufnahme handelt, denn da kommt er herunter genau wie im Leben. Hier spricht der Humanist. Die Illusionen, die sich im Leben verloren haben, bleiben auch für das Jenseits verloren. Schließlich bleibt für Karl nichts als die Erinnerung, dass er ein „gewesener europäischer Mittelschüler“ ist. Selbst da er als solcher aufgenommen ist, hat K. das Gefühl, dass er sich einschwärzt, und darum gibt er wohl den falschen Namen „Negro“ an. Aber weil er einmal im Leben Ingenieur werden wollte, wird er auch hier unter die tech-

[1] aus Kafkas drittem Romanfragment „Das Schloss“

nischen Hilfsarbeiter eingereiht. Dass er auch als solcher „Schauspieler", d. h. Figurant im großen Hinterwelttheater, ist, geht ihm noch nicht auf. Und der, der „im Leben" Liftjunge gewesen, bleibt „für die Ewigkeit" Liftjunge. Man nimmt eben sonst nichts mit als seine Identität: „niemand trug ein Gepäckstück ... was für besitzlose, verdächtige Leute waren hier zusammengekommen!" Man wird aber ausreichend verpflegt, wenn es auch ein bisschen eilig zugeht, und vor allem ein wenig en masse[1], wie bei Leichenschmäusen. Die zwei Tage und zwei Nächte, die man von New York bis Oklahoma fährt, und während deren man das ganze Land – noch einmal, und schöner – sieht, entsprechen zwar der geographischen Fahrzeit, aber noch besser den zwei Tagen, an denen der Tote noch nicht unter der Erde ist. [...]

Aus: Norbert Fürst: Die offenen Geheimtüren Franz Kafkas. Fünf Allegorien. Heidelberg: Rothe 1956, S. 53–55

Wolfgang Jahn: Die Parodie einer neutestamentlichen Heilsversprechung

Von den im Schlusskapitel enthaltenen Anspielungen auf biblische, vor allem neutestamentliche Themen ist in mancherlei Veröffentlichungen die Rede. Die nun folgende Aufzählung soll, als Grundlage für das Weitere, ermitteln, von welchen Motiven aus eine solche Bezugnahme möglich ist.
Schon das Plakat der Werbetruppe am Eingang des Kapitels ruft, gleichsam als Exposition, neutestamentliche Erinnerungen hervor: *Das große Theater von Oklahoma ruft euch! ... Wer an seine Zukunft denkt, gehört zu uns! ... Wer sich für uns entschieden hat, den beglückwünschen wir gleich hier! ... Auf nach Clayton!*
Hierin scheint etwas vom Ton der großen Verheißungen nachzuklingen, wie sie vor allem am Schluss der Offenbarung Johannis wiederholt zu finden sind (s. Offenb. Joh. 19,17 und 22,17). Das für den Helden so unendlich wichtige Wort: *Jeder ist willkommen!* hat im Neuen Testament die Bedeutung einer Kernformel und erscheint dort in den mannigfaltigsten Ausprägungen. Die Warnung: *Aber beeilt euch, damit ihr bis Mitternacht vorgelassen werdet! Um*

[1] „in Masse", in großer Menge, überaus viel

zwölf Uhr wird alles geschlossen und nicht mehr geöffnet! erinnert in den Hauptpunkten an das Gleichnis von den zehn Jungfrauen (Matth. 25). Endlich lässt auch die Wendung *Verflucht sei, wer uns nicht glaubt!* an eine ähnliche Fluchformel am Schluss der Offenbarung Johannis denken (Offenb. Joh. 22,20).

Dass das *große Theater* in seiner inneren Organisation an eine Art biblisches Programm – wenn auch in verhüllter Form – gebunden ist, zeigen die ersten Eindrücke vom Rennplatz in *Clayton*. Das einleitende Bild der trompetenden Engel ist in seiner drastischen Deutlichkeit schon mehr als bloße Allusion[1] (vgl. Matth. 24,31). – In einem für das Weitere bedeutsamen Akt wird Karl als *technischer Arbeiter* in das Theaterunternehmen aufgenommen. Ein auf der Schiedsrichtertribüne jovial thronender Herr fällt die Entscheidung – oder wenigstens die Vorentscheidung –, die für Karl die Tragweite eines Gerichtsspruchs besitzt. Hier liegt ein Vergleich mit folgender Bibelstelle am nächsten, in der es heißt: „... dann wird er sitzen auf dem Stuhl seiner Herrlichkeit; / Und werden vor ihm alle Völker versammelt werden. Und er wird sie voneinander scheiden ...“ (Ev. Matth. 25,31 u. 32). Nicht unmöglich ist auch eine direkte visuelle Beziehung zur Offenbarung Johannis (20,11): „Und ich sah einen großen, weißen Stuhl, und den, der drauf saß ...“, die das Jüngste Gericht betrifft. Kafkas Richter trägt über der Brust ein *breites weißes Seidenband* als Zeichen seiner Würde. Wie die Motivvergleichung im Anhang zeigt, sind solche scheinbar nebensächlichen, optischen Details bei Kafka oft als assoziative Nachwirkungen eines bestimmten Vorbilds von Bedeutung. Der hier gemeinte Richter und Personalchef schließt sein kleines Verhör mit den Worten: *In Oklahoma wird alles noch überprüft werden.* Damit wird der endgültige Entscheid von einer letzten und höchsten Instanz abhängig gemacht. Dies wiederum setzt voraus, dass Karls Fall gewissermaßen aktenkundig ist. Die Offenbarung Johannis (20,12) schildert die Situation einer solchen Prüfung: „Und ich sah die Toten, beide, groß und klein, stehen vor Gott; und Bücher wurden aufgetan, und ein ander Buch ward aufgetan, welches ist des Lebens. Und die Toten wurden gerichtet nach der Schrift in den Büchern, nach ihren

[1] Anspielung

Werken". In Clayton erfährt Karl freilich nur einen Vorgeschmack auf jenes Künftige: *In der Kanzlei für Ingenieure saßen an den zwei Seiten eines rechtwinkeligen Pultes zwei Herren und verglichen zwei große Verzeichnisse, die vor ihnen lagen. Der eine las vor, der andere strich in seinem Verzeichnis die vorgelesenen Namen an. Als Karl grüßend vor sie hintrat, legten sie sofort die Verzeichnisse fort und nahmen andere große Bücher vor, die sie aufschlugen.*

Der wirkungsvolle Akt des Geschehens in Clayton ist das große öffentliche Mahl, eine Art krönender Schlusszeremonie, an der auch Karl teilnimmt. Er erscheint als Letzter an der Tafel, denn seine Abfertigung in der *Kanzlei für europäische Mittelschüler* hat sich verzögert. Vielleicht ist die Anspielung auf Biblisches hier am deutlichsten. Von mehreren Bezugsmöglichkeiten sei nur eine genannt: „Und es werden kommen vom Morgen und vom Abend, von Mitternacht und vom Mittage, die zu Tische sitzen werden im Reich Gottes. / Und siehe, es sind Letzte, die werden die Ersten sein, und sind Erste, die werden die Letzten sein" (Luc. 13,29.30).

Während des Essens darf Karl eine Abbildung des Theaters von Oklahoma betrachten. Sie stellt *die Loge des Präsidenten der Vereinigten Staaten* dar, *überwältigend in ihrem königlichen Prunk. Rings um die Loge, von den Seiten und von der Höhe, kamen Strahlen von Licht; weißes und doch mildes Licht enthüllte förmlich den Vordergrund der Loge, während ihre Tiefe [...] als eine dunkle, rötlich schimmernde Leere erschien. Man konnte sich in dieser Loge kaum Menschen vorstellen, so selbstherrlich sah alles aus.*

Der Präsident steht als höchste Instanz über dem Theater. Er thront im Licht, bleibt aber in seiner Größe dem menschlichen Einblick entzogen. [...]

Es darf nicht vergessen werden, dass eine transzendente[1] Bezogenheit des Geschehens in der Erzählung nirgends ausdrücklich bestätigt ist. Bei aller Deutlichkeit der Anspielung werden die neutestamentlichen Bilder nicht einfach genannt oder als solche dargestellt, sondern sie erscheinen in verwandelter und verhüllter Gestalt. So ist zum Beispiel das öffentliche Mahl in Clayton nicht schlechthin eine Darstellung des Mahles der Armen, sondern dessen travestier-

---

1 transzendent: die Grenzen der Erfahrung überschreitend, übernatürlich

Abbildung aus KAFKA von Mairowitz/Crumb © David Zane Mairowitz, Robert Crumb und Reprodukt, 2013

te[1] Nachahmung. Diese Unterscheidung ist sehr folgenreich: Sie bedeutet, dass die in Clayton ausgesprochene Verheißung, ja, dass das ganze große Theater überhaupt als eine Travestie biblischer Jenseitsvorstellungen anzusehen ist. Erst wenn wir dies als das Wesentliche erkennen, erschließt sich die i r o n i s c h e Absicht und damit zugleich Sinn und Bedeutung dieses Nachspiels.

Je deutlicher die Motive auf den Bereich des Biblischen anspielen, desto deutlicher tritt auch die große Entfernung zwischen ihnen selbst und dem Gemeinten, zwischen Erscheinung und Idee, ins Bewusstsein. Allgemeine menschliche Einrichtungen wie Bote, Buch, Richter, Mahlzeit, Fürst, die als Allegorien[2] im Neuen Testament ihren fest geprägten transzendenten Inhalt besitzen, erscheinen im Oklahoma-Kapitel so, als sei ein solcher Inhalt gar nicht vorhanden; sie erscheinen als Werbekomparsen, Geschäftsbuch, Personalchef, Massenspeisung und Staatspräsident, das heißt als

1 travestiert: ins Lächerliche gesteigerte
2 Allegorie: Sinnbild, Gleichnis

buchstäbliche und darum lächerliche, in sich widersprüchliche Materialisationen geistlicher Bedeutungsinhalte. Es ist dieselbe Widersprüchlichkeit, wie sie – in Kafkas Augen – der christliche Erlösungskult selbst besitzt, worin Realität (für Kafka: Verdammnis) und Idee (Erlösung) nicht zur Deckung gelangen. Die Inkongruenz[1] zwischen dem Optimismus des Heilsversprechens und der wirklichen Heillosigkeit des Daseins ist hier also G e g e n s t a n d der Persiflage[2]. Dies drückt sich in der Fantastik, Widersprüchlichkeit – und somit auch Lächerlichkeit einzelner Bilder und Motive folgerichtig aus. – Mehr noch als das Neue Testament selbst hat Kafka wohl jene vereinfachenden, allzu naiv-optimistischen Auslegungen gewisser Sekten im Sinne gehabt. Besonders das „Naturheilsanatorium" mag hier entscheidende Anregungen vermittelt haben. Von hier aus ist auch die Brücke zum Stoffkreis Amerika leicht zu schlagen, denn gerade dieses Land war von jeher Zuflucht und Heimat mannigfacher Sekten und religiöser Massenbewegungen. Viel von dem großen Aufwand, dem missionarischen Übereifer und den mitunter recht grellen und aufdringlichen Werbemethoden solcher Organisationen scheint in den Schilderungen der Werbetruppe anzuklingen.

Aus: Wolfgang Jahn: Kafkas Roman „Der Verschollene" („Amerika"). Stuttgart: Metzler 1965, S. 94–98

Oliver Jahraus: Ein Gerichtsurteil

[...]

Kafka selbst hat diesen juristischen Kontext, der auf ein Todesurteil hinführt, anscheinend selbst im Auge gehabt. In seinem Tagebuch setzt er die beiden Helden seiner Romane *Der Verschollene* und *Der Process* miteinander in Beziehung: „Roßmann und K., der Schuldlose und der Schuldige, schließlich beide unterschiedslos strafweise umgebracht, der Schuldlose mit leichterer Hand, mehr zur Seite geschoben als niedergeschlagen."

---

1 Nichtübereinstimmung, Nichtdeckung

2 geistreiche Verspottung durch ironisierende Darstellung

Eine konkrete Szene, in der ein Todesurteil ausgesprochen wurde, findet sich im *Verschollenen* nicht. Nimmt man den Tagebucheintrag ernst, liegt es jedoch nahe, das letzte, nicht vollständig ausgeführte Kapitel über das Naturtheater von Oklahoma in diesem Sinne zu verstehen. Tatsächlich finden sich zahlreiche Hinweise, die nicht nur auf eine Sozialutopie, sondern auch ein beinahe himmlisches Gericht hindeuten.

Zieht man eine der Quellen Kafkas hinzu, wird der Hinweis im Tagebuch noch deutlicher. Bodo Plachta hat nachgewiesen, dass sich die falsche Schreibweise „Oklahama" an Stelle von „Oklahoma" bereits in Arthur Holitschers Amerika-Buch findet, das 1912 erschien. Dieses Buch enthält eine fotografische Reproduktion einer makabren „Lynchjustizszene" (s. Abb.): Ein junger Farbiger wurde an einem Baum erhängt, Weiße stehen um den Körper herum. Die Bildunterschrift lautet: „Idyll aus Oklahama". Es steht außer Frage, dass eine solche ‚Verurteilung zum Tode' Kafkas Aufmerksamkeit erregt haben dürfte. […]

Die Lynchjustizszene lässt sich also als Subtext des tatsächlich erzählten Schicksals Karl Roßmanns lesen, konkreter gesagt: das

Naturtheater von Oklahoma präfiguriert[1] in einer zentralen Dimension eine Gerichtsmaschinerie. Natürlich verweist allein schon die bürokratische Struktur des Naturtheaters auf die Bürokratie des Gerichts im *Process*-Roman. Und auch im Naturtheater ist von „Aufnahmskanzleien“ die Rede. Bezeichnend ist jedoch vor allem die Zusammenstellung der Begriffe: Während der Begriff „Kanzlei“ unmittelbar auf das Gericht verweist, bezieht sich der Begriff „Aufnahme“ nicht nur zentral auf Karl Roßmanns Schicksal, sondern auch auf eine bestimmte Form, in der das Gericht einem Angeklagten begegnet und die erst im *Process*-Roman explizit ausgesprochen wird. Dort sagt der Geistliche über das Gericht zu K.: „Das Gericht […] nimmt dich auf, wenn du kommst, und es entlässt dich, wenn du gehst.“ Auch das Naturtheater stellt also eine Metapher für ein Gericht dar: An seinem Ende steht ein Todesurteil. […]

Aus: Oliver Jahraus: Kafka. Leben, Schreiben, Machtapparate. Stuttgart: Reclam 2006, S. 257–260

Thomas Anz: Eine Mobilmachung

[…]

Wenn einer der nach Kriegsbeginn geschriebenen Texte Kafkas ein Heilmittel ausmalt, das dem gleicht, was Kafka im Militärdienst suchte, dann wohl am ehesten jene letzten, im Oktober 1914 geschriebenen Entwürfe zum Amerika-Roman, die Max Brod irrtümlich als das den Roman abschließende Kapitel ausgab. „Du sollst wünschen, dass ich genommen werde, so wie ich es will“, schrieb Kafka vor seiner Musterung an Felice. Karl Roßmann sieht zu Beginn des Kapitels an der Straßenecke ein Plakat mit der Aufschrift: „Auf dem Rennplatz in Clayton wird heute von sechs Uhr früh bis Mitternacht Personal für das Theater in Oklahama aufgenommen. Das große Theater von Oklahama ruft Euch!“ Karl folgt dem Ruf und findet in einer der Aufnahmekanzleien des Theaters „letzte Zuflucht“. In der Romanfantasie vom Oktober 1914 realisiert Fanny (im Manuskript meist mit F. abgekürzt) bereits, was Kafka von Felice später fordert. Sie wünscht dringend, dass Karl genommen wird: „Versuche auf jeden Fall einen Posten bei dieser Truppe zu

---

1 präfigurieren: vorausweisen

bekommen.“ Die beiden „Heilmittel“, die Kafka später benennt („Das eine wäre F., das andere der Militärdienst“), hat er in dem Romankapitel zu einer Zeit, als er von Felice noch getrennt war, als Wunschfantasie zusammengeführt. „Wie gut es sich trifft“, lässt er F. sagen, „dass wir wieder beisammen sein werden. Allerdings kommt es darauf an, was für eine Stelle Du bekommst.“ Was Kafka sich während des Krieges vom Militärdienst erhoffte: eine Existenz, in der die Bindungen an einen Beruf, an eine Familie und an die Literatur sich nicht mehr gegenseitig ausschließen, hat Karl Roßmann, den Fanny aufgrund seines Trompetenspiels einen „Künstler“ nennt, im „Theater von Oklahama“, in das auch ein Mann namens „Kalla“ (!) mit Frau und Kind aufgenommen wird, beinahe erreicht: „Er war froh, eine alte Freundin getroffen zu haben, hier vor allen bevorzugt die Trompete blasen zu dürfen und möglicherweise bald eine gute Stellung bekommen zu können.“
Dem Text in dieser Weise eine autobiografische Bedeutung zuzuschreiben kann dazu beitragen, den Blick für die zeitgeschichtliche Wirklichkeit zu öffnen, auf die er sich bezieht. Bemerkenswert ist jedenfalls die Penetranz, mit der Kafka hier das Wort „Truppe“ verwendet. Und obwohl es nur das ebenfalls häufig gebrauchte Wort „Werbetruppe“ abkürzt und zugleich eine Theatertruppe meint, ist es nicht abwegig, es auch im militärischen Sinn zu lesen. Die Bewerber und die für das Theater Aufgenommenen werden jedenfalls entsprechenden Prinzipien der Ordnung und des Gehorsams unterworfen. Und militärischen Floskeln entspricht es, wenn Karl nach seiner Aufnahme aufgefordert wird: „Machen Sie unserer Werbetruppe Ehre!“
Bemerkenswert ist der permanente Gebrauch des Wortes „Truppe“ auch deshalb, weil er sich in dem Text, aus dem Kafka nachweislich zahlreiche Anregungen und sogar einzelne Formulierungen übernommen hat, nur beiläufig findet. Kafkas Roman und gerade auch seine Beschreibung des „Theaters von Oklahama“ haben (bis hin zur Verschreibung von Oklahoma) diverse Einzelheiten aus Arthur Holitschers Reisebericht *Amerika heute und morgen* amalgamiert[1]. Die nachgewiesenen Übereinstimmungen zwischen dem Roman-

[1] verbunden, vereinigt

Mobilmachung in Deutschland, August 1914

kapitel und Holitschers Bericht sind insgesamt so frappierend, dass sie den Blick der Forschung auf andere, nicht weniger naheliegende Übereinstimmungen vollkommen versperrt haben: auf die mit der Mobilmachungsszenerie zu Beginn des Ersten Weltkriegs.

[...]

Die rückblickende Lektüre jener beiden Tageszeitungen, die Kafka regelmäßig las, vermittelt ein anschauliches Bild von der Integrationsmacht der Mobilmachung auch in Prag. Berichtet die *Bohemia*. am 30. Juli von dem Taumel der Bevölkerung, „als das kaiserliche Manifest an den Straßenecken befestigt wurde“, von Damen, Marktweibern, kleinen Ladenmädchen, Kaufleuten und Offizieren, die „den Appell ihres Kaisers lasen“, und von dem Gefühl aller „für die grandiose Werbekraft der Worte“, so sieht Karl Roßmann „an einer Straßenecke“ das Plakat der Werbetruppe, vor dem sich viele Leute versammeln, und auf Karl übt es große Wirkung aus. Die Mobilmachung umfasste nicht nur die für den Militärdienst tauglichen Männer, sondern suggerierte, jeden brauchen zu können. In Prag hatte das Rote Kreuz eine Liste für sich freiwillig zum Samariterdienste meldende Frauen und Mädchen ausgelegt. Die *Bohemia*

wirbt in zahlreichen Aufrufen um Männer, Frauen, Studenten und Schüler, die alternativen Kriegsdienst leisten sollen: „Kommilitonen! Keiner zögere, sich in dieser oder jener Form dem Vaterland zur Verfügung zu stellen. Keiner säume, sich zu melden." (1. August 1914) In der Sonderausgabe vom 30. Juli steht der Appell: „Jeder sei opferwillig, fest, treu und schaffensbereit auf seinem Platz!" In Kafkas Roman wirbt das Theater mit dem dann mehrfach wiederholten und variierten Satz: „Wir sind das Theater, das jeden brauchen kann, jeden an seinem Ort!" Wie die Mobilmachung keineswegs nur um Soldaten warb, sucht die Werbetruppe für das Theater in Oklahama nicht bloß Schauspieler. Karl selbst wird als „technischer Arbeiter" aufgenommen. Und auch ein alter Bekannter von ihm war, wie er verwundert bemerkt, „nicht als Schauspieler sondern als Liftjunge aufgenommen, das Theater von Oklahama schien wirklich jeden brauchen zu können". [...]
Für die Bezüge der fiktiven Werbekampagne in dem Roman zur realen Mobilmachungsszenerie in Österreich und Deutschland ließen sich viele weitere Anhaltspunkte anführen: der beiden Szenerien gemeinsame Stellenwert von Verben wie „aufnehmen" und vor allem „melden"; der hier wie dort exzessive Umgang mit dem Epitheton[1] „groß" (der 1914 verbreiteten Rede von der „großen Zeit" oder vom „großen Krieg" entspricht im Roman die Rede vom „großen Theater"); der Einsatz von Musik und einschlägigen Instrumenten (Trompeten und Trommeln); die Verflechtung von Propaganda- und Werbesprache, bei der sich die Grenzen zwischen Lockungen, Aufforderungen, Befehlen und Strafandrohungen verwischen; die strikten Terminsetzungen; die sakrale[2] Stilisierung der Kriegsereignisse in religiöse, oft apokalyptische Dimensionen; die damit einhergehende Mischung von Heilserwartungen (die Trompete blasenden Frauen sind im Roman als Engel verkleidet) und Unheilsbefürchtungen (die trommelnden Männer als Teufel); die Truppentransporte mit der Eisenbahn oder vor allem auch der gigantische bürokratische Aufwand. [...]

---

1 als Attribut gebrauchtes Adjektiv oder Partizip
2 sakral: heilig, religiösen Zwecken dienend

Den Krieg metaphorisch als „Theater“ oder „Drama“ zu bezeichnen, und zwar mit ganz unterschiedlichen Tendenzen, war ebenfalls nichts Ungewöhnliches. Der Kriegspropaganda diente eine im September/Oktober 1914 gedruckte Postkarte, auf der in Form eines fiktiven Theaterplakats ein „Europäisches Welt-Theater“ für „heute und bis auf weiteres“ das Stück mit dem Titel „Der Weltkrieg oder: Wer zuletzt lacht, lacht am besten“ ankündigt. Zu den Personen gehören „Lord England, großer Räuberhauptmann“, „Frl. Marianne Frankreich, dessen Geliebte“, „Kosak Russland, gewerbsmäßiger Mörder und Länderdieb“, „Serbien, Königsmörder und Bombenwerfer“, „Japan, ein gelber Affe“ usw. In zwei Beiträgen zur damals geführten Debatte über die Beziehung zwischen Krieg und Kunst (bekannt blieb Thomas Manns Gleichsetzung von Soldat und Künstler) verwendet Oskar Bie, der Redakteur der von Kafka regelmäßig gelesenen *Neuen Rundschau*, die Metapher „Kriegstheater“. Und ein Bekannter Kafkas, der Wiener Publizist Anton Kuh, veröffentlicht im *Prager Tagblatt* vom 11. August eine Glosse über den Krieg, die mit dem Satz beginnt: „Ein Traumtheater ist die Welt geworden.“ [...]

Aus: Thomas Anz: Kafka, der Krieg und das größte Theater der Welt. In: Neue Rundschau 107, 1996, H. 3, S. 131–143; hier: S. 134–138

Horst Seferens: Die Auslöschung

[...]

Von hier aus besehen erscheint auch das auf den ersten Blick als Gegenpol zu den ‚amerikanischen‘ Machtinstanzen konzipierte Oklahamakapitel in anderem Licht. Indem es dem Gebeugten, dem bislang die ersehnte Integration verweigert wurde, weil sein Wahrheitsanspruch vom Kollektiv als Renitenz[1] wahrgenommen wurde, nun, da auch er der Unwahrheit verfallen ist, gönnerhaft das „Wunder der Integration“, den „permanente[n] Gnadenakt des Verfügenden, den Widerstandslosen aufzunehmen“, zuteil werden lässt, offenbart es seine schlecht kaschierte Identität mit den Repressionsapparaten des ‚Amerika‘-Komplexes. Die vorhin beschriebene ‚paradiesische‘ Lesart, wonach das Oklahamakapitel

1 Widersetzlichkeit

die Umkehrung der ‚amerikanischen' Verhältnisse darstelle, wird durch den ‚höllischen' Subtext, wonach es die logische Fortsetzung eben dieser Verhältnisse beschreibt, unterwandert.
Als Fortsetzung des Fragment gebliebenen Romans wäre (obwohl es ihm an nichts fehlt!) eine allmähliche Herausarbeitung der auf die eben erläuterte Weise „vermummten Herrschaft" denkbar, und vielleicht entspricht dies ja sogar Kafkas ursprünglicher Konzeption; Andeutungen auf die ‚höllische' Lesart des Oklahamakapitels finden sich bereits am Beginn des anschließenden, von dem Kafka nur noch wenige Sätze geschrieben hat: Die Worte, mit denen das Manuskript endgültig abbricht – der Zug mit den Angeworbenen fährt so dicht über hinabstürzende Bergströme, „dass der Hauch ihrer Kühle das Gesicht erschauern machte" –, lassen kaum Hoffnung auf einen versöhnlichen Ausgang. Doch liegt der eigentliche Reiz im Fragmentarischen, darin, dass die Bedeutung des Oklahamatheaters zwischen Paradies und Hölle changiert[1].
Schon die Drohung des Werbeplakates – „Verflucht sei, wer uns nicht glaubt!" – spricht eine deutliche Sprache. Tatsächlich ist der verflucht, der nicht ins allumfassende System integrierbar ist, und indem dem out-law[2] der Eintritt ins Theaterunternehmen gestattet wird, gerät er womöglich erst recht in den Bann der gesellschaftlichen Ächtung, dem er zu entfliehen hofft. Die beiläufige Bemerkung, dass die Angeworbenen dem Transportleiter „Gehorsam schulden", deutet auf den potenziell repressiven[3] Charakter des Theaters hin. Die Teufel, die bald anstelle der Trompete blasenden Engels die Trommel schlagen werden, und das unscheinbare Telefon auf der Plattform werden so zu Chiffren[4] drohender Gewalt. [...] Der deutlichste Hinweis auf den potenziell betrügerischen Charakter der Theaterbürokratie findet sich in einer Bemerkung, mit der der Erzähler die Feststellung eines der Angeworbenen nach dem Empfangsmahl – „Geehrte Herrn, so gewinnt man uns" – folgendermaßen kommentiert: „Alle außer den Angesprochenen [ge-

1 wechselt
2 Geächteter, Verbrecher
3 repressiv: unterdrückend
4 Zeichen

meint sind der Personalchef und der Transportleiter, die eine vorzeitige Aufdeckung ihres Täuschungsmanövers fürchten mögen, Anm. H. S.] lachten, aber es war doch mehr Wahrheit als Scherz." Worum könnte es der Theaterbürokratie gehen, wenn nicht um das, was sie vorgibt? Im ‚Amerika'-Komplex diente das Desinteresse an der Wahrheit zur Zementierung der Herrschaft kollektiver Apparate über unangepasste Einzelne; im Oklahamatheater dagegen geht es nicht mehr um herrschaftliche Machtdemonstration (von Karls grenzenloser Unterwerfungsbereitschaft war schon die Rede), aber auch nicht um Wahrheitsfindung. Die aufgeblähte Bürokratie sucht zwar nicht mehr nach Gründen, die Bewerber zu verstoßen, sondern sie will sie für sich gewinnen; aber sie gewinnen hat einen doppelten Boden. Es kann bedeuten, sie von der Existenznot befreien, aber auch sie täuschen, nämlich darüber, dass die scheinbar konträren Apparate dennoch identisch sind und dass es ihnen letztlich um die Ausmerzung der Unintegrierbaren geht, die durch die „geringste ‚Abweichung'" von der Herrschaftsinstanz als „Bedrohung des gesamten Prinzips" wahrgenommen werden.

Durch den scheinbar naiven Erzählerkommentar – „es ist aber bald schon Mittag" – bekommt die scheinbar nachsichtige Bemerkung des Personalschefs, wonach die Stellungssuchenden „früh gekommen" seien, einen bedeutungsschweren Hintersinn, in dem der Wille zur endgültigen Vernichtung als Möglichkeit lauert. Die Vertrauensseligkeit der Beamten in die Angaben der Bewerber wird so als potenzielles Desinteresse an den tatsächlichen Gegebenheiten in Zweifel gezogen. Was schließlich kümmert die Exekutoren[1] der Beruf des Delinquenten[2]? Der perfekte bürokratische Apparat, im ‚guten' Theater perfekter noch als im ‚bösen' ‚Amerika', diente dann lediglich dazu, dem ganzen Unternehmen den Schein von Seriosität zu verleihen. Das vorhin als Freispruch gedeutete ‚Urteil' der Werbeplakate – „Jeder ist willkommen" – entpuppte sich als sein Gegenteil: die radikalste Verstoßung durch das Todesurteil. Die Spannung zwischen der ‚paradiesischen' und der ‚infernali-

[1] Exekutor: Vollstrecker
[2] Delinquent: Übeltäter, Verbrecher

schen'[1] Lesart kulminiert[2] in dem großen Bankett zu Ehren der Ankommenden, das so Empfangsessen und Henkersmahlzeit zugleich ist.

Auf diesem Hintergrund bildet der im Tagebuch angedeutete Romanschluss, wonach „Roßmann und K., der Schuldlose und der Schuldige, schließlich beide unterschiedslos strafweise umgebracht werden sollten, einen konsequenten Abschluss des soeben gemutmaßten Erzählkonzepts. Das Kollektiv sondert – dies demonstriert der ‚amerikanische' Teil des Romans – auf raffinierte Weise das nicht integrierbare Potenzial aus, indem es, sich dessen tiefen Wunsch nach Integration zunutze machend, dieses wie durch ein Wunder zu sich aufnimmt, um es dann zu deportieren[3] und unbemerkt von der Öffentlichkeit auszumerzen, „mit leichter[er] Hand, mehr zur Seite geschoben als niedergeschlagen", wie es in der oben zitierten Tagebucheintragung vom 30.9.1915 weiter heißt.

Schon Adorno[4] hat, unter Berufung auf Klaus Mann, auf die „Ähnlichkeit des kafkaschen Reiches mit dem Dritten" hingewiesen, und was in der „Dialektik der Aufklärung"[5] als „Witz aus Hitlers Deutschland" kolportiert[6] wird, könnte als Motto des „Verschollenen" dienen und überdies dem vom Autor vorgesehenen Titel zu seinem vollen Recht verhelfen: „Keiner darf hungern und frieren; wer's doch tut, kommt ins Konzentrationslager."

Aus: Horst Seferens: Das „Wunder der Integration". Zur Funktion des „großen Teaters von Oklahama" in Kafkas Romanfragment „Der Verschollene". In: Zeitschrift für deutsche Philologie, 1992, Nr. 111, S. 577–593; hier: S. 587–589

[1] infernalisch: höllisch, teuflisch
[2] kulminieren: einen Höhepunkt erreichen
[3] zwangsweise verschicken, verschleppen, abtransportieren
[4] Theodor W. Adorno (1903–1969), deutscher Philosoph und Soziologe
[5] sehr einflussreiche Sammlung sozialkritischer Essays von Max Horkheimer und Theodor W. Adorno
[6] verbreitet

Thomas Anz: Kafka und seine Interpreten

Zeichnung Kafkas

Wer war Franz Kafka? Geboren am 3. Juli 1883 in Prag, hat er knapp 41 Jahre lang gelebt. Seit dem 3. Juni 1924 ist er tot und daher endgültig abwesend. Gegenwärtig bleibt er uns nur noch in Form von Fotos und vor allem als Schrift, als Schrift von ihm und als Schrift über ihn, wobei die Masse dessen, was über ihn geschrieben wurde, die relativ kleine Menge dessen, was er selbst geschrieben hat, jedenfalls in quantitativer Hinsicht um ein Vielfaches überragt. Kafka, so befand schon vor geraumer Zeit die amerikanische Kritikerin Susan Sontag in ihrem berühmten Essay „Against Interpretation", sei mittlerweile „zum Opfer einer Massenvergewaltigung" geworden, einer Vergewaltigung nämlich durch eine Armee von Interpreten. Was seinerzeit, Mitte der Sechzigerjahre, der Kafka-Forscher Heinz Politzer über die Interpreten Kafkas sagte, trifft noch heute weitgehend zu: „Kafkas Gleichnisse sind so vielschichtig wie die Parabeln der Bibel. Ungleich den biblischen Parabeln jedoch sind Kafkas Gleichnisse auch noch vieldeutig. Im Grunde werden sie ebenso viele Deutungen wie Leser finden. Die Offenheit ihrer Form erlaubt dem Leser eine totale Projektion seines eigenen Dilemmas auf die Seiten Franz Kafkas. Diese Parabeln sind ‚Rorschach-Tests'[1] der Literatur und ihre Deutung sagt mehr über den Charakter ihrer Deuter als über das Wesen ihres Schöpfers."

---

1 Rorschach-Test: psychologisches Testverfahren zur Ermittlung der Persönlichkeitsstruktur, bei dem der Proband „Tintenkleckse" beschreiben und deuten soll

Kafkas Schrift bleibt unveränderlich, die Meinungen über sie wechseln, und zwar nicht zuletzt mit dem Wechsel der intellektuellen Moden, denen die Nachgeborenen huldigen. „Er wird eingeordnet in eine etablierte Denkrichtung, anstatt dass man bei dem beharrte, was die Einordnung erschwert“, kritisierte Adorno in seinen „Aufzeichnungen zu Kafka“. Jede Zeit, jede Generation, jede Gruppierung im intellektuellen Kräftefeld hatte und hat ihren eigenen Kafka: einen, der wie Kierkegaard philosophiert, wie Heidegger denkt, wie der junge Marx die Entfremdung beschreibt, wie Freud den ödipalen Konflikt psychoanalysiert, wie Foucault die Mechanismen der Macht durchschaut oder wie Derrida die metaphysischen Sinngebungen zerstört.
Oft stehen die Autoritäten, auf die sich die Interpreten berufen, mit Kafka in einem geschichtlichen Zusammenhang, sodass die Berufungen auf sie historisch durchaus gerechtfertigt werden können. Kafka hat sich, wie so viele seiner Generation, mit Kierkegaard intensiv auseinandergesetzt; er hat in einer Epoche geschrieben, in die auch die Entstehung der Existenzphilosophie Heideggers fällt; er ist zusammen mit seinen expressionistischen Zeitgenossen von der Psychoanalyse angeregt worden; er war wie fast alle Autoren dieser Jahre mit den Schriften Nietzsches vertraut, die wiederum zu den Quellen sowohl von Michel Foucaults Machttheorie als auch von Jacques Derridas Dekonstruktionen abendländischer Metaphysik gehören.
Dennoch wächst der Überdruss an der Masse der Kafka-Interpretationen. Er ist häufig so groß wie die Faszination, die Kafkas Texte selbst nach wie vor ausüben. Die Kafka-Forschung mag einem zuweilen lästig sein, weil sie den gleichsam naiven Zugang zum Werk versperrt; dennoch hat sie vielfach Nützliches, zum Teil Hervorragendes geleistet. Sie ist in ihren Bemühungen um diesen Autor in den letzten Jahrzehnten nicht bloß auf der Stelle getreten, sondern hat Zusammenhänge (oder auch Brüche) innerhalb von Kafkas Werk sowie zwischen diesem und diversen Kontexten aufgezeigt, von deren Kenntnis die Lektüre zweifellos profitieren kann.

Aus: Thomas Anz: Franz Kafka. München: Beck 1989, S. 7f.

Kafka-Denkmal in Prag

4. Einen Text beschreiben und deuten (analysieren)

Um ein literarisches Werk inhaltlich wie strukturell besser verstehen zu können, bedarf es bestimmter Methoden der Textanalyse. Dies gilt auch und gerade für einen so vielschichtigen und bildhaften Roman wie Franz Kafkas „Der Verschollene". Einige wichtige Methoden zur Textbeschreibung und -deutung werden Ihnen im Folgenden vorgestellt.

Auswahl einer geeigneten Analysemethode

Texte können auf unterschiedliche Weise analysiert werden. Im Wesentlichen geht es dabei um zwei Methoden:

a) Die Linearanalyse
Der Text wird von oben nach unten bzw. vom Beginn bis zum Ende bearbeitet. Dabei geht man nicht Satz für Satz vor, sondern kennzeichnet zunächst den Aufbau des Textes und bearbeitet (analysiert) die einzelnen Abschnitte nacheinander. Der Vorteil dieser Methode besteht darin, dass ein Text sehr detailliert und genau bearbeitet wird. Vor allem bei kürzeren Texten ist diese Analysemethode zu empfehlen.
Man kann sich jedoch auch im Detail verlieren und die eigentlichen Deutungsschwerpunkte zu sehr in den Hintergrund drängen. Der Zusammenhang gerät leicht aus dem Auge, wenn man zu kleinschrittig vorgeht.

b) Die aspektgeleitete Analyse
Der Schreiber oder die Schreiberin legt vorab bestimmte Untersuchungsaspekte fest und arbeitet diese nacheinander am Text ab. Der Vorteil dieser Methode besteht darin, dass der eigene Text einen klaren Aufbau erhält und der Leser/die Leserin von Beginn an auf die wesentlichen Untersuchungsaspekte hingewiesen werden kann.
Ein Nachteil kann darin bestehen, dass einige Deutungsaspekte, die als nicht so gewichtig angesehen werden, unter den Tisch fallen. Prinzipiell sollten Sie bei längeren Texten oder

Textauszügen die aspektgeleitete Analyse der Linearanalyse vorziehen, da sie mehr Orientierung im Dickicht der einzelnen Details bietet. Dazu bedarf es aber auch erhöhter Konzentration und Fähigkeit zur Fokussierung oder Verdichtung auf den Kern des Problems, den Sie vorab identifizieren müssen. Der Arbeit vor dem eigentlichen Schreiben kommt hier eine besondere Bedeutung zu.

Der Aufbau einer Linearanalyse

1. Einleitung: Autor, Textart, Titel, Erscheinungsjahr; evtl. über den historischen Hintergrund informieren; Ort, Zeit und Personen des zu behandelnden Textes angeben; kurze Inhaltsübersicht darbieten

2. Zusammenfassende Aussagen zum inhaltlichen Aufbau, zu den Textabschnitten (kann auch in den folgenden Teil einfließen)

3. Genaue Beschreibung und Deutung der Textabschnitte
   - Aussage zum Inhalt des jeweiligen Abschnitts
   - Aussagen zur Deutung
   - Aussagen zur sprachlichen Gestaltung als Beleg für die Deutungen
   - Überleitung zum nächsten Textabschnitt

4. Evtl. Erläuterungen zur Textart (kann auch zuvor einfließen)

5. Schlussteil: Zusammenfassung der Analyseergebnisse, Einordnung der Analyseergebnisse in einen größeren Zusammenhang und in den zeitgeschichtlichen Hintergrund (falls nicht im Rahmen der Linearanalyse erfolgt), persönliche Wertungen ...

Der Aufbau einer aspektgeleiteten Analyse

Die zuvor aufgelisteten Punkte 1., 4. und 5. gelten auch für diese Analysemethode. Es ändern sich jedoch die Punkte 2. und 3.:

2. Kennzeichnung der Aspekte im Überblick, die im Folgenden detailliert am Text untersucht werden sollen

3. Analyse des Textes entsprechend den zuvor genannten Schwerpunkten
   - Nennen des Untersuchungsaspektes
   - Kennzeichnung des inhaltlichen Zusammenhangs, in dem er relevant ist
   - Aussagen zur Deutung
   - Aussagen zur sprachlichen Gestaltung als Beleg für die Deutungen

Auch das sind wichtige Tipps für eine Textanalyse

Achten Sie in Texten mit hohen Gesprächsanteilen darauf, wie die Dialogpartner miteinander sprechen, welche Gesten sie vollführen und welche Beziehung sie zueinander verdeutlichen. Berücksichtigen Sie dabei auch Ihnen bekannte Kommunikationsmodelle.
Belegen Sie Ihre Deutungsaussagen mit dem Wortmaterial des Textes. Verweisen Sie entweder auf sprachliche Besonderheiten oder arbeiten Sie mit Zitaten.
Verwenden Sie für die Beschreibung des Wortmaterials die entsprechenden Fachausdrücke (Wortarten, Satzglieder, rhetorische Figuren ...).
Bauen Sie Zitate korrekt in Ihren eigenen Satzbau ein oder arbeiten Sie mit Redeeinleitungen. Vergessen Sie nicht, die Fundstelle anzugeben.
Schreiben Sie im Zusammenhang. Verlieren Sie den „roten Faden" nicht aus dem Auge. Folgt ein neuer Gesichtspunkt, formulieren Sie nach Möglichkeit eine Überleitung.
Machen Sie die gedankliche Gliederung Ihres Textes auch äußerlich durch Absätze deutlich.

Bildnachweis:

S. 262: picture-alliance GmbH/dpa – **S. 267, 271, 283, 284, 334, 355:** © Archiv Klaus Wagenbach – **S. 277:** bpk – Bildagentur für Kunst, Kultur und Geschichte – **S. 288, 207, 349:** akg-images – **S. 291:** akg-images/British Library – **S. 295, 296, 297, 303, 304, 312, 346:** Aus: Arthur Holitscher: Amerika heute und morgen. Berlin 1913; Reprint Tredition Classics – **S. 313:** © ullstein Bild – **S. 315:** Aus: Dirk Hoerder, Diethelm Knauf (Hrg.): Aufbruch in die Fremde. Europäische Auswanderung nach Übersee. Bremen: Edition Temmen 1992, S. 67 – **S. 318:** akg-images/Universal Images Grou – **S. 328:** © picture-alliance/akg-images – **S. 357:** akg-images/Gerard Degeorge